Seadove

Seadove

圖解

國學

國學，一國所固有之學術也

中華五千年
文化精髓

讀書人不可不讀的國學寶典

國學是指以儒學為主體的中華傳統文化與學術，它以先秦經典和諸子學說為根基，並且涵蓋兩漢經學、魏晉玄學、宋明理學和同時期的漢賦、六朝駢文、唐詩宋詞、元曲、明清小說，以及歷代史學。

全面／深度挖掘和剖析每個事物的真正內涵，多方面地介紹國學。

圖解／精選三百多幅插圖和大量圖解，圖文並茂地展示國學魅力。

易懂／將歷史典故搭配基礎常識來解說，讓讀者能輕鬆讀懂國學。

姚建【著】

國家圖書館出版品預行編目資料

圖解：國學 ／ 姚建作 ,-- 二版 ,-- 臺北市
：海鴿文化，2021.02
面； 公分. －－（文瀾圖鑑；55）
ISBN 978-986-392-364-0（平裝）

1. 漢學

030   110000135

書　　　名	圖解：國學

編　　　著：　姚建
美 術 構 成：　驛賴耙工作室
封 面 設 計：　斐類設計工作室
發 行 人：　羅清維
企 畫 執 行：　林義傑、張緯倫
責 任 行 政：　陳淑貞

出　　　版：　海鴿文化出版圖書有限公司
出 版 登 記：　行政院新聞局局版北市業字第780號
發 行 部：　台北市信義區林口街54-4號1樓
電　　　話：　02-27273008
傳　　　真：　02-27270603
信　　　箱：　seadove.book@msa.hinet.net

總 經 銷：　創智文化有限公司
住　　　址：　新北市土城區忠承路89號6樓
電　　　話：　02-22683489
傳　　　真：　02-22696560
網　　　址：　www.booknews.com.tw

香港總經銷：　和平圖書有限公司
住　　　址：　香港柴灣嘉業街12號百樂門大廈17樓
電　　　話：　（852）2804-6687
傳　　　真：　（852）2804-6409

出 版 日 期：　2021年02月01日　　二版一刷

定　　　價：　460元
郵 政 劃 撥：　18989626　　　　戶名：海鴿文化出版圖書有限公司

前言

「國學」，顧名思義，中國之學，中華之學，一國所固有之學術也。「國學」之名，始於清末，彼時西學東漸，歐美學術等進入中國，號為「新學」、「西學」等，與之相對，人們把中國所固有的學問統稱為「舊學」、「中學」或「國學」等。其在章太炎、魯迅等一大批國學大師的推動下，於20世紀20年代大行其盛。

通常來說，國學是指以儒學為主體的中華傳統文化與學術，它以先秦經典和諸子學說為根基，並涵蓋了兩漢經學、魏晉玄學、宋明理學和同時期的漢賦、六朝駢文、唐詩宋詞、元曲、明清小說，以及歷代史學等。今天我們所謂的「國學」，是指中國傳統文化的精華與當代文化中的精華相融的學術精髓簡稱。

按學科劃分，國學應包括歷史、地理、文學、哲學、教育、軍事、科技、醫學、藝術、宗教和風俗等，其中以儒家哲學為主流；按思想劃分，國學應包括先秦諸子、儒道釋三家等，儒家貫穿並主導中國思想史，其他列從屬地位；按《四庫全書》劃分，國學應包括經、史、子、集四部，但以經、子部為重，尤其傾向於經部。

中國近百年的歷史巨變，既促成了中國社會的進步，也導致了傳統文化的斷層。但我們的國學大師，如章太炎、梁啟超、王國維等，卻從未停止過對這門學問的提倡和應用。期間，古籍的整理，以及文史哲的研究，也一直在進行。

當今社會，國學的思想依然在深刻地影響著國人，如20世紀80年代的「尋根」熱，90年代「國學」熱再掀高潮遂至今；同時，我們的國學正以快速發展的態勢越來越多地影響著世界上其他的國家和地

區，如世界各地爭相創辦漢學院等。

社會發展到今天，中華民族之所以幾千年來自始至終能夠自立於世界民族之林，並站在世界的前列，這與我們五千年的中華文明所孕育的民族精神是分不開的。這一精神以博大精深的經、史、子、集為載體，貫穿於孔孟之道、老莊之學和諸子百家等的學說之中，即形成今之所謂「國學」。

在本書中，我們以左文右圖的形式，簡明生動地將國學基本常識加以解讀，希望能幫助讀者——無論您是處於什麼年齡段、從事何種職業，只要您對傳統文化有興趣——對國學基本常識有一個更全面、更清晰的了解和認識，解決在閱讀國學典籍過程中所遇到的基本常識問題，並通過這本書使讀者去感受中國五千年文明的精神及文化魅力。

當然，中國上下五千年的歷史，包羅萬象，何其博大精深，因此，本書的編輯，不僅需要編者博古通今，而且要慎思明辨，並努力用最簡單、最恰切而又最能表達所選取國學知識點的言語去闡述，但由於學識能力所限，加之參考資料的質量參差不齊，因此，書中訛誤、不當之處在所難免，敬請方家不吝賜教指正。

那麼，現在就讓我們一起走進這圖文並茂——不僅是視覺盛宴，更是精神盛宴——的國學基本常識叢書中，開始體驗我們全新的閱讀旅程吧！

目錄

卷一　歷史卷

目錄

卷二　地理卷

第一章　地名由來

第二章　湖海江河

第三章　文化名山

第四章　古寺與道觀

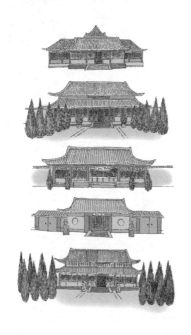

第五章　石窟陵寢

卷三　文學卷

目錄

卷四　哲學卷

卷五　教育卷

第一章　人才選拔制

第二章　學府門類

卷六　軍事卷

第一章　軍事著作

第二章　作戰陣法

目
錄

卷七　科技卷

圖解：國學

第五章　紡織

卷八　醫學卷

第一章　醫學常識

第二章　醫學名家與醫學名著

目　錄

圖解：國學

卷九　藝術卷

第一章　書法字體與書法名家作品

第二章　繪畫名家與作品

第三章　音樂表演

卷十　宗教卷

卷十一　風俗卷

第一章　飲食與服飾

第二章　歲時節令

目錄

三分天下

卷

一

歷史卷

歷史除了可以記載人類的過去，還可以預測人類的未來。人類對於歷史中智慧的渴求亙古如斯。三百萬年前，在非洲大陸的崇山峻嶺間，類人猿開始直立行走；四五千年前，華夏民族的祖先創造了甲骨文，用以記錄當時所發生的大小事件：或是春種冬藏，或是男歡女愛，抑或是部族戰爭等。此即是一條漫長悠遠、耐人尋味的歷史探究之路。

歷史是我們的昨天，而今天是過去的延續，我們嚮往明天，但也不能不知道我們的昨天曾經發生過什麼事情。歷史書的版本縱有千萬種，但是作為過去存在的歷史卻永遠只有一個正確答案。從真正的歷史中攝取智慧，關注那些叱吒風雲的豪傑、聰穎靈秀的文士以及那些善使權術、奸佞邪惡之徒，我們可以從不同的角度加深對歷史的了解，體會蘊藏其中的智慧。

唐代李世民說：「以銅為鏡，可以正衣冠；以史為鏡，可以知興替。」在本篇章中，從第一個家天下的國家夏朝，經商、周、秦、漢、三國、晉、南北朝、隋、唐、宋、元、明，直至最後一個封建王朝清朝，中國在長達幾千年的社會發展過程中，每個朝代無論政治、經濟、文化等各方面都各具特色。一個朝代的衰落，便意味著將有一個新朝代的興起，其不斷興衰更迭，不斷發展進步，有時看似偶然，實則都有其必然性。

夏　朝

夏朝概述

　　夏朝（約前2070～前1600年），禹建立的夏禹國是華夏歷史上第一個家天下的國家，都城安邑。禹之子啟，承襲父位，王位的傳承由禪讓制變成了世襲制。夏朝共傳14代17王，即禹傳位啟，啟傳位太康，後歷仲康、相、少康、杼、槐、芒、泄、不降、扃、廑、孔甲、皋、發、癸（癸即桀，夏王朝最後一位大王），前後500餘年，後為商朝所滅。夏朝的建立標誌著中國由原始社會進入了奴隸制社會。

鯀禹治水

　　堯在位時，黃河洪水泛濫。各部落推舉鯀帶領大家治水，鯀治水9年但最終宣告失敗，後鯀之子禹汲取父親治水失敗的經驗教訓，因勢利導，上溯黃河源頭，從積石山疏導到龍門，然後南到華陰，東折至砥柱（修三門峽水庫時已炸掉），又至孟津等處。他和老百姓一起工作，三過家門而不入，歷經10年艱苦努力，終於治好了黃河水患。

家天下：啟

　　禹晚年時，各部落的首領曾推選夷人首領皋陶為禹的繼承人。後皋陶先死，又推舉伯益為繼承人。但禹暗地裏卻為其子啟培養勢力，當禹死後，這些有權勢的貴族便紛紛起來反對伯益，擁立禹的兒子啟繼位。啟趁勢殺了伯益，奪了王位。傳統的禪讓制度從此廢除，取而代之的是以父傳子的王位世襲制。

太康失國

　　啟在晚年，生活日益腐化，其子太康繼位後，也沉湎於聲色酒食之中，政事不修，促使內部衝突日趨尖銳，外部四夷背叛。東夷族有窮氏首領后羿看到夏王朝內部問題重重，借太康外出狩獵數月不歸之時，乘機掌握了夏的政權。太康死後，其弟仲康繼位，仲康勢弱，當了傀儡。仲康死後，其子相繼位。后羿把相趕走，自己當了國王，史書上稱之為「太康失國」。

少康中興

　　寒浞在攻殺夏後相時，相的妻子緡已經懷孕，後生下了少康。少康牢記祖上失國的慘痛教訓，在其姻親部族有虞氏和老臣靡的幫助扶持下，最終復國，「坐鈞臺而朝諸侯」，重登天子之位。少康從政後，採取了種種休養生息的政策，社會經濟得到了長足的發展，史稱「少康中興」。

第一個「家天下」的國家——夏朝

　　夏朝，中國史書記載的第一個世襲王朝。一般認為夏朝是一個部落聯盟形式的國家，中國歷史上的「家天下」，就是從夏朝的建立開始的。

夏朝的制度

太康

皋陶

世襲制

仲康

禪讓制

啟

禹

世襲制

殺

少康

禪讓制

伯益

大禹治水

　　大禹頭戴箬帽，手拿鍬子，帶頭挖土、挑土，他三過家門而不入，帶領老百姓變「堵」為「疏」，歷時10年終於解決了黃河水患。

商 朝

商朝概述

商朝（前1600～前1046年），夏桀無道，部落首領湯反，於鳴條之戰滅夏後建立商王朝。始都亳（今河南商丘），曾多次遷移，後盤庚在位時遷都殷（今河南安陽小屯村）。商朝前後相傳17世31王，延續600年時間，分為「先商」、「早商」、「晚商」三個階段。末代君王商紂王於牧野之戰被周武王擊敗而亡。商朝是中國奴隸制社會的重要發展階段，有著豐富的考古發現，如甲骨文、司母戊大方鼎等。

盤庚遷都

王族內亂、黃河下游洪水泛濫，盤庚為改變當時社會不安定的局面，決心再一次遷都。但大多數貴族貪圖安逸，都不願意搬遷。後盤庚挫敗了反對勢力，帶著平民和奴隸，渡過黃河，搬遷到殷（今河南安陽小屯村），並在那裏整頓商朝的政治，使衰落的商朝出現了復興的局面。盤庚因此被稱為中興賢王，此後二百多年，一直沒有遷都。所以商朝又稱做殷商、殷朝。

牧野之戰

牧野之戰，又稱「武王伐紂」，是周武王聯軍與商朝軍隊在牧野（今河南省淇縣南、衛河以北）進行決戰。商紂王先征西北的黎，後平東南夷（雖取得勝利，但窮兵黷武），加劇了社會和階級矛盾，最後在牧野之戰中兵敗自焚，商朝滅亡。故《左傳》稱：「紂克東夷而損其身。」

考古發現：甲骨文、司母戊大方鼎

從殷墟發掘出來的遺物中，有龜甲（龜殼）和獸骨十多萬片，在這些龜甲和獸骨上面都有文字，即甲骨文，是中國商代後期（前14～前11世紀）王室用於占卜記事而刻在龜甲和獸骨上的文字。商朝的統治階級十分迷信鬼神。他們在祭祀、打獵、出征的時候，都要用龜甲和獸骨來占卜一下是吉利或是不吉利。現在我們使用的漢字就是從甲骨文演變過來的。甲骨文的發現，為研究商代歷史提供了寶貴資料。

司母戊鼎是商代後期由王室所鑄，1939年3月19日在河南省安陽市郊出土，因鼎身內部鑄有「司母戊」三字而得名。它代表了商朝燦爛輝煌的青銅技術和文化，為中國古代文化的進一步發展奠定了基礎，在世界文明史上也占有重要位置。

文明先河的開始——商朝

　　商朝是中國歷史上繼夏朝之後的一個王朝，歷經17代共31王，其末代君王商紂王於牧野之戰被周武王擊敗而亡。

商

考古發現

　　甲骨文是中國已發現的古代文字中時代最早、體系較為完整的文字。甲骨文主要指殷墟甲骨文，又稱為「殷墟文字」、「殷契」，是殷商時代刻在龜甲獸骨上的文字。

周武王

卷一‧歷史卷

　　大約西元前1046年，周武王在牧野舉行誓師大會，要和商紂王決戰。這時候商紂王才停止了歌舞宴樂，和那些貴族大臣們商議對策。這時，紂王的軍隊主力還在其他地區，一時也調不回來，只好將大批的奴隸和俘擄來的東南夷武裝起來，湊了十七萬人開向牧野。可是這些紂王的軍隊剛與周軍相遇時，就掉轉矛頭引導周軍殺向紂王。結果，紂王大敗，連夜逃回朝歌，眼見大勢已去，只好登上鹿臺放火自焚。周武王完全占領商都以後，便宣告商朝的滅亡。

周　朝

周朝概述

　　周朝（約前1046～約前256年），分為「西周」（前1046～前771年）與「東周」（前770～前256年）兩個時期。西周由周武王姬發創建，定都鎬京（今陝西西安附近）；東周由周平王姬宜臼建立，定都洛邑（今河南省洛陽市）。其中東周時期又稱「春秋戰國」，分為「春秋」及「戰國」兩個時期。周朝主要有四大制度：封建制、宗法制、井田制與禮樂制，其政治、禮法、文化對以後兩千餘年的中國社會產生了深遠的影響。周王朝共傳30代37王，約791年，是中國歷史上存在最長的朝代。

西周的強盛與衰落

　　西元前1046年，周武王滅商後建立周朝，死後其子周成王年幼即位，由叔叔周公旦攝政，採取了許多措施來鞏固政權，並東征平定叛亂，完善西周的政治制度。同時利用分封制、宗法制和樂禮制度，加強了王權。但昭王伐荊楚，使「王道微缺」。到厲王時，實行專制統治，防民之口，與民爭利，結果引起了「國人暴動」。厲王奔彘（今山西霍縣），太子靜逃至召公家中。國人暴動平息後，出現了「共和行政」的局面，直到宣王即位才告結束。周宣王即位後，整頓內政，穩定社會秩序，在對周邊的少數民族的戰爭中取得了一系列的勝利，史稱「宣王中興」。宣王後期，對外戰爭陷於僵局。宣王死，其子幽王即位。幽王奢侈腐朽，內政黑暗，加之嚴重的天災人禍，西元前771年，申侯勾結犬戎和繒侯攻周，殺幽王於驪山之下。平王即位，遷都洛邑，西周結束。

「春秋五霸」與「戰國七雄」

　　西元前770年～前476年的春秋時期，一些較大的諸侯國，為了爭奪土地、人口及對其他諸侯國的支配權，不斷進行兼並戰爭。誰戰勝了，誰就召開諸侯國會議，強迫大家公認他的「霸主」地位。先後起來爭當霸主的有：齊桓公、宋襄公、晉文公、秦穆公、楚莊王。史稱「春秋五霸」。

　　西元前475年～前221年，是中國的戰國時期，經過春秋長期激烈的爭霸戰爭，到戰國開始，主要的諸侯國有齊、楚、燕、韓、趙、魏、秦七國，史稱「戰國七雄」。

中國歷史上存在最長的朝代——周朝

周朝分西周和東周，西周（前1046～前771年），始於文王，終於幽王，共傳12王。東周（前770～前256年），始於平王，終於赧王。共傳25王，分「春秋」與「戰國」兩個時期。這一時期是中國社會制度的轉變時期，這一轉變是以鐵器的廣泛使用為標誌的。

國家機構和政治制度

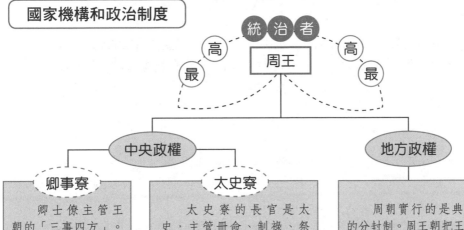

統 治 者

周王

高　最　　　　高　最

中央政權　　　　地方政權

卿事寮

卿士僚主管王朝的「三事四方」。所謂「三事」，是指王畿內的三大政事；「四方」指王畿以外的諸侯事務。

太史寮

太史寮的長官是太史，主管冊命、制祿、祭祀、時令、圖籍等，既是文職官員的領袖，又是神職官員的首領。

周朝實行的是典型的分封制。周王朝把王畿以外之地分封給同姓、功臣和先代後裔，授以不同的爵位，建立大大小小的諸侯國以拱衛王室。

烽火戲諸侯

褒姒一笑天下失　　　　幽王烽火戲諸侯

周幽王姬宮湦驕奢淫逸，有從褒國進獻來的美女褒姒美豔無比，但卻終日不笑。幽王為博其一笑，採納佞臣虢石父的獻計，命人點燃烽火。各諸侯趕來救駕，到了方知是幽王為博寵妃歡心在戲弄他們。褒姒見千軍萬馬招之即來，揮之即去，如同兒戲一般，禁不住嫣然一笑。如是幾次，等敵兵真正兵臨城下，幽王再命令點燃烽火報警時，屢受戲謔的諸侯卻都按兵不動，終致幽王國亡被殺。

秦　朝

秦朝概述

秦朝（前221～前207年），是中國歷史上一個極為重要的朝代，是由戰國時代後期的秦國發展起來的統一大國，它結束了自春秋起500年來分裂割據的局面，成為中國歷史上第一個統一的、多民族的、中央集權制國家。自秦始皇至秦王子嬰，共傳3帝，享國15年。

天下統一第一帝：秦始皇

西元前230～前221年，秦始皇先後滅韓、趙、魏、楚、燕、齊六國，完成古中原的統一大業，建立了中國歷史上第一個統一的、多民族的、專制主義中央集權制國家——秦，成為了中國封建王朝中的第一個皇帝。在此期間，秦國統一貨幣、文字，修建靈渠、萬里長城，大肆修建陵墓等。

焚書坑儒

秦始皇三十四年（西元前213年），博士齊人淳于越反對當時實行的「郡縣制」，要求根據古制，分封子弟。丞相李斯加以駁斥，並主張禁止百姓以古非今，以私學誹謗朝政。秦始皇採納李斯的建議，下令焚燒《秦記》以外的列國史記，對不屬於博士館的私藏《詩》、《書》等也限期交出燒毀；有敢談論《詩》、《書》者處死，以古非今者滅族；禁止私學，想學法令的人要以官吏為師。此即為「焚書」。第二年，兩個術士（修煉功法煉丹的人）侯生和盧生暗地裏誹謗秦始皇，並亡命而去。秦始皇得知此事，大怒，派御史調查，審理下來，得犯禁者四百六十餘人，全部坑殺。此即為「坑儒」。

陳勝、吳廣起義

秦二世元年（西元前209年）秋，秦朝廷征發閭左貧民屯戍漁陽，陳勝、吳廣等九百餘名戍卒被徵發前往漁陽戍邊，途中在蘄縣大澤鄉為大雨所阻，不能如期到達目的地，根據秦朝法律，軍人召集，遲者斬首。情急之下，陳勝、吳廣帶領戍卒，發動兵變，口號是「大楚興，陳勝王」。起義軍推舉陳勝為將軍，吳廣為都尉，還假託扶蘇名號，勸募兵員，連克大澤鄉和蘄縣，並在陳縣建立張楚政權，各地紛紛響應。這次起義後因陳勝得勢後驕傲，加上秦將章邯率秦軍鎮壓而失利。但它沉重打擊了秦朝政權，揭開了秦末平民起義的序幕，是中國歷史上第一次大規模的平民起義。

第一個專制集權的國家——秦朝

秦朝是由戰國時代後期的秦國發展起來的統一大帝國。秦朝開國君主秦王政自稱「始皇帝」，至此有「皇帝」一詞。秦朝從統一六國到滅亡，只有短短15年。

一統天下滅六國

前230年，韓國降將內史騰率秦軍吞併韓國，俘韓王安，韓亡。 **1**

前228年，秦軍王翦攻入趙國國都邯鄲，趙王遷被迫降秦，趙破。 **2**

前226年，王翦攻破燕都薊，燕王喜退守遼東，殺太子丹以求和。前222年燕亡。 **3**

4 前225年，秦軍王賁率領10萬大軍攻打魏國，包圍魏都大梁，3個月後大梁城破，魏王假投降，秦併魏。

5 前223年，楚軍鬥志渙散、糧草不足，王翦率軍渡過長江，攻占越地，秦併楚。

6 前221年，王賁率軍南下攻打齊國，齊王建不戰而降，秦併齊。

至此，秦併六國。除作為秦的附庸的衛國（最終於秦二世元年，即西元前209滅亡）外，秦已完成了統一。

秦朝的制度

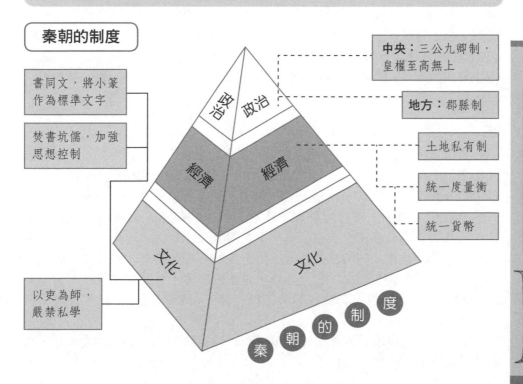

書同文，將小篆作為標準文字

焚書坑儒，加強思想控制

以吏為師，嚴禁私學

政治

經濟

文化

中央：三公九卿制，皇權至高無上

地方：郡縣制

土地私有制

統一度量衡

統一貨幣

秦 朝 的 制 度

漢　朝

漢朝概述

　　漢朝（西元前202～220年），分為西漢（西元前202～9年）與東漢（25～220年）兩個歷史時期，合稱兩漢。西漢為漢高帝劉邦所建立，建都長安；東漢為漢光武帝劉秀所建立，建都洛陽。期間曾有王莽短暫自立的新朝（9～23年）與西漢更始帝時期（23～25年）。漢朝時司馬遷的《史記》是中國第一部紀傳體通史，班固的《漢書》是中國歷史上第一部內容完整的斷代史。

西漢：漢武盛世

　　漢景帝劉啟死後，其子劉徹即位，是為漢世宗孝武皇帝，即漢武帝。漢武帝劉徹在位期間（前141～前87年），採取了一系列改革措施，使得漢朝的政治、經濟、軍事變得更為強大。政治上，加強皇權，施行推恩令，削弱了諸侯王的勢力；並取消了百餘位列侯的爵位，即史書上所稱的「酎金失侯」事件。經此兩次事件後，中央集權得到了大大的加強。文化上，廢除了漢朝以「黃老學說、無為而治」治國的思想，積極治國；重用儒術，使得儒家思想得到重視，並在以後逐漸成為中國歷經兩千餘年的主流思想。軍事上，積極對付漢朝的最大外患匈奴，在這期間，漢朝先後出現了衛青、霍去病等天才將領，又收復南越國和朝鮮，使中國成為亞洲第一霸主，世界第一大帝國。外交上，兩次派張騫出使西域，開闢了絲綢之路。並先後以兩位公主劉細君、劉解憂和親西域大國。

東漢：光武中興

　　西元25年6月，漢朝宗室劉秀在鄗縣之南即皇帝位，是為光武帝，滅劉盆子，仍沿用漢的國號，以這一年為建武元年，定都洛陽，史稱東漢。即位後，於37年消滅赤眉、隗囂、公孫述等割據勢力，統一全國。

　　漢光武帝廢除王莽時的弊政，建武二年（26年），光武帝下令整頓吏治，設尚書六人分掌國家大事，進一步削弱三公（太尉、司徒、司空）的權力，加強中央集權；同時清查土地、新定稅制、振興農業，使人民生活逐步穩定下來；另外提倡儒術，建立太學，設置五經博士，並表彰氣節，為淳美的政教，奠下了基礎；對匈奴等外部勢力實行防禦的策略，對外戚嚴加限制，史稱光武中興。

　　但由於分封土地，也造成土地兼併情況日益嚴重，地方豪強勢力興起，為東漢的最終滅亡埋下了隱患。

中國第二個大一統的國家——漢朝

西元前206年，項羽封劉邦為漢王，國號為「漢」。後劉邦擊敗項羽，建立漢朝。漢朝有「西漢」和「東漢」之分，西漢都長安，東漢都洛陽。

成也蕭何，敗也蕭何

韓信被蕭何　計誘入宮

韓信功高蓋主
劉邦欲殺未殺

呂后依蕭何
計殺了韓信

卷一・歷史卷

韓信經蕭何舉薦被劉邦任為大將軍，漢朝建立後被封為楚王。劉邦晚年為了政權的長治久安，決定鏟除威望最高的功臣——韓信。但除掉韓信不易。最後呂后與蕭何商議，由蕭何出面，將韓信騙至宮中。韓信沒有想到極力舉薦自己而且一向過從甚密的蕭何會是殺害自己的主謀，於是欣然前往，不想竟遭呂后殘忍殺害。

三國時期

三國概述

三國（220～280年），是中國歷史上東漢與西晉之間的分裂對峙時期，有曹魏（魏國）、蜀漢（蜀國）、孫吳（吳國）三個政權。漢末三國戰爭不斷，使得人口下降，經濟受損，三國皆重視經濟發展。由於戰爭需求，各種技術都有重大發展。

董卓亂政與群雄割據

董卓為了奪權，鏟除反對者，且手段殘暴。他最後廢除並殺死了漢少帝，改立劉協為帝，即漢獻帝，至此董卓完全掌握了朝廷。

190年，東郡太守橋瑁詐稱以京師三公之名向各地發檄文，陳述董卓的惡行，聯絡各地州牧、刺史及太守討伐董卓，共有11路地方軍加入，共推袁紹為盟主，史稱「關東兵」。董卓為了迴避其鋒芒，挾持漢獻帝遷都到長安，並火燒舊都洛陽。期間，關東聯軍只有孫堅、曹操二人真正出兵與董卓對戰，但因持久力不足而退，而關東軍也隨之解散。此後，群雄紛紛割據一方，互相攻擊。董卓遷都後，自封為太師，繼續掌控朝政。

赤壁之戰

漢獻帝建安十三年（208年），曹操在統一北方後乘勝揮師南下，與孫權、劉備聯軍在長江赤壁（今湖北赤壁西北）一帶遭遇、大戰。曹操軍隊大敗，被迫退回中原。赤壁之戰是奠定三國鼎立基礎的著名戰役，也是歷史上以少勝多的著名戰例之一。

三國鼎立

從西元220年起，在歷史上先後建立了魏、蜀、吳三個國家，它們三分東漢州郡之地，各霸一方，互相對峙，這種政治局面習稱為「三國鼎立」。

三分歸晉

司馬懿在249年發動高平陵事件獲得最後勝利，掌握了魏國朝政，後其子司馬師、司馬昭相繼掌權。司馬昭於263年發動魏滅蜀之戰。劉禪開城投降，蜀漢亡。265年司馬昭去世，其子司馬炎奪取曹魏政權，定都洛陽，建立晉朝，史稱西晉。司馬炎稱帝後於279年大舉進攻吳國，吳帝孫皓於280年投降，孫吳滅亡。至此西晉統一天下，三國時期結束。

群雄爭霸的時代——三國

220年，曹丕稱帝建立魏國；221年，劉備在成都稱帝，國號漢；229年，吳王孫權稱帝，建立吳。三國是中國歷史上東漢與西晉之間的分裂對峙時期。

赤壁之戰——三分天下

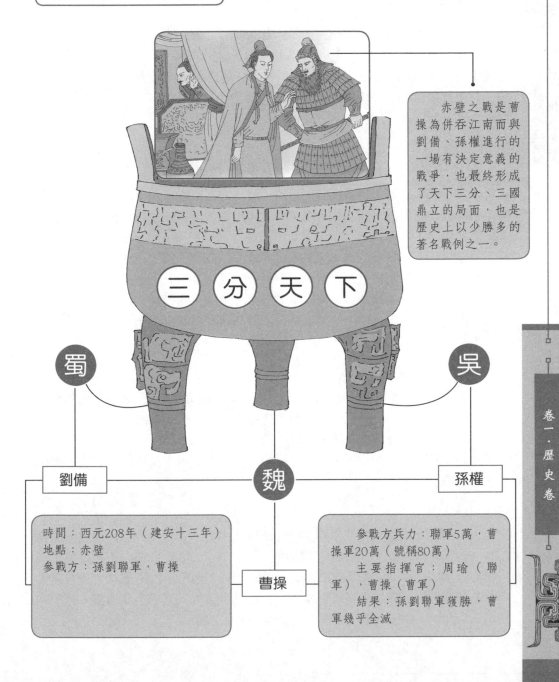

赤壁之戰是曹操為併吞江南而與劉備、孫權進行的一場有決定意義的戰爭，也最終形成了天下三分、三國鼎立的局面，也是歷史上以少勝多的著名戰例之一。

三 分 天 下

蜀

吳

魏

劉備

孫權

曹操

時間：西元208年（建安十三年）
地點：赤壁
參戰方：孫劉聯軍，曹操

參戰方兵力：聯軍5萬，曹操軍20萬（號稱80萬）
主要指揮官：周瑜（聯軍），曹操（曹軍）
結果：孫劉聯軍獲勝，曹軍幾乎全滅

卷一‧歷史卷

圖解：國學

晉　朝

晉朝概述

　　晉朝（266～420年），是中國歷史上9個大一統朝代之一，可分為西晉（266～316年）與東晉（317～420年），二者合稱「兩晉」。西晉為晉武帝司馬炎所建立，定都洛陽，共傳4帝52年。東晉為晉元帝司馬睿所建立，定都建康，共傳11帝104年。晉朝的政治體制為世族政治，政治制度由漢代的三公九卿制走向隋唐的三省六部制。

內憂外患

　　內憂：晉武帝司馬炎時，西晉的政治風氣日益敗壞。朝政方面，由於諸臣在「平吳」與「立嗣」議題上發生爭執，使得黨派形成。司馬駿、衛瓘、和嶠等主張廢太子司馬衷，而立武帝之弟齊王司馬攸，但遭楊皇后和賈充、荀勖等人反對。

　　外患：西晉立國後，吸取曹魏滅亡的教訓，分封諸王以為屏藩，並於277年遣諸王就國，諸王有權干涉軍事。平吳後，武帝為示天下一統，裁撤各州、郡兵。分封諸王與去州郡兵，使宗室武力有凌駕中央的趨勢。當時邊境的胡族遷入中原，對晉帝國呈現半包圍形勢，由於胡漢摩擦狀況無法改善，周邊胡族窺視中原，在朝廷元氣大傷後乘機作亂。

五胡亂華

　　「五胡」指匈奴、鮮卑、羯、羌、氐五個胡人的游牧部落聯盟。在晉惠帝時期的八王之亂以後，晉室分裂，國力空虛，民生凋敝，中原漢族的軍事力量迅速衰退。胡人乘機起兵，反抗西晉，於是中原大亂。在百餘年間先後由胡人及漢人建立數十個強弱不等、大小各異的政權，與中華中統政權相對峙。史稱「五胡亂華」。

淝水之戰

　　383年8月，前秦苻堅率舉國之師90萬南征東晉。晉廷謝安力持鎮定，命謝石為前線大都督、謝玄為先鋒，與謝琰、桓伊等人率8萬北府兵北上救援。11月謝玄派劉牢之率5000精兵攻破洛澗，晉軍西行，與秦軍對峙淝水。12月謝玄向苻堅建議後退決戰。當秦軍後移時，晉軍渡水突擊，秦軍全面崩潰，苻堅中箭，孤身北返。此役晉軍全面勝利，史稱「淝水之戰」。

晉

晉朝（266～420年）它上承三國，下啟南北朝，屬於六朝之一。區別於五代時的後晉，又稱為司馬晉。晉朝可分為西晉（266～316年）與東晉（317～420年），合稱「兩晉」。

八王之亂

八王之亂關係位置

	曹魏帝國　京兆尹　司馬防												
第一代	宣帝司馬懿									魏東武城侯司馬馗			安平王司馬孚
第二代	文帝司馬昭				景帝司馬師	汝南王司馬亮	琅邪王司馬伷	趙王三任帝司馬倫	梁王司馬肜	高密王司馬泰		范陽王司馬綏	太原王司馬瓌
第三代	一任武帝司馬炎				齊王司馬攸		東安王司馬繇			東海王司馬越	南陽王司馬模	嗣王司馬	河間王司馬
第四代	二任惠帝司馬衷皇后賈南風	楚王司馬瑋	長沙王司馬乂	淮南王司馬允	成都王司馬穎	嗣王司馬冏							

太熙元年（290年），晉武帝臨終時命楊駿代為掌管朝政。晉惠帝即位後，皇后賈南風（即賈后）於元康元年（291年）與楚王司馬瑋合謀，發動禁衛軍政變，殺死楊駿，而政權卻落在汝南王司馬亮和元老衛瓘手中。賈后政治野心未能實現，當年6月，又使楚王司馬瑋殺汝南王司馬亮，然後反誣楚王司馬瑋矯詔擅殺大臣，將司馬瑋處死。賈后遂執政，於元康九年廢太子司馬遹，次年殺之。諸王為爭奪中央政權，不斷進行內戰，史稱「八王之亂」。八王之亂是導致西晉滅亡的重要原因。

五胡亂華

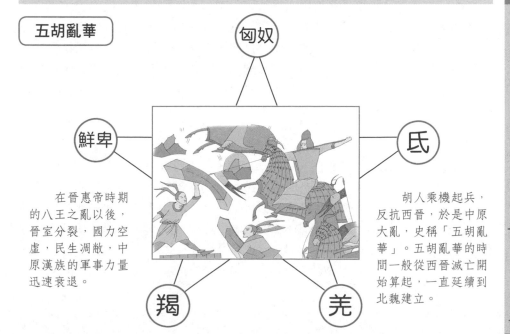

匈奴　鮮卑　氐　羯　羌

在晉惠帝時期的八王之亂以後，晉室分裂，國力空虛，民生凋敝，中原漢族的軍事力量迅速衰退。

胡人乘機起兵，反抗西晉，於是中原大亂，史稱「五胡亂華」。五胡亂華的時間一般從西晉滅亡開始算起，一直延續到北魏建立。

圖解：國學

8
南北朝

南北朝概述

南北朝（420～589年），是中國歷史上的一段分裂時期，由西元420年劉裕篡東晉建立南朝宋開始，至西元589年隋滅南朝陳為止。該時期上承東晉、五胡十六國，下接隋朝，南北兩勢雖然各有朝代更迭，但長期維持對峙，所以稱為「南北朝」。南朝（西元420～589年）包含宋、齊、梁、陳四朝；北朝（439～589年）則包含北魏、東魏、西魏、北齊和北周五朝。

侯景之亂

東魏將侯景受東魏及西魏逼迫投奔南朝梁，梁武帝任用他北伐東魏。但在梁軍戰敗後，梁武帝意圖送還侯景以求和。侯景得知後於梁武帝太清二年（西元548）八月，勾結京城守將蕭正德，舉兵謀反。他率軍攻入京城建康，並於第二年攻破皇城，困死蕭衍，自己當了丞相，執掌朝政。到了551年，他進而自封為帝。史稱「侯景之亂」。

漢化運動

北魏孝文帝傾慕漢文化，在親政後擴建首都平城為漢城，並於493年假借南征南朝齊名義，率眾南遷洛陽，推行了一系列改革鮮卑舊俗的措施。孝文帝在遷都後的三年間推動漢化運動，全用漢官官制、禁胡服胡語、推廣教育、改姓氏（包括改拓跋氏為元氏）並與漢人世族通婚、禁止歸葬及度量衡採漢制，並頒詔宣布吸收漢族文化。漢化運動為南遷的鮮卑人提升了文化素質，並為北魏的政治與經濟帶來了發展，但同時又使得暮氣重重的鮮卑貴族由尚武精神趨向奢侈及文弱。

六鎮民變

北魏初年，為了避免柔然入侵北都平城，北魏政權於陰山黃河一帶設置沃野、懷朔、武川、撫冥、柔玄及懷荒六鎮來拱衛首都。六鎮將領由鮮卑貴族擔任，地位尊貴。但在遷都洛陽後，六鎮地位下降，心生不滿。最後北方貴族與屯兵於523年發生六鎮民變，秦隴、關東等地各族人民也陸續起事。史稱「六鎮民變」。

朝代交替頻繁的南北朝

南朝時期從420年東晉權臣劉裕篡東晉開始，至589年隋滅陳為止。其中，南朝經歷宋、齊、梁、陳四個朝代，這些國家皆建都於建康，只有南朝梁有遷都。這四朝與之前同樣建都於建康的孫吳和東晉合稱「六朝」。北朝時期自439年北魏滅北涼統一華北開始，至589年隋滅陳為止。經歷北魏、東魏西魏對峙、北齊北周對峙三個時期，並包括隋立國至滅陳時期。北魏、東魏、西魏及北周由鮮卑族建立，北齊則由胡化漢人所建。

侯景之亂

侯景之亂主要指梁武帝太清二年（547年）至552年，侯景先後叛東魏、叛梁以及被討平的戰爭。主要分侯景叛東魏之戰、侯景叛梁之戰、侯景攻三吳之戰、蕭繹討平侯之亂。

漢化運動

第一，全用漢官官制。
第二，要說漢語穿漢服，禁止胡服胡語。
第三，推廣漢化教育。
第四，改姓氏（包括改拓跋氏為元氏）。
第五，與漢人世族通婚。
第六，胡人死後禁止歸葬。
第七，度量衡採用漢制。

洛陽

孝文帝下令我們鮮卑人要從上到下，從形式到實質都漢化。具體有哪些方面呢？

9

隋　朝

隋朝概述

隋朝（581～618年），是歷史中最偉大的朝代之一，它上承南北朝、下啟唐朝。581年，隋文帝楊堅代北周稱帝，改國號為隋，隋朝建立。589年滅南朝陳，結束了中國自魏晉南北朝以來的長期分裂局面，建立了統一的多民族國家。

開皇之治

政治方面：隋朝確立了影響後世深遠的三省六部制，以鞏固中央集權制度；正式制定出完整的科舉制度，以選拔優秀人才，弱化世族壟斷仕官的能力。

經濟方面：實行均田制和租庸調制減輕農民生產壓力；採取「大索貌閱」和「輸籍定樣」等清查戶口措施，以增加財政收入；致力建設，營建新都大興城，開鑿廣通渠。

學術文化方面：文帝大力提倡文教，廣求圖書；廣置人才，促進了教育、文學的發展；為明全國教化，恢復華夏文化之正統，文帝下詔制訂禮樂，以提升國家的文化素質。

軍事方面：隋立國後，隋文帝派將兵攻打突厥，採用離間分化策略，使突厥分為東西兩部，得以消除北顧之憂。

正由於上述措施的推行，隋在文帝統治的最初二十多年間，政治清明，人口增加，府庫充實，外患不生，社會呈現了一片繁榮，歷史稱之為「開皇之治」。

征討高句麗

隋帝國初期，朝鮮半島三國高句麗、百濟和新羅都是其藩屬，其中以高句麗最為強大，經常趁中原王朝無暇東顧的時候掠地拓疆。強大的隋帝國出現後，希望建立起冊封朝貢秩序，但高句麗恃強不聽號令，於是雙方兵刃相見。史稱高句麗與隋的戰爭。隋朝總共對高句麗發動四次征戰，導致數百萬人喪生，引起國內人民對隋煬帝的強烈不滿。

隋末民變

隋煬帝多次發動戰爭勞民耗財，最終引起統治危機。611年，山東、河南大水成災，淹沒四十餘郡，王薄率眾於長白山發動民變，抵制隋煬帝東征高句麗。當時民變範圍大多集中在山東地區，不久被隋軍鎮壓。613年，劉元進據吳郡，自稱天子，同年被滅。直到楊素的兒子楊玄感於黎陽舉兵叛變，達官子弟紛紛參加，隋朝統治階級正式分裂，並帶動全國各地紛紛叛亂。隋廷在此局勢下迅速土崩瓦解。619年，隋哀帝被殺，隋朝滅亡。

中國歷史上最短命的王朝——隋朝

581年，隋文帝楊堅代北周稱帝，建立隋朝。589年滅南朝陳，結束了中國自魏晉南北朝以來的長期分裂局面，建立了統一的多民族國家。

開皇之治

隋文帝

政治上：確立了三省六部制，創建了影響深遠的科舉制度。

軍事上：繼續推行和改革府兵制度。

經濟上：實行均田制和租庸調制，以增加政府收入。

以上政策措施的實行，使得隋在文帝統治的最初二十多年間，政治清明，人口增加，府庫充實，外患不生，社會呈現了一片繁榮，歷史稱之為「開皇之治」。

全盛武功

侵略林邑

林邑地處今越南中南部，多珍奇寶物，大業元年煬帝派劉方侵略林邑。大業元年正月，劉方率舟師主力至海口（林邑入海處）。林邑王梵志派兵據險抵抗，被隋軍擊潰逃散。劉方大軍最終攻下林邑人的國都。此舉震服了南海百蠻，從此對隋朝貢不斷。

馴服契丹

大業元年，因契丹人侵擾營州，隋煬帝詔令通事謁者韋雲起監領突厥兵去討伐契丹，結果「盡獲其男女四萬口，女子及畜產以半賜突厥，餘將入朝，男子皆殺之。」

占領吐谷渾 吐谷渾控制著絲綢南路河西走廊主幹線青海道，此路是當時連接亞、非、歐三大洲的世界最長的陸路交通幹線。大業五年，煬帝總領六軍親征，占領了吐谷渾，徹底打開絲綢之路，暢通了中國與西方的聯繫。從此西域各國對中國朝貢不斷。至此，大隋在隋煬帝的統治下達到極盛。

卷一·歷史卷

唐　朝

唐朝概述

　　唐朝（618～907年），是世界公認的中國最強盛的時代之一。李淵於618年建立唐朝，都長安（今陝西西安）。690年，武則天改國號「唐」為「周」，遷都洛陽，史稱「武周」。705年，唐中宗李顯恢復大唐國號，恢復唐朝舊制，還都長安。唐朝在天寶十四年（755年）安史之亂後日漸衰落，至天祐四年（907年）梁王朱溫篡位滅亡。唐共歷經21帝（若含武則天）289年。唐在文化、政治、經濟、外交等方面都有輝煌的成就，是當時世界上最強大的國家。

玄武門之變

　　617年，李淵在太原起兵反隋並占領長安，第二年建立唐朝。後為爭奪帝位，626年7月2日，唐高祖李淵的次子李世民率長孫無忌等人經玄武門入皇宮，埋伏在臨湖殿附近，射殺了準備入朝的皇太子李建成和齊王李元吉。史稱「玄武門之變」。後李世民得立為新任皇太子，並繼承皇帝位，是為唐太宗，年號貞觀。

武周代唐

　　唐太宗死後，李治即位，是為唐高宗，其皇后為武則天。高宗死後不久，武皇后立太子李顯為帝，是為唐中宗。不久又廢中宗為廬陵王，改立另一個兒子李旦為帝，是為唐睿宗。平定了徐敬業領導的反叛後，在天授元年（690年），皇后武氏廢睿宗僭號稱帝，改國號「唐」為「周」，定都洛陽，史稱「武周」（690～705年），自稱「聖神皇帝」。武則天是中國王朝歷史上唯一自稱皇帝的女人。

開元盛世

　　延和元年（712年），睿宗讓位於太子李隆基，李隆基即唐玄宗，又稱唐明皇。713年，改元為開元。唐玄宗在位44年，前期（開元年間）政治比較清明，經濟迅速發展，唐朝進入全盛時期，史稱「開元盛世」。

安史之亂

　　唐朝天寶十四年（755年），節度使安祿山趁唐朝政治腐敗、軍事空虛之際，聯合同羅、奚、契丹、室韋、突厥等民族，並勾結史思明共同發動叛亂，於天寶十五年占領長安、洛陽，自稱大燕皇帝，年號聖武。史稱「安史之亂」。

盛世唐朝

　　唐朝（618～907年），是世界公認的中國最強盛的時代之一。其鼎盛時期的西元7世紀時，中亞的沙漠地帶也受其支配。唐在文化、政治、經濟、外交等方面都有輝煌的成就，是當時世界上最強大的國家。

貞觀之治

貞觀之治

　　唐太宗（年號「貞觀」）在位期間，任人廉能，知人善用，虛心納諫；採取了一些以農為本，厲行節約，休養生息，文教復興，完善科舉制度等政策，使社會出現安定的局面；大力平定外患，並尊重邊族風俗，穩固邊疆。這一時期史稱「貞觀之治」。

玄武門之變

　　玄武門之變是在唐高祖武德九年（西元626年7月2日）由當時的秦王、唐高祖李淵的次子李世民在唐帝國的首都長安城（今陝西省西安市）大內皇宮的北宮門——玄武門附近發動的一次流血政變，結果李世民殺死了自己的長兄（皇太子李建成）和四弟（齊王李元吉），得立為新任皇太子，並繼承皇位，是為唐太宗，年號貞觀。

卷一‧歷史卷

宋　朝

宋朝概述

　　宋朝（960～1279年），是上承五代十國、下啟元朝的時代，可分為北宋（960～1127年）與南宋（1127～1279年）。960年，後周大臣趙匡胤在陳橋發動兵變稱帝，建立宋朝，史稱北宋，定都汴梁（今開封）。靖康年間，金兵攻陷汴京，北宋遂亡。1127年，徽宗第九子趙構在臨安（今杭州）重建宋王朝，史稱「南宋」。

陳橋兵變

　　後周顯德六年（959年），世宗去逝，年僅7歲的恭帝繼位，見皇帝年幼，趙匡胤有了稱帝的野心。顯德七年（960年）春節，趙匡胤的黨羽製造遼國進攻的假情報，當時的宰相范質急令趙匡胤率軍北上禦敵。正月初三，趙匡胤抵達陳橋驛，當日夜裏他酣睡之時，被手下軍隊黃袍加身，高呼萬歲，擁戴為天子，時年33歲，是為宋太祖。後周官僚得知後已知無力回天，只得面對現實。周恭帝被迫遜位。宋朝建立，定都開封，改元建隆。

王安石變法

　　宋神宗在位期間，宋朝初期制訂的制度已經產生諸多流弊，民生狀況開始倒退。宋神宗啟用王安石進行朝政改革，其推行的新法包括均輸、青苗、免役、市易、保甲、保馬、方田均稅等。

靖康之恥

　　北宋皇帝宋欽宗靖康年間（1126～1127年），靖康二年四月金軍攻破東京（今河南開封），在城內搜刮數日，擄徽宗、欽宗二帝和后妃、皇子、宗室、貴卿等數千人後北撤，東京城中公私積蓄為之一空。北宋滅亡。又稱「靖康之變」。

建炎南渡

　　金朝在靖康之難中俘虜了眾多的宋朝宗室，康王趙構得以倖免。靖康二年（1127年），趙構從今天的河北南下到陪都南京應天府（今河南商丘），即位為宋高宗，改元建炎。之後趙構一路南行，過淮河渡長江，建炎三年改江寧府為建康府（今南京市）作為行都，稱「東都」。紹興元年（1131年）升杭州為臨安府作為「行在」，紹興八年正式定都臨安，建康改為留都。

上承五代十國、下啟元朝的宋朝

宋朝分為北宋和南宋，北宋由宋開國皇趙匡胤建立，南宋由宋徽宗之子趙構建立。

靖康之恥

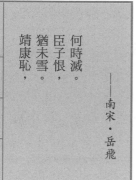

何時滅。
臣子恨，
猶未雪。
靖康恥，

——南宋‧岳飛

靖康二年（1127年）四月，金軍攻破東京，在城內搜刮數日，擄徽宗、欽宗二帝和后妃、皇子、宗室、貴卿等數千人後北撤，東京城中公私積蓄為之一空。北宋滅亡。史稱「靖康之變」。

崖山海戰

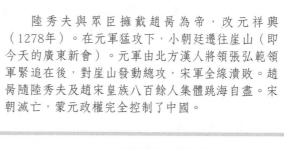

陸秀夫與眾臣擁戴趙昺為帝，改元祥興（1278年）。在元軍猛攻下，小朝廷遷往崖山（即今天的廣東新會）。元軍由北方漢人將領張弘範領軍緊追在後，對崖山發動總攻，宋軍全線潰敗。趙昺隨陸秀夫及趙宋皇族八百餘人集體跳海自盡。宋朝滅亡，蒙元政權完全控制了中國。

文天祥親眼目睹慘狀，作詩云：
羯來南海上，
人死亂如麻。
腥浪拍心碎，
飆風吹鬢華。

卷一‧歷史卷

元　朝

元朝概述

　　元朝（1271～1368年），又稱大元，是中國歷史上第一個由少數民族（蒙古族）建立並統治全國的封建王朝。

　　1206年，成吉思汗鐵木真建立蒙古汗國。1271年，元世祖忽必烈改國號為「大元」。1272年定都燕京，稱為大都（今北京）。1279年統一全國。1368年被朱元璋建立的明朝滅亡。北遷的元政權退居漠北，仍沿用大元國號，與明朝對峙，史稱「北元」。直至1402年才去元國號並改國號為「韃靼」。元朝自忽必烈定國號起，歷11帝98年。

大哉乾元

　　至元八年（1271年），蒙古大汗忽必烈稱帝，公布《建國號詔》法令，取《易經》中「大哉乾元」之意，正式建國號大元。設立中書省、樞密院與御史臺等國家機構；設置大司農司並且提倡農業；尊孔崇儒並大力發展儒學等推行漢法的政策。然而為了保留原蒙古制度，最後形成蒙漢兩元政治。

　　至元十六年（1279年），元將張弘範在崖山消滅了宋朝最後的抵抗勢力，陸秀夫背著8歲的幼帝趙昺投海殉國，宋朝滅亡。至此，元朝統一全國，結束了自唐朝安史之亂以來五百多年的分裂局面。

平定西北

　　1294年，元世祖駕崩後，雖然太子真金早死，但是元世祖曾賜真金的三子鐵穆爾「皇太子寶」並且讓他鎮守和林。隨後鐵穆爾在庫里爾臺大會中獲得重臣伯顏與玉昔帖木兒等支持，打敗真金的長子甘麻剌與次子答剌麻八剌等即位，即元成宗。元成宗繼位後，主要主持平定西北等。他恪守元世祖時期的成憲，任用其姪海山（答剌麻八剌之子）鎮守和林以平定西北海都之亂。

惠宗失國

　　元惠宗在位之初，採取了一系列改革措施，如頒行《至正條格》等法規，以革新政治，緩和社會問題，史稱「至正新政」。然而元惠宗後期，怠於政事、濫發紙幣導致通貨膨脹、為了治理泛濫的黃河又加重徭役，最終導致1351年爆發元末民變。1368年朱元璋建立明朝，同年北伐攻陷大都，元惠宗北逃，元廷退居漠北，史稱北元。1402年元臣鬼力赤篡位建國韃靼，元朝在中國的統治結束。

第一個由少數民族建立並統治的王朝——元朝

　　元朝歷史通常分為兩個到三個階段，從1206年元太祖成吉思汗統一蒙古，立國漠北，定國號為大蒙古國；到1271年元世祖忽必烈定都漢地，將國號改為大元，共65年，稱為大蒙古國時期，又稱蒙古帝國。元世祖忽必烈定都漢地，將國號改為大元後，直到1368年元惠宗出亡為止，共97年，才是嚴格意義上的元朝歷史。元惠宗出亡後依舊以大元為國號，至1402年鬼力赤殺順天帝坤帖木兒，改國號為韃靼為止，共34年，稱為北元時期。

元朝的建立

忽必烈，1271年稱帝，定國號為元

成吉思汗，1206年建立蒙古國

　　1206年，鐵木真被各部落推舉為「成吉思汗」，建立蒙古國。其成立後，不斷發動侵略戰爭擴張其疆域：1218年滅西遼、1219年西征中亞花剌子模，一直進攻到東歐的伏爾加河流域，1227年滅西夏，成吉思汗也在對西夏的遠征中死亡。之後蒙古帝國於1234年滅金國，1241年一度逼近歐洲腹地。1253年滅大理，1279年滅宋朝。元朝最終統一全國，成為中國歷史上疆域最廣闊的王朝。

元朝的滅亡

- 徭役嚴重
- 賦稅繁雜
- 通貨膨脹
- 民變起義
- 朱元璋北伐

　　大元後期，統治者變本加屬向人民收取各種名目繁雜的賦稅，人民被壓迫被掠奪更為嚴重，並最終導致1351年爆發元末民變。1368年朱元璋建立明朝，同年北伐攻陷大都，元惠宗北逃，1402年，元朝在中國的統治結束。

卷一·歷史卷

明　朝

明朝概述

　　明朝（1368～1644年），由明太祖朱元璋建立，歷經16帝共276年，是中國歷史上最後一個由漢族人建立的封建王朝。明朝初期定都於應天府（今南京），永樂十九年（1421年），明成祖朱棣遷都至順天府（今北京）。1644年，李自成攻入北京，明朝滅亡。

永樂盛世

　　明成祖朱棣即位之後，武功昌盛，先是出擊安南，後又親自五入漠北攻打蒙古以絕後患。在文治上，成祖下令編寫《永樂大典》，三年即成。永樂三年始，派鄭和下西洋，擴大了明朝的影響力。永樂元年（1403年），明太宗下詔將北平改名北京，稱行在，並設立北京國子監等衙門。永樂五年，下詔在北京修建宮殿。永樂七年，成祖巡幸北京，在北京設立六部與都察院，並在北京為逝世的徐皇后設立陵寢。永樂十五年，朱棣開始大規模營造北京，永樂十九年正式遷都北京。朱棣統治期間史稱「永樂盛世」。

土木堡之變

　　1435年，蒙古西部的瓦剌逐漸強大，經常在明朝邊境一帶生事。1449年，瓦剌首領也先率軍南下伐明。王振慫使明英宗領兵50萬御駕親征。後明軍大敗，回師至土木堡，被瓦剌軍追上，士兵死傷過半，隨從大臣有五十餘人陣亡。明英宗突圍不成被俘，王振為將軍樊忠所怒殺。史稱「土木堡之變」。

宦官攬權與崇禎亡國

　　明熹宗在位期間，政治更加腐敗黑暗。明熹宗早期大量起用東林黨人，宦官魏忠賢藉機干預政治，將反對黨的勢力集結，號為閹黨。1624年閹黨控制了內閣。閹黨水低下，政理不修。國家內部饑荒頻傳，民變不斷，外患持續。

　　1627年明熹宗去世，其五弟信王朱由檢繼位，即明思宗，年號崇禎。崇禎時期朝政混亂，官員貪汙昏庸。1627年，陝西澄城饑民暴動，拉開明末民變的序幕，隨後王自用、高迎祥、李自成、張獻忠等農民起事。1644年李自成建國大順，三月，李自成率軍北伐攻陷大同、宣府、居庸關，最後攻克北京。明思宗在煤山自縊，明朝滅亡。

最後一個由漢族建立的封建統一王朝——明朝

明朝於1368年由明太祖朱元璋建立，並於1644年滅亡，共歷經16帝共276年。

明朝的政治制度

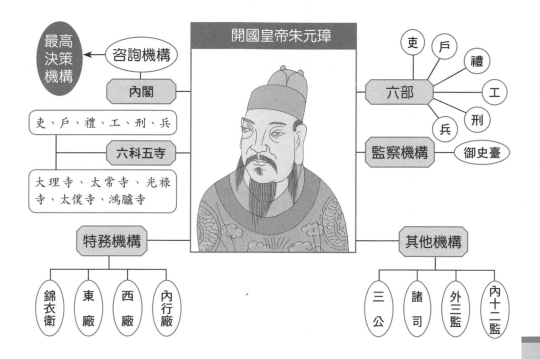

開國皇帝朱元璋

最高決策機構 ← 咨詢機構

內閣

吏、戶、禮、工、刑、兵

六科五寺

大理寺、太常寺、光祿寺、太僕寺、鴻臚寺

特務機構
- 錦衣衛
- 東廠
- 西廠
- 內行廠

六部
- 吏
- 戶
- 禮
- 工
- 刑
- 兵

監察機構 —— 御史臺

其他機構
- 三公
- 諸司
- 外三監
- 內十二監

土木堡之變

土木堡之變指明軍在土木堡被瓦剌軍打敗，明英宗被俘事件。明軍行至土木堡（今河北懷來東），被瓦剌軍隊追趕上來，把明軍團團圍住，兩軍會戰，明軍全軍覆沒，王振被部下縊死，明英宗被瓦剌軍俘虜。史稱土木堡之變。

卷一・歷史卷

清 朝

清朝概述

清朝（1636～1912年），是中國歷史上最後一個封建王朝，也是第二個由少數民族（滿族）建立並統治的封建王朝。清朝於1644年定都北京。清廷先後鎮壓了各地的人民起義和南明抗清武裝，逐步統一全國。1911年（清宣統三年），辛亥革命爆發。1912年（中華民國元年）1月1日，中華民國宣告成立。同年2月12日，清宣統帝正式下詔退位，清朝滅亡。

康乾盛世

又稱康雍乾盛世。康熙在位期間，平三藩，收臺灣，三征準噶爾叛亂，抵抗沙俄侵略，編纂《古今圖書集成》和《康熙字典》。康熙帝鞏固和加強了祖國的統一。

雍正帝盛年登基，在位13年。他最主要的功績是改革，比如整頓吏治、火耗歸公、攤丁入畝、改土歸流、密摺制度、廢除賤籍。

乾隆帝執政60年，在文治武功方面都有建樹。

清朝從康熙帝平定三藩之亂起，開始出現了經濟全面繁榮的局面，到雍正、乾隆中期，清朝國力達到鼎盛。

戊戌變法

光緒年間（1898年，農曆戊戌年），以康有為為首的改良主義者進行資產階級政治改革。主要內容是：學習西方，提倡科學文化，改革政治、教育制度，發展農、工、商業等。但這次運動遭到以慈禧太后為首的守舊派的強烈反對，光緒被囚，維新派康有為、梁啟超分別逃往法國和日本。譚嗣同等6人（戊戌六君子）被殺害，歷時僅103天的變法失敗。因此戊戌變法也叫百日維新。

鴉片戰爭

1840年（道光二十年），英國侵略者向中國發動了一次侵略戰爭。這次戰爭是英殖民主義強行向中國傾銷走私鴉片引起的，歷史上稱之為「鴉片戰爭」，一共包含兩次，第一次鴉片戰爭：1840年6月～1842年8月。第二次鴉片戰爭：1856年10月～1860年10月。兩次鴉片戰爭使舊中國逐步淪為半封建半殖民地社會。

中國歷史上最後一個封建王朝——清朝

　　清朝是中國歷史上第二個由少數民族統治中國的時期，也是中國最後一個帝制國家。1616年，努爾哈赤建立後金。1636年，皇太極改國號為清。1644年，清朝定都北京。1911年，辛亥革命爆發，清朝被推翻，從此結束了中國兩千多年來的帝制。

康乾盛世

　　「康乾盛世」，起於康熙二十年（1681年）平三藩之亂，止於嘉慶元年（1796年）川陝楚白蓮教起義爆發，持續時間長達115年。這期間出現了經濟全面繁榮的局面，到雍正、乾隆中期，清朝國力達到其鼎盛，是清朝統治的最高峰。

辛亥革命

　　辛亥革命是因1911年清政府出賣鐵路修築權，激起中國人民的反抗，四川等地爆發保路運動而引起的民主革命。1911年10月10日，武漢地區的革命團體文學社和共進會發動武昌起義，接著各省紛紛響應，因為1911年為舊曆辛亥年，故稱這次起義為「辛亥革命」。辛亥革命推翻了滿清政府及中國實行兩千餘年的皇權制度，建立了亞洲第一個民主共和國——中華民國。

卷一‧歷史卷

地理卷

中國的疆域在夏朝、商朝和周朝後逐漸擴大，並在秦朝大統一後基本奠定了中國版圖的核心地帶。唐朝時，文明昌盛，多國來朝，疆域向西和北方向擴展，直至中亞和外興安嶺地帶。歷經五代十國戰亂後，宋朝時疆域面積已縮減不少。

中國的疆域在元朝時擴張至最大，不僅控制了蒙古、西藏和新疆地區，還掌控著西伯利亞的部分區域。但明朝時中國的疆域面積再次縮減。清朝初期，再次將蒙古、西藏和新疆區域劃歸中國疆域範圍內，今之中國的領土疆域即是建立在此基礎之上。但在清末時，包括黑龍江以北、烏蘇里江以東，以及庫頁島等屬地在內的大片北方領土，因被外國列強割據占領而失去。在中華民國建立十年之後，外蒙古的獨立再次使得中國的版圖北面回縮。

現今，中國的陸地面積約為九百六十萬平方公里，是僅次於俄羅斯和加拿大的陸地面積第三大的國家。

中國歷史悠久，疆域廣闊，地理和文化有著甚為密切的關係，在幾千年的歷史發展中，中國形成了以華夏民族為主體、並具有明顯地域差異性的中國文化。想要很好地理解中國文化，就需要我們先瞭解中國的地理，這樣，我們才能更完整地去理解國學。

中　國

在古代，「國」字的含義是「城」或「邦」。「中國」就是「中央之城」或「中央之邦」。華夏民族稱其四境民族為蠻、夷、戎和狄，而自稱為「中國」。「中國」一詞最早見於周代文獻中，有五種不同含義：一指京師，即首都；二指天子直接統治的王國；三指中原地區；四指漢族居住的地區和建立的國家；五指國內、內地。

中國，曾以「華夏」、「中華」、「諸夏」、「諸華」、「神州」、「中土」等的代稱出現，最早指天下的「中心」——黃河流域黃河中下游的中原河洛地帶，後逐漸帶有王朝統治正統性的意義。

自漢代開始，人們常把漢族建立的中原王朝稱為「中國」，兄弟民族建立的中原王朝也自稱為「中國」。南北朝時期，南朝自稱為「中國」，把北朝稱為「索虜」；北朝也自稱為「中國」，把南朝叫做「島夷」。遼與北宋，金與南宋，都自稱「中國」，但都不承認對方為中國。

嚴格地說，古代「中國」是一個形容詞，而不是一個專有名詞。歷史上的「中國」並不等於今天「中國」的範圍。古代各個王朝都沒有把「中國」作為正式國名。直到辛亥革命後，才把「中國」作為「中華民國」的簡稱。現在「中國」則成為了「中華人民共和國」的簡稱。

現代中文中「中國」一詞的含義有：

從歷史的角度說，中國是經歷了三皇五帝、夏、商、周、秦、漢、魏、晉、南北朝、隋、唐、五代十國、宋、元、明、清、中華民國和中華人民共和國一系列朝代和政權的連貫歷史的整體。

從地理的角度說，中國位於歐亞大陸東部，太平洋西岸，是世界上人口最多的國家，國土面積約960萬平方公里。

從民族的角度來講　，中華民族（包括主體民族漢族和滿、蒙、回、藏、苗、壯、維等少數民族）共有56個民族組成。

中國作為世界四大文明古國之一，有著五千多年的悠久文化與文明史。

世界四大文明古國之中國

中國，又以「華夏」、「中華」、「諸夏」、「諸華」、「神州」、「中土」等的代稱出現，最早指天下的「中心」——黃河流域黃河中下游的中原河洛地帶，後逐漸帶有王朝統治正統性的意義。中華民國建立後，「中國」正式成為中國的國家稱謂。

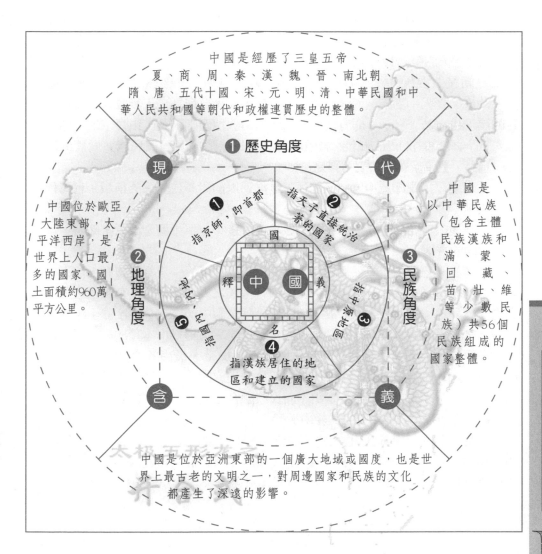

中國是經歷了三皇五帝、夏、商、周、秦、漢、魏、晉、南北朝、隋、唐、五代十國、宋、元、明、清、中華民國和中華人民共和國等朝代和政權連貫歷史的整體。

❶ 歷史角度

現　代

中國位於歐亞大陸東部，太平洋西岸，是世界上人口最多的國家，國土面積約960萬平方公里。

❷ 地理角度

中國是以中華民族（包含主體民族漢族和滿、蒙、回、藏、苗、壯、維等少數民族）共56個民族組成的國家整體。

❸ 民族角度

❶ 指京師，即首都

❷ 指天子直接統治著的國家

國　釋　中　國　義

❺ 京畿、京師

名　❹

❸ 指華夏及中國

❹ 指漢族居住的地區和建立的國家

含　義

中國是位於亞洲東部的一個廣大地域或國度，也是世界上最古老的文明之一，對周邊國家和民族的文化都產生了深遠的影響。

圖解：國學

華　夏

　　中國上古時期，「華」和「夏」是兩個氏族的名字。據《史記·五帝本紀》載，五帝中的首位是黃帝，後來的人稱黃帝為華夏族的始祖。禹是夏后氏部落之領袖，姒姓，又稱夏禹、大禹。夏大禹治水有功，繼位於舜當了中原各部落之共主，成立中國的第一個王朝。

　　夏朝在上古為中央大國。在周朝時，凡遵周禮、守禮義之族人，稱為華人、華族、夏人、夏族，通稱為諸華、諸夏。周人自稱為夏人後裔，因而把分封的諸侯也稱為「夏」（即有夏）。原商朝朝歌地區則稱為「東夏」。這樣由夏、商、周三個古民族加上入居中原的其他民族形成了一個民族共同體的雛形，稱為「夏」。華先於夏，與夏並稱。

　　「華夏」所指即為中原諸侯國民，是漢朝以前對漢族先民的稱謂。也可代指漢族。

　　「華夏」也指華夏族所居住的中原地區，後復包舉中國全部領土而言，遂又為中國的古稱。

　　「華夏」一詞最早見於周朝《尚書·周書·武成》：「華夏蠻貊，罔不率俾。」孔穎達《春秋左傳正義》：「中國有禮儀之大，故稱夏；有服章之美，謂之華。」疏：「夏，大也。故大國曰夏。華夏謂中國也。」從字義上來講，「華」字有美麗的含義，「夏」字有盛大的意義，「華夏」本義即有文明的含義。華夏族的祖先是生活在黃河流域的黃帝和炎帝，後由於合併融合，蠻、夷、戎、狄等民族相繼融入華夏族，構成後來漢族的主體，漢族由漢王朝而得名，此前稱華夏族，所以漢族是由不同民族融合而成的，其主體是華夏族，這就是中國之所以稱為「華夏」的緣由。

　　華夏文明亦稱中華文明，是世界上最古老的文明之一，也是世界上持續時間最長的文明。一般認為，中華文明的直接源頭有三個，即黃河文明、長江文明和北方草原文明，中華文明是三種區域文明交流、融合、升華的果實。

中國古稱——華夏

華夏是古代漢族的自稱（即華夏族）。原指中國中原地區，後復包舉中國全部領土而言，遂又為中國的古稱。

「華」之源

相傳伏羲的母親華胥氏外出，在雷澤無意中看到一個特大腳印，丈量後受孕，懷胎12年生伏羲。晉皇甫謐《帝王世紀》說：「太昊帝庖犧氏，風姓也，燧人之世有巨人跡出於雷澤，華胥以足履之，有娠，生伏羲於成紀。」有人認為，這就是中國人以「華」自稱的原因。即「華」源於中華始祖伏羲的故土，華胥古國之名。

華

夏

禹是夏后氏部落的領袖，又稱夏禹、大禹，其繼位於舜當了中原各部落之共主，建立了中國第一個王朝。夏朝在上古為中央大國。在周朝時，凡遵周禮、守禮義之族人，通稱為諸華、諸夏。周人自稱為夏人後裔，因而把分封的諸侯也稱為「夏」。這樣由夏、商、周三個古民族加上入居中原的其他民族形成了一個民族共同體的雛形，稱為「夏」。

「夏」之源

卷二・地理卷

赤縣神州

　　赤縣神州是中國人自古以來對中國的泛稱。這個稱呼最早出自戰國時的鄒衍。後逐漸簡化為「赤縣」或「神州」來稱呼中國。

　　赤縣，指華夏、中國、中土。《史記‧孟子荀卿列傳》：「中國名曰赤縣神州。」《梁書‧元帝》：「斯蓋九州之赤縣，六合之樞。」按《洞玄靈寶諸天世界造化經》：「其黃曾天下，凡有九州，皆以小海環之，流通崑崙大海。我今教化之處，名曰赤縣小洲，中為九州，法彼大洲者也。」即天下共有九大洲，中原為九大洲中的一個洲，名為赤縣，赤縣又分為九個州。赤縣之九州即禹之序九州。赤為南方色，南方神赤帝以火德王。

　　《古今通論》：「崑崙東南方五千里謂之神州，州中有和羹鄉方三千里，五嶽之域，帝王之宅，聖人所生也。」《混元聖紀》：「昔在神州，以神仙之道教化天下，上自三皇，次及五帝，修之皆得神仙。」《太清金液神丹經》：「但古聖人以中國神州，以九州島配八卦，上當辰極，下正地心，故九州島在此耳。」俗稱「神州大地」。中土為神州，黃帝為中央天神。黃帝以土德王。

　　相傳黃帝領治的土地稱為神州，赤帝統轄的土地稱為赤縣，赤縣和神州合稱「神州赤縣」或「赤縣神州」。

　　在夏代以前，中國被稱為「九州」，據《尚書‧禹貢》中記載，「九州」是指：冀州、兗州、青州、徐州、揚州、荊州、豫州、梁州、雍州。儒家認為，中國的名稱叫赤縣神州，內部有九個州。而戰國時期齊國學者鄒衍又提出了大九州學說：「中國名曰赤縣神州。赤縣神州內自有九州，禹之序九州是也，不得為州數。中國外如赤縣神州者九，乃所謂九州也。」（見《史記‧孟子荀卿列傳》）即是說，在中國像赤縣神州這樣的單位共有九個，在九州的周圍有大海環繞，這樣的九州合起來又是一個州，像這樣的單位也有九個，在它們的周圍有更大的海洋環繞。大九州之說其實就是大中國之說，後以借指中原或中國。

古代中國的泛稱——赤縣神州

　　赤縣神州，又稱神州赤縣，是對中國、中土的泛稱、別稱、美稱。上古時，炎帝以火德王，炎帝統轄的土地叫赤縣；黃帝以土德王，黃帝統轄的土地叫神州。黃帝打敗了炎帝後，統一起來就稱做神州赤縣或赤縣神州。

神　州　　　　　　　　　　　　　　　　　赤　縣

　　中土為神州，黃帝為中央天神。黃帝以土德王，黃帝領治的土地稱為神州。

　　天下共有九大洲，中原為九大洲中的一個洲，名為赤縣，赤縣又分為九個州。赤縣之九州即禹之序九州。赤為南方色，南方神赤帝（又稱炎帝）以火德王，其所統轄的土地稱為赤縣。

阪泉之戰

　　上古時期，各部落間爭戰不斷。以黃帝為首領的部落，在戰爭中逐漸強大起來。炎帝和蚩尤也是兩個很強大的部落的首領。在炎帝、黃帝聯合擊敗蚩尤後，二者又在阪泉進行決戰。經過三次激烈的戰鬥，最終黃帝戰勝了炎帝，二者合而為一。

黃　帝

炎　帝

卷二·地理卷

九 州

「九州」最早見於《禹貢》，相傳古代大禹治水時，把天下分為九州，分別為冀州、兗州、青州、徐州、揚州、荊州、梁州、雍州、豫州。豫州是中心，其他州環繞豫州。於是九州就成了中國的代名詞。

從字面上看，「州」字金文中寫作「𪜈」，正像河流環繞的高地（山丘）之形，《說文解字》曰：「水中可居曰州。」古時降水豐沛，人們往往居於傍水的高丘之上，因而「州」又成為居住區域的名稱，遂有「夏州」、「戎州」、「平州」、「陽州」、「外州」、「瓜州」、「舒州」之說，猶如「商丘」、「雍丘」、「作丘甲」之類。「九」字之意有二：一是確指，如「八年之中，九合諸侯」之「九」；一是虛指，表示很多，如「九山」、「九川」、「九澤」、「九藪」、「九原」等之「九」。既然「州」是很小的地理存在，「茫茫禹跡，劃為九州」，「九」就不可能是確指，而應是虛指。所以從本意上講，「九州」並非指九個大型的行政區劃，而當是眾多有河流環繞的高地（山丘）的總稱；由人之故，又引申為「全國」的代稱，猶「天下」、「四海」之謂。

到後來，「九州」具體化為九個大型的行政區劃。因在現有可靠資料中，具體的「九州」只見於戰國，而未見於春秋，所以其時間可能在戰國初期。

《漢書・地理志》，黃帝時代天下分為萬國；堯時洪水為害，天下被隔絕，成為十二州。禹平水土以後，重新厘定九州，即冀、兗、青、徐、梁、揚、荊、豫、雍。九州之外加并、幽、營三州，為禹前的十二州。歷夏、商二朝，一直沿用禹九州制度。周朝時將禹九州中的徐州併入青州，涼州併入雍州，從冀州分出并州、幽州，成為周時的九州。

九州之地則為華夏諸侯之居地。九州之確定，大體上劃定了中國古代在長江以北，以黃河流域為中心的區域輪廓。由此可看出禹舜時代中國土地已有版圖輪廓。

禹貢「九州」

　　「九州」是中國的別稱之一。古代中國人將全國劃分為九個區域，即所謂的「九州」。根據《尚書・禹貢》的記載，九州分別是：冀州、兗州、青州、徐州、揚州、荊州、梁州、雍州和豫州。其中豫州是中心，其他州環繞豫州。

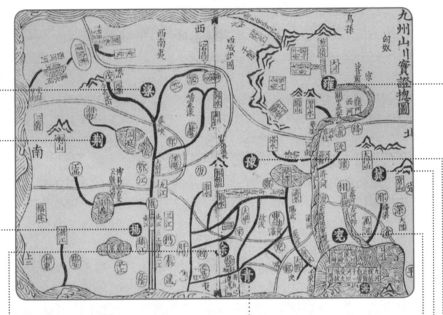

徐州，起自黃海、泰山、淮河，涉及山東、江蘇、安徽，地為紅色黏土。

青州，起自渤海、泰山，涉及河北、山東半島，地為肥沃白壤。

兗州，起自黃河下游、濟水，涉及河北、河南、山東，地為黑壤。

揚州，起自淮河、黃海，涉及江蘇、安徽、江西及其以南的地方，地為潮濕泥土。

梁州，起自華山、黑水，涉及陝西、四川、甘肅、青海，地為黑色鬆散的土。

雍州，起自黑水、西河，涉及陝西、內蒙古、寧夏、甘肅、新疆，地為最上等的黃壤。

冀州，起自黃河壺口，涉及今山西、河北、河南等省部分地區，地為白壤。

荊州，起自荊山、衡山，涉及湖北、湖南，地為潮濕泥土。

豫州，起自中原、黃河下游，涉及河南、山東，地為柔軟的土，下層為肥沃而硬的黑壤。

汴 梁

汴梁，簡稱「汴」，是北宋時的國都。汴梁今稱之為開封，是一座歷史文化悠久的古城，素有「七朝古都」之美譽。它位於河南省中部地區，是黃河沖積扇平原的尖端。東臨商丘地區，西連省會鄭州市，南接許昌市、周口地區，北靠黃河，與中原油田隔河相望。總面積6444平方公里，其中市區面積362平方公里。

開封建城距今已2700餘年。現在的開封城垣，是清代的開封府城，也是解放前的河南省城。這是河南現存規模最大的一座古代城垣建築，也是著名的中州古城，是中國僅次於南京城牆的第二大古城垣建築。相傳在2000多年前，周文王之子畢公高，曾經在此築城。而「開封」之名始於春秋，是鄭莊公取「開拓封疆」之意而得名。戰國時，魏惠王將國都遷到這裏，定名「大梁」。五代梁太祖建都開封，改名「東都」。後漢、後周、北宋均沿稱「東京開封府」。金滅北宋後，改東京為「汴京」。元明時代，開封又曾稱為「汴梁」和「北京」。因此，開封素有七朝古都之美譽。

開封不但歷史悠久，而且名人眾多，如蔡邕、蔡文姬、蔡漠、阮籍、崔顥、鐘嗣成、王延相等。這裏地勢低窪，湖泊眾多，號稱「北方水城」，有許多名勝古蹟，其中以鐵塔、龍亭、相國寺、繁塔、延慶觀、禹王臺、包公祠、朱仙鎮岳飛廟等為最著名。其中鐵塔為開封城市的標誌性建築，建於北宋皇祐元年（1049年），塔高55.88公尺，八角十三層，是開封現存最高的古建築，被譽為天下第一塔。

開封建設規劃思想獨特，宏大的城垣分外城、內城、皇城，三重城郭，三條護城河。城內交通水陸兼容、暢通無阻。在布局上打破了封閉性的坊裏制，代之以商住開放的街道形式，使其人口達到150餘萬。北宋開封的繁華盛景，除了文字記載外，最著名的就是北宋畫家張擇端繪製的巨幅畫卷《清明上河圖》，生動形象地描繪了東京開封城的繁華景象。

七朝古都——汴梁

汴梁，古地名。今河南省開封市。戰國時為魏都大梁，簡稱梁。隋唐改置汴州，簡稱汴。五代梁、晉、漢、周及北宋皆建都於此，金元以後合稱汴梁。迄今已有2700餘年的歷史。現在的開封是在地面6～9公尺以下北宋東京城遺址上建立的。是著名的中州古城。

天 下 第 一 塔

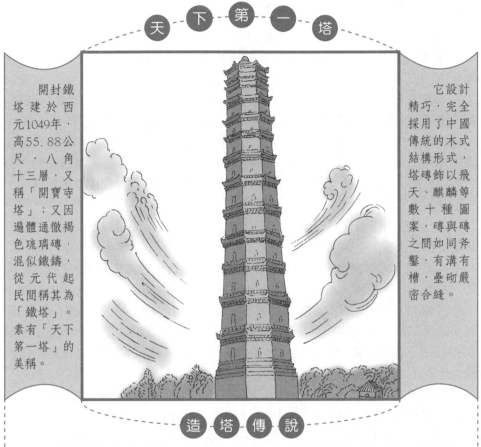

開封鐵塔建於西元1049年，高55.88公尺，八角十三層，又稱「開寶寺塔」；又因遍體通徹褐色琉璃磚，混似鐵鑄，從元代起民間稱其為「鐵塔」。素有「天下第一塔」的美稱。

它設計精巧，完全採用了中國傳統的木式結構形式，塔磚飾以飛天、麒麟等數十種圖案，磚與磚之間如同斧鑿，有溝有槽，壘砌嚴密合縫。

造 塔 傳 說

開封城北角夷山上有一個井口大的泉眼，據傳泉眼下通著大海，有海妖興風作浪。當地老百姓因此飽受疫病之災。後來聽說造塔能鎮住海妖，但又無人能造。最後在一老者的點化下，先在泉眼上蓋了第一層，然後用土把它埋起來，修成坡道運料，接著蓋第二層，和在平地上施工一樣。如此一直蓋了十三層，最後把封的土一層層剝開運走，一座巨塔就矗立在夷山上了。自從夷山造塔鎮住海妖後，開封城再無汙泥濁水到處橫流了。

歷史名人

開封曾為北宋時期「天下首府」，許多歷史名人如寇準、范仲淹、包拯、歐陽修等都曾任「開封府尹」。特別是包拯任開封府尹時，鐵面無私，執法如山，扶正祛邪、剛直不阿，美名傳於古今。一曲「開封有個包青天，鐵面無私辨忠奸」更是唱響了大江南北，一代清官包拯為民申冤的故事家喻戶曉。

金 陵

金陵，南京的別稱。歷史名城南京，曾經有過很多名稱，其中最響亮的名字莫過於「金陵」了。所以，作為南京最雅致而古老的正式名稱，金陵一直沿用至今。它是中國四大古都之一，有「六朝古都」之稱。

金陵位於中國長江下游中部地區，地跨長江兩岸，南北最大縱距140餘公里，東西最大橫距80餘公里，轄區總面積6598平方公里。南京北連江淮平原，東接長江三角洲，與鎮江市、揚州市、常州市及安徽省滁州市、馬鞍山市、宣城市接壤。其中，以紫金山為主的鐘山中支是南京最重要的一系列山體，有「石頭虎踞、鐘山龍蟠」之稱。紫金山主峰海拔448.9公尺，是南京的最高點。秦淮河與金川河是南京城內的主要兩大水系。

「金陵」原是山名，「陵」作「山陵」解。金陵，即是現在的鐘山，又稱蔣山、紫金山。

「金陵」二字最早用於城名是在戰國時期。古代地方志記載，西元前333年，楚威王打敗越國，殺越王無疆，盡取越國奪取的吳國的地域，而在石頭山（今清涼山）築城，稱為金陵邑，或石首城。那時的鐘山叫做金陵山，它的餘脈小山都還沒有自己的名字，石頭山當時是金陵山餘脈的一部分，所以這座建在石頭山上的城邑就被命名為「金陵邑」。唐代《建康實錄》對此有明確記載：「因山立號，置金陵邑。」

當時的「金陵邑」只是個具有軍事意義的小城堡，城市雖然規模不大，但它卻是南京設置行政區劃的開始，也是南京稱為「金陵」的發端。而由於「金陵邑」險要的地理位置以及此地影響力的越來越大，「金陵」之名也越叫越響。

歷史名城——金陵

「金陵」是「南京」的同義詞，「金陵」原是山名，即指鐘山，也是南京古時用的別稱。南京歷史悠久，是「中國四大古都」之一，有「六朝古都」之稱。

歷史名人

曹雪芹
與
《金陵十二釵》

主

鐘山風光

鐘山是紫金山別名，山形如鐘，山勢如同龍蟠之勢。除明孝陵、中山陵外，山中尚有紫霞湖等眾多古蹟名勝。

中國偉大的文學巨匠、《紅樓夢》作者——曹雪芹，康熙五十四年（1715年）出生在江寧織造府（今南京市內）。《紅樓夢》別名《金陵十二釵》，「金陵十二釵」是《紅樓夢》裏太虛幻境「薄命司」裏記錄的南京十二個最優秀的女子。

要

玄武風光

玄武湖是構成南京市「山、水、城、林」景觀特色的重要一環。玄武湖南岸的明城牆沿線，還有六朝遺跡臺城與雞鳴寺等。

這部巨著借女媧補天的神話作為引子，以金陵十二釵林黛玉、薛寶釵等為主線，描寫了當時的社會生活、婚喪祭祀制度、服裝穿戴、飲食藥膳、建築亭閣、舟車行轎等多個層面。

景

秦淮風光

秦淮河是古老的南京文化淵源之地，沿河兩岸從六朝起便是望族聚居之地，商賈雲集、文人薈萃、儒學鼎盛，素有「六朝金粉」之譽。

觀

長江風光

南京中心區北部長江南岸的下關區和棲霞區，沿江分布有許多名勝古蹟，其中六朝陵墓墓道前高大的石僻邪是南京的標誌之一。

卷二・地理卷

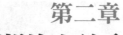

第二章
湖海江河 ①

黃　河

　　黃河全長5464公里，流域面積752443平方公里，是中國境內僅次於長江的河流，也是世界第五長河。由於河流中段流經中國黃土高原地區，夾帶了大量泥沙，所以它也被稱為世界上含沙量最多的河流。

　　黃河發源於青海省的巴顏喀拉山，流經青海、四川、甘肅、寧夏、內蒙古、山西、陝西、河南及山東9個省，最後流入渤海。從高空俯瞰，它非常像一個巨大的「几」字，又隱隱像是那獨一無二的圖騰——龍。

　　黃河橫貫中國東西，分上游、中游和下游三個分段。

　　黃河上游：指蒙古托克托縣河口鎮以上的黃河河段，河段全長3472公里，流域面積38.6萬平方公里，根據河道特性的不同，又可分為河源段、峽谷段和沖積平原三部分。

　　黃河中游：指內蒙古托克托縣河口鎮至河南孟津的黃河河段，河段全長1206公里，流域面積34.4萬平方公里，這裏有黃河幹流上最長的一段連續峽谷——晉陝峽谷，還有著名的壺口瀑布景觀。

　　黃河下游：指河南孟津以下的黃河河段，河段全長786公里，流域面積僅2.3萬平方公里。由於黃河泥沙量大，下游河段長期淤積形成了舉世聞名的「地上懸河」。

　　古往今來，關於黃河，有無數文人騷客曾吟詠出流傳千古的詩詞佳句，如李白〈將進酒〉：「君不見，黃河之水天上來，奔流到海不複回。」〈公無渡河〉：「黃河西來決崑崙，咆吼萬里觸龍門。」劉禹錫〈浪淘沙〉：「九曲黃河萬里沙，浪淘風簸自天涯。」王之渙〈涼州詞〉：「黃河遠上白雲間，一片孤城萬仞山。羌笛何須怨楊柳，春風不度玉門關」等。

　　在中國歷史上，黃河沿河流域的人類文明帶來很大的影響，是中華民族最主要的發祥地之一，所以中國人一般稱黃河為「母親河」。《漢書・溝洫志》把黃河尊為百川之首，「中國川源以百數，莫著於四瀆，而河為宗。」在中國，黃河不僅僅是一條河，黃河、黃土地、黃帝、黃皮膚及民族圖騰——龍，這一切黃色表徵，都把這條流經中華心臟地區的河流升華為聖河，升華為我們中華民族的象徵。

母親河——黃河

黃河是中國第二長河，世界第五長河，世界上含沙量最多的河流。被譽為中國的「母親河」。

黃河分段

上游

黃河從河源到內蒙古托克托縣的河口鎮為上游，長3472公里。本河段水多沙少，蘊藏著豐富的水力資源。根據河道特性的不同，此河段可分為河源段、峽谷段和沖積平原三部分。

中游

從河口鎮到河南鄭州桃花峪為中游，長1206公里。本河段水少沙多，是黃河下游洪水和泥沙的主要來源區。中游有黃河幹流上最長的一段連續峽谷——晉陝峽谷，還有著名的壺口瀑布景觀。

下游

桃花峪以下至河口為下游，長786公里。本河段兩岸大部修有堤防工程，是黃河防洪的重點河段。此處由於長期泥沙淤積形成了舉世聞名的「地上懸河」。

著名景觀

壺口瀑布——黃河在這裏以雷霆萬鈞之勢，奔騰過來，咆哮而去，壺口瀑布既是黃河的象徵，更是中華民族不懼艱險、勇於開拓、勇往直前精神的象徵。

龍門——「鯉魚跳龍門」的故事即源於此。這裏水流湍急，相傳鯉魚如果能跳過龍門就可成龍。相傳這裏是大禹治水所鑿開的一條峽口，因而又稱「禹門口」。

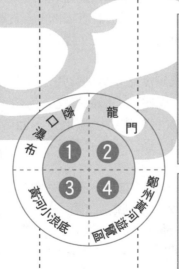

黃河小浪底——在洛陽市以北40公里的孟津縣，其中的小浪底大壩、進水塔群等大型水工建築是治黃史上的壯舉。有「北方千島湖」、「中原北戴河」的美譽。河洛文化是小浪底風景區黃河歷史文化的代表。

鄭州黃河遊覽區——位於鄭州西北30公里處，具有雄渾壯美的大河風光，源遠流長的文化景觀以及地上「懸河」的起點、黃土高原的終點、黃河中下游的分界線等一系列獨特的地理特徵，有「炎黃二帝」、「黃河兒女」等塑像。

卷二·地理卷

長　江

　　長江全長6397公里，是亞洲第一、世界第三長河，僅次於非洲的尼羅河與南美洲的亞馬遜河，也是世界上最長的完全在一國境內的河流。水量居世界第三。總面積1808500平方公里（不包括淮河流域），約占全中國土地總面積的1/5。

　　長江流域從西到東約3219公里，由北至南966公里餘。長江流經青藏高原、青海、四川、西藏、雲南、重慶、湖北、湖南、江西、安徽、江蘇、上海、東海。發源於中國西部，完全或部分流經包括西藏自治區在內的11個省區。長江流域人口分布不均衡；人口最密集之地在華中和華東毗連長江兩岸及其支流的平原，流域西部高原地區人口最為稀少。長江有3/4以上的流程穿越山區。有雅礱江、岷江、嘉陵江、沱江、烏江、湘江、漢江、贛江、青弋江、黃浦江等重要支流。其中漢江最長。

　　長江的正源沱沱河出自青海省西南邊境唐古拉山脈的格拉丹東雪山，與長江南源當曲匯合後稱通天河；通天河與長江北源楚瑪爾河匯流後，向東南流到玉樹縣巴塘河口。從此以下至四川省宜賓市間的長江幹流稱金沙江；宜賓以下始稱長江，在以前的荊州河段稱做荊江，揚州以下舊稱揚子江。在上海市注入東海。

　　從源頭青海各拉丹東到湖北宜昌是為長江的上游流域；從宜昌到江西湖口則是長江的中游流域；湖口到上海的長江入海口，是為長江之下游流域。中國大部分的淡水湖分布在長江中下游地區，面積較大的有鄱陽湖、洞庭湖、太湖、洪澤湖和巢湖。長江幹流通航里程達2800多公里，素有「黃金水道」之稱。

　　長江在重慶奉節以下至湖北宜昌為雄偉險峻的三峽江段（瞿塘峽、巫峽、西陵峽），這裏有世界最大的水利樞紐工程——三峽工程。

　　長江流域為人類居住時間最長的地區之一。如在長江上游發現的最著名的屬巫山大溪文化遺址；1973年在長江下游地區發現的代表新石器時代的河姆渡文化遺址；在長江中游發現的屬於商晚期的大冶銅綠山古銅礦是中國現已發現的年代最早、規模最大而且保存最好的古銅礦。

　　長江源遠流長，是世界三大古文明發祥地之一。它孕育了華夏文明，也成就了中華文化的輝煌燦爛。

亞洲第一長河——長江

長江，古稱江、大江等，全長6397公里。發源於中國青海省唐古拉山各拉丹東雪山的姜根迪如冰川中，是中國、亞洲第一和世界第三大河流，也是世界上最長的完全在一國境內的河流。其長度僅次於尼羅河、亞馬遜河，超過地球半徑。長江年徑流量近1萬億立方公尺，是世界第三大流量河流，僅次於亞馬遜河、剛果河。

長江在源頭至湖北省宜昌市之間為上游，水急灘多。主要大城市有重慶等。

宜昌至江西省湖口間為中游，曲流發達，多湖泊（其中鄱陽湖最大）。主要大城市有武漢等。

湖口以下至入海口為下游，江寬，江口有水流堆積而成的崇明島。主要大城市有上海、南京等。

上游　**中游**　**下游**

長江分段

長江水量和水利資源豐富，盛水期，萬噸輪可通武漢，小輪可上溯宜賓。長江幹流通航里程達2800多公里，素有「黃金水道」之稱。

長江航運

長江

水利工程

長江在重慶奉節以下至湖北宜昌為雄偉險峻的三峽江段（瞿塘峽、巫峽、西陵峽），世界最大的水利樞紐工程三峽工程就位於西陵峽中段的三斗坪。除此之外，還有葛洲壩水電站、丹江口水電站等水利工程。

主要幹流

沱沱河

自長江源頭至長江南源當曲河口，通稱為長江正源沱沱河，長度為358公里。

通天河

自當曲河口至青海省玉樹縣巴塘河口，全長813公里。

金沙江

自巴塘河口至四川省宜賓市岷江河口，全長2308公里。

川江

自宜賓市至湖北省宜昌市南津關段，全長1033公里。

荊江

自湖北省宜都市枝城至湖南省岳陽市的城陵磯，全長430公里，素有「九曲回腸」之稱。

揚子江

江蘇省揚州以下至入海口的長江段，因揚州市南面有一通往鎮江市的揚子津渡口而得名。

卷二·地理卷

京杭大運河

　　京杭大運河，又稱京杭運河或簡稱大運河，是世界上里程最長、工程最大、最古老的運河之一，與長城並稱為中國古代的兩項偉大工程。大運河北起北京（涿郡），南到杭州（餘杭），途經北京、天津兩市及河北、山東、江蘇、浙江四省，全長約1794公里。大運河最終在元代成為溝通海河、黃河、淮河、長江、錢塘江五大水系、縱貫南北的水上交通要道。其從開鑿到現在已有2500多年的歷史，至今部分河段依舊具有通航功能。

　　京杭大運河是秦始皇（嬴政）在嘉興境內開鑿的一條重要河道，其奠定了之後的江南運河走向。據《越絕書》記載，秦始皇從嘉興「治陵水道，到錢塘越地，通浙江」。大約2500年前，吳王夫差挖邗溝，開通了連接長江和淮河的運河，並修築了邗城，運河及運河文化由此衍生。

　　我們今天所說的大運河開掘於春秋時期，完成於隋朝，繁榮於唐宋，取直於元代，疏通於明清（從西元前486年始鑿，至西元1293年全線通航），前後共持續了1779年。主要經歷了三次較大的興修過程。到了隋朝，隋煬帝動用了兩百餘萬人，開鑿貫通了大運河，這為以後國家的經濟文化空前繁榮作出了巨大貢獻。

　　京杭運河的流向、水源和排蓄條件在各段均不相同，非常複雜，流向總體概括為四個節點、兩種流向：節點1天津（海河）以北的通惠河、北運河向南流；節點1與節點2東平湖之間的南運河、魯北運河向北流；節點2與節點3長江（清江）之間的魯南運河、中運河、裏運河向南流；節點3與節點4長江以南的丹陽之間河段向北流；丹陽以南河段（江南運河）向南流。

　　中華人民共和國成立後，對京杭大運河進行了大規模整修，使其重新發揮了航運、灌溉、防洪和排澇的多種作用。

　　京杭大運河是中國僅次於長江的第二條「黃金水道」，它也是世界上開鑿最早、長度最長的一條人工河道，是中國古代人民創造的一項偉大工程，是珍貴物質和精神財富，是活著的、流動的重要人類遺產。

京杭大運河流經區域

　　京杭大運河流經北京市通州區，天津市武清區，河北省滄州市、衡水地區、邢臺地區，山東省德州市、泰安市、聊城市、濟寧市、棗莊市，江蘇省徐州市、宿遷市、淮安市、揚州市、鎮江市、常州市、無錫市、蘇州市，浙江省嘉興市、杭州市18個市區。

清代京杭運河局部圖

《清代京杭運河全圖》係清朝河道官員於光緒初年實地繪製的運河形勢圖。

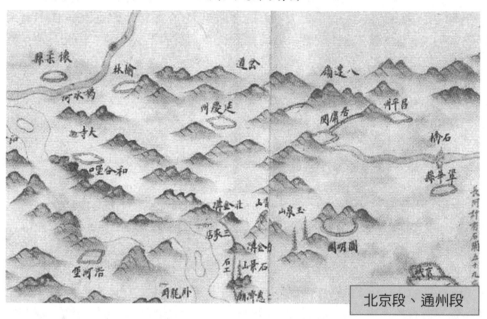

北京段、通州段

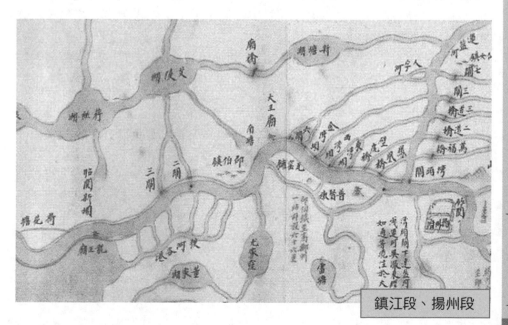

鎮江段、揚州段

卷二・地理卷

泰　山

　　泰山古稱岱宗，與我國衡山、恆山、華山、嵩山並稱五嶽，居五嶽之首，被稱為「五嶽獨尊」，有「天下第一山」之美譽。它位於我國東部的山東省中部，所以又稱東嶽。泰山自然景觀雄偉秀美，加之數千年精神文化的滲透、渲染以及人文景觀的烘托，是中國十大名山之一。

　　泰山的名勝古蹟眾多，其古建築主要為明清風格，將建築、繪畫、雕刻、山石、林木融為一體，是東方文明偉大而莊重的象徵；幾千年來，泰山成為歷代帝王封禪祭天的神山。隨著帝王封禪，泰山被神化，佛道兩家、文人名人紛至遝來，給泰山與泰安留下了眾多名勝古蹟。

　　泰山風景名勝以泰山主峰為中心，呈放射狀分布，由自然景觀與人文景觀融合而成。泰山自然風景的主要特點為雄、奇、險、秀、幽、奧等。泰山巍峨、雄奇、沉渾、峻秀的自然景觀常令世人慨歎。泰山景區分麓、幽、妙、奧、曠五區，其中麓區山水相映，古剎幽深，位於泰山南麓中路與西路之間的環山路線；幽區綠蔭環繞，一步一景，令人目不暇接，位於岱廟沿中路至南天門之間；過南天門經天街至絕頂一段，雖地勢平坦，然別有洞天，景色格外宜人，此段被稱為妙區；泰山之陰為後石塢，此處林木蒼鬱，花草茂盛，素有奧區之譽；曠區位於大眾橋過黑龍潭沿西溪橋至中天門，這裏坦途綠蔭，溪深谷幽。於是就有了「登泰山而小天下」和「會當凌絕頂，一覽眾山小」的感覺了。

　　泰山主要的景點有岱廟、普照寺、王母池、關帝廟、紅門宮、斗母宮、經石峪、五松亭、碧霞祠、仙人橋、日觀峰、南天門、玉皇頂等。

名稱由來

　　傳說，在很久以前，世界初成，天地剛分，有一個叫盤古的人生長在天地之間，天空每日升高一丈，大地每日增厚一丈，盤古也每日長高一丈。如此經過了一萬八千年，盤古最終衰竭而死，於是，盤古的頭變成了東嶽，腹變成了中嶽，左臂變成了南嶽，右臂變成了北嶽，兩腳變成了西嶽，眼睛變成了日月，毛髮變成了草木，汗水變成了江河。因為盤古開天闢地，造就了世界，後人尊其為人類祖先。他的頭部變成泰山，所以，泰山就被稱為至高無上的「天下第一山」，成了五嶽之首。

天下第一山——東嶽泰山

泰山，古稱岱宗，又稱東嶽，居「五嶽之首」，東西長約200公里，南北寬約50公里。主峰玉皇頂，海拔1545公尺。泰山雄偉壯麗，歷史悠久，文物眾多，以「五嶽獨尊」的盛名享譽古今。

文 化 內 涵

精神山

文化山

自然山

偉大

莊重

人文

泰山有著深厚的文化內涵，其古建築主要為明清的風格，將建築、繪畫、雕刻、山石、林木融為一體，是東方文明偉大而莊重的象徵；幾千年來，泰山成為歷代帝王封禪祭天的神山，隨著帝王封禪，泰山被神化，佛道兩家、文人名人紛至遝來，給泰山與泰安留下了眾多名勝古蹟。

自然景觀

泰山自然景觀雄偉壯麗，主峰傲然拔起，環繞主峰的知名山峰有112座，崖嶺98座，溪谷102條，構成了「群峰拱岱」、氣勢磅礴的泰山山系。泰山素以壯美著稱，呈現出雄、奇、險、秀、幽、奧、曠等諸多特點，不僅有著名的黑龍潭、扇子崖、天燭峰、桃花峪等十大自然景觀；更有旭日東升、晚霞夕照、黃河金帶、雲海玉盤等十大自然奇觀。

人文景觀

人文景觀，其布局重點從泰城西南祭地的社首山、蒿裏山至告天的玉皇頂，形成「地府」、「人間」、「天堂」三重空間。岱廟是山下泰城中軸線上的主體建築，前連通天街，後接盤道，形成山城一體。由此步步登高，漸入佳境，而由「人間」進入「天庭仙界」。

名稱由來

傳說，在很久以前，世界初成，天地剛分，有一個叫盤古的人生長在天地之間，天空每日升高一丈，大地每日增厚一丈，盤古也每日長高一丈。如此經過了一萬八千年，盤古最終衰竭而死，於是，盤古的頭變成了東嶽，腹變成了中嶽，左臂變成了南嶽，右臂變成了北嶽，兩腳變成了西嶽，眼睛變成了日月，毛髮變成了草木，汗水變成了江河。因為盤古開天闢地，造就了世界，後人尊其為人類祖先。他的頭部變成泰山，所以，泰山就被稱為至高無上的「天下第一山」，成為五嶽之首。

卷二・地理卷

華山

華山，五嶽之一，又稱西嶽，與東嶽泰山並稱。海拔2154.9公尺，位於陝西省西安以東渭南市的華陰市境內，北臨渭河平原和黃河，南依秦嶺，是秦嶺支脈分水脊的北側的一座花崗岩山。

華山共有五峰，即東峰朝陽峰，西峰蓮花峰，中峰玉女峰，南峰落雁峰，北峰雲臺峰。其中南峰落雁峰，為太華極頂，海拔2154.9公尺；西峰最險，海拔2082公尺；北峰最低，海拔1614.7公尺。另外，南峰落雁峰、東峰朝陽峰，西峰蓮花峰，合稱「天外三峰」。華山同時也是道教名山，是三十六洞天中的第四洞天。

華山雄偉奇險，山勢峻峭，壁立千仞，群峰挺秀，以險峻稱雄於世，素有「華山天下險」、「奇險天下第一山」的說法。由於華山太險，唐代以前沒有通向華山峰頂的道路，所以很少有人登臨。唐朝時，隨著道教興盛，道徒開始居山建觀逐漸在北坡沿溪谷而上開鑿了一條險道，形成了「自古華山一條路」。山上的觀、院、亭、閣皆依山勢而建，且有古松相映。山峰秀麗，又形象各異。

華山亦留有無數名人的足跡、傳說故事和古蹟。自隋唐以來，李白、杜甫等文人墨客詠華山的詩歌、碑記和遊記不下千餘篇，摩崖石刻多達上千處。自漢楊寶、楊震到明清馮從吾、顧炎武等不少學者，都曾隱居華山諸峪，開館授徒，一時蔚為大觀。而建於漢武帝在位時的西嶽廟，有著「陝西故宮」和「五嶽第一廟」之稱譽，這是五嶽中建制最早和面積最大的廟宇。中國歷史上，曾有56位皇帝曾到此山巡遊或舉行祭祀活動。

名稱由來

華山名字的來源說法很多，一般來說，與華山山峰像一朵蓮花是分不開的，古時候「華」與「花」通用。華山東臨潼關，西望長安，南依秦嶺，北靠黃渭，古稱太華山，又稱西嶽華山。由中（玉女）、東（朝陽）、西（蓮花）、南（落雁）、北（雲臺）五個山峰組成。遠望主峰狀如金元寶，與周邊環繞的幾小山遠望形似蓮荷；西峰翠雲宮前又有倒扣蓮花花瓣石，稱「花山」，又因近臨黃河，是華夏發源地，加之人們口音等因素，故稱「華山」。

奇險天下第一山——西嶽華山

華山是我國著名的五嶽之一，海拔2154.9米，位於陝西省渭南市華陰境內，北臨渭河平原和黃河，南依秦嶺，是秦嶺支脈分水脊的北側的一座花崗岩山。山上的觀、院、亭、閣皆依山勢而建，一山飛峙，恰似空中樓閣，而且有古松相映，更是別具一格。山峰秀麗，又形象各異。峪道的潺潺流水，山澗的水簾瀑布，更是妙趣橫生。

主峰概況

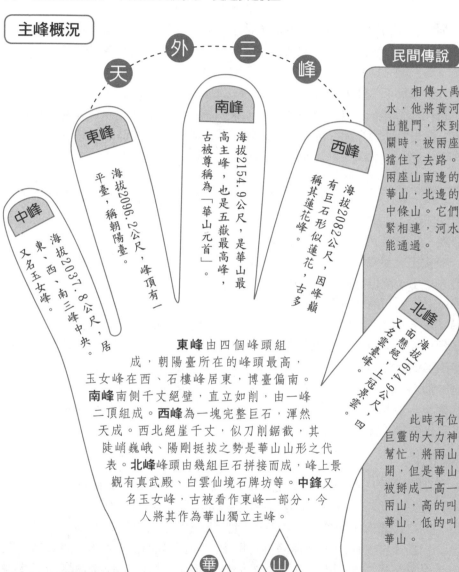

天外三峰

東峰
海拔2096.2公尺，峰頂有一平臺，稱朝陽臺。

南峰
海拔2154.9公尺，是華山最高主峰，也是五嶽最高峰，古被尊稱為「華山元首」。

西峰
海拔2082公尺，有巨石形似蓮花，因峰巔稱其蓮花峰。古多

中峰
海拔2037.8公尺，居東、西、南三峰中央，又名玉女峰。

北峰
海拔1614.9公尺，因地勢較峰，又名雲臺峰。

東峰由四個峰頭組成，朝陽臺所在的峰頭最高，玉女峰在西、石樓峰居東，博臺偏南。**南峰**南側千丈絕壁，直立如削，由一峰二頂組成。**西峰**為一塊完整巨石，渾然天成。西北絕崖千丈，似刀削鋸截，其陡峭巍峨、陽剛挺拔之勢是華山山形之代表。**北峰**峰頭由幾組巨石拼接而成，峰上景觀有真武殿、白雲仙境石牌坊等。**中鋒**又名玉女峰，古被看作東峰一部分，今人將其作為華山獨立主峰。

民間傳說

相傳大禹治水，他將黃河引出龍門，來到潼關時，被兩座山擋住了去路。這兩座山南邊的叫華山，北邊的叫中條山。它們緊緊相連，河水不能通過。

此時有位叫巨靈的大力神來幫忙，將兩山掰開，但是華山卻被掰成一高一低兩山，高的叫太華山，低的叫少華山。

另外則有「沉香劈山救母」、「吹簫引鳳」等故事廣為流傳。

華		山	
雄偉	奇險	峻峭	秀麗
誰將倚天劍	削出倚天峰	唐·張喬	

卷二·地理卷

恆　山

　　恆山，人稱北嶽，位於山西渾源縣。亦名「太恆山」，又名元嶽、紫嶽、大茂山、常山等，海拔2017公尺，與東嶽泰山、西嶽華山、南嶽衡山、中嶽嵩山並稱為五嶽，揚名於世。其主峰天峰嶺，海拔2016.8公尺，被稱為「人天北柱」。恆山素有「絕塞名山」、「天下第二山」之稱。

　　恆山山脈祖於陰山，號稱108峰，東西綿延150公里，橫跨山西、河北兩省。它西銜雁門關、東跨太行山，南障三晉，北瞰雲、代二州。其中天峰嶺與翠屏峰，是恆山主峰的東西兩峰。

　　早在西漢初年，恆山就建有寺廟，有「三寺四祠九亭閣，七宮八洞十二廟」之稱。恆山以景色秀美而著稱，有蒼松翠柏、廟觀樓閣、奇花異草、怪石幽洞構成的「恆山十八景」。還有始建於一千四百多年前的北魏王朝後期的天下奇觀「懸空寺」。

　　歷史上，秦皇、漢武、唐宗、宋祖等歷代帝王都曾到恆山巡視、祭奠。歷代名人、學士，也都遊覽過恆山勝地，並留下吟詠恆山的詩章。恆山還因其險峻的自然山勢和地理位置的特點，成為兵家必爭之地。許多帝王、名將都在此打過仗，至今還保留有古代關隘、城堡、烽火臺等眾多古代戰場遺跡。

　　恆山還以道教聞名，據記載道教三十六小洞天中的第五洞天即位於此。傳說茅山道的祖師大茅真君茅盈曾於漢時入山隱居修煉數載。神話中的古代道教八洞神仙之一的張果老也曾在恆山隱居潛修，在恆山留下了大量的仙蹤遺跡和神話傳說。果老嶺一塊光滑的陡石坡上，有幾個非常明顯的酷似驢蹄的印跡，傳說就是張果老騎毛驢由此登天時留下的。

名稱由來

　　恆山得名說法不一，《周禮》曰：「正北並州，其山鎮曰恆山」；《白虎通》載：「北言陰終陽始，其道常久，故曰常山」；《風俗通》載：「恆常也，萬物伏北方，有常也」。另一種說法是因恆山山勢為橫向，「橫」、「恆」相諧。再一種說法是渾河古稱恆水，因恆水而得名。《舜典》稱：北嶽。《禹貢》稱：太行恆山。《枕中秘書》稱：太恆山，恆宗命嶽。《水經注》稱：元嶽，紫嶽，以及「大茂山」、「神尖山」等。漢文帝時，因諱劉恆改稱常山；唐元和年間更名為鎮嶽；宋真宗時，因諱趙恆名復改常山。盡管別稱很多，但基本名稱一曰「恆山」，一曰「常山」。

天下第二山——北嶽恆山

恆山，人稱北嶽，海拔2017公尺。位於渾源縣城南10公里處。其中，倒馬關、紫荊關、平型關、雁門關、寧武關虎踞為險，是塞外高原通向冀中平原之咽喉要衝，自古是兵家必爭之地。

恆 山

自然景觀
峰奇壁立
山勢險峻

恆山概述

人文景觀
古跡眾多
名勝遍布

恆山歷史

恆山因其險峻的自然山勢和地理位置特點，成為兵家必爭之地。春秋時期，代國靠恆山而存天下；戰國時，燕、趙憑恆山而立天下；兩漢時，匈奴利用恆山爭天下；東晉時，慕容氏盤踞恆山威天下；北魏時，拓跋氏依恆山而分天下；宋仗恆山守天下；金恃恆山而鞭天下；元滅天下，清統天下，憑藉的是以恆山為主體的長城沿線天險。許多帝王、名將都在此打過仗，這是恆山在五嶽中最可引以為豪的。

恆山·峰
恆山主峰分東西兩峰，東為大峰嶺，西為翠屏峰，兩峰對峙，風格獨具，斷崖綠帶、層次分明。

恆山·峽
金龍峽，居於天峰嶺、翠屏峰之間，峽谷幽深，峭壁側立，石夾青天，最窄處不過三丈。

恆山·廟
恆山廟以北嶽廟為首，穩立於西峰之上，蒼松之間，或隱或露。懸空寺，為恆山第一景，被譽為「天下巨觀」。

恆山·松
恆山的松，風格別致，形狀奇特。其中有四株唐代古松，根部懸於石外，傲然挺立，氣勢不凡，別具風格。

恆山·雲
恆山的雲，變幻無窮。出雲洞在后土夫人廟的不遠處山腰，每當陰雨來臨，洞口便飄出縷縷白雲，引人遐思。

恆山傳說

據傳，4000年前，舜帝封恆山為北嶽。秦始皇時，恆山被推崇為天下第二山。

歷史上，秦皇、漢武、唐宗、宋祖，都曾到恆山巡視、祭奠。歷代名人、學士，諸如李白、賈島、元好問、徐霞客等人也都遊覽過恆山勝地，並留下吟詠恆山的詩章。

恆山，作為道教的活動場所由來已久。據記載，恆山是道教三十六小洞天中的第五洞天，相傳茅山道的祖師大茅真君茅盈曾於漢時入山隱居修煉數載；八仙之一的張果老亦曾修道於此。

卷二·地理卷

嵩 山

嵩山位於河南省西部，古時曾稱「外方」、「崇高」，五代後稱中嶽嵩山。由太室山與少室山組成，最高峰連天峰1512公尺。東依省會鄭州，西臨古都洛陽，南依潁水，北鄰黃河。

嵩山中部以少林河為界，東為太室山，西為少室山；兩座高山層巒疊嶂，綿延起伏於黃河南岸。歷代的帝王將相、墨客騷人、僧道隱士，根據這些山峰的形態，給這些美麗的山峰命名，遂有「七十二峰」之說。

太室山，主峰峻極峰為嵩山之東峰，海拔1492公尺，以《詩經‧嵩高》「峻極於天」為名，後因清高宗乾隆遊嵩山時，曾在此賦詩立碑，所以又稱「御碑峰」。太室山上主要建築為中嶽廟、嵩陽書院。太室山共有36峰，岩幛蒼翠相間，峰壁環向攢聳，恍若芙蓉之姿。登上峻極峰遠眺，大有「一覽眾山小」之氣勢。

少室山，距太室山約十公里，禦寨山上連天峰為嵩山之西峰，海拔1512米，為嵩山最高峰，主要建築為少林寺。少室山亦有36峰，山勢陡峭峻拔，諸峰簇擁起伏，如旌旗環圍、似劍戟羅列，頗為壯觀。山頂寬平如寨，分有上下兩層，有四天門之險。

嵩山地區還是中華文明的發源地，是中國古代最早的政治、經濟、文化中心，也是中國古代重要的政治、經濟、文化中心之一。嵩山地區不僅風景優美，而且文化高度繁榮，這裏道、佛、儒三教薈萃，太室山下的中嶽廟，始建於秦朝，是嵩山道家的象徵。太室山南麓的嵩陽書院，是嵩山儒家的象徵，也是中國古代四大書院之一。少室山中以少林武術聞名於天下的少林寺，是嵩山釋家的象徵。

名稱由來

中嶽嵩山的名稱有很多。據《尚書》上說，嵩山從外面看是方形，故稱「外方」。傳說中的堯、舜就居住在現在的山西省南部，對於部落氏族來說，嵩山距離他們已經很遠了，所以稱其為「外方山」。夏禹時稱為「嵩高」、「崇山」。《爾雅》上說：山大而高者叫嵩。平王東遷洛陽以後，始定嵩高山為中嶽。嵩山這一名稱是漢武帝以後才有的。從此以後，歷代均沿稱嵩山為中嶽。

中嶽嵩山

　　嵩山，位於河南省西部，古時曾稱「外方」、「崇高」，五代後稱中嶽嵩山。由太室山與少室山組成，最高峰連天峰1512公尺；面積450平方公里，東西綿延60多公里；東依省會鄭州，西臨古都洛陽，南依潁水，北鄰黃河。

太室山　嵩山　少室山

　　嵩山中部以少林河為界，東為太室山，西為少室山；兩座高山層巒疊嶂，綿延起伏於黃河南岸。嵩山有「七十二峰」之說。

太室山

　　太室山，主峰峻極峰為嵩山之東峰，海拔1492公尺，主要建築為中嶽廟、嵩陽書院。太室山共有36峰，岩幛蒼翠相間，峰壁環向攢聳，恍若芙蓉之姿。

少室山

　　少室山，其連天峰為嵩山之西峰，海拔1512公尺，為嵩山最高峰，主要建築為少林寺。少室山亦有36峰，山勢陡峭峻拔，諸峰簇擁起伏，如旌旗環圍，似劍戟羅列，頗為壯觀。山頂寬平如寨，分為上、下兩層，有四天門之險。

道　儒　釋　三　教　薈　萃

　　嵩山曾有30多位皇帝、150多位著名文人所親臨，更是神仙相聚對話的洞天福地。嵩山上道教興起較早。太室山下的中嶽廟，始建於秦朝，是嵩山道家的象徵。太室山南麓的嵩陽書院，是嵩山儒家的象徵。少室山中以少林武術聞名於天下的少林寺，是嵩山釋家的象徵。

卷二・地理卷

衡　山

　　衡山，古名壽嶽衡山，又名南嶽、南山，是五嶽之一，位於湖南省衡陽市南嶽區，海拔1300.2公尺。由於氣候條件較其他四嶽為好，處處是茂林修竹，終年翠綠；奇花異草，四時飄香，自然景色十分秀麗，因而又有「南嶽獨秀」的美稱。清人魏源〈衡嶽吟〉中說：「恆山如行，岱山如坐，華山如立，嵩山如臥，唯有南嶽獨如飛。」

　　衡山素以「五嶽獨秀」、「宗教聖地」、「中華壽嶽」著稱於世，祝頌詞「福如東海，壽比南山」的「南山」即為衡山。

　　衡山南起衡陽回雁峰（南嶽衡山首峰），北止長沙岳麓山（衡山尾峰），由巍然聳立著的72座山峰組成，亦被稱做「青天七十二芙蓉」。其中以祝融、天柱、芙蓉、紫蓋、石廩五座最有名。

　　南嶽之秀，在於無山不綠，無山不樹。人們把南嶽的勝景概括為「南嶽八絕」，即「祝融峰之高，藏經殿之秀，方廣寺之深，麻姑仙境之幽，水簾洞之奇，大禹碑之古，南嶽廟之雄，會仙橋之險」。正因為「南嶽八絕」的出類拔萃，才使它贏得「五嶽獨秀」那當之無愧的美稱。

　　據《星經》所載，南嶽衡山是對應星宿28宿之軫星，軫星乃主管人間蒼生壽命。相傳神農氏曾來此採百草，後仙逝於降真峰上。

　　衡山還是南中國的宗教文化中心，中國南禪、天臺宗、曹洞宗和禪宗南嶽、青原兩系之發源地；建於唐代的南嶽大廟，是中國南方和五嶽中最大的古建築群，有「江南第一廟」、「南國故宮」之稱。

名稱由來

　　早在軒轅黃帝時代，南嶽衡山就已被列為華夏四嶽之一（當時尚無「五嶽」之稱）而受到人們的崇拜。隨後，有虞氏帝舜都到南嶽巡疆狩獵，祭祀山神。夏禹治洪水經過衡山，也曾殺白馬祭告天地，求取治水之法。到了商、周時期，自然神被人格化了，祭祀也被列入國家嚴格的政治制度。約在此時，曾在黃帝手下任司徒而治理南方的赤帝祝融氏，被尊奉為南嶽衡山之神，主管人間福、祿、壽之神。《春秋元命苞》、《開元占經》、《春秋感精符》、《費直周易》、《唐書天文志》等許多古代典籍，都有南嶽稱為壽嶽的記載。自漢代起，南嶽即有「壽嶽」之稱。

中華壽嶽——南嶽衡山

　　衡山，為五嶽名山之一，位於湖南省衡陽市南嶽區，海拔1300.2公尺，共由72群峰組成。衡山山峰，層巒疊嶂，氣勢磅礴，衡山素以「五嶽獨秀」、「宗教聖地」、「中華壽嶽」「文明奧區」著稱於世，祝頌詞「福如東海，壽比南山」的「南山」即衡山。

南嶽

衡山

五嶽獨秀

　　衡山自然景觀和人文景觀並舉。
　　南嶽衡山四季景色宜人，可春賞奇花、夏觀雲海、秋望日出、冬賞雪景。
　　此外，衡山的祝融峰、水簾洞、方廣寺、藏經殿，以其高、奇、深、秀，自古被讚譽為南嶽四絕。

宗教聖地

　　衡山佛、道教同居一山，共存一廟之特色，為中國名山一絕。早在西周時期，道教就在南嶽衡山開闢洞天福地，至唐代出現十大叢林、八百茅庵之盛況。兩教具教義經典，並最終形成了佛道同尊共榮的特色。

文明奧區

　　衡山文明歷史悠久長遠，文明內容博大精深。炎、黃、堯、舜、禹都在衡山留有足跡。秦漢以後，道教、佛教相繼傳入南嶽衡山。宋以後，南嶽有20多個書院陸續在此建立，書院文化獨樹一幟。明代管大勳最早讚譽其為「文明奧區」。

中華壽嶽

　　衡山壽文化源遠流長，《星經》載：南嶽衡山對應星宿28宿之軫星，軫星主管人間蒼生壽命，南嶽故名壽嶽。宋徽宗曾在此御題「壽嶽」巨型石刻。歷代史志也常以「比壽之山」、「主壽之山」等敬稱衡山。衡山因而譽稱中華壽嶽。

卷二・地理卷

黃　山

　　黃山古稱黟山，因峰岩青黑，遙望蒼黛而名。黃山位於安徽省南部黃山市境內，為三山五嶽中三山之一，是長江與錢塘江兩大水系的分水嶺。

　　黃山一千公尺以上的山峰共有77個，其中命名的有72個山峰（36大峰，36小峰）。黃山三大主峰都在1800公尺以上：瑰麗高峰——蓮花峰，海拔1864公尺。平曠高峰——光明頂，海拔1860公尺。險峻高峰——天都峰，海拔1810公尺。黃山主體以花崗岩構成，群峰疊翠，有機地組合成一幅有節奏旋律的、波瀾壯闊、氣勢磅礴、令人歎為觀止的立體畫面。

　　明朝旅行家、地理學家徐霞客兩次登臨黃山，留下了「五嶽歸來不看山，黃山歸來不看嶽」的讚歎。有人評黃山有「泰岱之雄偉、華山之險峻、衡嶽之煙雲、匡廬之飛瀑、雁蕩之巧石、峨眉之清秀」。因而，黃山素被世人譽為「天下第一奇山」。

　　作為自然之山，黃山素以「黃山四絕」著稱：有或酷似珍禽異獸，或宛若各式人物，或形同各種物品的黃山最為奇特景觀的怪石；有變幻莫測，時而是風平浪靜的一片汪洋，時面波濤洶湧、白浪排空的雲海；有被讚譽為「五嶽若與黃山比，猶欠靈沙一道泉」的溫泉；被古語稱之為「黃山四季皆勝景，唯有臘冬景更佳」的冬雪。清朝人趙士吉曾說：「黃山之奇，信在諸峰；諸峰之奇，信在松石；松石之奇，信在拙古；雲霧之奇，信在鋪海。」

　　作為文化之山，自古至今，許多的文人墨客都寫下了許多吟詠黃山的佳作，如李白、賈島、范成大、龔自珍、老舍、郭沫若等。

　　黃山上遍布的摩崖石刻也展現了黃山的文化方面。最大的摩崖石刻是青鸞峰上每六公尺見方的「立馬空東海，登高望太平」。而其中一處「雲海」的石刻以四個象形「日」字作為落款，是黃山千古字謎之一。

名稱由來

　　黃山原名黟山，古代別名崗山。據史書記載，黃帝帶著術士大臣容成子和仙人浮丘公來此煉丹，並最終得道升天。唐天寶六年（747年），依此傳說，信奉道教的唐玄宗敕改黟山為黃山。

天下第一奇山——黃山

黃山，為三山五嶽中三山之一，有「天下第一奇山」之美稱。作為道教聖地，位於安徽省南部黃山市境內，遺址遺跡眾多，傳軒轅黃帝曾在此煉丹。徐霞客曾兩次遊黃山，留下「五嶽歸來不看山，黃山歸來不看嶽」的感歎。李白等大詩人也在此留下了有關黃山的壯美詩篇。

黃山素以奇松、怪石、雲海、溫泉「四絕」著稱。清朝人趙士吉曾說：「黃山之奇，信在諸峰；諸峰之奇，信在松石；松石之奇，信在拙古；雲霧之奇，信在鋪海。」

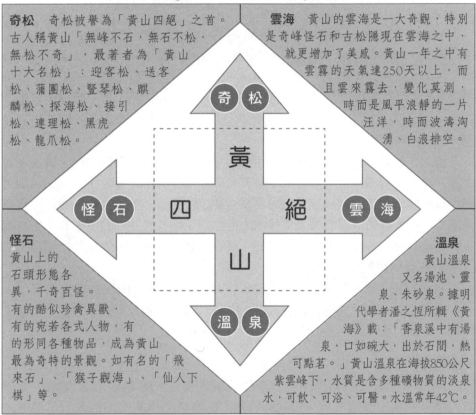

奇松 奇松被譽為「黃山四絕」之首。古人稱黃山「無峰不石，無石不松，無松不奇」，最著者為「黃山十大名松」：迎客松、送客松、蒲團松、豎琴松、麒麟松、探海松、接引松、連理松、黑虎松、龍爪松。

雲海 黃山的雲海是一大奇觀，特別是奇峰怪石和古松隱現在雲海之中，就更增加了美感。黃山一年之中有雲霧的天氣達250天以上，而且雲來霧去，變化莫測，時而是風平浪靜的一片汪洋，時而波濤洶湧、白浪排空。

奇 松

黃 四 絕 山

怪 石 雲 海

溫 泉

怪石
黃山上的石頭形態各異，千奇百怪。有的酷似珍禽異獸，有的宛若各式人物，有的形同各種物品，成為黃山最為奇特的景觀。如有名的「飛來石」、「猴子觀海」、「仙人下棋」等。

溫泉
黃山溫泉又名湯池、靈泉、朱砂泉。據明代學者潘之恆所輯《黃海》載：「香泉溪中有湯泉，口如碗大，出於石間，熱可點茗。」黃山溫泉在海拔850公尺紫雲峰下，水質是含多種礦物質的淡泉水，可飲、可浴、可醫。水溫常年42℃。

徐霞客

五嶽歸來不看山，黃山歸來不看嶽

卷二·地理卷

圖解：國學

廬　山

　　廬山，位於江西省九江市廬山區境內，為三山五嶽中三山之一。全山共有90多座山峰，主峰漢陽峰，海拔1474公尺。廬山以雄、奇、險、秀聞名於世，素有「匡廬奇秀甲天下」之美譽。巍峨挺拔的青峰秀巒、噴雪鳴雷的銀泉飛瀑、瞬息萬變的雲海奇觀、俊奇巧秀的園林建築，無不展示了廬山的無窮魅力。

　　廬山不僅大江、大湖、大山渾然一體，雄奇險秀，而且歷史文化悠久。千百年來，曾有司馬遷、陶淵明、李白、白居易、蘇軾、王安石、黃庭堅、陸游、朱熹、康有為、胡適、郭沫若等1500餘位文壇巨匠登臨廬山，留下4000餘首詩詞歌賦：如蘇軾寫的「不識廬山真面目，只緣身在此山中」的廬山雲霧；李白寫的「飛流直下三千尺，疑是銀河落九天」的秀峰馬尾瀑，均是詩景交融、名揚四海的絕境。

　　此外，廬山名勝古蹟遍布：列中國四大書院之首的白鹿洞書院、唐寅《廬山圖》中的觀音橋、朱元璋與陳友諒大戰鄱陽湖時屯兵飲馬的小天池、憑欄可極目遠眺蜿蜒長江的望江亭、白居易循徑賞花的花徑、千年古樹三寶樹、觀鄱陽湖日出的含鄱口，有3000多種植物的植物園、如五老並立的五老峰、拋珠濺玉的三疊泉瀑布、被陸羽譽為天下第一泉的谷簾泉、天下第六泉的招隱泉、天下第十泉的天池峰頂龍池水，等等。

　　廬山歷史上曾有寺廟360所，道觀200餘處，使得廬山成為南方的宗教中心。廬山宗教文化的獨特性在於其「一山藏六教，走遍天下找不到」，包括了佛教、道教、基督教、天主教、東正教、伊斯蘭教。

名稱由來

　　關於「廬山」的名稱由來有多種傳說，其中一種是說周朝時期，有一道人匡俗在廬山學道求仙，周朝國君獲悉此事後，邀其出山輔政，匡俗並未應允，而是潛入深山不知所蹤。後來，人們相傳其已成仙，並將其居所稱為「神仙之廬」，「廬山」因此得名。

　　還有一種是說周朝時有個叫方輔的人騎白驢與老子一道進山煉丹，並且二人均「得道成仙」而去，留下空廬一座，故名「廬山」。

「匡廬奇秀甲天下」——廬山

廬山，又稱匡山或匡廬，隸屬於江西省九江市，位於九江市南36公里處，北靠長江，南傍鄱陽湖。南北長約25公里，東西寬約20公里。大部分山峰在海拔1000公尺以上。廬山以雄、奇、險、秀聞名於世，素有「匡廬奇秀甲天下」之美譽。

廬山大江、大湖、大山渾然一體，雄、奇、險、秀，剛柔並濟，形成了世所罕見的壯麗景觀。「春如夢、夏如滴、秋如醉、冬如玉」，更構成一幅充滿魅力的立體天然山水畫，素有「匡廬奇秀甲天下」之美譽。

從司馬遷「南登廬山」，到陶淵明、李白、白居易、蘇軾、陸游、朱熹、康有為、郭沫若等1500餘位文壇巨匠或名家登臨廬山，留下4000餘首詩詞歌賦，等等，即確立了其文化名山的地位。

從朱熹重建白鹿洞書院弘揚「理學」，到教育豐碑的構建，廬山作為教育名山而亦名揚天下。

廬山歷史上有寺廟360所，道觀200餘處，使得廬山成為南方的宗教中心。從慧遠始建東林寺，到集佛教、道教、基督教（新教）、天主教、東正教、伊斯蘭教於一身，廬山宗教文化的獨特性即在於其「一山藏六教，走遍天下找不到」。

從「借得名山避世嘩」的隱居之廬，到20世紀初世界25個國家風格的廬山別墅群的興建；從胡先驌創建中國第一個亞熱帶山地植物園，到李四光「第四紀冰川」學說的創立；從20世紀中葉，廬山成為國民政府的「夏都」，到廬山作為政治名山地位的體現，皆展示了廬山極高的歷史、科學和美學等價值。

  廬 山 詩 詞

題西林壁

蘇軾

橫看成嶺側成峰，
遠近高低各不同。
不識廬山真面目，
只緣身在此山中。

望廬山瀑布

李白

日照香爐生紫煙，
遙看瀑布掛前川。
飛流直下三千尺，
疑是銀河落九天。

卷二·地理卷

五臺山

　　五臺山位於山西省忻州市五臺縣境內，與四川峨眉山、安徽九華山、浙江普陀山共稱「中國佛教四大名山」。其位居中國四大佛教名山之首，稱為「金五臺」，為文殊菩薩的道場。五臺山最低處海拔僅624公尺，最高處海拔達3061.1公尺，為華北最高峰，有「華北屋脊」之稱。臺頂雄曠，層巒疊嶂，峰嶺交錯，挺拔壯麗，大自然為其造就了許多獨特的景觀。

　　五臺山因五峰如五根擎天巨柱拔地而起、巍然矗立，峰頂平坦如臺，故名五臺。又因山上氣候多寒，盛夏仍不見炎暑，故又別稱清涼山。五臺山由古老結晶岩構成，北部切割深峻，五臺聳立：東臺望海峰、西臺掛月峰、南臺錦繡峰、北臺葉斗峰、中臺翠岩峰。其中以北臺最高。五峰之外稱臺外，五峰之內稱臺內，臺內以臺懷鎮為中心。五臺周長約250公里，總面積2837平方公里。五臺山自然植被以草地為主，由草甸、草原、灌叢構成，是優良的夏季牧場。

　　五臺山是最早建立中國佛教寺廟建築的地方之一。自東漢永平（58～75年）年間起，歷代修造的寺廟鱗次櫛比，佛塔摩天，殿宇巍峨，金碧輝煌，是中國歷代建築薈萃之地。五臺山是中國唯一一個青廟（漢傳佛教）與黃廟（藏傳佛教）交相輝映的佛教道場。

　　五臺山據傳擁有寺廟128座，現存寺院共47處，臺內39處，臺外8處，其中多敕建寺院，多朝皇帝前來參拜。著名的有顯通寺、塔院寺、菩薩頂、南山寺、黛螺頂、廣濟寺、萬佛閣等。而且，雕塑、石刻、壁畫、書法遍及各寺，均具有很高的藝術價值。

名稱由來

　　據傳說，遠古時代的五峰山（即五臺山）一帶氣候異常惡劣，常年酷暑，當地百姓苦不堪言。文殊菩薩發大願拯救百姓脫離苦海。他裝扮成一個化緣的和尚，在東海龍宮門口發現了一塊能散發涼風的巨大青石，於是便把它帶回來放置在五峰山一道山谷裏，霎那間，那裏就變成了草豐水美、清涼無比的天然牧場。人們就在山谷裏建了一座寺院，將那清涼石圈在院內。因此，五峰山又名清涼山。

　　後來，隋文帝聽說此事後，便下詔在五座山峰的臺頂各建一座寺院供奉文殊菩薩。即東臺頂的聰明文殊，西臺頂的獅子吼文殊，南臺頂的智慧文殊，北臺頂的無垢文殊，中臺頂的孺童文殊。在東臺頂能看日出，西臺頂能賞明月，南臺頂能觀山花，北臺頂能望瑞雪。這就是五臺山的由來。

中國四大佛教名山之首——五臺山

　　五臺山，位列中國佛教四大名山之首，稱為「金五臺」，為文殊菩薩道場。五臺山並非一座山，它是坐落於「華北屋脊」之上的一系列山峰群，最高峰海拔3061.1公尺。五座山峰（東臺望海峰、南臺錦繡峰、中臺翠岩峰、西臺掛月峰、北臺葉斗峰）環抱整片區域，因峰頂平坦如臺，故而得名。

主　　　　　　　要

五臺山最高的塔

塔院寺大白塔，高56.37公尺

景　　　　　　　觀

南山寺

　　顯通寺是五臺山規模最大、歷史最悠久的一座寺院，其大雄寶殿是舉行佛事活動的主要場所，殿內供奉有釋迦牟尼、阿彌陀佛、藥師佛的塑像。無量殿為磚砌結構，沒有房梁，形制非常獨特。銅殿是一座青銅建築物。

　　南山寺始建於元朝，整個寺院共7層，下三層名為極樂寺，上三層叫做佑國寺，中間一層稱作善德堂。寺內的石雕和泥塑內容包括佛教傳說、道教典故以及林木花草等圖案，堪稱五臺山一絕。

顯通寺

塔院寺

　　薩頂是五臺山最大最完整的一座藏傳佛教寺院，寺內有天王殿、釋迦牟尼殿和菩薩殿。因歷代皇帝都曾登臨菩薩頂，所以寺內有不少御筆親題的碑和匾。在東院過廳和後院，有兩座漢白玉四棱柱碑，碑文均為清代康熙帝手書。

　　法內有五臺山的標誌性建築物——大白塔，塔高56.37公尺，通體潔白，被譽為「清涼第一聖境」，塔頂懸有銅鈴。其東邊有一小白塔，又稱文殊塔。藏經閣在大白塔北側，內有用漢、蒙、藏多種文字所寫的經書兩萬多冊。

菩薩頂

　　五臺山是中國唯一一個青廟（漢傳佛教）黃廟（藏傳佛教）交相輝映的佛教道場。五臺山據傳擁有寺廟128座，現存寺院共47處，臺內39處，臺外8處，其中多敕建寺院，多朝皇帝前來參拜。著名的有顯通寺、塔院寺、菩薩頂、南山寺、黛螺頂、廣濟寺、萬佛閣等。

卷二・地理卷

武當山

　　武當山，又名太和山、仙室山，古有「太嶽」、「玄嶽」、「大嶽」之稱。位於湖北省西北部的十堰市丹江口境內。西界堵河，東界南河，北界漢江，南界軍店河、馬南河，背倚蒼茫千里的神農架原始森林，面臨碧波萬頃的丹江口水庫。

　　武當山被譽為「自古無雙勝境，天下第一仙山」。其山勢奇特，雄渾壯闊，有72峰、36岩、24澗、11洞、10石、9臺等。武當山主峰天柱峰，海拔1612公尺，被譽為「一柱擎天」，猶如金鑄玉琢的寶柱雄峙蒼穹，屹立於群峰之巔。環繞其周圍的群山，從四面八方向主峰傾斜，形成獨特的「七十二峰朝大頂，二十四澗水長流」的天然奇觀。

　　武當山以宏偉的建築規模著稱於世。其古建築始建於唐，宋、元、明、清均有修建，在明代達到鼎盛。武當山最早的寺觀為唐代所建，明永樂年間，大建武當，史有「北建故宮，南建武當」之說。其共建有33個建築群，100餘萬平方公尺；歷經數百年滄桑，現仍存有近5萬平方公尺。其整個建築係按照「真武修仙」的道教故事，採取皇家建築法式，統一設計布局。其規模的大小，間距的疏密都恰到好處，因山就勢，錯落有致，前呼後應，巧妙布局。或建於高山險峰之巔，或隱於懸崖絕壁之內、深山叢林之中，體現了建築與自然的高度和諧，達到了「仙山瓊閣」的意境，被譽為「中國古建築成就的展覽」。其中位於天柱峰上太和宮主體建築的金殿，是中國最大的銅鑄鎏金大殿，建於明永樂十四年（1416年），殿內藻井上懸掛的鎏金明珠被稱為「避風仙珠」。

名稱由來

　　據《太和山志》記載，東漢末期，道教誕生以後，武當山被尊為「仙山」、「道山」，是道教敬奉的「玄天真武大帝」（亦稱真武帝）的發祥地。

　　相傳黃帝時代，西部有一個美麗的淨樂國，淨樂國的太子生來聰明，但他卻不肯繼承王位，到處求師學道，想要成仙升天。後來，經玉清聖祖紫元君的點化，來到一座仙山修煉了42年，功成升天，後被天地封為「玄武上帝」、「蕩摩天尊」。後人因此便將玄武修煉的仙山稱之為武當山，意為「非玄武不足以當之」之意，故名「武當」。

道教第一名山——武當山

武當山，又名太和山、仙室山，古有「太嶽」、「玄嶽」、「大嶽」之稱。位於湖北省西北部的十堰市丹江口境內。西界堵河，東界南河，北界漢江，南界軍店河、馬南河，背倚蒼茫千里的神農架原始森林，面臨碧波萬頃的丹江口水庫。

道教名山

春秋至漢末，武當山已經是宗教活動的場所，魏晉南北朝時期得到發展。唐貞觀元年，唐太宗敕建五龍祠。到唐末，武當山被列為道教七十二福地之一。

宋元時，皇室封號武當山真武神。到明代，武當山被封為「太嶽」、「治世玄嶽」，被尊為「皇室家廟」，成為道教第一名山和中國最大的一處道場。

武當武術

武當武術歷史悠久，博大精深。元末明初武當道士張三豐集其大成，後經歷代武術家不斷創新、充實、積累，形成中華武術一大流派，素有「北崇少林，南尊武當」之稱。

自然景觀

武當山自然風光，以雄為主，兼有險、奇、幽、秀等多重特色。有72峰、36岩、24澗、11洞、3潭、9泉、10石、9井、10池、9臺等。被譽為「自古無雙勝境，天下第一仙山」。

名稱由來

真武大帝又稱玄天上帝，全稱真武蕩魔大帝，為道教神仙中赫赫有名的玉京尊神。

第四章
古寺與道觀

法源寺

　　法源寺，位於北京宣武門外教子胡同南端東側，建於唐太宗貞觀十九年（西元645年），至今已有1300餘年歷史，是北京最古老的名剎，唐時為憫忠寺，雍正時重修並改為今名。

　　法源寺的現存建築全部為明清時所建。寺院坐北朝南，平面為不規則的長方形，全寺可分為六院七進，主要建築都集中在南北中軸線上，依次有山門、天王殿、大雄寶殿、憫忠臺、毗盧殿、大悲壇和藏經閣等。寺內花木繁多，初以海棠聞名，今以丁香著稱，至今全寺丁香成林，花開時節，香飄數里，為京城豔麗勝景。

　　天王殿內供彌勒菩薩化身——布袋和尚，兩側為四大天王。大雄寶殿上有乾隆御書「法海真源」匾額，內供釋迦牟尼佛及文殊、普賢，兩側分列十八羅漢。觀音閣，又稱憫忠閣，陳列法源寺歷史文物。淨業堂內供明代五方佛。大悲壇，現闢為歷代佛經版本展室，陳列唐以來各代藏經及多種文字經卷，蔚為大觀。藏經閣，現為歷代佛造像展室，陳列自東漢至明清歷代佛造像精品數十尊，各具神韻，尤其是明代木雕佛涅槃像，長約10公尺，是北京最大臥佛。

　　據《元一統志》記載，法源寺始建於唐朝，初名「憫忠寺」。貞觀十九年（645年），唐太宗李世民為哀悼北征遼東的陣亡將士，詔令在此立寺紀念，但未能如願。武則天萬歲通天元年（696年）才完成工程，賜名「憫忠寺」。安史之亂時，一度改稱「順天寺」、「法源寺」，平亂後恢復「憫忠寺」名稱。唐末景福年間（892～893年），幽州盧龍軍節度使李匡威重加修整，並贈建「憫忠閣」。閣甚雄偉，有「憫忠高閣，去天一握」之贊語。遼清寧三年（1057年），幽州大地震時，憫忠寺被毀。遼咸雍六年（1070年）奉詔修復後又改稱「大憫忠寺」，從而形成今天的規模和格局。明朝正統二年（1437年），寺僧相璿法師募資進行了修葺，易名為「崇福寺」。滿清立國後，朝廷崇戒律，在此設戒壇。雍正十二年（1734年），該寺被定為律宗寺廟，傳授戒法，並正式改為今名「法源寺」。

　　法源寺作為一座歷史名剎，在這裏曾發生過許多著名的歷史事件。如北宋末年，當金攻陷汴京後，擄掠了徽、欽二帝北上，就曾把欽宗拘禁在此。

歷史名剎——法源寺

　　法源寺，是北京城內歷史最悠久的佛寺，寺內珍藏了大量佛經、佛像和石刻。該寺原址是唐貞觀十九年為紀念出征陣亡將士而建的憫忠寺。唐武則天萬歲通天元年（696年）始建佛寺。遼咸雍六年（1070年）幽州大地震後重修，金元時為北京名剎。元明之際寺毀，明正統二年（1437年）重修形成現存寺院規模，清雍正十一年（1733年）重修，賜名法源寺。

（主）（體）
（建）（築）

　　法源寺現存建築全部為明清時所建。寺院坐北朝南，平面為不規則的長方形，南北長約240公尺，東西平均寬75公尺，占地面積約1.8萬平方公尺。全寺可分為六院七進院落，主要建築都集中在南北中軸線上，依次有山門、天王殿、大雄寶殿、憫忠臺、毗盧殿、大悲壇和藏經閣等。

第一進院落

山門內為天王殿，供有明代的銅鑄彌勒佛像和四大天王像。殿前有數塊銘碑，東西兩側建有鐘樓和鼓樓。天王殿後有五座殿宇。

主殿藏經閣，珍藏有各種珍貴經書。迎門處有一尊明代木雕佛涅槃像，長達10公尺，佛像為木胎乾漆所製，是北京最大臥佛。

第六進院落

主殿大雄寶殿，是寺內最主要建築，簷下繪有金龍和璽彩畫，抱廈梁架上懸掛著乾隆帝御書的「法海真源」匾額。殿內正中供奉著「華嚴三聖」像。

第二進院落

主殿憫忠臺，保存有法源寺的歷史石刻、經幢等，其中以唐代《無垢淨光寶塔頌》、遼代《燕京大憫忠寺菩薩地宮舍利塔頌》等最為珍貴。

第三進院落

主殿大悲壇，又稱觀音殿，是一座佛教文物的宮殿，陳列著歷代的佛像、石刻及佛教藝術珍品。

第五進院落

主殿毗盧殿，又稱淨業堂。殿前有元代的大石海。殿內供奉著明代銅質五方佛像，造像的上層為毗盧佛。

第四進院落

院
布　局
落

卷二・地理卷

潭柘寺

潭柘寺，位於北京西部門頭溝區東南部的潭柘山麓，始建於西晉永嘉元年（西元307年），距今已有1700多年歷史，寺院初名「嘉福寺」，清代康熙皇帝賜名為「岫雲寺」，但因寺後有龍潭，山上有柘樹，故民間一直稱為「潭柘寺」。民間素有「先有潭柘寺，後有北京城」的民諺。寺院坐北朝南，背倚寶珠峰，周圍有九座高大的山峰呈馬蹄形環護。潭柘寺是佛教傳入北京地區後最早修建的一座寺廟，也是北京郊區最大的一處寺廟古建築群。

潭柘寺規模宏大，寺內占地2.5公頃，寺外占地11.2公頃，再加上周圍潭柘寺所管轄的森林和山場，總面積達121公頃。殿堂隨山勢高低而建，錯落有致。

現潭柘寺共有房舍943間，其中古建殿堂638間，建築均保持著明清時期的風貌。整個建築群以一條中軸線縱貫當中，左右兩側基本對稱，其建築形式有殿、堂、閣、齋、軒、亭、樓、壇等，多種多樣。潭柘寺主要建築可分為三路：

中路：主要建築有山門、天王殿、大雄寶殿、毗盧閣。在大雄寶殿東側有一棵古老的銀杏樹，有「帝王樹」之稱，西側與其對稱的一棵稱為「配王樹」。中路還有松樹、婆羅樹、玉蘭樹和一些名貴花木。後殿是毗盧閣，往下可俯瞰全寺景觀。

東路：主要由庭院式建築組成，有方丈院、延清閣和清代皇帝的行宮院，主要建築有萬壽宮、太後宮等。其中最著名的是一座方形流杯亭，名為猗軒亭。

西路：主要是寺院式的殿堂，有戒壇、觀音殿和龍王殿等。最高處為觀音殿，殿角繫有銅鈴。

此外，還有位於山門外山坡上的安樂堂和上、下塔院，以及建於後山的少師靜室、歇心亭、龍潭、御碑等。塔院中共有71座埋葬和尚的磚塔或石塔。

潭柘寺在佛教界占有重要的地位，自金代始，在很長時期內，此寺名僧輩出。另由於潭柘寺在政治上勢力強大，經濟上廟產龐大，在佛門地位崇高，以及寺院規模龐大，故而被譽為「京都第一寺」。

京都第一寺——潭柘寺

潭柘寺在唐代稱龍泉寺，金代重修之後稱大萬壽寺，元、明、清三代都有修建。清康熙重建，賜名岫雲禪寺。寺名雖經歷代修改，但潭柘寺的叫法一直沿襲下來，其名源於寺後有龍潭，山上有柘樹。

柘 樹

> 天王殿前有一口銅鍋，直徑1.85公尺、深1.1公尺，是和尚們炒菜所用。另有一口更大的鍋，直徑4公尺、深2公尺，一次煮粥能放米10石，需16個小時才能煮熟。由於鍋大底厚，文火慢熬，故而熬的粥既黏且香。關於這兩口鍋，還有「澂砂不漏米」之說。原來，鍋底有「容砂器」，隨著熬粥時的不斷攪動，砂石會沉入鍋底的凹陷處。

潭柘寺二寶之石鍋

潭

以此為名

柘

寺

> 潭柘寺觀音殿西側有龍王殿，殿前廊上有一石魚，長1.7公尺、重150公斤，看似銅，實為石，擊之可發五音，傳說是南海龍宮之寶，龍王送給了玉帝。後來人間大旱，玉帝便把石魚送給潭柘寺消災。據說石魚身上13個部位各代表13個省，哪省有旱情，敲擊該省部位便可降雨。

潭柘寺二寶之石魚

龍潭

懸空寺

懸空寺，又名玄空寺，「玄」取自於中國傳統宗教道教教理，「空」則來源於佛教的教理，後來改名為「懸空寺」，是因為整座寺院就像懸掛在懸崖之上，在漢語中，「懸」與「玄」同音，因此得名。

懸空寺位於山西渾源縣，懸掛在北嶽恆山金龍峽西側翠屏峰的半崖峭壁間。始建於1500多年前的北魏王朝後期，後歷代王朝都對懸空寺做過修繕。北魏王朝將道家的道壇從平城（今大同）南移到此，古代工匠根據道家「不聞雞鳴犬吠之聲」的要求建設了懸空寺。它是現存最早、保存最完好的高空木構摩崖建築，為恆山十八景中「第一勝景」。

懸空寺現存建築主要是明清兩代修繕的遺物，共有殿閣40間，廊欄左右相連，曲折出奇。寺內有銅、鐵、石、泥佛像80多尊。

懸空寺距地面高約60公尺，最高處的三教殿離地面90公尺，因歷年河床淤積，現僅剩58公尺。懸空寺整個寺院，上載危崖，下臨深谷，背岩依龕，寺門向南，以西為正，其建築特色可以概括為「奇、懸、巧」三個字。

懸空寺，不僅以它建築的驚險奇巧著稱於世，而且還在於它獨特的「三教合一」的多元化的宗教文化。正因為懸空寺三教合一，歷代統治者都對其進行了保護。在懸空寺千手觀音殿下的石壁上，嵌著兩塊金代的石碑，距今已800多年歷史。碑文中讚頌了三教創始人各自不同的出身和偉大的業績。

懸空寺更是歷代文人墨客向往之處，古代詩人形象地讚歎：「飛閣丹崖上，白雲幾度封。蜃樓疑海上，鳥到沒雲中。」

西元735年，詩仙李白遊覽後，在岩壁上寫下了「壯觀」兩個大字，明崇禎六年，徐霞客遊歷到此，稱之為「天下巨觀」。

「天下巨觀」——懸空寺

　　懸空寺，位於山西省渾源縣，建成於1500年前的北魏後期，是中國僅存的佛、道、儒三教合一的獨特寺廟。懸空寺原名「玄空寺」，後來改名為「懸空寺」，是因為整座寺院就像懸掛在懸崖之上，在漢語中，「懸」與「玄」同音，因此得名。

白雲幾度封。
飛閣丹崖上，

烏到沒雲中。
蜃樓疑海上，

建築特色

建築特色

奇　　值得稱「奇」的是建寺設計與選址，懸空寺處於深山峽谷的一個小盆地內，全身懸掛於石崖中間，石崖巔峰突出部分好像一把傘，使古寺免受雨水沖刷。山下的洪水泛濫時，也免於被淹。四周的大山也減少了陽光的照射時間。

懸　　「懸」是懸空寺的另一特色，全寺共有殿閣四十間，表面看上去支撐它們的是十幾根碗口粗的木柱，其實有的木柱根本不受力，所以有人用「懸空寺，半天高，三根馬尾空中吊」來形容懸空寺。而真正的重心撐在堅硬岩石裏，利用力學原理半插飛梁為基。

巧　　懸空寺的「巧」體現在建寺時因地制宜，充分利用峭壁的自然狀態布置和建造寺廟各部分建築，將一般寺廟平面建築的布局、形制等建造在立體的空間中，山門、鐘鼓樓、大殿、配殿等都有，設計非常精巧。寺內有佛像八十多尊。

建築概述　　懸空寺是現存最早、保存最完好的高空木構摩崖建築，其面對恆山，背倚翠屏；上載危岩，下臨深谷；鑿石為基，就岩起屋；結構驚險，造型奇特。

獨特文化　　懸空寺具有獨特的「三教合一」的宗教文化，即在其三教殿內，儒、道、釋的三位代表人物孔子、老子、釋迦牟尼的塑像共居一室。

卷二・地理卷

寒山寺

　　寒山寺，位於蘇州城西閶門外5公里外的楓橋鎮，建於六朝時期的梁代天監年間（502～519年），距今已有1400多年。初名「妙利普明塔院」。唐代貞觀年間，傳說當時的名僧寒山和拾得曾由天臺山來此做住持，於是改名寒山寺。1000多年內寒山寺先後5次遭到火毀（一說是7次），最後一次重建是清代光緒年間。歷史上寒山寺曾是十大名寺之一。

　　寒山寺因唐朝詩人張繼的《楓橋夜泊》：「月落烏啼霜滿天，江楓漁火對愁眠，姑蘇城外寒山寺，夜半鐘聲到客船」而聞名中外。宋朝太平興國初年，節度使孫承祐建七層浮屠。嘉祐中改「普明禪院」。紹興四年僧法遷重建。明朝洪武、永樂、嘉靖、萬曆各帝都重修寒山寺。嘉靖年間，僧本寂鑄大銅鐘並建鐘樓。

　　寒山寺內古蹟甚多，有張繼詩的石刻碑文，寒山、拾得的石刻像，文徵明、唐寅所書碑文殘片等。寺內主要建築有大雄寶殿、廡殿（偏殿）、藏經樓、碑廊、鐘樓、楓江樓等。

　　寒山寺裏比較有特色的是寒拾殿。此殿位於藏經樓內，樓的屋脊上雕飾著《西遊記》人物故事，是唐僧師徒自西天取得真經而歸的形象，主題與藏經樓的含義十分貼切。

　　在藏經樓南側，有一座六角形重簷亭閣，這就是以「夜半鐘聲」聞名遐邇的鐘樓。寒山寺素以鐘聲聞名天下。每年除夕或元旦晚上，寒山寺都會舉行敲鐘儀式，鐘敲108響。而按佛教教義，人生有108個煩惱，元旦聽108響鐘聲，便可得到層層解脫，預祝人們來年幸福安康。據說當年唐代詩人張繼夜泊楓橋，在客船聽鐘聲，也是因為屢試不中，聽人指點前來掃除煩惱的。

　　子夜，寒山寺法師敲108響除夕鐘聲，表示一年的終結，有除舊迎新之意，因為一年有12個月，24個節氣，72個候（古時候一年為360天，每5天為一候），合計為108。

姑蘇城外「寒山寺」

寒山寺，原名「妙利普明塔院」，曾是十大名寺之一，因唐代張繼《楓橋夜泊》一詩而更加聞名。寒山寺主要建築有大雄寶殿、藏經樓、鐘樓、楓江第一樓。大雄寶殿內兩側壁內鑲嵌著36首寒山的詩碑，還有懸掛於兩側的十六羅漢像。殿內的兩個石刻和尚即是寒山與拾得。

名稱由來

相傳唐太宗貞觀年間有兩個好朋友寒山和拾得，寒山與一位姑娘定了親，但姑娘卻早與拾得互生愛意。寒山知道真相後為成全拾得的婚事，獨自去了蘇州出家修行。後拾得知道了原委，也前往蘇州尋覓寒山，皈依了佛門。民間還傳說，寒山、拾得是文殊、普賢兩位菩薩轉世，後來又被皇帝敕封為「和合二仙」，甚至寺名也由於「和合」在此喜重逢並成為住持，而改名為「寒山寺」。

寒拾殿

寒拾殿位於藏經樓內，樓的屋脊上雕飾著《西遊記》人物故事。寒山、拾得二人的塑像就立於殿中。寒山執一荷枝，拾得捧一淨瓶，披衣袒胸，作嬉笑逗樂狀，顯得喜慶活潑。寒、拾塑像背後嵌有千手觀音畫像石刻。殿內左右壁嵌有南宋書法家張即之所書《金剛般若波羅密經》，共二十七石。

鐘樓

在藏經樓南側，有一座六角形重簷亭閣，即是以「夜半鐘聲」聞名遐邇的鐘樓。

古鐘聲寺

寒山寺素以鐘聲聞名天下。每年除夕或元旦晚上，寒山寺都會舉行敲鐘儀式，鐘敲108響。而按佛教教義，人生有108個煩惱，元旦聽108響鐘聲，便可得到層層解脫。

楓橋夜泊

張　繼

月落烏啼霜滿天，
江楓漁火對愁眠。
姑蘇城外寒山寺，
夜半鐘聲到客船。

寒山、拾得
寒山執一荷枝，拾得捧一淨瓶，披衣袒胸，作嬉笑逗樂狀，顯得喜慶活潑。

卷二‧地理卷

靈隱寺

　　靈隱寺是中國佛教著名寺院，又名雲林禪寺，位於浙江省杭州市西湖西北面，在飛來峰與北高峰之間靈隱山麓中，是中國最早的佛教寺院和中國十大古剎之一。靈隱寺創建於東晉咸和元年（西元326年），距今已有1680多年歷史。相傳印度僧人慧理到中國傳教，見此處景色奇幽，以為是「仙靈所隱」，就在當地建立寺院，取名為「靈隱」。五代時吳越國王錢俶篤信佛教，對靈隱寺的建設倍加關心。當時靈隱寺達到了九樓、十八閣、七十七殿堂、僧眾三千的規模，成為江南地區的佛教名剎。

　　今日靈隱寺是在清末重建基礎上陸續修復再建的，寺內主要建築有天王殿和大雄寶殿。天王殿正中面朝山門的佛龕供奉彌勒佛像，已有200年歷史；背對山門的佛龕供奉的是佛教護法神韋馱雕像，像高2.5公尺。這尊雕像以香樟木雕造，是南宋留存至今的珍貴遺物，已有700多年歷史。天王殿兩側是四大天王彩塑像，俗稱四大金剛。大雄寶殿高33.6公尺，是中國保存最好的三層重簷寺院建築之一。殿內正中有貼金釋迦牟尼像，淨高9.1公尺，加上蓮花底座和佛光頂盤，高達19.69公尺。大殿兩側分列「二十諸天」和「十二圓覺」像。殿後側有海島立體群塑，共有浮雕150多處。

　　在靈隱寺的大雄寶殿內，有一口已經1500餘年歷史、色澤橙黃、雕刻精美的古缸，它就是靈隱寺的鎮寺之寶——生天堂古缸，曾從靈隱寺消失、輾轉於民間77年，於2003年11月8日重回靈隱寺。大雄寶殿、天王殿兩側有五代時期所建的石塔和北宋開寶二年（西元969年）所建經幢，距今已有1000餘年。清康熙皇帝曾題「雲林禪寺」四字。靈隱寺旁的飛來峰不僅風景美，而且是中國南方古代石窟藝術重要地區之一。飛來峰岩洞與沿溪的峭壁上共刻有五代、宋、元時期的摩崖造像345尊，其中年代最早的是青林洞入口靠右的岩石上的彌陀、觀音、大勢至等三尊佛像，為西元951年所造。

江南佛教名剎——靈隱寺

靈隱寺，又名「雲林禪寺」，始建於東晉咸和元年（西元326年），到現在已經有1600多年歷史，是中國佛教禪宗十剎之一。

天王殿

位於靈隱寺正門，上懸清康熙帝御筆「雲林禪寺」的匾額。殿內的正面佛龕供奉彌勒佛，兩側為怒目圓睜的四大天王。彌勒佛像背面為手持金剛杵的韋陀菩薩佛像，是南宋時期的遺物，已有700多年歷史。

大雄寶殿

靈隱寺主殿。該殿為三層重簷構造，高達33.6公尺，雄偉莊嚴。殿內正面為釋迦牟尼蓮花坐像，高達19.6公尺，連座高24.8公尺，用香樟木仿唐代佛像雕刻而成，佛像外敷金箔。目前該佛像是中國國內最大的木雕佛像。

大殿兩側為十八羅漢造型，姿態各異，栩栩如生。釋迦牟尼像的背面是大型彩塑群像，正中是手執淨瓶的南海觀音像。

周圍的彩塑中刻畫了150多位佛教和傳說人物，其中也包括托塔天王、韋馱菩薩、孫悟空、四大天王、濟公等造型。

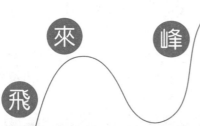

典故　傳說

相傳有一天，靈隱寺的濟公和尚算知有一座山峰就要從遠處飛來，怕飛來的山峰壓死人，就勸大家趕快離開。大家因平時看慣濟公瘋瘋癲癲，因此誰都不相信他的話。眼看山峰就要飛來，濟公急了，就衝進一戶娶新娘的人家，背起正在拜堂的新娘子就跑。村人見和尚搶新娘，就都追了出來。正追著，忽然天昏地暗，「轟隆隆」一聲，一座山峰（即飛來峰）飛降靈隱寺前，壓沒了整個村莊。這時，人們才明白濟公搶新娘是為了拯救大家。

卷二・地理卷

相國寺

相國寺位於河南開封市自由路西段，原為戰國時魏公子信陵君故宅，北齊天寶六年（西元555年）始建相國寺。相國寺是中國著名的佛教寺院，禪宗勝地，在中國佛教史上占有重要地位。整個建築保持著清代風格，古色古香，金碧輝煌。正門是座具有民族特色的牌樓式建築，山門上橫書「相國寺」三字，大門兩旁有一對石獅，古雅大方。

相國寺後毀於戰火。唐於西元711年重建。次年，唐睿宗為紀念他以相王身份入繼皇位，乘改年號為延和元年之際，賜以今名，並御書「大相國寺」匾額。唐建相國寺後於明末毀於黃河水淹，清乾隆三十一年（西元1766年）再重建。但清重建的相國寺規模遠遜於唐宋，其格局基本保存至今，即在一條中軸線上，由南至北，主要建築有天王殿、大雄寶殿、八角琉璃殿（羅漢殿）、藏經樓。寺前院東側還建有鐘樓。

天王殿，為清代乾隆年間所修，該殿單簷歇山，綠琉璃瓦頂，門楣殿額為趙樸初居士所題。

相國寺的主殿大雄寶殿，為清代順治年修建，被譽為「中原第一殿」。

羅漢殿中心聳立的八角亭中，供奉著一尊四面千手千眼觀音菩薩像。是大相國寺鎮寺之寶。

藏經樓，始建於清康熙年間，該樓建築高大，垂脊挑角，脊上飾有琉璃獅子，角下吊掛風鈴，微風拂之，叮咚作響，令人心曠神怡。

寺鐘樓內有一巨鐘高2.23公尺，重逾萬斤，鑄於清乾隆三十三年（西元1768年）。據說，每當清秋霜天時擊撞此鐘，其聲傳得最遠，故「相國霜鐘」聞名遐邇，成為開封八景之一。

開封相國寺——古都古寺，源遠流長。開封是「富麗甲天下」、「自古帝王都」的歷史文化名城，民間素有「一蘇二杭三汴州之說」。而「大相國寺天下雄，天梯縹緲凌虛空」（元·陳孚），是一座在中國佛教史上有著卓越地位和廣泛影響的著名寺院。

寺院歷史上名僧輩出，寺藏豐富。鼎盛時期轄64禪律院，占地達359964平方公尺。高僧、達官、文人、使節、民眾出入其間；佛事、巡幸、娛樂、參訪、商貿匯集其中，成為中外佛教及文化交流中心，深為海內外佛教界矚目。

古都有古寺——開封相國寺

相國寺位於河南省開封市自由路西段，原為戰國時魏公子信陵君故宅，北齊天寶六年（555年）始建相國寺。相國寺是中國著名的佛教寺院、禪宗勝地，在中國佛教史上占有重要地位。整個建築保持著清代風格，古色古香，金碧輝煌。

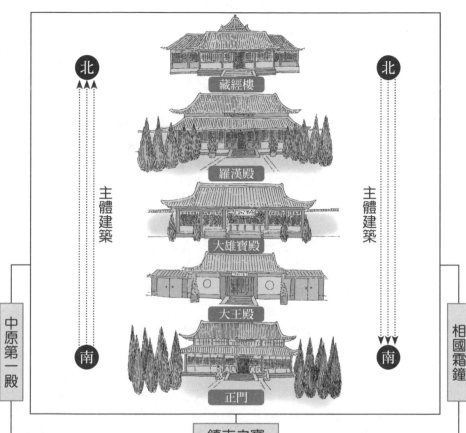

北 ▲▲▲

藏經樓

羅漢殿

大雄寶殿

大王殿

正門

主體建築

中原第一殿

南

北 ▼▼▼

主體建築

相國霜鐘

南

鎮寺之寶

　　大雄寶殿是大相國寺的主殿，為清代順治年修建，高約為13公尺，其氣勢恢宏，堪為古建築中的瑰寶，被譽為「中原第一殿」。大殿周圍及月臺望柱上，鏤刻有58個獅子。殿內，供奉有釋迦牟尼、阿彌陀佛和藥師佛三世佛。東西兩壁臺基上供奉著十八羅漢。三世佛背後是大型雕塑海島觀音。

　　羅漢殿八角亭中的四面千手千眼觀音菩薩像為鎮寺之寶。此尊像由一棵完整的銀杏樹雕刻而成，像高3公尺多，重約2000公斤，四面造型相同，每面各有6隻大手及扇狀小手3～4層，每隻手掌中均刻有1隻眼，共計1048隻眼，民間俗稱「千手千眼佛」。

　　相國霜鐘懸掛於大相國寺的鐘鼓樓中，為清乾隆年間遺物，重達萬斤，高2.23公尺，口徑1.81公尺，上鑄「法輪常轉，皇圖永固，帝道暇昌，佛日增輝」16字銘。其鐘聲響亮優美，尤其是秋冬霜天叩擊，聲音清越，響徹全城，素有「相國霜鐘」的美譽。

上清宮

　　龍虎山上清宮始建於東漢，是道教正一道的祖庭，為龍虎山歷史上著名的道教宮觀之一，也是中國古代在敬天祭祖的基礎上形成的建築群落之一。龍虎山上清宮不僅獨居江南宮觀之首，且在中國也是舉世無雙，素有「仙靈都會」和「百神受職之所」之譽。

　　上清宮初為天師張道陵的草堂，第四代天師張盛在此置「傳籙壇」，逢三元日升壇傳籙。唐代會昌年間（841～846年）始於此處建真仙觀，北宋大中祥符五年（1012年）改名上清觀，崇寧四年（1105年）第三十代天師張繼先請於朝，宋微宗命江東漕臣在龍虎山丈量土地重建上清觀，又於政和三年（1113年）將上清觀升為「上清正一宮」。元武宗時改「上清正一宮」為「大上清正一萬壽宮」。

　　大上清宮在上清鎮東陲，古代這裏稱為仙源鄉招賓里。其街曰「瓊林」。左擁象山，右注沂溪。溪山環拱，實乃仙靈都會也，古老相傳。這裏還是九龍聚會的寶地。民謠云：「九龍集結上清宮，天師擒妖顯神通。唯有一龍不伏法，順水飄遊遇虎凶。」這九龍指的是上清宮周圍的天門山、臺山、烏劍山、獅子山、沖天峰、應天山、西華山、烏龜山和聖井山。

　　據清乾隆五年（1740年）妙正真人婁近垣編《龍虎山志大上清宮新制》記載，當時的建制為兩宮（上清宮、斗姆宮）、十二殿（玉皇殿、后土殿、三宮殿、三省殿、五嶽殿、四瀆搬、文昌殿、天皇殿、關聖殿、紫微殿、斗姆前殿、斗姆後殿）、二十四院（三華、東隱、仙隱、崇元、太素、十華、郁和、清和、崇福、崇清、繁禧、達觀、明達、洞觀、棲真、混同、紫中、清富、鳳樓、高深、精思、正慶、玉華、迎華）。其建制規模不僅在江南稱為第一大觀，在中國也是首屈一指。

　　大上清宮在中國乃至全世界都有很大的影響，因為在古典名著《水滸傳》第一回：「張天師祈禳瘟疫，洪太尉誤走妖魔。」講的就是龍虎山上清宮，由上清宮內的鎮妖井，走出三十六天罡、七十二地煞，演繹出一部驚天動地的故事，在中國可謂婦孺皆知。如今，伏魔殿仍在，鎮妖井仍存，遊人信士絡繹而至，都忍不住要探一探伏魔殿的神奇，鎮妖井的玄秘。

　　同名景點還有洛陽上清宮、嶗山上清宮和青城山上清宮。

仙靈都會——龍虎山上清宮

大上清宮在上清鎮東首，左擁象山，門對瀘溪，面雲林，枕臺石，是歷代天師供祀神仙之所，故有「仙靈都會」、「百神受職之所」之稱。

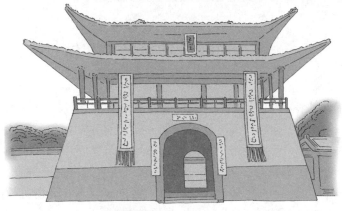

天乾

澤兌

風巽

宮

龍

火離

水坎

虎

清

雷震

山

上

地坤

名稱由來

上清宮始建於東漢，原為張道陵修道之所，時名「天師草堂」。漢末，第四代天師張盛自漢中遷還龍虎山，改「天師草堂」為「傳籙壇」；唐會昌年間，真宗賜傳籙壇額曰：「真仙觀」。北宋大中祥符年間，真宗敕改上清觀。正和三年（西元1118年），名上清正一宮，簡稱上清宮、大上清宮。原是中國規模最大、歷史最為悠久的古老道觀之一。

每當遊人站在上清宮鎮妖井井口朝底探望，都不禁膽戰心驚，生怕「只見一道黑氣，從穴裏衝出來，掀蹋了半個殿角。那道黑氣直衝上半天裏，空中散作百十道金光」，弄得「夜眠不穩，晝食忘餐」。當然，遊人也知道《水滸傳》是小說，但它對上清宮整體環境、氣勢的描寫，倒顯得幾分真實，因此，遊客都要來到井口，看看那三十六天罡、七十二地煞是怎樣從洞裏衝出來，變成梁山上的一百零八將攪亂整個乾坤的。

典故傳說

卷二·地理卷

太極和八卦組合成了太極八卦圖，它又為道教所用。道家認為，太極八卦意為神通廣大，震懾邪惡。

魁星樓

　　中國很多地方都建有「魁星樓」或「魁星閣」，其正殿塑著魁星造像。魁星面目猙獰，金身青面，赤髮環眼，頭上還有兩隻角，整個一副凶惡的造型。魁星右手握一管大毛筆，稱朱筆，意為用筆點定中試人的姓名，左手持一只墨斗；右腳單腳獨立，腳下踩著海中的一條大鰲魚（一種大龜）的頭部，意為「獨占鰲頭」；左腳擺出揚起後踢的樣子，以求在造型上呼應「魁」字右下的一筆大彎勾；腳上是北斗七星，見圖如見字。

　　中國歷史上的魁星，是指道教中的「賜福鎮宅聖君」鐘馗，據說鐘馗是主管人們科考命運的文曲星，自古讀書人在魁星樓拜魁星，以祈求在科舉中榜上有名。

　　河北承德魁星樓始建於清朝道光八年（1828年），由當時任承德知府海忠，為佑一方文化昌盛而建，因主奉道教之神「開文運點狀元」的魁星神而得名，是全國最大的供奉魁星的道觀。原樓立於半壁山之巔，是一座三間硬山布泥瓦殿，當時香火鼎盛，為進香往來方便，還在半壁山下建有碼頭、茶棚。後來，魁星樓由於年久失修而毀。新建成的魁星樓位於原址半壁山上，其建築規模比原樓要大出許多，又增添了許多富有文化內涵的新內容。

　　新建的魁星樓主體建築依山就勢，樓廊殿宇氣勢宏偉，慧石名泉隱現其間，鐵鎖棧道臨崖設置，於半壁山巔置七星石燈設壇，勺柄依然。

　　魁星樓建築主要分布在廣場苑區、宮殿區、園林綠化區等三個區內：有龍門、中門宮、七十二福地、榮仕樂真殿、弘文殿、魁星主樓、承天臺、聰明泉、環山棧道等。其中榮仕、樂真殿為東西配殿，分別供奉「壽、喜、樂、合」和「福、祿、財、安」八尊神像，彩繪形象，雕製精美，別具一格。弘文殿為景內一組重要建築，由正面碑廊與兩側爬山走廊巧妙連接而成。殿內選錄了歷史上有影響的思想家、文學家、藝術家、科學家等名人68位，選其一生中精華一點，以圖像及簡要成就刻於碑上，碑刻上方還有仿紅木大型情景木雕畫，記錄古代「懸梁苦讀」、「鑿壁借光」等刻苦讀書的典範11例。殿內還有魁星文化特色碑16塊。整組雕刻構成一卷啟迪後人，激發進取，光彩照人的歷史畫卷。

　　同名景點還有阜陽魁星樓、雲和魁星樓、雙城魁星樓、廣水魁星樓、遼源魁星樓和沈陽魁星樓等。

全國最大的供奉魁星的道觀——河北魁星樓

河北承德魁星樓，位於承德市區南部半壁山之巔，始建於1828年，由當時承德知府海忠所建，是繼外八廟之後修建魁星樓的最大的道教廟宇。因供奉「開文運點狀元」的魁星神而名聲遠播。後由於年久失修而毀。新建成的魁星樓位於原址半壁山上，占地百餘畝，其建築規模比原樓要大出許多，又增添了許多富有文化內涵的新內容。整組建築色彩絢麗，宏偉壯觀，依山就勢，錯落有致。

【魁星形象】

魁星樓景區主體建築依山就勢，疊峙而起，自上而下依次為樓、廊、殿、閣、苑，呈現獨特的道教建築風格。

山腰處的弘文殿，碑廊開闊舒展，鑲有68塊古代先賢人物碑刻等。再下有供奉「壽、喜、樂、和」和「福、祿、財、安」八仙的榮仕、樂真二殿，門殿配有大型系列壁畫。

【魁星傳說】

有一秀才，長相奇醜，滿臉麻子，又瘸腿拐腳，但他聰慧過人，才高八斗。殿試時，皇帝見他醜陋，心中不悅，問他的麻臉和瘸腿是怎麼回事，他回答說自己的麻臉是「麻面映天象，捧摘星斗」，自己的瘸腿拐腳是「一腳跳龍門，獨占鰲頭」。皇帝很高興他的機敏，又問他當今天下誰的文章最好。他說：「天下文章屬吾縣，吾縣文章屬吾鄉，吾鄉文章屬舍弟，舍弟請我改文章。」皇帝大喜，於是欽點他為狀元。這個醜文人的才學、智慧和發奮，使他後來升天成為魁星，主管功名祿位。

無量觀

千山無量觀，亦名無梁觀，是道教著名宮觀，始建於清康熙六年（1667年），位於遼寧省鞍山市東南十公里的千山北溝。由清代康熙六年（1667年）道教全真龍門派第八代弟子劉太琳創建，後屢有修繕。除有玉皇閣、羅漢洞、觀音殿、老君殿、三官殿、大仙堂殿外；下院還有玄真觀、劉家庵、白雲觀、五聖觀四處。

據傳，各山有天然古洞，名「古羅漢洞」。清康熙初年，有高道劉太琳、王太祥來居此洞修煉，因洞無磚石土木構造，所以稱之為「無梁之觀」，後人在天然山洞周圍依山勢構建宮觀，後改稱「無梁觀」、「無量觀」。

無量觀主體分為東閣、西閣兩處，東鐘樓、西鼓樓，觀內外主要建築有玉皇閣、老君殿、三官殿、慈航殿、南天門、八仙塔、祖師塔、葛公塔等。

玉皇閣建造在一直立的巨大岩石的頂部，是無量觀最高的建築，也是無量觀最早的建築。老君殿創建於清代康熙初年，嘉慶、道光及同治年間均有修葺，殿內供奉太上老君塑像；三官殿係清代道光二十六年（1847年）創建，因祀三官大帝而名；慈航殿，原名慈航閣，中供慈航道人聖像。觀前山腰間有一石臺，臺上置石桌石墩，四周環以短石垣欄柱及石板，相傳昔日常有仙人羽客棲集於此，故人稱「聚仙臺」；臺東有八仙、祖師、葛公三塔。沿山門拾級而上至西峰，峰頂石臺，名振衣崗，崗北山峰，古稱拜斗臺，昔為觀內道士朝拜北斗之處。

無量觀整個建築依山隨景而築，殿宇房舍成階梯狀，層層而上，氣勢壯觀，是北上一線天、天外天通達五佛頂的必經之地。觀山下山路蜿蜒、濃蔭夾道、古木參天、清幽秀麗。更有亭、閣、奇石、古塔點綴其間，真可謂人間「仙闕蓬萊」。

無量觀當是千山諸觀之首，在無量觀的周圍，有松石相疊的陡壁懸崖、奇石秀松遮掩的古廟和松岩疊翠簇擁的群峰，更有那弱中蘊強的可憐松、王抖戰袍的振衣岡、讓人妙思無窮的一線天、僅容一人側身而過的夾扁石和那令人有置身天上之感的天外天。

同名景點還有華山無量觀。

人間「仙闕蓬萊」——千山無量觀

千山無量觀是道教著名宮觀，始建於清康熙六年（1667年），位於遼寧省鞍山市東南十公里的千山北溝，亦名無梁觀，傳因初建時無梁而得名。由清代康熙六年（1667年）道教全真龍門派第八代弟子劉太琳創建。

三官殿

無 量 觀 最

堂 殿 大

最大殿堂 太上老君

玉皇閣是無量觀最高的建築，也是無量觀最早的建築。玉皇閣無一根木料，全部用磚瓦建成，殿內供奉玉皇大帝像。

老君殿殿門上懸掛「道教之家」四字匾額。殿內供奉太上老君像，兩側牆上則繪有老子過函谷關及孔子問禮於老子的場面。

三官殿主奉天、地、水三官大帝。在三官大帝前面有道教護法神王靈官和護壇土地，左右兩邊牆壁上繪有堯王訪舜、大禹治水兩幅壁畫。

慈航殿位於西閣，原名慈航閣，中供慈航道人聖像。

太上老君即是老子，姓李，名耳，字聃，又字伯陽，春秋時楚國苦縣人。曾任周朝守藏室之史。主張無為之說，後世稱之為道家始祖。

老君殿

　　老君殿，亦名降聖觀，原是唐代皇帝祭祀老子的朝元閣遺址。相傳唐玄宗曾兩次在此遇見太上老君降臨，故稱之為「降聖觀」、「朝元閣」。位於西安市臨潼區城南驪山西繡嶺第三峰之巔，據《舊唐書》記載，始建於唐高宗乾封元年（西元666年）。至今已有1300餘年歷史。

　　太上老君，即老子，為道教教祖。昔時老君殿內所奉太上老君白玉雕像，造型細膩，刀法簡練，神態逼真，栩栩如生，為唐代西域著名雕塑家元兄迦之作，今珍藏於陝西省博物館內，殿內現供太上老君塑像，為近代所塑立。

　　據史料載，唐高祖曾追封太上老君為「聖祖」，高宗加封為「大聖祖玄元皇帝」，朝元閣即現在老君殿前身，是唐王朝在驪山朝拜祭祀大聖祖玄元皇帝之所。唐開元二十九年玄宗又令在朝元閣內畫高祖、太宗、高宗、中宗、睿宗等五位帝王之像陪祀。天寶七年十二月，唐玄宗夜夢太上老君降臨朝元閣，故曾更名為降聖觀，後因供奉太上老君像於觀內，故名老君殿。

　　老君殿在唐朝時建築相當宏偉，史書及現存石碑多有記載。清道光二十九年，因陰雨連綿，廟內三株古柏迎風而倒，廟宇房屋大部受損，住持道士多方募捐，變賣所倒的古柏，在原址上重修朝元閣獻殿、大殿、山門各三間，廂房六間，歷時五年，於清咸豐五年四月完工。閣內現存有清咸豐五年立之《重修朝元閣》石碑一通，對此有詳細記述。現存之朝元閣建築係拆除了部分房屋後之規模。

　　老君殿在盛唐時期就是驪山上的一座著名道教宮觀，至今從未間斷。據北宋《長安・朝元殿》記載，在大唐時唐王朝祭祀太上老君儀式相當隆重，唐玄宗李隆基又專修了長生殿作為「齋殿」，置於老君殿左下側，進老君殿祭祀太上老君前，先在長生殿吃齋、沐浴後方能進殿舉行祭祀儀式，進行宗教活動。所以老君殿歷來就是一處宗教活動場所。

　　唐代詩人張繼在《華清宮》一詩中曾這樣描寫老君殿：「朝元閣峻臨秦嶺，羯鼓樓高俯渭河。玉樹長飄雲外曲，霓裳閒舞月中歌。」

　　同名景點還有巍寶山老君殿。

老君殿——太上老君

驪山老君殿，是道教宮觀，位於陝西省臨潼縣城南的驪山西繡嶺第三峰上。原為唐代華清宮之長生殿所在地，相傳唐玄宗曾兩次在此遇見太上老君降臨，故稱之為「降聖閣」、「朝元閣」。後殿內供奉太上老君，故名老君殿。

老君像

卷二・地理卷

驪 山 老 君 殿

太 上 老 君

太上老君，道教天神，又稱「混元老君」、「太清大帝」等。相傳其原型為老子。東漢時張陵，其創設天師道，為了和佛教抗衡，便抬出老子為祖師，並尊為太上老君。其後道教典籍將老子極度神化，謂其生於無始之時，無因而起，是萬物之先，元氣之先。

名 稱 由 來

驪山老君殿，原為唐代華清宮之長生殿所在地，相傳唐玄宗曾兩次在此遇見太上老君降臨，故稱之為「降聖閣」、「朝元閣」。後在殿內供奉太上老君，故名老君殿。老君殿內原所供奉漢白玉老君像，在「安史之亂」時，其正身和蓮花座均被燒裂，雙手被道人盜走。其後，刻木手嵌於腕下。殿內現供太上老君塑像，為近代所塑立。

張 繼

朝元閣峻臨秦嶺，羯鼓樓高俯渭河。
玉樹長飄雲外曲，霓裳閒舞月中歌。

太和宮

太和宮，又叫金頂，位於安徽安慶天柱峰南側，占地面積8萬平方公尺，現有古建築20餘棟，建築面積1600多平方公尺。建於明代永樂十四年（1416年），由明成祖朱棣下令敕建，歷時4年，在險峻陡峭的峰頂建成了雄偉瑰麗的太和宮建築群。明嘉靖年間，太和宮又進行了擴建，使殿堂道房多達520間。主要建築有金殿、古銅殿和紫禁城。

金殿：明代銅鑄仿木結構宮殿式建築，位於天柱峰頂端的石築平臺正中，面積約160平方公尺。殿面寬與進深均為三間，闊4.4公尺，深3.15公尺，高5.54公尺。四周立柱12根，柱上疊架、額、枋及重翹重昂與單翹重昂斗拱，分別承托上、下簷部，構成重簷底殿式屋頂。正脊兩端鑄龍對峙。四壁於立柱之間裝四抹頭格扇門。殿內頂部作平棋天花，鑄淺雕流雲紋樣，線條柔和流暢。地面以紫色石紋墁地，洗磨光潔。屋頂採用「推山」做法為特點。殿內於後壁屏風前設神壇，塑真武大帝坐像，左侍金童捧冊，右侍玉女端寶，水火二將，執旗捧劍拱衛兩廂。壇下玄武一尊，為金婉合體。壇前設香案，置供器。神壇上方高懸餾金匾額，上鑄清聖祖愛新覺羅·玄燁手跡「金光妙相」四字。殿外簷際，懸盤龍斗邊餾金牌額，上豎鑄「金殿」二字。殿體各部分件採用失蠟法鑄造，遍體鎏金，無論瓦作、木作構件，結構嚴謹，合縫精密，雖經五百多年的嚴寒酷暑，至今仍輝煌如初，顯示其鑄造工業發展的高度技術，堪稱現存古建築和鑄造工藝中的一顆燦爛明珠。

古銅殿：位於天柱峰前小蓮峰上。元代大地十一年（西元1307年）鑄，高3公尺，闊2.8公尺，深2.4公尺，懸山式屋頂，全部構件為分件鑄造，卯樺拼裝，各鑄件均有文字標明安裝部位，格扇裙板上鑄有「此殿於元大德十一年鑄於武昌梅亭萬氏作坊」，是中國現存最早的銅鑄木結構建築。

紫禁城：建於永樂十七年（西元1419年），沿天柱峰環繞，周長345公尺，牆基厚2.4公尺，牆厚1.8公尺，城牆最高處達10公尺，用條石依岩砌築，每塊條石重達五百多公斤，按中國天堂的模式建有東、南、西、北四座石雕仿木結構的城樓象徵天門。該石雕建築在懸崖徒壁之上，設計巧妙，施工難度大，是明代科學與藝術相結合的產物。

同名景點還有千山太和宮、甘肅平涼太和宮、武當山太和宮、昆明太和宮和山西方山太和宮等。

安慶太和宮

太和宮，又叫金頂，位於安徽安慶天柱峰南側，明永樂十四年，由明成祖朱棣下令敕建，歷時4年方完工。明嘉靖年間，又對其進行擴建，使殿堂道房多達520間。主要建築有金殿、古銅殿和紫禁城。

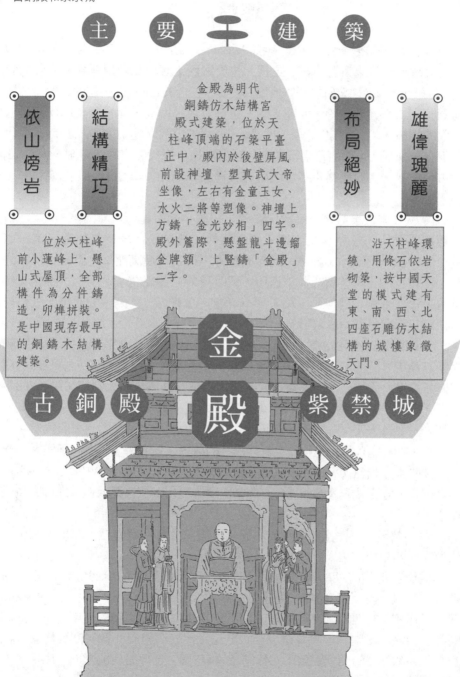

主 要 干 建 築

依山傍岩

結構精巧

金殿為明代銅鑄仿木結構宮殿式建築，位於天柱峰頂端的石築平臺正中，殿內於後壁屏風前設神壇，塑真武大帝坐像，左右有金童玉女、水火二將等塑像。神壇上方鑄「金光妙相」四字。殿外簷際，懸盤龍斗邊鎦金牌額，上豎鑄「金殿」二字。

布局絕妙

雄偉瑰麗

位於天柱峰前小蓮峰上，懸山式屋頂，全部構件為分件鑄造，卯榫拼裝。是中國現存最早的銅鑄木結構建築。

沿天柱峰環繞，用條石依岩砌築，按中國天堂的模式建有東、南、西、北四座石雕仿木結構的城樓象徵天門。

古 銅 殿

金殿

紫 禁 城

第五章

石窟陵寢

敦煌莫高窟

　　莫高窟，又稱千佛洞，是著名的四大石窟之一，被譽為20世紀最有價值的文化發現，有「東方羅浮宮」之稱，位於河西走廊西端敦煌縣城東南25公里的鳴沙山下，分布在鳴沙山崖壁上三四層不等，全長1.6公里。它始建於十六國的前秦時期，歷經十六國、北朝、隋、唐、五代、西夏、元等歷代的興建，形成巨大的規模，現有洞窟735個，壁畫4.5萬平方公尺、泥質彩塑2415尊，是世界上現存規模最大、內容最豐富的佛教藝術聖地。近代發現的藏經洞，內有5萬多件古代文物，由此便衍生了專門研究藏經洞典籍和敦煌藝術的一門學科——敦煌學。

　　據唐《李克讓重修莫高窟佛龕碑》記載，前秦建元二年（366年），僧人樂尊路經此山，忽見金光閃耀，如現萬佛，於是便在岩壁上開鑿了第一個洞窟。此後法良禪師等又繼續在此建洞修禪，稱為「漠高窟」，意為「沙漠的高處」。後世因「漠」與「莫」通用，便改稱為「莫高窟」。另有一說為：佛家有言，修建佛洞功德無量，莫者，不可能、沒有也，莫高窟的意思，就是說沒有比修建佛窟更高的修為了。

　　莫高窟是一座融繪畫、雕塑和建築藝術於一體，以壁畫為主、塑像為輔的大型石窟寺。它的石窟形制主要有禪窟、中心塔柱窟、殿堂窟、中心佛壇窟、四壁三龕窟、大像窟、涅槃窟等。各窟大小相差甚遠，最大的第16窟達268平方公尺，最小的第37窟高不盈尺。敦煌壁畫形象逼真，尤其是「飛天」圖案，被唐朝人讚譽為「天衣飛揚，滿壁風動」，成為敦煌壁畫的象徵。壁畫內容多為佛經故事，如釋迦牟尼一生和前生行善犧牲的故事。還有佛、菩薩、天王、力士、小千佛的畫像和羽人、飛人、花鳥、動物等。「敦」，大也；「煌」，盛也。因為這個地方對開發廣大的西域具有非常重要的作用，故自漢代以來即取名為「敦煌」。

　　莫高窟現存有壁畫和雕塑的石窟，大體可分為四個時期：北朝、隋唐、五代和宋、西夏和元。

　　開鑿於北朝時期的洞窟共有36個，其中年代最早的第268窟、第272窟、第275窟可能建於北涼時期。隋唐是莫高窟發展的全盛時期，現存洞窟有300多個。五代和宋時期的洞窟現存有100多個，多為改建、重繪的前朝窟室，形制主要是佛壇窟和殿堂窟。莫高窟現存西夏和元代的洞窟有85個。西夏修窟77個，多為改造和修繕的前朝洞窟；元代洞窟只有8個，全部是新開鑿的，出現了方形窟中設圓形佛壇的形制。

四大石窟之敦煌莫高窟

.... 以精美的壁畫和塑像聞名於世 ....

　　莫高窟俗稱千佛洞，坐落在河西走廊西端的敦煌，以精美的壁畫和塑像聞名於世。它始建於十六國的前秦時期，歷經十六國、北朝、隋、唐、五代、西夏、元等歷代的興建，形成巨大的規模，現有洞窟735個，壁畫4.5萬平方公尺、泥質彩塑2415尊，是世界上現存規模最大、內容最豐富的佛教藝術聖地。

　　敦煌壁畫內容多為佛經故事等，另有表現當時社會生活各方面的畫作。

　　敦煌壁畫形象逼真，尤其是「飛天」圖案，被唐朝人讚譽為「天衣飛揚，滿壁風動」，成為敦煌壁畫的象徵。

　　莫高窟的造像除四座大佛為石胎泥塑外，其餘均為木骨泥塑。塑像都為佛教的神佛人物，排列有單身像和群像等多種組合。彩塑形式有圓塑、浮塑、影塑、善業塑等。

融繪畫、雕塑和建築藝術於一休

以壁畫為主

以塑像為主

　　莫高窟的形制主要有禪窟、中心塔柱窟、殿堂窟、中心佛壇窟、四壁三龕窟、大像窟、涅槃窟等。各窟大小相差甚遠。窟外原有木造殿宇，並有走廊、棧道等相連，現多已不存。

最大的石窟	最高的石窟	最小的石窟
莫高窟第16窟，面積268平方公尺。	莫高窟第96窟，足有9層樓高，裏面的彌勒佛像高33公尺，外建的九層樓之高的建築更成為莫高窟最大建築，也是莫高窟的標誌。	莫高窟第37窟，小得連人也不能進入。

大同雲岡石窟

　　雲岡石窟，始鑿於北魏興安二年（西元453年），大部分完成於北魏遷都洛陽之前（西元494年），造像工程則一直延續到正光年間（西元520～525年）。位於山西省大同市以西16公里處的武周山南麓，依山而鑿，東西綿延1000公尺。現存主要洞窟45個，大小窟龕252個，造像51000餘尊，最大佛像17公尺，最小僅2公分。雲岡石窟是中國最大的石窟之一，與敦煌莫高窟、洛陽龍門石窟和麥積山石窟並稱為中國四大石窟藝術寶庫。

　　雲岡石窟以氣勢宏偉、內容豐富、雕刻精細著稱於世。古代地理學家酈道元這樣描述它：「鑿石開山，因岩結構，真容巨壯，世法所稀，山堂水殿，煙寺相望。」這是當時石窟盛景的真實寫照。窟中雕刻既生動活潑，又精致細膩，上承秦漢現實主義藝術的精華，下開隋唐浪漫主義色彩之先河，代表了西元5～6世紀時中國傑出的佛教石窟藝術。

　　雲岡石窟按照開鑿的時間可分為早、中、晚三期，不同時期的石窟造像風格也各有特色。

　　早期的「曇曜五窟」氣勢磅礴，具有渾厚、淳樸的西域情調。是中國佛教藝術第一個巔峰時期的經典傑作。

　　中期石窟則以精雕細琢、裝飾華麗著稱於世，顯示出複雜多變、富麗堂皇的北魏時期藝術風格。

　　晚期窟室規模雖小，但人物形象清瘦俊美、比例適中，是中國北方石窟藝術的榜樣和「秀骨清像」的源頭。

　　此外，石窟中留下的樂舞和百戲雜技雕刻，也是當時佛教思想流行的體現和北魏社會生活的反映。

　　雲岡石窟按分布位置可分為東、中、西三部分，石窟內的佛龕，像蜂窩密布，大、中、小窟疏密有致地鑲嵌在雲岡半腰。東部的石窟多以造塔為主，故又稱塔洞；中部石窟每個都分前後兩室，主佛居中，洞壁及洞頂布滿浮雕；西部石窟以中小窟和補刻的小龕為最多，修建的時代略晚，大多是北魏遷都洛陽後的作品。整座石窟氣魄宏大、外觀莊嚴、雕工細膩、主題突出。

　　雲岡石窟雕刻在吸收和借鑑印度犍陀羅佛教藝術的同時，有機地融合了中國傳統藝術風格，在世界雕塑藝術史上有十分重要的地位。

四大石窟之雲岡石窟

氣勢宏偉、內容豐富、雕刻精細

雲岡石窟，位於山西省大同市西郊武州山南麓，石窟依山開鑿，現存主要洞窟45個，大小造像51000餘尊，最大佛像17米，最小僅2公分，代表了西元5～6世紀時中國傑出的佛教石窟藝術。其中的曇曜五窟，布局設計嚴謹統一，是中國佛教藝術第一個巔峰時期的經典傑作。

早期石窟

早期的「曇曜五窟」氣勢磅礡，具有渾厚、淳樸的西域情調。是中國佛教藝術第一個巔峰時期的經典傑作。

按開鑿時間分 → **中期石窟**

以精雕細琢、裝飾華麗著稱於世，顯示出複雜多變、富麗堂皇的北魏時期藝術風格。

晚期石窟

窟室規模小，人物形象清瘦俊美，比例適中，是中國北方石窟藝術的榜樣和「秀骨清像」的源頭。

雲岡石窟中，第三窟是最大的石窟，前面斷壁高約25公尺。

第五窟後室北壁的中央坐像高17公尺，是雲岡石窟最大的佛像。

第六窟規模宏偉，雕飾富麗，技法精練，是雲岡石窟中最有代表性的一個。

第二十窟正中是釋迦坐像，高13.7公尺，這尊佛像造型雄偉，氣魄渾厚，為雲岡石窟雕刻藝術的代表作。

多以造塔為主，故又稱塔洞。

東部石窟

每個都分前後兩室，主佛居中，洞壁及洞頂布滿浮雕。

中部石窟 ← **按分布位置分**

以中小窟和補刻的小龕為最多，修建的時代略晚，大多是北魏遷都洛陽後的作品。

西部石窟

卷二·地理卷

洛陽龍門石窟

龍門風景秀麗，東、西兩座青山對峙，伊水從中北流，猶如一座天然門闕，所以古稱「伊闕」。自隋煬帝把皇宮的正門正對伊闕而建，伊闕便被人們稱之為龍門了。龍門山色歷來被譽為洛陽八大景之首，自古以來就是人們首選的遊覽勝地。歷代文人學士關於描寫龍門風光的詩詞有千百篇，李白、白居易、歐陽修等名士都有題詠。唐代詩人白居易曾說：「洛都四郊，山水之勝，龍門首焉。」而龍門石窟就開鑿於山水相依的峭壁間。

龍門石窟，始創於北魏孝文帝遷都洛陽（西元494年）前後，位於河南省洛陽市南郊12.5公里處的伊河兩岸，是中國著名的三大石刻藝術寶庫之一。經過自北魏至北宋400餘年的開鑿，迄今已有1500年的歷史，至今仍存有石窟1300多個，窟龕2345個，造像9.7萬餘尊，碑刻題記3600餘品，多在伊水西岸。數量之多位於中國各大石窟之首。其中賓陽中洞、奉先寺和古陽洞是其傑出代表。龍門最大的佛像盧舍那大佛，通高17.14公尺，頭高4公尺，耳長1.9公尺；最小的佛像在蓮花洞中，每個只有2公分，稱為微雕。

龍門地區的石窟和佛龕展現了中國北魏晚期至唐代（西元493～907年）期間，最具規模和最為優秀的造型藝術。這些詳實描述佛教中宗教題材的藝術作品，代表了中國石刻藝術的最高峰。

龍門石窟是歷代皇室貴族發願造像最集中的地方，它是皇家意志和行為的體現。北魏和唐代的造像風格迥異。北魏時期人們崇尚以瘦為美，所以北魏造像，臉部瘦長，雙肩瘦削，胸部平直，衣紋的雕刻使用平直刀法，堅勁質樸。而在唐代，人們喜歡以胖為美，所以唐代佛像，臉部渾圓，雙肩寬厚，胸部隆起，衣紋的雕刻使用圓刀法，自然流暢。龍門石窟的唐代造像繼承了北魏的優秀傳統，又汲取了漢民族的文化，創造了雄健生動而又淳樸自然的寫實作風，達到了佛雕藝術的高峰。

龍門石窟也是書法藝術史的寶藏。其中的「龍門二十品」是書法魏碑精華，唐代著名書法家褚遂良所書的「伊闕佛龕之碑」則是初唐楷書藝術的典範。

龍門石窟是佛教文化的藝術表現，但它也反映出當時的政治、經濟以及文化時尚。石窟中保留著大量的宗教、美術、建築、書法、音樂、服飾、醫藥等方面的實物資料，因此，可以說它是一座大型石刻藝術博物館。

四大石窟之龍門石窟

龍門石窟，位於河南省洛陽市，迄今已有1500年的歷史，至今仍存有石窟1300多個，窟龕2345個，造像9.7萬餘尊，碑刻題記3600餘品。數量之多位於中國各大石窟之首。

西山部分

西山石窟中最具有代表性的是建於北魏時期的古陽洞、賓陽洞、蓮花洞、藥方洞，以及建於唐代的潛溪寺、萬佛洞、奉先寺。

龍門石窟中最大的佛像是盧舍那大佛，通高17.14公尺；最小的佛像在蓮花洞中，每個只有2公分。

東山部分

東山開鑿石窟的時代大致從唐代武周時期至宋代，東山部分較大石窟內的造像均是活動的。其中的大萬伍佛洞與南北二洞合稱為「擂鼓臺三洞」；位於東山萬佛溝北側的看經寺是東山最大的洞窟。

賓陽洞

賓陽洞有三窟，賓陽中洞是北魏時期的代表性作品。歷時二十四年始建成，是開鑿時間最長的一個洞窟。洞內有11尊大佛像。洞窟正壁刻主像釋迦牟尼，左右兩邊有弟子、菩薩侍立。窟頂雕有飛天。

龍門石窟的傑出代表

奉先寺是龍門石窟規模最大、藝術最為精湛的一組摩崖型群雕，據碑文記載，此窟開鑿於唐代武則天時期，歷時三年。石窟正中盧舍那佛像為龍門石窟最大佛像，身高17.14公尺，頭高4公尺，耳朵長1.9公尺。

古陽洞

古陽洞開鑿於西元493年，是龍門石窟造像群中開鑿最早、佛教內容最豐富、書法藝術最高的一個洞窟。洞中北壁刻有「古陽洞」三字。窟頂無蓮花藻井，地面呈馬蹄形。主像釋迦牟尼。書法珍品龍門二十品中古陽洞中就占十九品。

卷二・地理卷

龍門由來

龍門古稱「伊闕」。隋朝時，隋煬帝楊廣曾登上洛陽北面的邙山，遠遠望見了洛陽南面的伊闕，就對他的侍從們說：「這不是真龍天子的門戶嗎？古人為什麼不在這裏建都？」一位大臣獻媚地答道：「古人並非不知，只是在等陛下您呢。」隋煬帝聽後龍顏大悅，就在洛陽建起了隋朝的東都城，把皇宮的正門正對伊闕。從此，伊闕便被稱為龍門了。

秦始皇陵

　　秦始皇陵，位於陝西省西安市臨潼區以東的驪山腳下，由秦始皇時丞相李斯主持規劃設計，大將章邯監工，修築時間長達38年。陵園總面積為56.25平方公里（相當於78個故宮的大小）。陵上封土原高約115米，現仍高達76米，秦始皇陵仿照秦國都城咸陽的布局建造，大體呈「回」字形，陵園內有內外兩重城垣，內城周長3840米，外城周長6210米。內外城郭有高約8～10米的城牆，今尚殘留遺址。墓葬區在南，寢殿和便殿建築群在北。秦始皇陵於1974年被發現，這個第一個統一中國的皇帝，歿於西元前210年，葬於陵墓的中心。在他陵墓的周圍環繞著著名的兵馬陶俑。

　　陵園工程的修建伴隨著秦始皇一生的政治生涯。當他13歲剛剛登上國王寶座時，就開始營建陵園工程了。秦始皇陵陵園工程之浩大、用工人數之多、持續時間之久都是前所未有的，正如唐代大詩人李白曰：「秦王掃六合，虎視何雄哉，刑徒七十萬，起土驪山隈。」

　　如果說古埃及金字塔是世界上最大的地上王陵，那麼中國的秦始皇陵便是世界上最大的地下皇陵。

　　秦始皇陵共發現10座城門，南北城門與內垣南門在同一中軸線上。墳丘的北邊是陵園的中心部分，東、西、北三面有墓道通向墓室，東、西兩側還並列著4座建築遺存，有專家認為是寢殿建築的一部分。

　　陵墓地宮中心是安放秦始皇棺槨的地方，陵墓四周有陪葬坑和墓葬400多個，範圍廣及56.25平方公里。主要陪葬坑有銅車、馬坑、珍禽異獸坑、馬廄坑，以及兵馬俑坑等，歷年來已有5萬多件重要歷史文物出土。1980年發掘出土的一組兩乘大型的彩繪銅車馬——高車和安車，是迄今中國發現的體形最大、裝飾最華麗，結構和系駕最逼真、最完整的古代銅車馬，被譽為「青銅之冠」。

　　兵馬俑坑是秦始皇陵的陪葬坑，位於陵園東側1500米處，被譽為「世界第八奇蹟」。為研究秦朝時期的軍事、政治、經濟、文化、科學技術等，提供了十分珍貴的實物資料，成為世界人類文化的寶貴財富。兵馬俑坑現已發掘3座，俑坑坐西向東，呈「品」字形排列，坑內有陶俑、陶馬8000多件，還有4萬多件青銅兵器。

世界上最大的地下皇陵——秦始皇陵

規模宏大，埋藏豐富

秦始皇陵，位於陝西省西安市臨潼區驪山腳下。據史書記載，秦始皇嬴政從13歲即位時就開始營建陵園，由丞相李斯主持規劃設計，大將章邯監工，修築時間長達38年，1974年被發現，這個第一個統一中國的皇帝，歿於西元前210年，葬於陵墓的中心。其中的兵馬俑坑被譽為「世界第八大奇蹟」。

外城

外城即內外城垣之間的外廊城部分。其西區由南向北依次分布著：曲尺形大型馬廄坑、31座珍禽異獸坑、48座後宮人員的陪葬墓、3組四合院式的園寺吏舍建築基址。東區南部有一大型陪葬坑，內有大批石鎧甲及少數車馬器，而「百戲俑」坑則在其南側不遠處。其南、北兩區目前尚未發現遺跡、遺物。

秦始皇陵城，面積約2.13平方公里，分為地下宮城（地宮）、內城、外城和外城之外。

內城

內城是秦陵園的重點建設區，內城垣內的地面地下設施最多，尤其是內城的南半部較為密集。地下宮城、寢殿及車馬儀仗、倉儲等眾多的陪葬坑均在內城的南半部。內城北半部的西區是便殿附屬建築區，東區是後宮人員的陪葬墓區。

城牆
便殿
寢殿
銅車馬坑
珍禽異獸坑
封土與地宮
兵馬俑

地宮

地宮為陵園的核心，位於內城南半部的封土之下，相當於秦始皇生前的「宮城」。

外城之外

其東邊除了秦兵馬俑坑外，還有98座小型馬廄坑及眾多陪葬墓。其西邊則有三處修陵人員的墓地、磚瓦窯址和打石場等。其北邊發現有藏有禽獸肢體及鱉的倉儲坑、陵園督造人員的官署及酈邑建築遺址。其南邊有一防洪堤。

世界第八大奇蹟——兵馬俑

兵馬俑坑位於陵園東1.5公里，現有三處，呈「品」字形排列，面積達2萬平方公尺以上，出土陶俑8000件、戰車百乘以及數萬件實物兵器等文物。其中一號坑為「右軍」，埋葬著和真人真馬同大的陶俑、陶馬約6000件；二號坑為「左軍」，有陶俑、陶馬1300餘件，戰車89輛，是一個由步兵、騎兵、戰車等三個兵種混合編組的曲陣；三號坑有武士俑68個，戰車1輛，陶馬4匹，是統率地下大軍的指揮部。

明十三陵

　　明十三陵，是中國明代皇帝的墓葬建築群，坐落於北京昌平區天壽山下40平方公里的小盆地，距離京城約50公里，自永樂七年五月（1409年）起用，直到安葬崇禎帝後結束，歷時230多年，形成長達7公里的完整建築群。共葬有明朝13位皇帝、23位皇后、2位太子、30餘名妃嬪、1位太監，是全球保存完整的皇陵墓葬群之一。

　　明十三陵是明朝遷都北京後13位皇帝陵墓的皇家陵寢的總稱，依次建有長陵（成祖）、獻陵（仁宗）、景陵（宣宗）、裕陵（英宗）、茂陵（憲宗）、泰陵（孝宗）、康陵（武宗）、永陵（世宗）、昭陵（穆宗）、定陵（神宗）、慶陵（光宗）、德陵（熹宗）、思陵（思宗），故稱「十三陵」。

　　十三陵屬於太行山脈，西通居庸關，北通黃花鎮，南向昌平州，成為十三陵及京師之北面屏障。太行山起澤州，蜿蜒綿亙北走千百里山脈不斷，至居庸關。明末清初學者顧炎武曾指：「群山自南來，勢若蛟龍翔；東趾踞盧龍，西脊馳太行；後尻坐黃花（指黃花鎮），前面臨神京；中有萬年宅，名曰康家莊；可容百萬人，豁然開明堂。」明代視此為風水地，陵區以常綠的松柏樹為主。

　　明十三陵依山而建，沿襲南京孝陵的模式，即除神道共用外，各陵都是前為祭享區，後為墓塚區。陵墓規格相近，各據山頭，陵與陵之間相距500～8000公尺不等。除思陵偏在西南一隅外，其餘均成扇面形分列於長陵左右。

　　每座陵墓的陵門，設有碑亭，碑文記載皇帝生前的業績，應由嗣皇帝來撰寫，但從明仁宗為其父朱棣寫了一篇3500字的紀功碑文後，再也沒有嗣皇帝續寫，所以現在除了長陵碑外，其餘各陵都成了無字碑。

　　明朝歷任16位皇帝，其中有13人葬於明十三陵，朱元璋葬於南京，此後追諡祖上朱百六、朱四九、朱初一及朱世珍等。建文帝朱允炆失蹤，無帝陵。而明代宗則葬於北京西郊金山下。

　　十三陵的主陵是朱棣於1409～1413年最早興建的「明長陵」，他當時經「車駕臨視」，欽定山名為「天壽山」。1423年朱棣於北征韃靼途中駕崩，後安葬於此，但明長陵工程直至1427年始全部竣工。

　　13座陵墓中，明成祖朱棣的明長陵、嘉靖帝朱厚熜的明永陵和萬曆帝朱翊鈞的明定陵，均是生前所建，規模亦最大，其餘陵墓則是死後才動工。崇禎帝因為是亡國之君，所以並沒有正式建陵，現時的陵墓是以其妃田氏的墓穴改建。

埋葬皇帝最多的墓葬群——明十三陵

　　明十三陵，是中國明朝皇帝的墓葬群，坐落在北京西北郊天壽山。自永樂七年（1409年）五月始作長陵，到明朝最後一帝崇禎葬入思陵止，期間230多年，先後修建了13座皇帝陵墓、7座妃子墓、一座太監墓。共埋葬了13位皇帝、23位皇后、2位太子、30餘名妃嬪、1位太監。

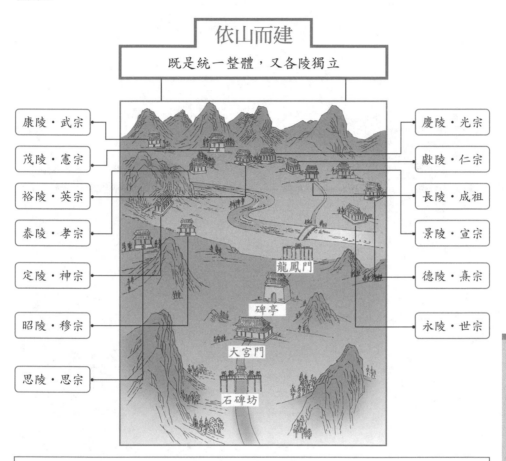

依山而建

既是統一整體，又各陵獨立

康陵·武宗
茂陵·憲宗
裕陵·英宗
泰陵·孝宗
定陵·神宗
昭陵·穆宗
思陵·思宗

慶陵·光宗
獻陵·仁宗
長陵·成祖
景陵·宣宗
德陵·熹宗
永陵·世宗

龍鳳門
碑亭
大宮門
石碑坊

　　明十三陵中，明成祖朱棣的長陵、嘉靖帝朱厚熜的永陵和萬曆帝朱翊鈞的定陵，均是生前所建，規模亦最大；其餘陵墓則是死後才動工，大約會用半年時間修建。其中長陵是主陵，其建築規模最大，營建時間最早。

名稱由來

　　明開國皇帝朱元璋，死後葬於南京，稱「明孝陵」。第二帝朱允炆（建文帝）在「靖難之役」中下落不明，因而沒有陵墓。第七帝朱祁鈺，因其兄英宗被俘而即帝位。後英宗復辟又做皇帝後將其在天壽山區域內修建的陵墓搗毀，而以「王」的身份將他葬於北京西郊玉泉山。因此，明朝十六帝有兩位葬在別處，一位下落不明，其餘十三位都葬在天壽山，所以稱「明十三陵」。

卷二·地理卷

中華民族的文學，是以漢民族文學為主幹部分的各民族文學的共同體。中國文學有數千年悠久歷史，以特殊的內容、形式和風格構成了自己的特色，有自己的審美理念，有自己的思想文化傳統和理論批判體系。它以優秀的歷史、多樣的形式、眾多的作家、豐富的作品、獨特的風格、鮮明的個性、誘人的魅力而成為世界文學寶庫中光彩奪目的瑰寶。

文學卷

建安七子

建安七子，又號鄴中七子，是指東漢末年建安時期（西元196～220年）的七位文學家：孔融、陳琳、王粲、徐幹、阮瑀、應瑒、劉楨。

建安時期是我國文學史上輝煌燦爛的時期，「俊才雲蒸」，作家輩出，其中以「三曹」為領袖，以「七子」為代表，構成了建安時期文學的主力，他們對詩、賦和散文的發展，都曾作出過貢獻，共同繁榮、發展了建安文學，給後人留下了「建安風骨」的寶貴精神財富。

「七子」之稱，始於曹丕所著《典論・論文》：「今之文人，魯國孔融文舉，廣陵陳琳孔璋，山陽王粲仲宣，北海徐幹偉長，陳留阮瑀元瑜，汝南應瑒德璉，東平劉楨公幹。斯七子者，於學無所遺，於辭無所假，咸以自騁驥騄於千里，仰齊足而並馳。」這七人大體上代表了建安時期除曹氏父子而外的優秀作者，所以「七子」之說，得到後世的普遍承認。

七人之中，除孔融外，其他六人都依附於曹操父子旗下。建安二十二年（西元217年）冬天，北方發生疫病，當時為魏世子的曹丕在第二年給吳質的信中說：「親故多離其災，徐、陳、應、劉一時俱逝。」除孔融、阮瑀早逝外，建安七子之中剩餘的五人竟然全部死於這次傳染病。曹植〈說疫氣〉描述當時疫病流行的慘狀說：「建安二十二年，癘氣流行，家家有僵尸之痛，室室有號泣之哀。或闔門而殪，或覆族而喪。」

「七子」的創作各有個性，各有獨特的風貌。孔融長於奏議散文，作品體氣高妙。王粲詩、賦、散文，號稱「兼善」，其作品抒情性強。正如劉勰《文心雕龍・才略》提到：「仲宣溢才，捷而能密，文多兼善，辭少瑕累，摘其詩賦，則七子之冠冕乎。」王粲的哀思最能表現在作品上，其代表就是〈七哀詩〉與〈登樓賦〉，最能代表建安文學的精神。劉楨擅長詩歌，所作氣勢高峻，格調蒼涼。陳琳、阮瑀，以章表書記聞名當時，在詩歌方面也都有一定成就，其風格的差異在於陳琳比較剛勁有力，阮瑀比較自然暢達。徐幹詩、賦皆能，文筆細膩、體氣舒緩。應瑒亦能詩、賦，其作品和諧而多文采。「七子」的創作風格也具有一些共同的特點，這也就是建安文學的時代風格。

三國時期文學成就的代表——建安七子

建安七子，又號鄴中七子，是指東漢末年漢獻帝年間的七位文學家：孔融、陳琳、王粲、徐幹、阮瑀、應瑒、劉楨。他們對於詩、賦、散文的發展，都曾作出過突出貢獻，發展並繁榮了建安文學，為後人留下了「建安風骨」這一寶貴的精神財富。建安文學在中國文學發展史上占有相當重要的地位。

人物	代表作
孔融（西元153～208年）	〈薦禰衡表〉〈與曹公論盛孝章書〉〈雜詩〉
陳琳（西元？～217年）	〈飲馬長城窟行〉〈為曹洪與魏太子書〉〈武軍賦〉
王粲（西元177～217年）	〈七哀詩〉〈登樓賦〉
徐幹（西元171～217年）	〈中論〉
阮瑀（？～212年）	〈為曹公作書與孫權〉〈駕出北郭門行〉
應瑒（？～217年）	〈侍五官中郎將建章臺集詩〉
劉楨（？～217年）	〈贈從弟〉三首

「七子」的創作大體上分為前後兩個階段。前期作品多反映社會動亂的現實，抒發愛國憂民的情懷。後期作品則大多反映他們對曹氏政權的擁護和自己建立功業的抱負，內容多為遊宴、贈答等；但有些對曹氏父子的頌揚，帶有清客陪臣口吻，顯露出庸俗的態度。然而，無論前、後期，「七子」的創作都是積極、健康的內容占著主導地位。

卷三・文學卷

竹林七賢

魏正始年間（西元240～249年），嵇康、阮籍、山濤、向秀、劉伶、王戎及阮咸七人常聚在當時的山陽縣（今河南輝縣、修武一帶）竹林之下，肆意酣暢，世謂「竹林七賢」。

七人的政治思想和生活態度不同於建安七子，他們是當時玄學的代表人物，嵇康、阮籍、劉伶、阮咸始終主張老莊之學，「越名教而任自然」；山濤、王戎則好老莊而雜以儒術；向秀則主張名教與自然合一。竹林七賢中以嵇康和阮籍的成就最高。竹林七賢的作品基本上繼承了建安文學的精神，但由於當時的血腥統治，作家不能直抒胸臆，所以不得不採用比興、象徵、神話等手法，隱晦曲折地表達自己的思想感情。作品多揭露和諷刺司馬朝廷的虛偽。

七人在政治態度上的分歧比較明顯。嵇康、阮籍、劉伶等仕魏而對執掌大權、已成取代之勢的司馬氏集團持不合作態度，最後嵇康被殺，阮籍佯狂避世。向秀在嵇康被害後被迫出仕。阮咸入晉曾為散騎侍郎，但不為司馬炎所重。山濤起先「隱身自晦」，但40歲後出仕，投靠司馬師，歷任尚書吏部郎、侍中、司徒等，成為司馬氏政權的高官。王戎為人鄙吝，功名心最盛，入晉後長期為侍中、吏部尚書、司徒等，歷仕晉武帝、晉惠帝兩朝，在八王之亂中，仍優遊暇豫，不失其位。

在文章創作上，竹林七賢以阮籍、嵇康為代表。阮籍的〈詠懷〉詩82首，多以比興、寄託、象徵等手法，隱晦曲折地揭露最高統治集團的罪惡，諷刺虛偽的禮法之士，表現了詩人在政治恐怖下的苦悶情緒。嵇康的〈與山巨源絕交書〉，以老莊崇尚自然的論點，說明自己的本性不堪出仕，公開表明了自己不與司馬氏合作的政治態度，文章頗負盛名。其他如阮籍的〈大人先生傳〉、劉伶的〈酒德頌〉、向秀的〈思舊賦〉等，也是可讀的作品。《隋書‧經籍志》著錄山濤有集5卷，已佚。

此外，作為當時玄學的代表人物，嵇康等名士的荒誕異行實為釋私顯公的表現，是自我意識、精神的覺醒和提升。他們以其獨樹一幟的風格展現了「竹林玄學」的狷狂名士風流自得的精神世界。劉勰在《文心雕龍》中曾評道：「及正始明道，詩雜仙心；何晏之徒，率多膚淺。唯嵇志清峻，阮旨遙深，故能標焉。」「仙心」中顯露「飄忽俊佚，言無端涯」的風格，從嵇康詩作文論中可一窺魏晉名士的玄遠氣度和名師風采，對後世影響深遠。

魏晉時代玄學的代表——竹林七賢

竹林七賢，中國魏晉時代七位名士（嵇康、阮籍、山濤、向秀、劉伶、王戎及阮咸）的合稱，成名年代比「建安七子」晚。七人的政治思想和生活態度不同於建安七子，他們大都「棄經典而尚老莊，蔑禮法而崇放達」，被道教隱宗妙真道奉祀為宗師。其中，以嵇康和阮籍的成就最高。

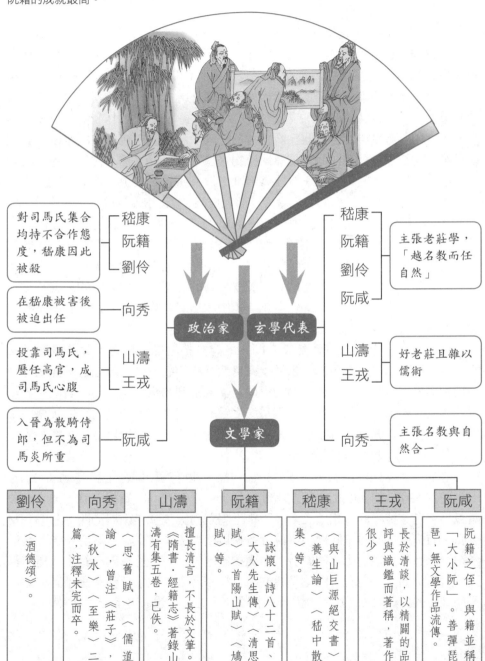

對司馬氏集合均持不合作態度，嵇康因此被殺 —— 嵇康 阮籍 劉伶

在嵇康被害後被迫出任 —— 向秀

投靠司馬氏，歷任高官，成司馬氏心腹 —— 山濤 王戎

入晉為散騎侍郎，但不為司馬炎所重 —— 阮咸

政治家　玄學代表

文學家

嵇康 阮籍 劉伶 阮咸 —— 主張老莊學，「越名教而任自然」

山濤 王戎 —— 好老莊且雜以儒術

向秀 —— 主張名教與自然合一

劉伶　向秀　山濤　阮籍　嵇康　王戎　阮咸

《酒德頌》。

〈思舊賦〉〈儒道論〉，曾注《莊子》〈秋水〉〈至樂〉二篇，注釋未完而卒。

擅長清言，不長於文筆。《隋書·經籍志》著錄山濤有集五卷，已佚。

〈詠懷〉詩八十二首、〈大人先生傳〉〈清思賦〉〈首陽山賦〉〈鳩賦〉等。

〈與山巨源絕交書〉〈養生論〉〈嵇中散集〉等。

長於清談，以精闢的品評與識鑑而著稱，著作很少。

阮籍之姪，與籍並稱「大小阮」。善彈琵琶，無文學作品流傳。

唐代山水田園詩派

　　山水田園詩派，是指以反映田園生活、描繪山水作品為主要內容的一個詩派。田園詩起源於東晉陶淵明，至盛唐時王維、孟浩然諸人，以描寫自然風光、農村以及安逸恬淡的隱居生活見長。唐代田園詩派，一直對後世影響深遠。山水詩始於南朝宋謝靈運，南朝齊謝朓繼之，世稱「大小謝」。王維、孟浩然繼承了六朝山水詩傳統，藝術技巧又有發展，給後世山水詩帶來較大影響。山水田園詩風格恬靜淡雅，語言清麗洗練，藝術技巧較高。山水田園詩派以王維、孟浩然為代表，此外還有韋應物、柳宗元、儲光羲、常建、祖詠、裴迪、綦毋潛等人。其中，以王維成就最高，以其畫意、樂感、禪趣入田園山水詩，不僅豐富了詩歌的藝術表現手段，而且提高了山水田園詩的藝術境界。

　　山水田園派大多以農村的景物和農民、牧人、漁父等為題材，他們以自然山水或農村自然景物、田園生活為吟詠對象，把細膩的筆觸投向靜謐的山林、悠閒的田野，創造出一種田園牧歌式的生活，藉以表達對現實的不滿，對寧靜平和生活的嚮往。山水田園詩屬於寫景詩的範疇，這類詩歌的主要特點就是「一切景語皆情語」，亦即作者筆下的山水自然景物都融入了作者的主觀情愫，或者借景抒情，或者情景交融。

　　山水田園詩派在發掘自然美方面，既能概括地描寫雄奇壯闊的景物，又能細致入微地刻畫自然事物的動態；在自然景物的觀察上別具匠心，能夠巧妙地捕捉適於表現其生活情趣的種種形象，構成獨到的意境。他們的詩歌多表現返璞歸真、怡情養性的情趣，抒寫隱逸生活的閒情逸志。他們的詩歌風格清新自然，意境淡遠閒適，寫景狀物工致傳神，提高了詩歌表現自然景物的藝術技巧，是唐詩藝苑中的一枝奇葩。

　　在唐代山水田園詩派中，王維、孟浩然、韋應物和柳宗元並稱為唐代山水田園詩四大家，他們在山水田園詩歌創作上，都有較高的獨特成就，並且在藝術風格上有某種相同或相近之處。王維是朝廷清貴，晚年山居消閒，詩的題材較廣，有清華、典雅、壯健、平淡等多種風格；孟浩然是濟世之心不遂，終於隱遁，比較集中地寫山水田園詩；韋應物做地方官吏，比較關心民生，既有涉及社會方面的詩，也有寫閒適境界的詩；柳宗元參加政治革新集團革新失敗，長期被貶謫抑鬱而死，其詩主要抒發憤激不平之情，也有一部分山水詩。

唐代山水田園詩四大家

　　山水田園詩的風格清新自然，意境淡遠閒適，寫景狀物工致傳神，提高了詩歌表現自然景物的藝術技巧，是唐詩藝苑中的一枝奇葩。其中，王維、孟浩然、韋應物、柳宗元並稱為唐代山水田園詩四大家。

唐代
山水田園詩
四大家

　　王維（西元701～761年），字摩詰，人稱「詩佛」，是盛唐山水田園詩派的代表作家，具有多方面的才學。其山水田園詩的主要內容多反映田園隱逸生活，描寫自然山水。風格清新淡遠，自然脫俗，創造出一種「詩中有畫，畫中有詩」、「詩中有禪」的意境。其代表作有〈山居秋暝〉等。

　　孟浩然，生於西元689年，是唐代第一個大量寫作山水田園詩的詩人，與王維並稱「王孟」。其山水詩或寫遊歷所見各地山水景色，或寫家鄉自然風光；其田園詩主要是寫隱居生活的高雅情懷和閒情逸致。風格大多是平和沖淡，清新自然，不尚雕飾，而又能超凡脫俗。其代表作有〈過故人莊〉等。

王維　孟浩然
韋應物　柳宗元

　　韋應物（西元737～792年），漢族，唐代山水田園詩派詩人，後人每以王孟韋柳並稱。其山水詩景致優美、感受深細、清新自然而饒有生意。詩風恬淡高遠，以善於寫景和描寫隱逸生活著稱。代表作有〈觀田家〉等。

　　柳宗元（西元773～819年），字子厚，山西運城人，世稱「柳河東」、「河東先生」。柳宗元的山水田園詩，語言樸素自然，風格淡雅而意味深長，善於表現孤峭高潔的境界，寄託精神上深刻的痛苦，在藝術上很有特色。其代表作有〈溪居〉〈江雪〉等。

山水田園　閒情逸致

唐代邊塞詩派

　　邊塞詩派，盛唐詩歌的主要流派之一，以描繪邊塞風光、反映戍邊將士生活為主。漢魏六朝時已有一些邊塞詩，至隋代時數量不斷增多，「初唐四傑」和陳子昂又進一步予以發展，到盛唐時則全面成熟，其內容豐富深刻，體裁風格多樣，異彩紛呈。數量多達近2000首，達到了各代邊塞詩數量的總和。該派詩人以高適、岑參最為著名，因而又稱「高岑詩派」。此外，該派其他詩人如李頎、王昌齡、崔顥、王之渙、王翰等也較為著名。

　　邊塞詩派的詩歌主要是描寫邊塞戰爭和邊塞風土人情，以及戰爭帶來的各種矛盾如離別、思鄉、閨怨等，形式上多為七言歌行和五言、七言絕句，詩風悲壯，格調雄渾，最足以表現盛唐氣象。

　　盛唐邊塞詩的特點，主要有四個方面：其一，題材廣闊：一方面包括將士建立軍功的壯志，邊地生活的艱辛，戰爭的酷烈場面，將士的思家情緒；另一方面包括邊塞風光、邊疆地理、民族風情、民族交流等各個方面。其中以前者為主要題材。其二，意象宏闊：大處落筆，寫奇情壯景。其三，基調昂揚：氣勢流暢，富有崇高感。其四，體裁兼善：歌行、律絕皆有佳作。

　　邊塞詩派及其詩歌之所以如此高度發展和繁榮，一方面是由於強大的邊防和高度自信的時代風貌；另一方面則是由於建功立業的壯志和「入幕制度」的刺激。因而文人普遍投筆從戎，赴邊求功，正如一些詩人所言，楊炯：「寧為百夫長，勝作一書生。」王維：「忘身辭鳳闕，報國取龍城。豈學書生輩，窗間老一經。」岑參：「功名只向馬上取，真是丈夫一英雄」等。此外，邊境戰爭十分頻繁，也給詩人們提供了豐厚的創作素材。加之邊塞詩歌的表現內容與盛世的時代精神相吻合，因此尤為適合表達時代的主流情緒。

代表人物

　　高適（西元700～765年），盛唐詩人，字達夫，滄州人，居住在宋中（今河南商丘一帶）。代表作有〈燕歌行〉〈薊門行五首〉〈塞上〉〈塞下曲〉〈薊中作〉〈九曲詞三首〉等。

　　岑參（西元715～770年），荊州江陵人。代表作有〈白雪歌送武判官歸京〉〈走馬川行奉送封大夫出師西征〉〈涼州館中與諸判官夜集〉〈輪臺歌奉送封大夫出師西征〉等。

雄渾悲壯的唐代邊塞詩派

中國唐代詩歌流派。該派詩人以高適、岑參成就最高，所以也叫高岑詩派。他們的詩歌主要是描寫邊塞戰爭和邊塞風土人情，以及戰爭帶來的各種問題如離別、思鄉、閨怨等，形式上多為七言歌行和五言、七言絕句，詩風悲壯，格調雄渾，最足以表現盛唐氣象。其代表詩人還有王昌齡、李頎、崔顥、王之渙、王翰等。

高適是盛唐時期「邊塞詩派」的領軍人物，「雄渾悲壯」是他的邊塞詩的突出特點。其詩歌尚質主理，雄壯而渾厚古樸。高適少孤貧，有遊俠之氣，曾漫遊梁宋，躬耕自給，加之本人豪爽正直的個性，故詩作反映的層面較廣闊，題旨亦深刻。

高適

千里黃雲白日曛，
北風吹雁雪紛紛。
莫愁前路無知己，
天下誰人不識君！

四邊伐鼓雪海湧，
三軍大呼陰山動。
虜塞兵氣連雲屯，
戰場白骨纏草根。

岑參是唐代著名的邊塞詩人。他兩度出塞，久佐戎幕，前後在邊疆軍隊中生活了六年，因而對鞍馬風塵的征戰生活和冰天雪地的塞外風光有長期的觀察與體會。他充滿激情地歌頌了邊防將士的戰鬥精神，如〈輪臺歌奉送封大夫出師西征〉，描寫了將士們勇往直前、轉戰沙場雪海的壯烈場面。

岑參

卷三・文學卷

花間詞派

　　花間詞派，是晚唐五代奉溫庭筠為鼻祖而進行詞的創作的一個文人詞派。產生於西蜀，得名於趙崇祚編輯的《花間集》。主要的詞人還有韋莊、皇甫松、孫光憲、李珣、牛希濟等，其中以韋莊成就最高。這一詞派題材狹窄、情致單調，大都以婉約的表達手法，寫女性的美貌和服飾以及她們的離愁別恨。在這些詞中，描繪景物富麗、意象繁多、構圖華美、刻畫工細，能喚起讀者視覺、聽覺、嗅覺的美感。由於注重錘煉文字、音韻，從而形成隱約迷離幽深的意境。

　　花間詞派作為最早的流派之一，在詞的發展史上占有重要的地位，有著巨大的影響。晚唐五代時，南方相對安定的社會環境為詞的發展提供了有利的外部條件，相繼出現了西蜀和南唐兩個詞壇中心。五代趙崇祚撰《花間詞》，收集了溫庭筠、皇甫松、孫光憲、韋莊、和凝、薛昭蘊、牛嶠、張泌、毛文錫、牛希濟、歐陽炯、顧敻、魏承班、鹿虔扆、閻選、尹鶚、毛熙震、李珣等人的500首詞作。其中除溫庭筠、皇甫松、孫光憲之外，都是集中在西蜀的文人。

　　「花間」詞人奉溫庭筠為「鼻祖」，但只繼承了溫詞中偏於閨情、傷於柔弱、過於雕琢的「柔而軟」的詞風，缺乏意境的創造。不過其中也有少數作品能夠脫去濃膩的脂粉氣，具有較為開闊的生活內容。

　　如牛希濟的〈定西蕃〉，表現塞外荒寒、征人夢苦，風格蒼涼悲壯；李珣的〈南鄉子〉、孫光憲的〈風流子〉，表現南國漁村的風俗人情，也較清疏質樸，如「漁市散，渡船稀，越南雲樹望中微。行客待潮天欲暮，送春浦，愁聽猩猩啼瘴雨。」（李珣〈南鄉子〉之九）但這不能代表花間詞的總體特徵。

　　「花間」詞風直接影響了北宋詞壇，直到清代「常州詞派」。

代表人物

　　溫庭筠（約西元812～870年），本名歧，字飛卿，唐太原祁（今山西祁縣）人，世居太原，是晚唐著名的詩人、詞家。也是當時作詞最多，對後世長短句的發展影響極大的詞人之一。代表作有〈菩薩蠻〉〈望江南〉等。

　　韋莊（西元844～955年），字端己，唐末五代詩人，京兆杜陵人，代表作有〈浣溪沙〉〈應天長〉〈荷葉杯〉〈清平樂〉〈女冠子〉〈木蘭花〉等。其長詩〈秦婦吟〉與〈孔雀東南飛〉〈木蘭詩〉並稱為「樂府三絕」。

詞風香軟的花間詞派

晚唐五代時流行的詞派。創始人是晚唐著名詞人溫庭筠，主要成員是五代西蜀的一批詞人，如韋莊、牛希濟、歐陽炯等。他們的作品多描寫女子和相思，內容狹窄，情調纏綿，詞藻華麗。後蜀趙承祚把溫庭筠等18位作家的詞編成《花間集》，花間派由此得名。

雙雙金鷓鴣。
新帖繡羅襦，
花面交相映。
照花前後鏡，
弄妝梳洗遲。
懶起畫蛾眉，
鬢雲欲度香腮雪。
小山重疊金明滅，

菩薩蠻

腸斷白蘋洲。
斜暉脈脈水悠悠。
過盡千帆皆不是，
獨倚望江樓。
梳洗罷，

望江南

溫庭筠是第一個專力於「倚聲填詞」的詩人，其詞多寫花間月下、閨情綺怨，形成了以綺豔香軟為特徵的花間詞風，被譽為「花間派」鼻祖，對五代以後詞的大發展起了很強的推動作用。唯題材偏窄，被人譏為「男子而作閨音」。代表詞作有〈望江南〉〈菩薩蠻〉等。

韋莊是詩人韋應物的四代孫，唐朝花間派詞人，詞風清麗，有〈浣花詞〉流傳。代表作有〈菩薩蠻〉〈浣溪沙〉〈應天長〉〈荷葉杯〉〈清平樂〉〈謁金門〉〈河傳〉〈天仙子〉〈訴衷情〉〈女冠子〉〈木蘭花〉等。

還鄉須斷腸。
未老莫還鄉，
皓腕凝霜雪。
壚邊人似月，
畫船聽雨眠。
春水碧於天，
遊人只合江南老。
人人盡說江南好，

菩薩蠻

婉約派

　　婉約派，為宋詞流派之一。其特點主要是內容側重兒女風情，結構深細縝密，音律婉轉和諧，語言圓潤清麗，有一種柔婉之美。婉約派的代表人物有李煜、柳永、晏殊、歐陽修、秦觀、周邦彥、李清照等。

　　一般認為由明人張綖明確提出詞分婉約、豪放兩派。婉約與豪放並不足以概括風格流派繁富多樣的宋詞，但可以說明宋詞風調具有或偏於「陰柔」之美、或偏於「陽剛」之美的兩種基本傾向，有助於理解宋詞的藝術風格。

　　婉約始見於先秦，魏晉六朝人已用它形容文學辭章，如陳琳〈為袁紹與公孫瓚書〉：「得足下書，辭意婉約。」陸機〈文賦〉：「或清虛以婉約。」在詞史上，婉轉柔美的風調相沿成習，由來已久。詞本為合樂而歌，娛賓遣興，內容不外離愁別緒，閨情綺怨。五代即已形成以〈花間集〉和李煜詞為代表的香軟詞風。北宋詞家承其餘緒，柳永、晏殊、歐陽修、秦觀、周邦彥、李清照等，雖在內容上有所開拓，運筆更精妙，並各具風韻，自成一家，但仍未脫離婉轉柔美之風。故明人以婉約派來概括這一類型的詞風。但此派內容比較狹窄，人們形成了以婉約為正的觀念。婉約詞風長期支配詞壇，直到南宋。姜夔、吳文英、張炎等大批詞家，皆受其影響。

代表人物

　　婉約派四大旗幟之一，四旗中號「閨語」：李清照（西元1084～1155年），號易安居士，兩宋之交傑出的女詞人，婉約派的集大成者，人稱婉約派的一代詞宗。代表作有〈聲聲慢〉〈一剪梅〉〈如夢令〉〈醉花陰〉〈武陵春〉〈夏日絕句〉等。

　　婉約派四大旗幟之二，四旗中號「別恨」：晏殊（西元991～1055年），字同叔，北宋前期婉約派詞人之一。代表作有〈浣溪沙〉〈蝶戀花〉〈踏莎行〉〈破陣子〉〈鵲踏枝〉等。

　　婉約派四大旗幟之三，四旗中號「情長」：柳永（約西元987～1053年），字耆卿，北宋詞人，婉約派最具代表性的人物之一，代表作有〈雨霖鈴〉等。

　　婉約派四大旗幟之四，四旗中號「愁宗」：李煜（西元937～978年），五代十國時南唐國君，字重光，號鐘隱、蓮峰居士。代表作有〈虞美人〉〈浪淘沙〉〈烏夜啼〉等。

婉轉柔美的婉約派

婉約派是宋詞風格流派之一，詩作主要側重兒女風情，結構深細縝密，重音律諧婉、語言圓潤、清新綺麗，具有一種柔婉之美。

李清照的詞委婉、清新，感情真摯。前期的詞，主要描寫少女、少婦的生活，多寫閨情，流露了她對愛情生活的嚮往和別離相思的痛苦。後期的詞，多悲嘆身世，有時也流露出對中原的懷念，以表達她的愛國思想。李清照的文學創作具有鮮明獨特的藝術風格，居婉約派之首，對後世影響較大，在詞壇中獨樹一幟，稱為「易安體」。

晏殊在文學上有多方面的成就和貢獻。他能詩、善詞，文章典麗，四六、書法皆工，而以詞最為突出，有「宰相詞人」之稱。他開創北宋婉約詞風，被稱為「北宋倚聲家之初祖」。他的詞語言清麗，聲調和諧，寫景重其精神，賦予自然物以生命，形成了自己的特色。他一生寫了一萬多首詞，既是導宋詞先路的一代詞宗，也是中國詩史上的一位多產詩人。

在兩宋詞壇上，柳永是創用詞調最多的詞人。其現存的213首詞，用了133種詞調。柳永不僅從音樂體制上改變和發展了詞的聲腔體式，而且從創作方向上改變了詞的審美內涵和審美趣味，即變「雅」為「俗」，著意運用通俗化的語言表現世俗化的市民生活情調。

李煜精書法、善繪畫、通音律，詩和文均有一定造詣，尤以詞的成就最高。前期作品多為降宋之前所寫，主要內容為反映宮廷生活和男女情愛，題材較窄；後期作品多為降宋後所寫，主要內容為亡國深痛、追憶往事等，皆賦予自身感受而作。此時期的作品成就遠遠超過前期，可謂「神品」。

卷三・文學卷

豪放派

　　豪放派，宋詞風格流派之一。其中，北宋豪放詞，主要體現為封建體制下受壓抑個體的心靈解放，而南宋的豪放詞則將個體的命運與國家民族的命運緊密結合，進一步拓展了詞的表現領域，提升了詞在文學史上的地位。

　　豪放派的創作特點是，視野較為廣闊，氣象恢弘雄放，喜用詩文的手法、句法寫詞，語詞宏博，用事較多，不拘守音律，然而有時失之平直，甚至涉於狂怪叫囂。豪放派的創作風格雖以豪放為主，但也不乏清秀婉約之作。

　　豪放派不僅描寫花間、月下、男歡、女愛，而且喜攝取軍情國事那樣的重大題材入詞，使詞能像詩文一樣地反映生活。豪放派內部的分派較少，僅有蘇派、辛派、叫囂派三個階段性的細支。其風格雖然總稱豪放，然而各詞人風格亦有微差：蘇詞清放，辛詞雄放，南宋後期的某些豪放詞作則顯粗放，清朝的豪放詞人如陳維崧等亦多寓雄於粗，以粗豪見長。

　　豪放派的形成與發展大約分為四個階段：

　　預備階段：范仲淹寫〈漁家傲‧塞下秋來風景異〉，發豪放詞之先聲，可稱預備階段。

　　奠基階段：蘇軾大力提倡寫壯詞，欲與柳永、曹元寵分庭抗禮，豪放派由此進入奠基階段。當時學蘇詞的人只有十之一二，學曹柳者有十之七八，但豪放詞派即肇始於此。

　　巔峰階段：蘇軾之後，經賀鑄中傳，加上靖康事變的引發，豪放詞派獲得迅猛發展，集為大成。這是第三階段即巔峰階段。這一時期除豪放詞領袖辛棄疾外，還有李綱、陳與義、葉夢得、朱敦儒、張元幹、張孝祥、陸游、陳亮、劉過等一大批傑出的詞人。

　　延續階段：此階段代表詞人有劉克莊、黃機、戴復古、劉辰翁等。他們繼承辛棄疾的詞風，賦詞依然雄豪，但由於南宋國事衰微，恢復無望，風雅詞盛，豪放派的詞作便或呈粗囂、或返典雅，而悲灰之氣漸趨濃郁則是當時所有豪放詞人的共同趨向。

代表人物

　　蘇軾（西元1037～1101年），北宋文學家、書畫家。字子瞻，又字和仲，號東坡居士。著有詩文《東坡七集》等，詞有《東坡樂府》等。

　　辛棄疾（西元1140～1207年）南宋詞人。原字坦夫，改字幼安，別號稼軒。著有作品集《稼軒長短句》等。

圖解：國學

激昂慷慨的豪放派

　　豪放派，是宋詞兩大流派之一。豪放作為文學風格，始見於司空圖《二十四詩品》。因其詞作的題材、風格、用調及創作手法等與婉約派多不相同，故被視婉約派為正統的詞論家稱為「異軍」、「別宗」、「別派」。代表詞人主要有蘇軾、辛棄疾等。

豪放派代表　蘇軾　辛棄疾

〈菩薩蠻〉等。

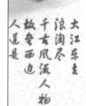

　　辛棄疾題材廣泛，內容涉及政治、哲理、朋友之情、戀人之情、田園風光、民俗人情、日常生活、讀書感受等。辛詞以其內容上的愛國思想，藝術上的創新精神，在文學史上產生了很大影響。代表作有〈破陣子〉〈永遇樂〉〈水龍吟〉

　　蘇軾認為文學應具有獨創性、表現力和藝術價值。他的文學思想強調「有為而作」，崇尚自然，擺脫束縛，「出新意於法度之中，寄妙理於豪放之外」。蘇詩現存約4000首，其詩內容廣闊，風格多樣，而以豪放為主，筆力縱橫，窮極變幻，具有浪漫主義色彩，為宋詩發展開闢了新的道路。代表作有〈念奴嬌〉〈水調歌頭〉等。

卷三·文學卷

前七子

「前七子」，是指明弘治、正德年間（西元1488～1521年）的文學流派，主要有李夢陽、何景明、徐禎卿、邊貢、康海、王九思和王廷相七人，以李夢陽、何景明為代表。為區別後來嘉靖、隆慶年間出現的李攀龍、王世貞等七子，世稱「前七子」。

前七子強烈反對當時流行的臺閣體詩文和「嘽緩冗沓，千篇一律」的八股習氣。其文學主張被後人概括為大力提倡「文必秦漢、詩必盛唐」，旨在為詩文創作指明一條新路子，以拯救委靡不振的詩風。他們都懷著強烈的改造文風的歷史使命，卻走上了一條以復古為革新的老路。

前七子崛起文壇之後，其復古主張迅速風行天下，成為文學思想之主流，掀起了一場文學復古運動。這在明代文學史上有一定的進步意義。但他們一些具體的文學見解不盡相同，創作上各呈特色。李夢陽在復古模擬上堅持主張「刻意古範」，句模字擬，逼肖前人；詩重氣魄，追求雄奇、豪放的風格。何景明思想較靈活，主張對古人作品要「領會神情」、「不仿形跡」，以達到「達岸捨筏」的目的；詩重才情，偏向清新一路。徐禎卿詩論頗多精闢、獨到之處，在追隨李、何後其詩歌風格出現了明顯的變化。康海、王九思主要成就在散曲、雜劇，詩多率直。邊貢、王廷相短詩清新、明快，但總體成就較遜色。

前七子多是在政治上敢與權臣、宦官抗爭的人物。盡管他們詩文創作成就不等，但均有一些面對現實、揭露黑暗的作品。

但是，前七子中一些人過分強調了從格調方面刻意模擬漢魏、盛唐詩歌，甚至將一些結構、修辭、音調上的問題視為不可變動的法式，鼓吹「夫文與字一也。今人摹臨古帖，即太似不嫌，反曰能書。何獨至於文，而欲自立一門戶邪？」（李夢陽〈再與何氏書〉）這就否定了文學應有獨創性，也否定了創作的現實生活根源，以致發展到後來模擬成風，萬口一喙。

代表人物

李夢陽（西元1473～1530年）字獻吉，號空同子。代表作有〈禹廟碑〉〈梅山先生墓誌銘〉等，著有〈空同集〉。

何景明（西元1483～1521年）字仲默，號大復山人。代表作有〈東門賦〉〈羅女曲〉等，著有〈大複集〉。

以復古為革新的前七子

　　明弘治、正德年間，李夢陽、何景明針對當時虛飾、委靡的文風，提倡復古，他們鄙棄自西漢以下的所有散文及自中唐以下的所有詩歌，他們的主張被當時許多文人接受，於是形成了影響廣泛的文學上的復古運動。除李、何之外，這個運動的中心人物尚有徐禎卿、康海、王九思、邊貢、王廷相，總共七人。

詩 作 欣 賞

李夢陽

黃河水繞漢宮牆，
河上秋風雁幾行。
客子過壕追野馬，
將軍弢箭射天狼。
黃塵古渡迷飛挽，
白月橫空冷戰場。
聞道朔方多勇略，
只今誰是郭汾陽。

秋望

　　李夢陽創作的樂府和古詩較多，其中有不少富有現實意義的作品，且寄寓了其力求有所改革的政治理想。李夢陽的樂府、歌行在藝術上有相當成就。但部分樂府模擬嚴重。此外，李夢陽專宗杜甫，其七律多氣象闊大之辭，但也並非全是雄渾健拔之作，還有少數興象飄逸、風味盎然的詩篇。

　　何景明提出「捨筏登岸」之說，強調學古為手段，目的在於獨創。其創作風貌，更多地趨向於俊逸秀麗。同時以揭露政治現實為題材，表達其強烈的干預時事的傾向，也是何景明創作的重要部分。

曲女羅

何景明

羅女年十五，自矜好顏色。山葉雜山花，插髻當首飾。蠻方立門戶，男女多生涯。昨聞城中市，女出男在家。上市買黃絲，染緝作花布。裙短衫袖長，不惜雙腳露。夜行山中道，何處吹蘆笙？我歌連臂曲，曲罷動郎情。動郎情，與郎四。生女復長男，三年始同室。

詩 作 欣 賞

後七子

「後七子」，明嘉靖、隆慶年間（西元1522～1566年）的文學流派。成員包括李攀龍、王世貞、謝榛、宗臣、梁有譽、徐中行和吳國倫。因在前七子之後，受李夢陽、何景明等人的影響，繼續提倡復古，相互呼應，彼此標榜，聲勢更為浩大，故稱「後七子」。後七子的文學主張基本上與前七子相同，強調「文必秦漢，詩必盛唐」。

李攀龍、王世貞是後七子的代表作家，他們認為古文已有成法，今人作文只要「琢字成辭，屬辭成篇」，模擬古人就可以了。並且武斷地認為散文自西漢以後、詩歌自盛唐以後，都不值一讀，把復古運動引到了極端。

李攀龍的很多作品都因為擬古而顯得生硬。但他有些七律和七絕寫得不錯。如他的〈初春元美席上贈謝茂秦得關字〉〈席上鼓飲歌送元美〉。

王世貞是後七子中創作數量最多的作家，他的《弇州山人四部稿》連同《續稿》加起來將近400卷，詩文中也有很優秀的作品。他的擬古之作較李攀龍來說更加成功，尤其是他的古體詩，如〈塞上曲〉〈登太白樓〉。

由於後七子立論有的褊狹，有的通達，故其創作中的模擬仿古程度也有所區別，其中李攀龍最為嚴重。後七子在近體詩方面都有一定功力，李攀龍俊潔響亮，王世貞精切雅致，吳國倫整密沉雄，徐中行閎大雄整，謝榛神簡氣逸。但都帶有模擬的毛病。加之才氣不足，生活不厚，常有重複雷同的現象。在後七子復古運動後期，由於公安派、竟陵派的攻擊，其影響漸弱，已不能左右文壇。但他們「墨守唐音」的部分看法仍為許多詩人所接受。明末至清代也有不少詩人仍然受到他們理論的影響。

明隆慶四年（西元1570年），李攀龍逝世；萬曆三年（西元1575年），八十一歲的謝榛逝世；萬曆十八年（西元1590年），王世貞逝世；後七子在明代後期相繼去世，他們的文學活動也逐漸偃旗息鼓。

代表人物

李攀龍（西元1514～1570年），字於鱗，自號滄溟，人稱滄溟先生。常與好友許邦才、殷士儋等到山澗叢林中吟詩作賦，被人指為「狂生」。著有〈滄溟集〉，編有〈唐詩選〉。

王世貞（西元1526～1590年），字元美，號鳳洲，明代著名的文學家、史學家。嘉靖二十六年（1547年）進士，官至南京刑部尚書。作有長詩〈袁江流鈐山岡〉〈太保歌〉等。

在擬古圈子中徘徊的後七子

「後七子」是一個比較嚴密的文學宗派，其形成情況大致如下：約在嘉靖二十七年（1548年），由進士出身任職於京師的李攀龍、王世貞相結交討論文學，決定重揭李夢陽、何景明等人學復古的「旗鼓」。後二年，徐中行、梁有譽、宗臣中進士，與李、王結成詩社，遂有「五子」之稱。後又增謝榛、吳國倫，這就是通常所說的「後七子」。

李攀龍

後七子領袖——李攀龍

李攀龍認為先秦古文已有成法，創作只需模擬即可。他推崇漢魏古詩和盛唐的近體詩，往後的都加以鄙視。由於他的這些文學主張過於片面，限制了他本人的詩文創作，作品的模擬痕跡太重，佳作不多。在他的各體詩中，以七律和七絕較優。

詩作欣賞

《初春元美席上贈謝茂秦得關字》

鳳城楊柳又堪攀，謝脁西園未擬還。客久高吟生白髮，春來歸夢滿青山。明時抱病風塵下，短褐論交天地間。聞道鹿門妻子在，只今詞賦且燕關。

王世貞

多產作家博學

《登太白樓》

昔聞李供奉，
長嘯獨登樓。
此地一垂顧，
高名百代留。
白雲海色曙，
明月天門秋。
欲覓重來者，
潺湲濟水流。

李攀龍去世後，王世貞以才華聲氣冠絕海內，獨主文壇20年。他善詩，以聲韻為主；好古文，多模擬之作。他在前後七子中最博學多才，《明史》稱其「才最高、地望最顯、聲華意氣、籠蓋海內」。他一生著作不輟，在古詩文作家中，是屈指可數的人物，堪稱著作等身。

詩作欣賞

卷三·文學卷

唐宋派

　　唐宋派，是明代嘉靖年間的一個散文流派，代表人物有王慎中、唐順之、茅坤和歸有光等人。該派反對前、後七子的擬古主義，他們的基本觀點是反對以文採取代「道統」，主張「文道合一」的傳統。

　　唐宋派散文成就超過前、後七子，但也並非俱是佳品，他們的集子中有不少表彰孝子烈婦的道學文章和應酬捧場的文字。他們主張的「胸臆」、「心源」，指的是道學家的內心世界。他們把道看成是文的源泉，道盛則文盛。這種觀點束縛了他們的創作，同時也削弱著他們文學主張的影響力。前、後七子跨越弘治、正德、嘉靖三朝，取代臺閣體主持文壇風氣凡百年之久，唐宋派基於自身弱點，雖也指出了復古派的毛病，卻始終未能根本改變文壇局面。唯其散文創作對後世較有影響，如清代「桐城派」即繼承了它的傳統。

　　唐宋派中散文成就最高的當推歸有光。歸有光善於抒情、記事，能把瑣屑的事委曲寫出，不事雕琢而風味超然。如〈項脊軒志〉〈先妣事略〉〈寒花葬志〉〈思子亭記〉〈見樹樓記〉〈女如蘭壙志〉等。王錫爵在〈歸公墓志銘〉中稱他的這類散文「無意於感人，而歡愉慘惻之思，溢於言表」。黃宗羲則尤其贊賞他懷念祖母、母親和妻子的一些散文「一往深情，每以一二細事見之，使人欲涕。蓋古今來事無巨細，唯此可歌可泣之精神，長留天壤」（〈張節母葉孺人墓志銘〉）。

　　唐宋派取法唐宋古文，又完全取消擬古習氣，理論上缺少足夠的創新，持續時間短，創作成就不高。但唐宋派的散文上承司馬遷、唐宋古文的傳統，變化自得，求文之神，平易自然，清新一時之風氣，作品中表現出了人道主義精神、對人事的關注和對真性情的讚許；下接公安、竟陵派，開清代桐城派散文的先河，對現代散文創作也有影響。

代表人物

　　歸有光（西元1507～1571年），字熙甫。江蘇蘇州昆山人。別號「震川」，又自號「項脊生」。與唐順之、王慎中兩人均崇尚內容翔實、文字樸實的唐宋古文，並稱為「嘉靖三大家」。由於歸有光在散文創作方面的極深造詣，在當時被稱為「今之歐陽修」，後人稱讚其散文為「明文第一」，著有《震川集》《三吳水利錄》等。

主張文道合一的唐宋派

　　唐宋派，是明代嘉靖年間的一個散文流派，代表人物有王慎中、唐順之、茅坤、歸有光等人。他們的基本觀點是反對以文採取代「道統」，主張「文道合一」的傳統。其中以歸有光成就最高。

嘉靖三大散文家

　　歸有光與唐順之、王慎中均崇尚內容翔實、文字樸實的唐宋古文，並稱為嘉靖三大家。

王慎中

歸有光

唐順之

倡導文崇唐宋
主張意定詞立

善抒情、記事
文字清新自然

文風簡雅清深
立意新穎獨創

　　王慎中是開唐宋派風氣的第一人。他公開反對復古派的文學理論，明確提出自己的文學主張，倡導文崇唐宋，主張意定詞立，文從字順。他提出文章要能「道其中之所欲言」，「直抒胸臆，信手寫出」，代表作有〈登金山口絕頂〉〈遊白鹿洞〉〈遊麻姑山〉等。

　　歸有光一生著作繁富，涉及經史子集各部，但是其主要成就在散文創作上。歸有光的散文博採唐宋諸家之長，繼承了唐宋古文運動的傳統，同時又有所發展。他進一步擴大了散文的題材，給人以清新之感，為散文的發展開闢了一片新的境界。

　　唐順之文風簡雅清深，間用口語，不受形式束縛。文筆清新流暢，別具一格，立意新穎。其記敘散文往往敘中擇其一點，引申開來，情思遐飛而哲理蘊涵其中，自然渾厚而暢達豁然。代表作有〈西峪草堂記〉〈書秦風蒹葭三章後〉及〈永嘉袁君芳洲記〉等。

卷三・文學卷

公安派

　　公安派，是明神宗萬曆（1573～1620年）年間以袁宏道及其兄袁宗道、弟袁中道三人為代表的文學流派，因三人是湖北公安人而得名。這一派作者還有江盈科、陶望齡、黃輝等。

　　公安派所持的文學主張與前後七子擬古主義針鋒相對，他們提出「世道既變，文亦因之」的文學發展觀，其創作成就主要在散文方面，清新活潑，自然率真，開拓了小品文的新領域，但多局限於抒寫閒情逸致。

　　公安派理論核心的口號是「獨抒性靈」。公安派的「性靈說」融合了鮮明的時代內容，它和李贄的「童心說」一脈相通，和「理」尖銳對立。性靈說不僅明確肯定人的生活欲望，還特別強調表現個性，表現了明代後期人的個性解放思想。

　　公安派的文學主張主要是反對抄襲，主張通變；獨抒性靈，不拘格套；推重民歌小說，提倡通俗文學。

　　公安派在解放文體上也頗有功績。遊記、尺牘、小品也很有特色，或秀逸清新，或活潑詼諧，自成一家。但他們在現實生活中消極避世，多描寫身邊瑣事或自然景物，缺乏深厚的社會內容，因而創作題材愈來愈狹窄。

　　1608年，袁宏道去世；次年黃輝卒於四川。公安派核心成員陸續辭世，後繼者又鮮有能達到「三袁」成就者，於是公安派漸入末流。此外，公安派所高舉的「獨抒性靈」大旗，又局限在個人情感的領域。在創作與理論的衰退下，公安派迅速衰落，到袁中道辭世後，便完全成為歷史。

代表人物

　　袁宗道：公安派的文學主張發端於袁宗道。其著作有：遊記散文如〈戒壇山一〉〈上方山一〉〈小西天一〉等；簡牘散文如〈答同社二〉〈寄三弟之二〉〈答友人〉等；論說文如《讀大學》《讀論語》；《白蘇齋類集》22卷。

　　袁宏道：是公安派的中堅和實際領導人物，傳世的詩歌有1700多首，遊記、書簡、序跋、碑記、傳狀、日記、雜文等近600篇，成就最大的是山水遊記，清新秀俊，自成一家。

　　袁中道：進一步擴大了公安派的影響，著作有《珂雪齋集》《遊居柿錄》等。

高舉「獨抒性靈」大旗的公安派

公安派，是明代後期出現的一個文學流派。「公安三袁」是公安派的領袖。公安派反對前七子和後七子的擬古風氣，主張「獨抒性靈，不拘格套」，發前人之所未發。其創作成就主要在散文方面，清新活潑，自然率真，但多局限於抒寫閒情逸致。

獨抒性靈

公安派

袁中道

進一步擴大了公安派的影響

反對模擬剽竊，崇尚個性

袁中道（西元1570～1626年），其文學主張基本與其兄袁宗道、袁宏道相同，反對模擬剽竊，崇尚個性。他的作品以散文為優。遊記文能直抒胸臆，文筆明暢；日記多有精粹文筆，對後世日記體散文有一定影響。

袁宏道

是公安派的中堅人物和實際領袖

文章清新秀俊，自成一家

袁宏道（西元1568～1610年），「公安派」主帥，字中郎，又字無學，號石公，又號六休。荊州公安人。生性直爽，喜遊山水。傳世的詩歌有1700多首，遊記等近600篇。成就最大的是山水遊記，清新秀俊，自成一家。

獨抒性靈

公安派

袁宗道

公安派的文學主張發端於袁宗道

認為文章首先要旨在於辭達，其次要有真情實感

袁宗道（西元1560～1600年），明代文學家。字伯修，號石浦。認為文章首先要旨在於詞達。其次要有真情實感。其詩文創作不事模擬，率真自然。

卷三・文學卷

圖解‧國學

臨川派

　　臨川派，是明代戲曲文學流派。萬曆年間，臨川湯顯祖創作《牡丹亭》等傳奇，著重刻畫人物，講究辭藻，影響頗大。戲曲史上把明清兩代仿效他風格的戲曲作家稱為「臨川派」或「玉茗堂派」。玉茗堂為湯顯祖書齋的名稱。其重要成員有王思任、茅元儀、孟稱舜、吳炳、阮大鋮等人。湯顯祖反對一味復古，也反對格律中心說，強調戲曲要以內容為主，十分注重戲曲的教育感化作用。他主張「意趣說」，重視創作要發揮作家的想象，語言上講究「機神情趣」。

　　湯顯祖的思想與李贄、徐渭、「三袁」同屬反對傳統禮教、批判程朱理學的進步思潮，他的戲曲理論強調創作不應受形式、格律的拘束，強調作家的才情，倡導以自我為中心的神情合至論，特別重視個人的感情作用，以感情說反對道學家的性理說，「臨川四夢」（即「玉茗堂四夢」）就是這些理論的實踐。湯顯祖還重視創作上發揮作家的想象、語言上講究「機神情趣」，既要本色，又要有文采。湯顯祖論曲的主要思想，第一是重意趣，第二是提倡神情合至，描繪理想境界。

　　吳江派與臨川派是明朝後期的兩大戲曲流派。吳江派以沈璟是吳江人而得名，又因該派講求格律而被稱為「格律派」。其成員有沈璟、呂天成、葉憲祖、王驥德、卜大荒等人。臨川派以湯顯祖為代表，重視抒寫作家的真情實感，因而該派又稱「言情派」。從萬曆年間開始，湯顯祖與沈璟等人曾在創作主張上有過長時間的爭論和辯難。兩派在戲曲理論和創作上互相對立。吳江派主張嚴守音韻格律和崇尚語言本色，特別重視聲律美。臨川派反對格律至上，重視內容，重視情感，重視文采，特別強調「情」的作用，應該「為情作使」，提倡語言的「自然」。　晚明的劇壇，大都受到上述兩派的影響，分別向著不同的方向發展。

　　湯顯祖的戲劇創作成就輝煌，作品較多，他曾自云「一生四夢，得意處唯在牡丹」。《牡丹亭》是明代傳奇中的浪漫主義傑作，也是古代戲曲史上最優秀的作品之一。湯顯祖以其輝煌的藝術成就和豐富的思想內容，為戲劇發展作出了傑出的貢獻。

代表人物

　　湯顯祖（西元1550～1616年），字義仍，號海若，別署清遠道人，江西臨川人。主要代表作有《紫簫記》《紫釵記》《牡丹亭》《邯鄲記》《南柯記》，後四者名為「臨川四夢」或「玉茗堂四夢」，其中以《牡丹亭》最為有名。

明代戲曲文學流派——臨川派

　　臨川派，明代戲曲文學流派。也稱「玉茗堂派」。其領袖人物是湯顯祖。因湯顯祖的祖籍是臨川，時人稱他為湯臨川，湯顯祖的戲曲代表作品總名「玉茗堂四夢」，「臨川派」和「玉茗堂派」因而得名。向來認為屬於此派的曲家還有來集之、馮延年、陳情表、鄒兌金、阮大鋮、吳炳、孟稱舜、凌濛初等。

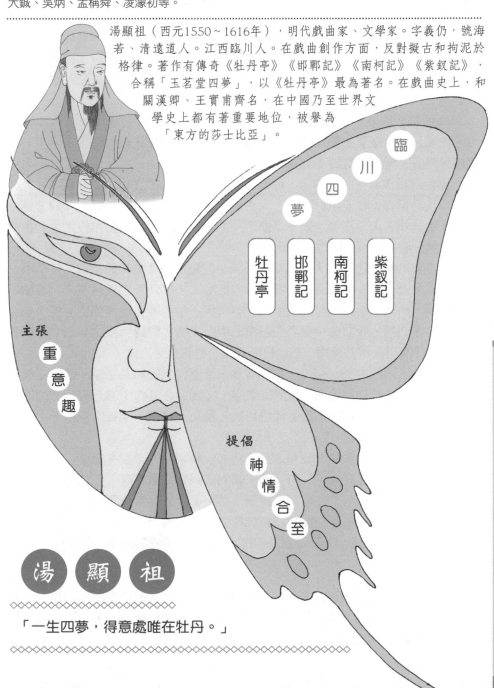

　　湯顯祖（西元1550～1616年），明代戲曲家、文學家。字義仍，號海若、清遠道人。江西臨川人。在戲曲創作方面，反對擬古和拘泥於格律。著作有傳奇《牡丹亭》《邯鄲記》《南柯記》《紫釵記》，合稱「玉茗堂四夢」，以《牡丹亭》最為著名。在戲曲史上，和關漢卿、王實甫齊名，在中國乃至世界文學史上都有著重要地位，被譽為「東方的莎士比亞」。

臨川四夢

牡丹亭　邯鄲記　南柯記　紫釵記

主張　重意趣

提倡　神情合至

湯顯祖

「一生四夢，得意處唯在牡丹。」

浙西詞派

浙西詞派，是清代前期最大的詞派，影響深廣。其創始者朱彝尊及主要作者都是浙西人，故稱之。該詞派其他主要作家還有李良年、李符、沈皞日、沈岸登、龔翔麟。隨著清朝走向鼎盛，以朱彝尊等為代表的浙西詞派順應太平，以醇正高雅的盛世之音，播揚上下，綿亙康、雍、乾三朝。

浙西詞派的最早倡導者為曹溶和朱彝尊，其開創者朱彝尊與李良年、李符、沈皞日、沈岸登、龔翔麟號為「浙西六家」，和陳維崧並稱「朱陳」。龔翔麟曾將各家詞作合刻為《浙西六家詞》。

浙西詞派以浙西詞人為主，同時也包括創作傾向與之相同的他籍詞人，如同時稍晚的桐鄉（今安徽桐城北）人汪森、華亭（今上海松江縣）人錢芳標、仁和（今杭州）人丁澎等，雖不是浙西人，但在論詞觀點和創作特色上和浙西詞人同承一脈。因而也極力推波助瀾。

後期浙西詞派重要詞人有厲鶚、王昶、吳錫麒、郭唐、許昂霄、吳衡照、項鴻祚以及馮登府、杜文瀾、張鳴珂等大批詞人。朱彝尊去世後不久，厲鶚崛起於詞壇，承襲了浙西詞派的主張，並有所修正和發展，尊周邦彥、姜白石，擅南宋諸家之勝，成為清中葉浙西詞派的中堅人物，使得浙派之勢益盛。厲鶚之後，雖仍有詞人承其餘緒，然而日漸衰頹，勢如強弩之末。

浙西詞派崇尚姜夔、張炎，標榜醇雅、清空，以婉約為正宗，貶低豪放詞派，認為詞「宜於宴嬉逸樂，以歌詠太平」。因此在創作中常忽視詞的內容，注重詞的格律精巧，詞句工麗及孤僻典故，藝術上追求「幽新」風格。由此形象有些破碎，內涵晦澀。但也不乏清新之作。

總的說來，浙西詞派的出現適應了清初反映現實的需要，隨著清初社會問題的尖銳，逐漸發展壯大，又隨著清王朝的鞏固繁榮而衰落。至乾隆年間，浙西詞派中出現了「三蔽」（淫詞、遊詞、鄙詞），於是常州詞派出而代之。隨著近代社會的變化，浙西詞派後起者如杜文瀾、張鳴珂等人詞風也有了轉變。而且，常州詞派也吸收了浙西詞派尊詞體、重寄託等理論及創作經驗。

代表人物

朱彝尊（西元1629～1709年），字錫鬯，號竹垞，晚號小長蘆釣魚師，清代詩人、詞人、學者，浙西詞派開創者，開創了清詞新格局。著有《經義考》《日下舊聞》《曝書亭集》等。

尚醇雅、主清空的浙西詞派

　　廣義的浙派，自朱彝尊創始，歷經康、雍、乾三朝，前後百有餘年，涉及詩人數以百計，大小名家數十人。

浙西詞派

尚醇雅　　　　主清空

朱彝尊

　　浙西派在朱彝尊影響下，標舉清空醇雅風格，蘊藉空靈，即使艷情詠物，也力除陳詞濫調，獨具機杼，音律和諧。但他重在字句聲律上用工夫，限制了創造的天地，也給浙西派帶來堆填弄巧的風氣。

厲鶚

　　厲鶚，浙西詞派的中堅人物。性耽聞靜，愛山水，尤工詩餘，擅南宋諸家之勝。全祖望評價其詩曰：「最長於遊山之什，冥搜象物，流連光景，妙軼群。」著有《宋詩紀事》《樊榭山房集》等。

〈洞仙歌・吳江曉發〉

　　澄湖淡月，響漁榔無數。一霎通波撥柔櫓，過垂虹亭畔，語鴨橋邊，籬根綻、點點牽牛花吐。紅樓思此際，謝女檀郎，幾處殘燈在窗戶。隨分且敧眠，枕上吳歌，聲未了、夢輕重作。也盡勝、鞭絲亂山中，聽風鐸郎當，馬頭沖霧。

〈國香慢〉

　　路遠三湘。記幽崖冷谷，采遍瑤房。仙人練顏如洗，尚帶鉛霜。窈嫋東風搖翠，返魂處、佳珥成行。飄零遇張碩，已墮紅塵，還舞霓裳。月中何限怨，念王孫草綠，孤負空香。冰絲初弄，清夜應訴悲涼。玉斫相思一點，算除是、連理唐昌。閒階滄成夢，白鳳梳翎，寫影雲窗。

常州詞派

　　常州詞派，是清代嘉慶以後的重要詞派。康熙、乾隆時期，詞壇主要為浙西派所左右。浙西派標舉南宋，推崇姜（夔）、張（炎）、一味追求清空醇雅，詞的內容漸趨空虛、狹窄。到了嘉慶初年，浙西派的詞人更是專在聲律格調上著力，流弊益甚，常州詞人張惠言欲挽此頹風，大聲疾呼詞與《風》《騷》同科，應該強調比興寄託，反瑣屑釘餖之習，攻無病呻吟之作。一時和者頗多，蔚然成風，遂有常州詞派的興起，後經周濟的推闡、發展，理論更趨完善，所倡導的主張更加切合當時內憂外患、社會急速變化的歷史要求。其影響直至清末不衰。

　　常州詞論始於張氏編輯的《詞選》。其書成於嘉慶二年（西元1797年），所選唐、宋兩代詞，只錄44家，160首。與浙西派相反，多選唐、五代，少取南宋，對浙西派推尊的姜夔只取3首，張炎僅收1首。雖失之太苛，但其選錄的辛棄疾、張孝祥、王沂孫諸家作品，尚屬有現實意義之作，說明詞在文學上並非小道，以印證張惠言在《詞選序》裏所申明的主張。張惠言的同調者有張琦、董士錫、周濟、惲敬、左輔、錢季重、李兆洛、丁履恆、陸繼輅、金應珪、金式玉等人。

　　常州詞派對清詞發展影響甚大。近代譚獻、王鵬運、朱孝臧、況周頤四大詞家，也是常州詞派的後勁。雖然他們的創作同樣走向內容狹窄的道路，但他們的詞學整理研究頗有成績。如譚獻選輯清人詞為《篋中詞》；王鵬運匯刻《花間集》以及宋元諸家詞為《四印齋所刻詞》；朱孝臧校刻唐宋金元人約160家詞為《彊村叢書》等，都收集了大量的詞學遺產。

代表人物

　　張惠言（西元1761～1802年），是學者，又是古文「陽湖三家」之一，更是著名詞人，有《茗柯詞》〈木蘭花慢·楊花〉等。他與兄弟張琦合編的《詞選》（又名《宛鄰詞選》）成了一面開宗立派的旗幟。

　　周濟（西元1781～1893年），推尊詞體，突出詞的「史」性與時代盛衰相關的政治感慨；對詞的比興寄託，闡明詞「非寄託不入」和「專寄託不出」，揭示最有普遍意義的美學命題，被認為「千古文章之能事盡矣，豈獨填詞為然」（譚獻《復堂日記》）。著有《詞辨》《宋四家詞選》。

提倡比興寄託的常州詞派

常州詞派，是清代嘉慶以後的重要詞派，強調比興寄託，反瑣屑飣餖之習，攻無病呻吟之作。一時和者頗多，蔚然成風，遂有常州詞派的興起，後經周濟的推闡、發展，理論更趨完善，所倡導的主張更加切合當時內憂外患、社會急速變化的歷史要求。其影響直至清末不衰。

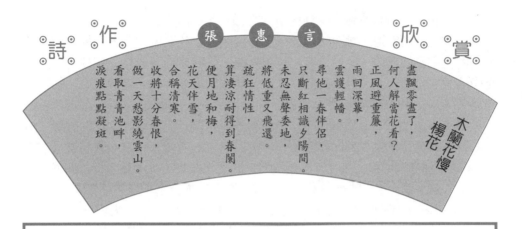

◎詩◎ ◎作◎ 張 惠 言 ◎欣◎ ◎賞◎

木蘭花慢
楊花

盡飄零盡了，
何人解當花看？
正風避重簾，
雨回深幕，
雲護輕幡。
尋他一春伴侶，
只斷紅相識夕陽間。
未忍無聲委地，
將低重又飛還。
疏狂情性，
算淒涼耐得到春闌。
便月地和梅，
花天伴雪，
合稱清寒。
收將十分春恨，
做一天愁影繞雲山。
看取青青池畔，
淚痕點點凝斑。

張惠言，常州詞派開創者，主張尊詞體，要詞「與詩賦之流同類而諷誦」，提高詞的地位，倡導意內言外、比興寄託和「深美宏約」之致，對扭轉詞風和指導風氣有積極作用。

◎詩◎ ◎作◎ 周 濟 ◎欣◎ ◎賞◎

蝶戀花

柳絮年年三月暮，
斷送鶯花，
十里湖邊路。
萬轉千回無落處，
隨儂只恁低低去。

滿眼頹垣欹病樹，
縱有餘英，
不值風姨妒。
煙裏黃沙遮不住，
河流日夜東南注。

周濟，推尊詞體，突出詞的「史」性和與時代盛衰相關的政治感慨；對詞的比興寄託，從創作與接受角度上，闡明詞「非寄託不入」和「專寄託不出」；在正變理論上，他既糾正浙派淺滑甜熟，也使「常派」真正風靡開來，籠蓋晚清時期的詞壇。但周濟創作與理論脫節，對藝術審美和技巧認識較精密，個人詞作卻未盡如人意。

桐城派

　　桐城派，即桐城文派，又稱桐城古文派、桐城散文派。其主要代表人物戴名世、方苞、劉大櫆、姚鼐均係清代安徽桐城人，故名桐城派。桐城派文論體系和古文運動的形成，始於方苞，經劉大櫆、姚鼐而發展成為一個聲勢顯赫的文學流派。是清代文壇最大的散文流派，其作家之多、播布地域之廣、綿延時間之久，為文學史所罕見。

　　「天下之文章，其在桐城乎」是清朝乾隆年間世人對桐城文章的讚譽。桐城派有1200餘位作家、2000多部著作、數以億字的資料——這些數字就是崛起於200餘年前的桐城散文派在其間創造出來的文化成果。其中戴名世是桐城派奠基人；方苞、劉大櫆、姚鼐被尊為「桐城三祖」，方苞為桐城派創始人。

　　桐城派的文章，在內容上多是宣傳儒家思想，尤其是程朱理學；在語言上則力求簡明達意，條理清晰；在思想上多為「闡道翼教」而作；在文風上，選取素材，運用語言，只求簡明達意、條例清晰，不重羅列材料、堆砌辭藻，不用詩詞與駢句，力求「清真雅正」，頗有特色。桐城派的文章一般都較清順通暢，尤其是一些記敘文，如方苞的〈獄中雜記〉〈左忠毅公逸事〉，姚鼐的〈登泰山記〉等，都是著名的代表作品。辭賦大師潘承祥先生曾評價道：「桐城古文運動，是唐宋古文運動的繼續、發展、終結。」

代表人物

　　方苞（西元1668～1749年），字鳳九，一字靈皋，號望溪，桐城派創始人。著有《周官集注》《周官辯》《周官析疑》《考工記析疑》《儀禮析疑》《喪禮或問》《禮記析疑》《左傳義法舉要》《春秋通論》《春秋比事目錄》《離騷正義》《方苞文集》等。

　　劉大櫆（西元1698～1780年），字才甫，一字耕南，號海峰。姚鼐、王灼、吳定皆為其門下弟子，是繼方苞之後桐城派的中堅人物。著有《海峰先生文集》《海峰先生詩集》《論文偶記》《歙縣志》等。

　　姚鼐（西元1732～1815年），字姬傳，一字夢穀，室名惜抱軒，人稱惜抱先生。著有《惜抱軒全集》88卷，包括文集和詩集，另有《法貼題跋》《左傳補注》《國語補注》《公羊傳補注》《穀梁傳補注》《九經說》《老子章義》《莊子章義》等。

清代文壇最大的散文流派——桐城派

　　桐城派，即桐城文派，又稱：桐城古文派、桐城散文派。清代最大的散文流派。該派的開創者方苞以及進一步發展者劉大櫆、姚鼐都是安徽桐城人，因此把他們及其追隨者稱為桐城派。他們繼承了唐宋八大家到歸有光的古文傳統，提出了以「義法」為核心，「義理、考據、辭章」三者並重的文章理論。

方苞

創始人

桐城三祖

發展者

劉大櫆

　　方苞（西元1668～1749年），字鳳九，一字靈皋，號望溪，桐城派創始人。論文提倡「義法」，認為義即《易》之所謂言有物也，法即《易》之所謂言有序也。義以為經，而法以緯之，然後為成體之文。後桐城派的文論，以此為綱領加以補充發展。

　　劉大櫆（西元1698～1780年），字才甫，一字耕南，號海峰。論文強調「義事、書卷、經濟」，主張在藝術形式上模仿古人的「神氣」、「音節」、「字句」，是繼方苞之後桐城派的中堅人物。

發展者

桐城派

文章內容多宣傳儒家思想，尤其是程朱理學

　　姚鼐（西元1732～1815年），字姬傳，一字夢穀，室名惜抱軒，人稱惜抱先生。其在繼方、劉已有成就的基礎上提倡文章要「義理」、「考證」、「辭章」三者相互為用。這些主張充實了散文的寫作內容，是對方苞「義法」說的補充和發展。在美學上，提出用「陽剛」、「陰柔」區別文章的風格。同時，又發展了劉大櫆主張，提出「神、理、氣、味、格、律、聲、色」為文章八要。

桐城派

在文章語言上力求簡明達意、條理清晰

姚鼐

哲學卷

「哲」或「哲人」多用來形容長於思辨、學問精深的人。如中國很早就出現了諸如「孔門十哲」、「古聖先哲」等詞。從《易經》算起，中國的哲學歷史至少已有三千年，其不但歷史久遠，而且體例龐大，思想博大精深。

中國哲學約萌芽於殷、周之際，成形於春秋末期，繁榮於戰國時代。古代中國的主要哲學流派包括儒家、釋家和道家三大流派，三派之間相互作用，影響深遠。

中國哲學是世界傳統哲學幾大類型中的其中一種，它以天人之間的關係和古今歷史的演變規律為主要研究對象，並在其發展過程中，形成了獨具特色的自然觀、歷史觀、人性論、知識論以及方法論，尤其非常重視哲學與倫理的聯聯。

儒　家

　　儒家，一般是指崇奉孔子學說的重要學派，是中國古代自漢代以來的主流意識流派，並在自漢以來的絕大多數的歷史時期作為中國的官方思想。崇尚「禮樂」和「仁義」，提倡「忠恕」和「中庸」之道。主張「德治」、「仁政」，重視倫常關係。

　　儒家思想，又稱儒學，指的是儒家學派的思想，也有人認為它是一種宗教而稱之為儒教，由春秋末期思想家孔子所創立。孔子創立的儒家學說在總結、概括和繼承了夏、商、周三代尊親傳統文化的基礎上形成的一個完整的思想體系。孔子第一次打破了舊日統治階級壟斷教育的局面，一變「學在官府」而為「有教無類」，使傳統文化教育播及到整個民族。這樣儒家思想就有了堅實的民族心理基礎，為全社會所接受並逐步儒化全社會。但是儒家學派固守「道不過三代，法不貳後王」（《荀子・王制》）。

　　儒家思想基本分為「內聖」與「外王」，即個人修養與政治主張兩類。在儒家的思想元素中，仁居於核心，仁、義是基礎，又可將仁義和道德等同。韓愈〈原道〉：「博愛之謂仁，行而宜之之謂義；仁與義，為定名；道與德，為虛位。」誠、恕、廉、恥、勇、溫、良、恭、儉、讓、中庸、寬、嚴、剛、柔、敏、惠等也都是儒家的重要思想元素。

　　隨著學科的細分，儒家學說可以細分為許多分支學科。張其昀《孔學今義》將孔子學說分析為八大部，即人生哲學、教育哲學、政治哲學、法律哲學、藝術哲學、歷史哲學、軍事哲學、宗教哲學。

　　儒家隨著時代的發展而發展出不同的派別體系，主要有思孟學派、宋明理學、心學、氣學、今文學派、公羊學、讖緯神學、古文學派、訓詁學。

　　儒家思想對中國、東亞、東南亞乃至全世界都產生過深遠的影響。奉儒學為官學的最後一個王朝——大清帝國被民國取代以後，儒家思想受到了外來新文化最大限度的衝擊，不過在歷經多種衝擊、浩劫乃至中國官方政權試圖徹底鏟除儒家思想之後，儒家思想依然是中國社會一般民眾的核心價值觀。同時，儒家思想還是東亞地區的基本文化信仰。

代表人物及著作

　　孔子、孟子、荀卿、董仲舒、二程（程顥、程頤）、朱熹、陸九淵、王陽明代表了儒家發展的不同階段。

　　主要著作是《十三經》等。

崇奉孔子學說的儒家

崇奉孔子學說的重要學派。崇尚「禮樂」和「仁義」，提倡「忠恕」和「中庸」之道。主張「德治」、「仁政」，重視倫常關係。

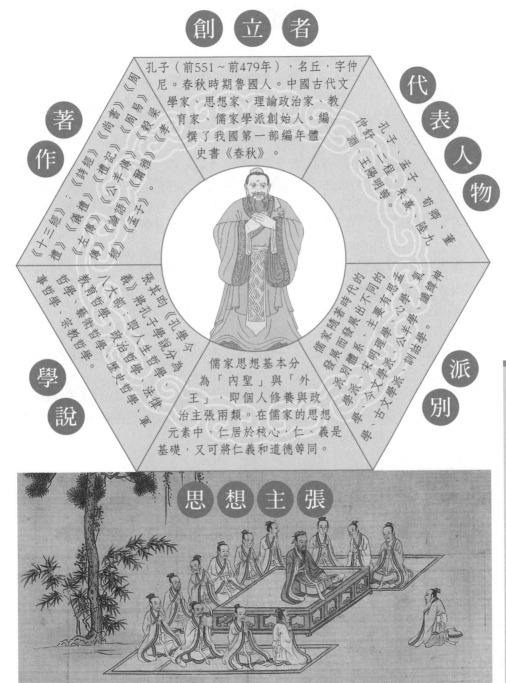

創立者

孔子（前551～前479年），名丘，字仲尼。春秋時期魯國人。中國古代文學家、思想家、理論政治家、教育家、儒家學派創始人。編撰了我國第一部編年體史書《春秋》。

代表人物

孔子、孟子、朱熹、荀卿、董仲舒、二程、陸九淵、王陽明等。

著作

《十三經》：《詩經》《尚書》《周易》《禮記》《儀禮》《周禮》《左傳》《公羊傳》《穀梁傳》《論語》《爾雅》《孝經》《孟子》。

學說

張其昀的《孔學今義》將孔子學說分為八大部：即人生哲學、教育哲學、政治哲學、法律哲學、歷史哲學、宗教哲學、藝術哲學、軍事哲學。

派別

儒家隨著時代的發展而發展出不同的派別，主要有思孟學派、朱明理學、公羊學派、古文學派、訓詁學、心學、氣學、讖緯神學。

儒家思想基本分為「內聖」與「外王」，即個人修養與政治主張兩類。在儒家的思想元素中，仁居於核心。仁、義是基礎，又可將仁義和道德等同。

思想主張

墨　家

　　墨家，為古代春秋戰國時期的諸子百家之一，創始人為墨翟，世稱墨子，墨家之名從創始人而得。墨家是一個紀律嚴密的學術團體，其首領稱「矩子」，其成員到各國為官必須推行墨家主張，所得俸祿亦須向團體奉獻。墨家學派有前、後期之分，前期思想主要涉及社會政治、倫理及認識論問題；後期，墨家在邏輯學方面有重要貢獻。

　　儒、墨同為春秋戰國時期顯學，當時有「不入於儒，即入於墨」之說。先秦時期，儒、墨兩家曾是分庭抗禮。戰國後期，墨學的影響甚至一度在儒學之上。

　　墨者多來自社會下層，生活清苦。墨者可以「赴湯蹈刃，死不旋踵」，即是說至死也不後轉腳跟後退。墨者中從事談辯者，稱「墨辯」；從事武俠者，稱「墨俠」。墨家紀律嚴明，墨者必須服從矩子的領導，相傳「墨者之法，殺人者死，傷人者刑」。例如，矩子腹的兒子殺了人，雖得到秦惠王的寬恕，但仍堅持「殺人者死」的「墨者之法」被處決。

　　戰國後期，墨家分化為兩支：一支注重認識論、邏輯學、幾何學、幾何光學、靜力學等學科的研究，是謂「墨家後學」（亦稱「後期墨家」），另一支則轉化為秦漢社會的遊俠。不過也有一說是分成三派，即墨家分裂為相里氏、相夫氏和鄧陵氏三派。

　　戰國末期以後，墨家已經開始衰落。到了西漢時，由於漢武帝在位時代的獨尊儒術政策、社會心態的變化以及墨家本身並非人人可達的艱苦訓練、嚴厲規則及高尚思想，墨家在西漢之後基本消失。

代表人物及著作

　　墨子等。

　　主要著作有《墨子》71篇──墨翟；《胡非子》3篇──墨翟弟子；《隨巢子》6篇──墨翟弟子；《我子》1篇；《田俅子》3篇──先韓子；《尹佚》2篇──一名在成康時期的周朝官員所著。墨家著作在六朝以後逐漸流失，現代所傳的《墨子》只剩下53篇。

紀律嚴明的墨家

　　墨家，中國古代春秋戰國時期的諸子百家之一，創始人為墨翟，世稱墨子。墨家是一個有領袖、有學說、有組織的學派，墨者多為有知識的勞動者。墨家學派有前、後期之分，前期思想主要涉及社會政治、倫理及認識論問題；後期，墨家在邏輯學方面有重要貢獻。

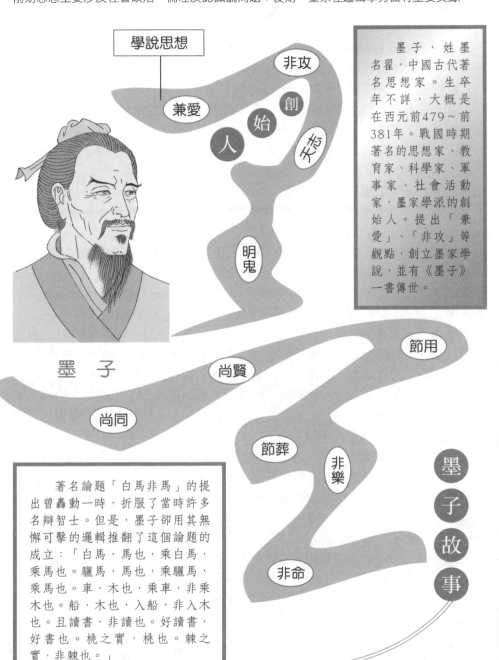

學說思想

非攻

兼愛

創
始
人

天志

明鬼

墨　子

尚賢

尚同

節用

節葬

非樂

非命

　　墨子，姓墨名翟，中國古代著名思想家。生卒年不詳，大概是在西元前479～前381年。戰國時期著名的思想家、教育家、科學家、軍事家、社會活動家，墨家學派的創始人。提出「兼愛」、「非攻」等觀點，創立墨家學說，並有《墨子》一書傳世。

　　著名論題「白馬非馬」的提出曾轟動一時，折服了當時許多名辯智士。但是，墨子卻用其無懈可擊的邏輯推翻了這個論題的成立：「白馬，馬也，乘白馬，乘馬也。驪馬，馬也，乘驪馬，乘馬也。車，木也，乘車，非乘木也。船，木也，入船，非入木也。且讀書，非讀也。好讀書，好書也。桃之實，桃也。棘之實，非棘也。」

墨
子
故
事

卷
四
‧
哲
學
卷

❸

道 家

　　道家，中國春秋戰國時期諸子百家中最重要的思想學派之一，以老子、莊子、楊朱為主要代表。道家的思想崇尚自然，有辯證法的因素和無神論的傾向，同時主張清靜無為，反對鬥爭。

　　道家思想的主要流派有老子、莊子和黃老學派，此外楊朱思潮可能影響了老子和莊子，同時又融會於兩者中。不同的學派之間思想重心也不同，或偏於治國，或偏於治身。道家雖然學派上有所區別，但就其主旨來說是相通的：以「道」為本，自然無為。

　　道家思想與法家思想剛剛相反，道家主張「順其自然」，認為法律（法和法律有不同，法好比物理，而法律則是人為）是對人類的束縛，要全部捨棄；法家則主張要用法律去懲治人，認為人類本性頑劣，要用權威去治天下。

　　道家思想的核心是「道」。老子提出「道」是宇宙本源，也是統治宇宙中一切運動的法則。這一觀點被後來所有道家流派支持。雖然各派之間對「道」的理解有一定差異，但在中國哲學史上，透過「道」的概念對世界萬物本源進行了第一次探討，開闢了中國討論形而上學的先河。此是道家突出貢獻之一。

　　「道」與萬物的關係，就靜態而言，「道」是一切人、物共同存在的最終保證，是最高的價值，是終極性的價值根源。就動態而言，道是秩序的凝構及其動力，是「造化」或「造化力」，是使萬物得以相生、相續、轉化、發展的實現性原理。道家認為，天地萬物雖然形態各異，但其本源上相同，所謂「天地與我並生，萬物與我為一」（《莊子·齊物論》）。因此，人們應充分認識並尊重自然界規律，讓宇宙萬物「自足其性」。

　　「無為」被道家認為是「道」的重要特徵之一。「無為」不是指不作為，而是指不經過深思熟慮，無目的的行為。道家體悟到任何有目的的行為都可能使行為本身產生偏差。根據處理問題不同，「無為」的態度既可用於政治，也可以用於修身。道家各派在堅持「無為」本質的前提中，通常給予了「無為」更豐富的內涵。

　　道家視生命價值重於外物（主要是指功名利祿）。老子強調統治者必須重身（此身該作「體」），不迷名、貨。其後各個學派都提出輕物重身的觀點。而莊子、列子更是將「內聖」的觀點發揮到一個新的高度。

代表人物及著作

　　老子、莊子、楊朱等。

　　主要著作有《道德經》《莊子》等。

崇尚自然的道家

道家，先秦時期的一個思想派別，以老子、莊子為主要代表。道家的思想崇尚自然，有辯證法的因素和無神論的傾向，同時主張清靜無為，反對鬥爭。

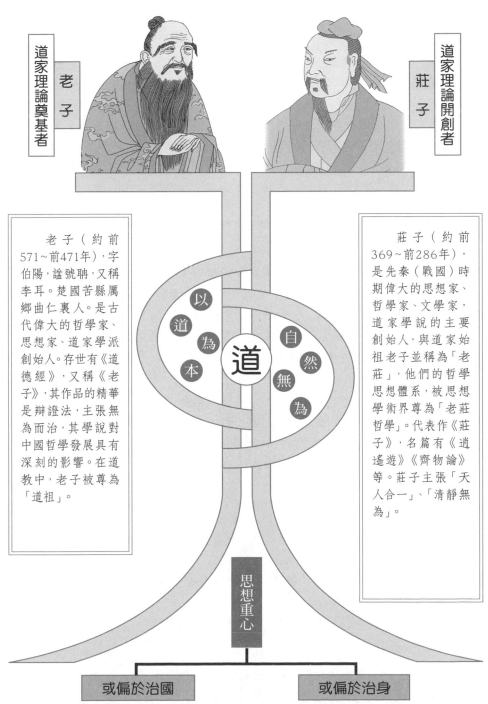

道家理論奠基者

老子

道家理論開創者

莊子

老子（約前571～前471年），字伯陽，諡號聃，又稱李耳。楚國苦縣屬鄉曲仁裏人。是古代偉大的哲學家、思想家、道家學派創始人。存世有《道德經》，又稱《老子》，其作品的精華是辯證法，主張無為而治，其學說對中國哲學發展具有深刻的影響。在道教中，老子被尊為「道祖」。

莊子（約前369～前286年），是先秦（戰國）時期偉大的思想家、哲學家、文學家，道家學說的主要創始人，與道家始祖老子並稱為「老莊」，他們的哲學思想體系，被思想學術界尊為「老莊哲學」。代表作《莊子》，名篇有《逍遙遊》《齊物論》等。莊子主張「天人合一」、「清靜無為」。

以道為本

道

自然無為

思想重心

或偏於治國

或偏於治身

卷四‧哲學卷

法　家

　　法家，春秋戰國時期的一個學派。主要代表人物有商鞅、韓非等。

　　法家是先秦諸子中對法律最為重視的一派。他們以在法律界及法理學方面作出了卓越貢獻而聞名，對於法律的起源、本質、作用，以及法律同社會經濟、時代要求、國家政權、倫理道德、風俗習慣、自然環境和人口、人性的關係等基本的問題都作了探討，並提出了一整套的理論和方法。

　　法家認為，人性惡才生法度，生而有奢望，才有聲色犬馬以致竊盜，必以律法而後正，以法治防範惡欲，疏導人性向善；強調用法治制度來約束臣下，遠勝過一時的人治。

　　法家學說是一種純粹功利唯物主義的思想體系，內容核心主要是針對君主如何加強統治加以論證思辨，強調刑名之術，以效忠君王之權為歸依。法家學派在基礎上否定世襲貴族天然傳承的等級制度，認為「聖人苟可以強國，不法其故，苟可以利民，不循其禮」（《史記·商君列傳》）。法家在政治實踐中，更是主張「以法治國」，徹底希望與傳統文化決裂，例如，秦國獎勵耕戰，強化農業和戰力，毀棄詩書以愚化反對君權政治者，推行愚民政策，秦始皇為了統一百姓的思想行焚書坑儒等。

　　先秦法家主張「法」、「術」、「勢」。「法」即是「法制」，以嚴刑峻法管治國家百官百民，有功者重賞，有過者則重罰；「術」即是「權術」，國君要懂得如何利用政治手段，駕馭臣下、對付政敵，以彰顯與保持權力地位；「勢」即是「權威」，國君要保持自己的絕對權威與權力，才能駕馭臣下。

　　戰國時期的韓非是法家思想集大成者，他總結了法家各種學說，認為「法」、「術」、「勢」三者都是缺一不可，必須互相配合地運用。他又在儒家荀子的理論上吸收，認為人是天性本惡，不但對普通人，就連親子間關係也是這種特質。

代表人物及著作

　　春秋時期：管仲、子產、鄧析等。戰國時期：慎到、申不害、李悝、吳起、商鞅、李斯、韓非等。

　　法家主要著作有《商君書》《韓非子》等。

主張「法治」的法家

法家，是指春秋戰國時期「百家爭鳴」中主張「法治」的一個學派。以商鞅、韓非為代表。

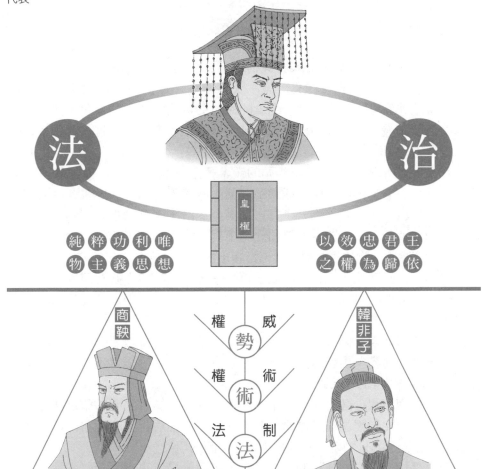

商鞅（約前395～前338年），衛國人。戰國時期政治家、思想家，著名法家代表人物。衛國國君的後裔，公孫氏，故稱為衛鞅，又稱公孫鞅，後封於商，後人稱之為商鞅。應秦孝公求賢令入秦，說服秦孝公變法圖強。孝公死後，被貴族誣害，車裂而死。其在秦執政19年，秦國大治，史稱「商鞅變法」。

韓非子（約前280～前233年），戰國晚期韓國人，韓王室諸公子之一，戰國法家思想的集大成者。其著作吸收了儒、墨、道諸家的觀點，形成了以法為中心的法、術、勢相結合的政治思想體系。有《孤憤》《五蠹》《內外儲》《說林》《說難》等著作。

名　家

　　名家，通俗的說是辯論家，又稱刑名家，是戰國時期諸子百家之一。創始人鄧析，主要代表人物有惠施、公孫龍等。他們主要以詮釋「實」與「名」來闡述觀點。名家將對「名」的探討從具體問題中抽象化，並且從更高角度繼續闡發其中的政治倫理思想，強調端正「名」、「實」關係，實際上也是希望天下得治。

　　作為一個學派，名家並無相同的政治思想或經濟主張，僅限於研究對象的相同。在名家內部，由於觀點不同又形成若干派別，其中主要有合同異派和離堅白派，其代表人物分別為惠施與公孫龍，兩派側重點不同，各持一端。合同異派誇大事物普遍聯繫和變動不居的特性，犯了相對主義的錯誤；離堅白派則誇大事物的相對獨立和相對靜止性，犯了絕對主義的錯誤。

　　名辯之學雖然是因先秦時期諸子百家爭鳴，為論辯之必要而興起的。然而名家對於名學的研究，與諸子相較就有了變化。名家學者首先將「語言」與「事實」分離開來，讓語言變成純粹運思的符號。接著，又任意挪移這些符號，有意識地違反語言約定俗成的內涵與外延，使得變異的語言本身就變成哲理思辨的內容。也就是說，在名家學者的思想裏，語言不再只是思辨用的工具，而是思辨的主要對象。

　　在語言與事實分離之後，惠施藉由瓦解語言與事實之間的確定關係，從而消解語言認知和經驗知識帶給人們的固執，並理解相對的視角。當萬事萬物皆不存在絕對的分別時，就能到達天地一體的境界。

　　而公孫龍則更偏向純粹的語言分析，將用於描述事實、感覺、性質的語言一一分離。世界的萬事萬物都分析成感覺要素之後，就可以得知真實世界都是拼湊各種感知而成的。因此，只有語言的呈現才能讓事物真實的存在，而現象世界中的萬物卻都是虛幻的。

　　名家之地位與對後世的影響均不及儒、墨、道、法等諸家重要，但它在戰國中期卻是一個非常活躍的學派，對古代邏輯學的發展作出了貢獻，同時也標誌著中國古代邏輯學達到了相當的高度。

代表人物及著作

　　鄧析、尹文、宋鈃、惠施、公孫龍等。

　　《鄧析子》《尹文子》《宋子》《公孫龍子》等。

善於辯論的名家

名家，是先秦以思維的形式、規律和名實關係為研究對象的學派，戰國時稱「刑名家」或「辯者」，西漢始稱「名家」。該派萌芽於春秋末期，以鄧析為先驅，以善於辯論，善於語言分析而著稱於世。主要有「合同異」和「離堅白」兩派。

惠施

公孫龍

代表人物

合同異派

離堅白派

辯

辯

惠施（西元前390～前317年），宋國人，戰國時期政治家、辯客和哲學家，是名家的代表人物。同時也是合縱抗秦的最主要的組織人和支持者。他主張魏國、齊國和楚國聯合起來對抗秦國，並建議尊齊為王。

合同異派以宋國人惠施為代表，其提出了著名的「歷物十事」，即「天與地卑，山與澤平」、「泛愛萬物，天地一體」等十個命題。

公孫龍（前320～前250年），戰國時期趙國人，曾經做過平原君的門客，名家的代表人物，提出了「白馬非馬」和「離堅白」等論點，是「離堅白」學派的主要代表。其著作為《公孫龍子》，是著名的詭辯學代表著作。

離堅白派以趙國人公孫龍為代表，「白馬非馬」、「堅白石二」等命題由其提出。

卷四・哲學卷

農　家

農家，諸子百家之一，戰國時期注重農業生產和反映農民思想的學術派別。其學派主張推行耕戰政策，獎勵發展農業生產，研究農業生產問題。農家的主要代表人物是許行。

《漢書・藝文志・諸子略》將農家列為九流之一，並稱：「農家者流，蓋出於農稷之官。播百穀，勸耕桑，以足衣食，故有八政：一曰食，二曰貨。孔子曰『所重民食』，此其所長也。及鄙者為之，以為無所事聖王，欲使君臣並耕，誖上下之序。」 ——「所重民食」也正是農家的特點，尊神農氏。

「農本商末」自古是中國傳統社會的一項基本政策，也是得到社會普遍認同的價值觀念。先秦農家力主「農本商末」，推動統治者確立這項基本政策，並促進社會認同這一價值觀念。農家認為，農業是一切財富的基礎和來源，一個國家要想安定富足，就必須大力發展農業。而商業則是破壞和損耗社會財富的根源。當然，農家主張重農抑商，並不是否定工商活動存在的價值，而是要求從國家意志的高度來縮小和控制工商活動的範圍，使其不會成為農事活動的障礙。

農家在戰國時出現不是偶然的。春秋戰國時期的社會大變革使階級發生了很大的變動，以至於反映勞動者利益的思想學說，在當時也能有存在的條件。墨子、楊朱和許行正是勞動者的思想代表。但是，由於他們所代表的階級與階層各不一樣，因此其思想又各有差異。墨家是小手工業者的思想代表，楊朱學派代表小土地私有者的利益，而以許行為代表的農家，則是下層農民的代言人。

許行有弟子幾十人，他們生活極為簡樸，穿著普通的粗布衣服，靠打草鞋、編席子為生。他們沒有土地，過著流浪的生活。他們從楚國來到滕國，不是追求高官厚祿，而是希望得到一塊土地、一間房子，以便定居下來從事耕種。許行的主張在當時社會上有一定的影響，以致儒家的門徒陳相及其弟陳辛也拋棄儒家而拜許行為師。

代表人物及著作

許行（約前390～前315年），戰國時期農家代表人物，多依託遠古神農氏之言來宣傳其主張。無著作留下，其事跡和主張見於《孟子・滕文公上》。

農家著作有《神農》《野老》《宰氏》《董安國》《尹都尉》《趙氏》等，均已佚。農家沒有一部完整的著作保存下來，他們的思想和活動散見在諸子的著述中。

注重農業生產的農家

　　農家，是先秦在經濟生活中注重農業生產的學派。呂思勉先生在其《先秦學術概論》中，把農家分為兩派：一是言種樹之事；二是關涉政治。農家學派主張推行耕戰政策，獎勵發展農業生產，研究農業生產問題。

農業的發明者

神 農 氏

　　傳說神農生下來時人面龍額，下地三個時辰便能說話，五天便能行走，七天便長全了牙齒，三歲就開始做稼穡的遊戲了。當時的人們還過著採集和漁獵的生活，採不到野果、野菜或者捕不到動物的時候，就只能挨餓受凍。神農不忍人們受苦，便用木頭製成耒耜等農具，教人們在土地上播種耕作。他還根據土地的乾濕、肥瘠等自然狀況，教人們因地制宜種植不同的作物。於是，人們便開始了農業生產，他本人也獲得了「神農氏」的稱號。所以，人們將後世的「農家」又稱為「神農學派」。

代表人物

　　許行（約前390～前315年），戰國時期著名農學家、思想家，楚國郢都人。許行依託遠古神農氏「教民農耕」之言，主張「種粟而後食」、「賢者與民，並耕而食，饔飧而治」。

農詩欣賞

農　家

顏仁鬱

半夜呼兒趁曉耕，
迎牛無力漸艱行。
時人不識農家苦，
將謂田中穀自生。

縱橫家

縱橫家，出現於戰國至秦漢之際，多為策辯之士，可稱為中國最早也最特殊的外交政治家，是中國戰國時期以從事政治外交活動為主的一派，諸子百家之一，《漢書‧藝文志》將其列為「九流」之一。創始人鬼谷子，其他傑出代表人物有蘇秦、張儀等。可分為合縱、連橫兩派，其主要代表分別是蘇秦、張儀。

縱橫家人物多出身貧賤，他們以布衣之身庭說諸侯，能夠以三寸之舌退百萬雄師，也能夠以縱橫之術解不測之危。蘇秦佩六國相印（合縱六國，佩六國相印乃後世策士誇張，蘇秦當時是合縱五國，佩齊、趙、燕三國相印），聯六國逼秦廢棄帝位；張儀雄才大略，以片言得楚六百里；唐雎機智勇敢，直斥秦王存孟嘗封地；藺相如雖非武將，但浩然正氣直逼秦王，不僅完璧歸趙，而且未曾使趙受辱。縱橫之士多智勇雙全，且不乏仁義之輩。他們的出現主要是因為當時割據分爭，王權不能穩固統一，需要在國力富足的基礎上利用聯合、排斥、威逼、利誘或輔之以兵之法不戰而勝，或以較少的損失獲得最大的收益。他們的智謀、思想、手段、策略基本上是當時處理國與國之間問題的最好辦法。

縱橫家的主要理論為縱橫，或合眾弱以攻一強，此為縱；或事一強以攻諸弱，此為橫。前者主要以連為主，故可知如何能用外交手段聯合團結，是為陽謀多陰謀少；後者主要以破為主，故可知如何利用矛盾和利益製造裂痕，是為陰謀多而陽謀少。此為戰略思想，是行辯術成大事的基礎。

縱橫謀士的要求：知大局，善揣摩，通辯詞，會機變，全智勇，長謀略，能決斷。

縱橫家的具體思想：（1）首先要對現實有最明確的認識，確定連橫的對象，然後知其諸侯為人而定說辭及遊說之法，或抑或揚，或抑揚相合，或先抑後揚，或先揚後抑，諸法只要對症必事事有其妙。（2）在遊說過程中，當先觀其反應，見機行事，察其對己之關係，是同是非，若同則繼續，若非則當補遺誤，而後以飛箝之術或以利誘，或以害說，探其實情，此為遊說最主要方法之一，再而後以揣摩之術深察其內心，看其同異，而後快速正確以權謀之術決斷。

代表人物及著作

鬼谷子（縱橫家的鼻祖）、蘇秦、張儀（蘇秦、張儀同屬鬼谷子門生）、甘茂、司馬錯、樂毅、范雎、蔡澤、鄒忌、毛遂、酈食其、蒯通等。

縱橫家主要著作有《鬼谷子》《戰國策》《蘇子》《張子》。

以從事政治外交活動為主的縱橫家

縱橫家，出現於戰國至秦漢之際，多為策辯之士，戰國時以從事政治外交活動為主的一派，是諸子百家之一，創始人鬼谷子，傑出代表人物有蘇秦、張儀等。主要理論為縱橫，或合眾弱以攻一強，此為縱；或事一強以攻諸弱，此為橫。

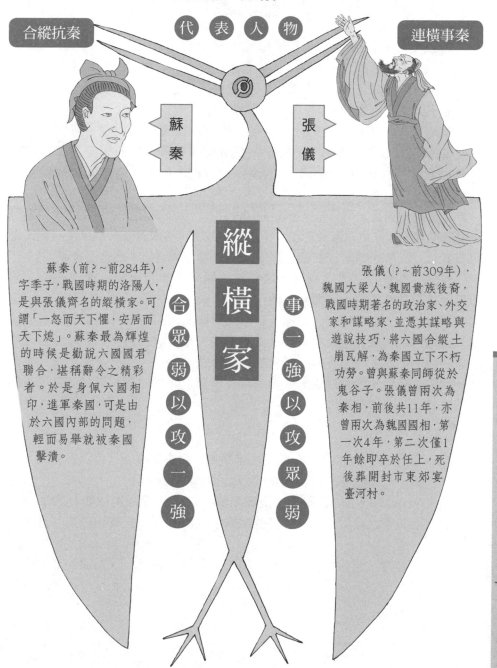

合縱抗秦

代 表 人 物

連橫事秦

蘇秦

張儀

縱橫家

蘇秦（前？～前284年），字季子，戰國時期的洛陽人，是與張儀齊名的縱橫家。可謂「一怒而天下懼，安居而天下熄」。蘇秦最為輝煌的時候是勸說六國國君聯合，堪稱辭令之精彩者。於是身佩六國相印，進軍秦國，可是由於六國內部的問題，輕而易舉就被秦國擊潰。

合眾弱以攻一強

事一強以攻眾弱

張儀（？～前309年），魏國大梁人，魏國貴族後裔，戰國時期著名的政治家、外交家和謀略家，並憑其謀略與遊說技巧，將六國合縱土崩瓦解，為秦國立下不朽功勞。曾與蘇秦同師從於鬼谷子。張儀曾兩次為秦相，前後共11年，亦曾兩次為魏國國相，第一次4年，第二次僅1年餘即卒於任上，死後葬開封市東郊宴臺河村。

卷四‧哲學卷

雜　家

　　雜家，戰國末至漢初的哲學學派，諸子百家之一，自《漢書・藝文志》第一次把《呂氏春秋》歸入「雜家」之後，此學派方被正式定名為「雜家」。雜家以博採各家之說見長，以「兼儒墨，合名法」為特點，「於百家之道無不貫通」。雜家內容多與方術有關。

　　戰國末期，經過激烈的社會變革，封建制國家紛紛出現，新興地主階級便要求在政治上、思想上的統一。在這種呼聲下，學術思想上出現了把各派思想融合為一的雜家，雜家的產生，大體上反映了戰國末期學術文化融合的趨勢。

　　值得一提的是，胡適先生在其《中國中古思想史長編》中認為：「雜家是道家的前身，道家是雜家的新名。漢以前的道家可叫做雜家，秦以後的雜家應叫做道家。研究先秦漢之間的思想史的人，不可不認清這一件重要事實。」

　　雜家「采儒墨之善，撮名法之要」，雖只是集合眾說，兼收並蓄，然而通過採集各家言論，貫徹其政治意圖和學術主張，所以也可稱為一家。春秋戰國時期，百家爭鳴，各家都有自己的對策與治國主張。為了打敗其他流派，各學派或多或少地吸收其他流派的學說，或以攻詰對方，或以補自己學說地缺陷。然而，任何一個流派也都有其特色與長處，而「雜家」便是充分地利用這個特點，博採眾議，成為一套在思想上兼容並蓄，卻又切實可行的治國方針。

代表人物及著作

　　呂不韋（？～前235年），戰國末年秦相。命食客編著《呂氏春秋》，有八覽、六論、十二紀共二十餘萬言，匯合了先秦各派學說。

　　劉安（前179～前122年），漢高祖劉邦之孫，淮南厲王劉長之子。曾「招致賓客方術之士數千人」，集體編寫了《鴻烈》（後稱該書為《淮南鴻烈》或《淮南子》）。

　　雜家著作有《盤盂》《大禹》《伍子胥》《子晚子》《由餘》《尉繚》《尸子》《呂氏春秋》《淮南子》等。其中以《呂氏春秋》《淮南子》《尸子》為代表作。

以博采各家之說見長的雜家

　　雜家，中國戰國末至漢初的哲學學派。以博採各家之說見長，以「兼儒墨，合名法」為特點，「於百家之道無不貫通」。內容多與方術有關。雜家的代表一是呂不韋，另一是淮南王劉安。

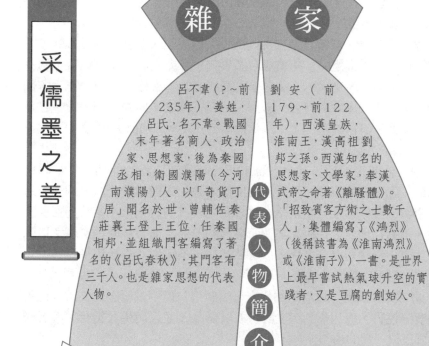

雜家

采儒墨之善

撮名法之要

代表人物簡介

呂不韋（？～前235年），姜姓，呂氏，名不韋。戰國末年著名商人、政治家、思想家，後為秦國丞相，衛國濮陽（今河南濮陽）人。以「奇貨可居」聞名於世，曾輔佐秦莊襄王登上王位，任秦國相邦，並組織門客編寫了著名的《呂氏春秋》，其門客有三千人。也是雜家思想的代表人物。

劉安（前179～前122年），西漢皇族，淮南王，漢高祖劉邦之孫。西漢知名的思想家、文學家，奉漢武帝之命著《離騷體》。「招致賓客方術之士數千人」，集體編寫了《鴻烈》（後稱該書為《淮南鴻烈》或《淮南子》）一書。是世界上最早嘗試熱氣球升空的實踐者，又是豆腐的創始人。

呂不韋

劉安

呂氏春秋

淮南子

魏晉玄學

　　玄學，是對《老子》《莊子》和《周易》的研究和解說，產生於魏晉。是魏晉時期的主要哲學思潮，是道家和儒家融合而出現的一種哲學、文化思潮。「玄」這一概念最早出現於《老子》：「玄之又玄，眾妙之門。」

　　魏晉之際，「玄學」含義是指立言與行事兩個方面，並多以立言玄妙，行事雅遠為玄遠曠達。「玄遠」，指遠離具體事物，專門討論「超言絕象」的本體論問題。因此，浮虛、玄虛、玄遠之學可通稱之為「玄學」。玄學家大多是當時的名士，主要代表人物有何晏、王弼、阮籍、嵇康、向秀、郭象等。它是在漢代儒學（經學）衰落的基礎上，為彌補儒學之不足而產生的；是由漢代道家思想、黃老之學演變發展而來的。

　　魏晉玄學可分前後兩期，其中，魏末西晉時代為清談的前期，是承襲東漢清議的風氣，就一些實際問題和哲理的反覆辯論，亦與當時士大夫的出處進退關係至為密切，可概括地分為正始、竹林和元康三個時期。正始時期玄學家中，以何晏、王弼為代表，從研究名理而發展到無名；而竹林時期玄學家以阮籍、嵇康為代表，皆標榜老莊之學，以自然為宗，不願與司馬氏政權合作；元康時期玄學家以向秀、郭象為代表。

　　東晉一朝為清談後期，以僧肇為代表，清談只為口中或紙上的玄言，已失去政治上的實際性質，僅只作為名士身份的裝飾品，並且與佛教結合，發展成為儒、道、佛三位一體的趨勢。

　　魏晉玄學主要經典是「三玄」，即《周易》、《老子》和《莊子》。清談的主要內容和很多哲學問題都源自此「三玄」。

　　魏晉玄學的核心內容牽涉哲學上各個領域，其中包括本體論、知識論、語言哲學、倫理學、美學等各個領域，都是前人未有觸及或未能深入探討的問題。

代表人物及著作

　　何晏、王弼、阮籍、嵇康、向秀、裴頠、郭象、張湛等。

　　主要著作有《老子注》《莊子注》《論語集解》《周易注》《論語釋疑》《周易略例》等。其中以《老子注》《莊子注》為魏晉玄學重要論著，更為《老子》《莊子》最首要注疏。

崇尚老、莊之學的魏晉玄學

　　魏晉玄學，中國魏晉時期出現的一種崇尚老莊的思潮。玄學的發展有前期和後期之分，其中前期分為正始玄學（西元204～249年）、竹林玄學（西元254～262年）和元康玄學（西元290年前後）；後期即是東晉玄學。

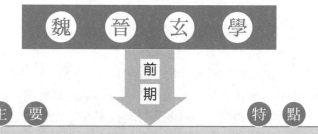

魏　晉　玄　學

前期

主　要　　　　　　　　　　特　點

　　承襲東漢清議的風氣，就一些實際問題和哲理的反覆辯論，亦與當時士大夫的出處進退關係至為密切，在理論上有老或莊之偏重，但主要的仍是對於儒家名教的態度，即政治傾向的不同。

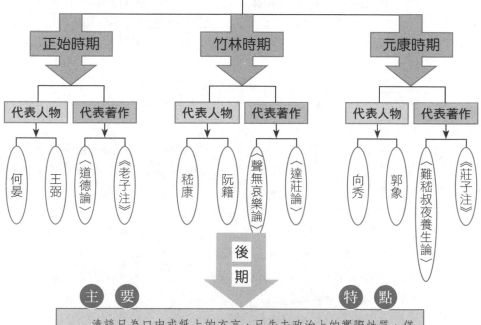

正始時期

竹林時期

元康時期

代表人物　代表著作

代表人物　代表著作

代表人物　代表著作

何晏　王弼　〈道德論〉　《老子注》

嵇康　阮籍　〈聲無哀樂論〉　〈達莊論〉

向秀　郭象　〈難嵇叔夜養生論〉　《莊子注》

後期

主　要　　　　　　　　　　特　點

　　清談只為口中或紙上的玄言，已失去政治上的實際性質，僅只作為名士身份的裝飾品，並且與佛教結合，發展成為儒、道、佛三位一體的趨勢。

代表人物　　　　　　　　　　代表著作

僧肇　　　　　　　　　　《肇論》

卷四・哲學卷

禪　學

禪是天竺之語，具雲禪那，中華翻為思維修，亦名靜慮，皆定慧之通稱也。多指色界以上的四禪境界，因為佛陀與其弟子多以四禪力證入涅槃，所以四禪又稱根本定。隨著漢傳佛教中禪宗的發展，逐漸形成一個獨特的體系。禪主要是人的一種精神修持方法，是信奉者的一種體悟真理或最高實在的方法，是其擺脫外界干擾，保持內心平靜的方法，是其明心見性的方法，是其思維修煉的方法，是其獲得神通，獲得功德，獲得智慧，獲得解脫的方法。

禪學，是佛教的一種思想，其大意是放棄用已有的知識、邏輯來解決問題。認為真正最為容易且最為有效的方法是直接用源於自我內心的感悟來解決問題，尋回並證入自性。其理論認為這種方法不受任何知識、任何邏輯、任何常理所束縛，是真正源自於自我的，所以也是最適合解決自我（你自己）的問題的。也就是說可以把禪理解為是一種最為簡單也是最為有效的解決問題的方法。

當下這念心清清楚楚、明明白白，看清楚自己的每一個念頭中所包含的貪、嗔、癡，當下就把它照破，所以，對外境不起攀緣染著，自內照而不昏沉無記是也。

修禪，禪定並無一定之形式。所謂：「行亦禪，坐亦禪，語默動靜體安然。」「十字街頭好參禪。」「如來於二六時中常起觀照。」只要念念覺照，當下「一念清淨一念佛，念念清淨念念佛」，「不怕念起只怕覺遲」，時時刻刻保任，修無修修，行無行行，修一切善而不執著所修之善。

佛教的禪思想傳入中國後，一開始並沒有立即形成一個獨立的佛教宗派。禪宗形成後，中國的禪思想則主要表現為禪宗的發展。禪宗的形成按照該宗自己的一些法系傳承的說法，有許多祖師。禪宗的分派主要是在慧能時期，但在道信時期，就已形成了一個支派。

中國「禪」以般若直觀而悟世界皆空，但這個「空」不是空洞無物，而是「真空妙有」。

禪學作為中國古代的哲學，尤其是作為隋唐哲學的重要部分，對其他哲學流派產生了重要影響。它倡導的不信權威、不信經典的口號，曾為一些進步思想家如李贄、譚嗣同等利用，以專制正統思想；它宣揚的唯心主義心性學說，為宋明理學家如程顥、程頤、朱熹、陸九淵、王守仁等吸取，成為理學唯心主義體系的思想淵源之一。

禪學

　　禪學，是佛教的一種思想，其大意是放棄用已有的知識、邏輯來解決問題。認為真正最為容易且最為有效的方法是，直接用源於自我內心的感悟來解決問題，尋回並證入自性。

　　佛是一個稱謂，一個對於禪有所領悟的人的一個稱呼，其實禪是一種境界，而佛只是一個稱號，沒有意義，也不所謂存在，在佛心中沒有佛，只有禪。而能領會禪的人絕對沒有人呼之為佛。

一念清淨一念佛，
念念清淨念念佛。

　　佛是脫離了輪迴的、對於宇宙人生徹底明白的人，真正圓滿覺悟的人，又被稱為一切智人或正遍知覺者。

貪

嗔

癡

修禪

行亦禪，

坐亦禪，

語默動靜體安然。

程朱理學

　　程朱理學，亦稱程朱道學，是宋明理學的主要派別之一，有時會被簡稱為理學，與心學相對，也是理學各派中對後世影響最大的學派之一。其由北宋二程（程顥、程頤）兄弟開始創立，期間經過弟子楊時，再傳羅從彥，三傳李侗的傳承，到南宋朱熹完成。

　　從廣義上說，程朱理學包括由朱熹所攝入的北宋「五子」（周敦頤、邵雍、張載和二程）的學說，並延伸到朱熹的弟子、後學及整個程朱的信奉者的思想。由於朱熹是這一派的最大代表，故又簡稱為「朱子學」。

　　程朱理學是儒學發展的重要階段，他們以儒學為宗，吸收佛、道，將天理、仁政、人倫、人欲內在統一起來，使儒學走向政治哲學化，為專制特權的統治提供了更為精細的理論基礎，適應了增強思想上專制的需要，深得統治者的歡心。程朱理學在南宋後期開始為統治階級所接受和推崇，經元到明清正式成為國家的統治思想。清朝中葉以後逐漸沒落。它是宋朝以後才發展出來的一種新儒學思想。

　　宋明理學的主要學派包括周敦頤的道學派（以「道」為核心概念）、邵雍的數學派（以「數」為核心概念）、張載與王夫之的氣學派（以「氣」為核心概念）、二程與朱熹的理學派（以「理」為核心概念）、陸九淵與王陽明的心學派（以「心」為核心概念）、陳亮與葉適的事功學派（以「事功」為核心概念）等。陸王心學於程朱理學日趨僵化之際而盛於明代中後期。張載與王夫之氣學則於心學日趨式微之際，與事功學派合流而盛於清代。

代表人物及著作

　　周敦頤、張載、二程（程顥、程頤）、楊時、羅從彥、朱熹、呂祖謙、楊簡、真德秀、魏了翁、許衡、吳澄、曹端、薛瑄、吳與弼、邱濬、陳獻章等。

　　朱熹與呂祖謙共同編撰了《近思錄》。二程著作被後人合編為《河南程氏遺書》。

以儒學為宗，並吸收佛、道的程朱理學

程朱理學，亦稱程朱道學，簡稱理學，是宋明理學的主要派別之一，也是理學各派中對後世影響最大的學派之一。程朱理學的學說深得統治階級的歡心，逐漸成為南宋之後的官學。

人 物 簡 介

程顥（西元1032~1085年）、程頤（西元1033~1107年），北宋思想家、教育家。二人為嫡親兄弟，河南洛陽人。程顥字伯淳，又稱明道先生。程頤字正叔，又稱伊川先生，曾任國子監教授和崇政殿說書等職。二人都曾就學於北宋理學開山大師周敦頤，並同為宋明理學的奠基者，世稱「二程」。

程 顥

二 程 學 說

程 頤

二程把「理」或「天理」視做哲學的最高範疇，認為理無所不在，不生不滅，不僅是世界的本源，也是社會生活的最高準則。在窮理方法上，程顥「主靜」，強調「正心誠意」；程頤「主敬」，強調「格物致知」。在人性論上，二程主張「存天理，滅人欲」，並深入闡釋這一觀點使之更加系統化。

二程學說的出現，標誌著宋代理學思想體系的正式形成。

人 物 簡 介

朱 熹 學 說

朱熹（西元1130~1200年），字元晦，一字仲晦，號晦庵、晦翁、考亭先生、雲谷老人、滄州病叟、逆翁，漢族，南宋江南東路徽州府婺源縣人。官至寶文閣待制。是理學的集大成者，世稱朱子，是孔、孟以來最傑出的弘揚儒學的大師。他的學術思想，在中國元、明、清三代，一直是統治階級的官方哲學。

朱 熹

朱熹繼承和發展了二程思想，他認為，太極是宇宙的根本和本體，太極本身包含了理與氣，理在先，氣在後。太極之理是一切理的綜合，是「萬善」的道德標準。在人性論上，朱熹認為人有「天命之性」和「氣質之性」，並把理推及人類社會歷史，認為「三綱五常」都是理的「流行」，人們應當「去人欲，存天理」，自覺遵守三綱五常的傳統道德規範。

朱熹學說的出現，標誌著理學發展到了成熟的階段。

卷四・哲學卷

永嘉學派

　　永嘉學派，又稱「事功學派」、「功利學派」等，是南宋時期在浙東永嘉（今溫州）地區形成的、提倡事功之學的一個儒家學派，是南宋浙東學派中的一個重要分支學派。因其代表人物多為浙江永嘉人，故名。在哲學思想上，認為充盈宇宙者是「物」，而道存在於事物本身（物之所在，道則在焉）；提倡功利之學，反對虛談性命。永嘉學派與朱熹的「理學」、陸九淵的「心學」呈鼎足相抗之勢。

　　元豐年間，周行己與許景衡、劉安節、劉安上、戴述、趙霄、張輝、沈躬行、蔣元中就學於太學，號稱「永嘉九先生」。到南宋時，在鄭伯熊、薛季宣、陳傅良、徐誼等永嘉學者手中形成學派，後葉適集永嘉學派前輩之大成，進一步擴大了「永嘉學派」的影響，在南宋的學術界擁有舉足輕重的地位。

　　永嘉學派的形成，與南宋時期永嘉地區商品經濟的發展有密切的關聯。當時，永嘉地區出現了富工、富商及經營工商業的地主，永嘉學派就是代表這些新興階層利益的思想家。他們紛紛著書立說，要求抵禦外侮，維持社會安定，主張減輕捐稅，恢復工農生產，強調買賣自由，尊重富人，提倡實事和功利。

　　永嘉學派的最大特點，就是與當時朱熹的「理學」、陸九淵「心學」大講身心性命之學立異，他們強調功利，注重事功，正如明清之際的黃宗羲所指出的：「永嘉之學，教人就事上理會，步步著實，言之必使可行，足以開物成務。蓋亦鑑一種閉眉合眼，目蒙瞳精神，自附道學者，於古今事物之變不知為何等也。」總之，永嘉學派繼承並發展了傳統儒學中「外王」和「經世」的一面，使儒家的學說不至於完全陷入純粹講求個人的心性修養，從而使它成為南宋儒學的一個重要側面。

代表人物及著作

　　王開祖、丁昌期、鄭伯熊、薛季宣、陳傅良、徐誼、葉適、張振夔等。

　　葉適著有《水心先生文集》29卷、《別集》16卷。

提倡事功之學的永嘉學派

永嘉學派，又稱「事功學派」、「功利學派」，是南宋時期一個重要的儒家學派，與朱熹的「理學」、陸九淵的「心學」呈鼎足相抗之勢。因成形及發展於永嘉地區，代表人物又多為永嘉學者，故稱為「永嘉學派」。認為充盈宇宙者是「物」，而道存在於事物本身；提倡功利之學，反對虛談性命。葉適是該學派主要代表人物。

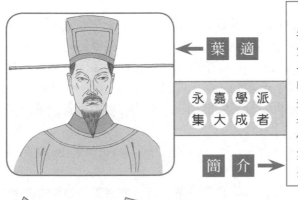

葉　適　←

永 嘉 學 派
集 大 成 者

簡　介　→

葉適（西元1150～1223年），字正則，號水心。南宋哲學家、文學家。溫州瑞安人。淳熙進士。歷仕於孝宗、光宗、寧宗三朝，官至權工部侍郎、吏部侍郎兼直學士院。是永嘉學派之集大成者，他持唯物主義觀點，反對空談性理，提倡「事功之學」，重視商業，主張提高商人地位，觀點與朱熹、陸九淵對立。

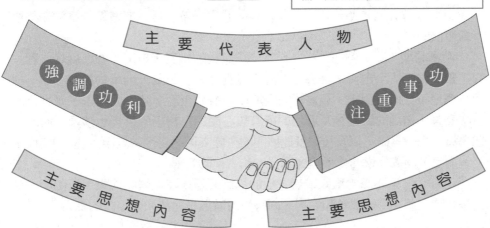

主 要 代 表 人 物

強 調 功 利

注 重 事 功

主 要 思 想 內 容

主 要 思 想 內 容

①	②	③	④	⑤	⑥
永嘉學派最早提出了「事功」思想，亦是永嘉學派最大的特點，它主張利與義的一致性，「以利和義，不以義抑利」，反對某些道學家的空談義理。	認為「道不離器」，反對「專以心性為宗主」，對董仲舒提出的「正其義不謀其利，明其道不計其功」的說法表示異議，曰：「既無功利，則道義者無用之虛語爾。」	繼承了傳統儒學中「外王」和「經世」，提倡「學與道合，人與德合」，傑出人物應是「實德」和「實政」的結合。	論述了「夷夏之辨」與「正惡之辨」的區別，突出金兵入侵的非正義性，強調抗擊金人的正義性與合法性。	強調以民為本，堅持改革政弊，重視歷史和制度的研究，考求歷代國家的成敗興亡、典章制度的興廢，希望以此尋出振興南宋、轉弱為強的最佳途徑。	反對傳統「重農抑商」的政策，主張「通商惠工，以國家之力扶持商賈，流通貨幣」，認為應該大力發展工業與商品經濟，並指出雇傭關係和私有制的合理性。

卷 四 ‧ 哲 學 卷

陸王心學

陸王心學，主要強調以人的本心作為道德主體，自身就決定道德法則和倫理規範，使道德實踐的主體性原則凸現出來。心學，作為儒學的一門學派，最早可推溯自孟子，而北宋程顥開其端，南宋陸九淵（又稱陸象山）則大啟其門徑，而與朱熹的理學分庭抗禮。至明朝，由王守仁（又稱王陽明）首度提出「心學」二字，並提出心學的宗旨在於「致良知」，至此心學開始有清晰而獨立的學術脈絡。

由張載氣學、周邵象數學，到程朱理學，再到陸王心學，構成宋明理學逐步發展演變的全過程。

以南宋陸九淵和明代王陽明為代表的心學一系，是在與道學一系的辯論中不斷發展的。

南宋時期，陸九淵把「心」作為宇宙萬物的本原，提出「心」就是「理」的主張；強調「宇宙便是吾心，吾心便是真理」，認為天地萬物都在心中。他認為窮理不必向外探求，只需反省內心就可得到天理。陸九淵與朱子曾進行過多次辯論，辯論的範圍涉及理學的所有核心問題，辯論的影響也涉及當時的多個學派。朱陸之辯，以及後學就此展開的朱陸異同之辨，綿延至今達800年而不絕，而且還隨著理學的傳播擴展到日本和古代的朝鮮。

王守仁，是心學的集大成者，他的思想便是朱陸之辯的成果。王陽明心學既是對陸九淵心學的繼承和發揚，同時也可看做是對於朱陸學說的綜合。

代表人物及著作

陸九淵（西元1139～1193年），字子靜，因其講學於象山，人稱其為象山先生。漢族，江西省金溪陸坊青田村人。在「金溪三陸」中最負盛名，是著名的理學家和教育家，對近代中國理學產生深遠影響。被後人稱為「陸子」。後人將其諡議、行狀、語錄、年譜，合為《象山先生全集》36卷。

王守仁（西元1472～1529年），字伯安，因曾築室於會稽陽明洞，學者稱其為陽明先生。浙江餘姚人。中國明代最著名的思想家、哲學家、文學家和軍事家，陸王心學之集大成者，不但精通儒家、佛家、道家，而且能夠統軍征戰，是中國歷史上罕見的全能大儒。其著作經後人整理，在清代匯刊為《王文成公全書》38卷。

強調人的本心作為道德主體的陸王心學

　　陸王心學，是由儒家學者陸九淵、王陽明發展出來的心學的簡稱，或直接稱「心學」。陸王心學一般認為肇始孟子、興於程顥、發揚於陸九淵，由王守仁集其大成。陸王心學與程朱理學雖有時同屬宋明理學之下，但多有分歧，陸王心學往往被認為是儒家中的「格心派」，而程朱理學為「格物派」。

代表人物

心學

發揚者　　集大成者

心學

陸九淵

王守仁

　　陸九淵，融合孟子「萬物皆備於我」和「良知」、「良能」的觀點以及佛教禪宗「心生」、「心滅」等論點，提出「心即理」的哲學命題，形成一個新的學派——「心學」。他把「心」作為宇宙萬物的本原，提出「心」就是「理」的主張；強調「宇宙便是吾心，吾心便是真理」，認為天地萬物都在心中。他認為治學的方法，主要是「發明本心」，不必多讀書外求，「學苟知本，六經皆我注腳」。

　　王守仁發展了陸九淵的學說，用以對抗程朱學派。他說：「無善無惡心之體，有善有惡意之動，知善知惡是良知，為善去惡是格物。」並以此作為講學的宗旨。他斷言：「夫萬事萬物之理不外於吾心」，「天理即是人欲」；否認心外有理、有事、有物。並提出「知行合一」和「知行並進」說。

卷四・哲學卷

黃老學派

圖解‧國學

　　黃老學派，先秦道家的一個派別。「黃」，指傳說中的黃帝，「老」，指春秋末期的老聃；尊黃帝、老聃為學派的創始者，以「黃老之言」為學派的指導思想，故名黃老學派。黃老學派託黃帝之名號，以老子之學為基礎，兼採儒、墨、名、陰陽五行之說，並且吸收了法家的法治學說，把道、法有機的結合起來，強調法治的必要性。黃老學派的代表作是《老子》，學說的核心是「無為而治」、「與民休息」。

　　黃老學派形成於戰國時期，最初流行於齊國稷下學宮。它既講道德，又主刑名；既尚無為，又崇法治；既以為「法令滋彰，盜賊多有」，又強調「道生法」，要求統治者「虛靜謹聽，以法為符」，不受任何干擾，一切均以法律為准繩。史籍載一些著名的法家代表人物如申不害、慎到、韓非等大都「學本黃老」，可見黃老學派帶有明顯的道、法結合的性質，而在法律思想上更多地傾向於先秦法家的主張。

　　進一步發展是在戰國末年到西漢初期的一百多年間，特別是漢文帝和景帝統治的時期。漢初的統治者鑑於秦王朝「舉措暴眾而用刑太極」，以致被迅速推翻的教訓，大都喜好「黃老之術」、「改秦之敗」，實行與民休養生息的「無為」政治，以安定社會、恢復經濟、緩和階級問題和統治集團內部的衝突，一度造成了黃老之學盛極一時的局面。但這一時期的黃老之學具有新的特點，它強調清靜無為，主逸臣勞，寬簡刑政，除削煩苛，務德化民，恢弘禮義，順乎民欲，應乎時變，等等，即根據當時政治社會的需要，對先秦的黃老之學進行改造，使它成為兼採眾家之長，而以儒、道、法三者相互滲透為主的結合體。

　　黃老學派的法律思想在中國法律思想史上有特殊的影響：首先，它為兩漢法律思想的形成和發展，奠定了基礎，使劉漢王朝建立之後，在立法設刑方面，明確地以改變秦代暴政、要求寬簡刑罰、除削煩苛的思想為指導。其次，它為由秦王朝的法家法律思想的統治轉變為西漢中期及以後儒家法律思想的統治，發揮了過渡性的橋梁作用，為中國正統法律思想的確立創造了前提。因而深入探索和發掘黃老學派，特別是漢初黃老學派的法律思想，對於中國法律思想史的研究，具有重要的意義。

道、法結合的黃老學派

　　黃老學派，是先秦道家的一個派別，產生於戰國中期，是齊國稷下學宮的一個學派。其代表作是《老子》，學說的核心是「無為而治」、「與民休息」。西漢王朝總結秦朝驟亡的教訓，主張黃老學派的學說作為治國的核心思想，將它運用到政治和法制實踐中，並取得顯著的成效。

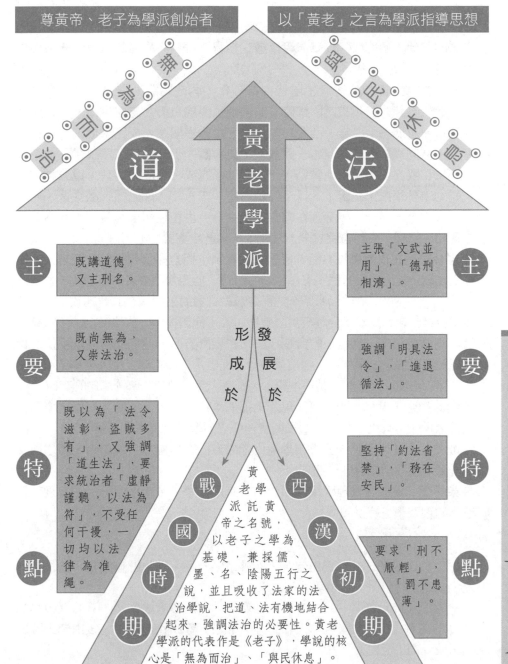

尊黃帝、老子為學派創始者

以「黃老」之言為學派指導思想

無為而治

與民休息

道

黃老學派

法

黃老學派

形成於　發展於

主 既講道德，又主刑名。

要 既尚無為，又崇法治。

特 既以為「法令滋彰，盜賊多有」，又強調「道生法」，要求統治者「虛靜謹聽，以法為符」，不受任何干擾，一切均以法律為准繩。

點

主 主張「文武並用」，「德刑相濟」。

要 強調「明具法令」，「進退循法」。

特 堅持「約法省禁」，「務在安民」。

點 要求「刑不厭輕」，「罰不患薄」。

戰國時期

西漢初期

　　黃老學派託黃帝之名號，以老子之學為基礎，兼採儒、墨、名、陰陽五行之說，並且吸收了法家的法治學說，把道、法有機地結合起來，強調法治的必要性。黃老學派的代表作是《老子》，學說的核心是「無為而治」、「與民休息」。

卷．四．哲學卷

圖解：國學

東林學派

東林學派，創建於明代末年，是以講學與議政相結合的著名學術流派。因該學派的創始人顧憲成、高攀龍等學者在地處江蘇無錫城東隅弓河畔的東林書院聚眾講學和讀書，故得名。

15世紀後半葉以來，統治階級內部分化，朝政腐敗，當顧憲成、高攀龍等一批敢於直諫的官吏被貶回鄉時，並未消極隱居，仍「志在世道」，以國家興亡為重。萬曆三十二年（西元1604年），由顧憲成、允成兄弟倡議，修復東林書院，偕同高攀龍、錢一本、薛敷教、史孟麟、于孔兼等聚眾講學，並把讀書、講學和關心國事緊密地聯結在一起。以顧憲成、高攀龍為首，以東林書院為主體的東林學派正式誕生，以至像趙南星、李三才、鄒元標、馮從吾、周起元、魏大中、李應升、楊漣等在朝的正直官員，也往往與東林書院的諷議朝政遙相應和。這樣，東林書院實際上又成了一個社會輿論中心。

東林學派在政治思想方面，反對獨裁專制，極力抨擊和反對大宦官大官僚的專權亂政，提出了具有民主思想色彩的口號。他們強烈要求革新朝政，並提出「利國」、「益民」的政治原則，把百姓看做社會的主體。在改革朝政方面，他們抨擊科舉弊端，提倡不分等級貴賤破格用人。他們提倡「依法而治」，試圖以法治限制君權和「不肖者」的貪贓枉法。在經濟方面，他們反對礦監稅使的掠奪，提倡惠商恤民。東林名士趙南星則進而提出「士農工商，生人之本業」，把「商」與「士農」一樣並列為「本業」，是對「重農抑商」傳統思想的突破。

與此相應，東林學派在學術思想上提倡「治國平天下」的「有用之學」，以能否治世、「有用」作為評價和衡量一切思想學說的標準和尺度。

此外，東林學派還十分重視學術研究的方法，提倡講、習結合，將學術交流與社會現實政治結合在一起。

東林學者敢於突破理學束縛而崇尚「有用之學」，正是東林學派有別於宋明理學的重要學術特徵。

代表人物及著作

顧憲成（西元1550～1621年），在被革職為民、回故鄉無錫後，修復東林書院，創建東林學派，從事著述和講學活動。

高攀龍（西元1562～1626年），被尊為「一時儒者之宗」。著有《東林講義箚記》《周易孔義》《古本大學》《困學記》等20餘種著作，後由門人陳龍正編輯成《高子遺書》。

以講學與議政相結合的東林學派

　　神宗萬曆年間，以顧憲成、高攀龍為首，創建了東林學派。東林學派是我國理學思想發展史上一個有重大影響的學派。其學術思想對當時社會思想有撥亂反正的重要推動和引導作用，並對後代產生廣泛深遠的影響。

顧憲成

代表人物

代表人物

高攀龍

人物簡介

　　顧憲成，尊奉程朱「性即理」、「理為主」的本體論，認為「理」既是宇宙萬物的本原，又是宇宙萬物的規律和法則。在「理」與「氣」的關係上，主張「理」在「氣」先，「理」是主宰，「氣」從屬於「理」。

　　東林學派在學術思想上提倡「治國平天下」的「有用之學」，以能否治世、「有用」作為評價和衡量一切思想學說的標準和尺度。一定程度上打破了脫離實際、言而無物的傳統經院的不良學風。

人物簡介

　　高攀龍繼承了程朱「理」（太極）的思想學說，認為「理」是宇宙萬物的本原，「太極」則是天地萬物之理的總和、事物之萬善至好的標準。認為天地萬物的形成，是「理」和「氣」二者綜合成的。後又轉向「經世致用」的實學思想。

　　東林學派在政治思想上首先是反對獨裁專制，極力抨擊和反對大宦官大官僚的專權亂政，提出了具有民主思想色彩的口號。他們強烈要求革新朝政，並提出「利國」、「益民」的政治原則，把百姓看作社會的主體。

學術研究方法

政治思想

學術思想

　　東林學派十分重視學術研究的方法，提倡講、習結合，將學術交流與社會現實政治結合在一起。東林學者敢於突破理學束縛而崇尚「有用之學」，正是東林學派有別於宋明理學的重要學術特徵。

卷四・哲學卷

在幾千年的文明發展史中，中國的教育制度幾經變革，雖然每次變革都會比之前的更加先進，但卻總有著自身難以克服的痼疾。如果我們能詳加了解這些制度的起源變遷和內在的優勢、缺陷，總結其經驗，繼承其精華，然後結合我們的時代所處的世界環境特點加以運用和發揮，就可以使得我國的教育制度得到最大限度的完善！

也許，古代有關教育的這些內容離我們過於遙遠，而且對於今天的社會發展來說，它們可能很難有用武之地。但透過對古代教育方式、教育內容和教育書籍的了解，以及對古代大教育家的教育思想理念和方法的認識，相信對我們多少會有所啟示，並在內心種下一顆有關『教育』的希望的種子。

教育卷

第一章
人才選拔制

世卿世祿制

　　卿是古代高級官吏的稱呼。世卿就是天子或諸侯國君之下的貴族，世世代代、父死子繼，連任卿這樣的高官。祿是官吏所得的享受財物。世祿就是官吏們世世代代、父死子繼，享有所封的土地及其賦稅收入，世襲卿位和祿田的制度在古代曾十分盛行。

　　但是這種制度開始出現於何時？它是怎樣形成的？學術界對此說法不一，爭論很大。

　　商代的官吏是否實行世卿世祿制，由於歷史資料的不足，還無法作具體的闡述，多數學者認為，西周時代的官吏制度是世卿世祿制。郭沫若的《中國史稿》在論述西周政治制度時說：「各種各樣的官吏，大都是世襲的，世代享有特殊的、神聖不可侵犯的地位。」楊寬的《戰國史》在論及西周的官吏情況時也說：「在周王國和各諸侯國裏，世襲的卿大夫便按照聲望和資歷來擔任官職，並享受一定的采邑收入，這就是世卿、世祿制度。」趙光賢著的《周代社會辨析》認為，這些事例證明西周時代早已有「世卿制度的存在」。

　　另有一些學者卻並不這麼認為，依據是《尚書・立政篇》裏周公闡述西周時代的選官方針時一再強調：「自今後王立政」，要「俊（進）有德」，選拔「成德之彥」，擇用「吉士」、「常人」，也就是選用有德有才的賢人，而不搞世卿世祿制。

　　還有一些學者認為，世卿世祿制開始出現於春秋中後期。在春秋初期的齊桓公時代，高、國二氏就成為世卿（見《國語・齊語》）。但到春秋後期，田氏的勢力卻後來居上。至田乞聯合諸大夫擊敗高、國，殺其君晏孺子；其子田恆又殺其君簡公而立平公。自田乞以後至田和簒齊，田氏就世世執掌齊國政柄，國君形同虛設。可見世卿世祿制是春秋時期各諸侯國內卿大夫的勢力不斷壯大，逐漸控制政權而形成的。不過，上述論斷也難以使人信服。有人提出，在西周銅器銘文中，有很多官職都是世襲的。

　　總之，世卿世祿制是商周時代早已法定實行的，還是春秋中後期由於卿大夫的專權才形成的，雙方各有各的論據。

　　世卿世祿制於商鞅變法時廢除。據《史記》記載，秦國規定依軍功大小定貴族身份之高低，這沉重打擊了奴隸主舊貴族，因而招致了他們的怨恨。其實歷史上任何一次變法，都不僅是一種治國方略的重新選擇，而且是一種利益關係的重新調整，這也是改革受阻的真正原因。

世代相傳的世卿世祿制

　　所謂世卿世祿，就是最高統治者按血緣關係的遠近，分封自己的親屬；中央和地方的各級權力，分別掌握在大大小小的貴族手中，而且世代相傳，不能隨意任免。這種世卿世祿制度，是與當時的宗法制和分封制互為一體的，其主要特徵是嫡長子繼承王位，餘子分封，逐級逐層類推下去，形成一個金字塔式的權力結構體系。

　　世卿世祿制，此稱謂始於何人，已不可考。但是，關於「世卿世祿制」出現於何時、怎樣形成這個問題，學術界對此說法不一，一直爭論很大。多數人的意見認為，它是西周時的官僚制度；另一些人認為西周並未實行此制度；還有一些人認為此制度始出現於春秋中後期……總之，各有各的論據，目前尚無法決斷，尚待史學界進一步研究。

徵辟制

　　徵辟，是漢武帝時推行的一種自上而下選拔官吏的制度，主要有皇帝徵聘和府、州郡辟除兩方面。皇帝徵召稱「徵」，官府徵召稱「辟」，前者多為名望高、品學兼優的社會名流，被徵召者多委以要職，稱為「徵君」。辟除制在漢武帝以前就已推行，隋朝時被廢。中央行政長官如三公、地方官如州牧、郡守等官員，可自行徵聘僚屬，任以官職。在漢代的選官制度中，徵辟制地位僅次於察舉制。

　　在漢代，皇帝的徵聘往往是在私人舉薦的配合下進行的，上至公卿、將軍，下至郡守、縣令，甚至還有普通百姓，他們都可以私人名義向朝廷舉薦人才，既有個人上書表鑑，也有數人聯名合薦，還包括毛遂自薦。被薦者在被徵入京師後，皇帝視其能力以拜授官職。

　　「辟除」，又稱「辟舉」、「辟署」、「辟召」等。是漢代高級官員自行任用屬吏的一種制度。漢代辟除官吏有兩種，即中央的公府辟除和地方的州郡辟除。但無論是公府辟除，還是州郡辟除，一般來說，對被辟除者的資歷都不加限制，只看才學，為官為民者皆有，而且去留自便，是當時比較自由的仕宦途徑。辟除之後，主官即當加以重用，否則，有氣節之士可以辭去，對於不應召者也不能加以強迫，否則在輿論上要受到非議。

　　徵辟是漢朝統治者為搜羅人才、以加強統治而採取的特別措施，盡管由此入仕者的數量不多，但它透過皇帝徵聘和高官辟除的方式給予應徵者以特殊禮遇，可以使得一些本不願為官的碩學名儒之士加入到統治階層中來，而且統治者也可以藉此沽得求賢之名。所以徵辟製作為對察舉制的補充，它和察舉一起構成了漢代選官制度的總體。

　　徵辟制的推行，有利於破格擢用人才，但也產生嚴重的弊病。特別在東漢時，官僚利用辟召以徇私，助長了官僚中私人權勢的增長。魏晉南北朝時，徵辟制仍是士人特別是士族名士入仕的重要途徑。在長期分裂動蕩的形勢下，辟召制促進了統治集團內各政治派系和地方割據勢力的形成。隋統一後，為了強化中央集權，規定凡九品以上官吏皆由吏部任免。宋代可自選官員，稱奏辟或辟差、辟置，似為徵辟制的變種。明清皇帝直接選任官吏，稱為特簡，形式上似乎仍是徵辟制的遺存，實際上只是專制制度下無法消滅的一種特權現象。

自下而上選拔官史的徵辟制

徵辟制，漢武帝時推行的一種自上而下的選拔官吏制度，主要有皇帝徵聘和府、州郡辟除兩方面。前者多為名望高、品學兼優的社會名流，被徵召者多委以要職，稱為「徵君」。後者不限資歷，唯才是舉，且去留自便。

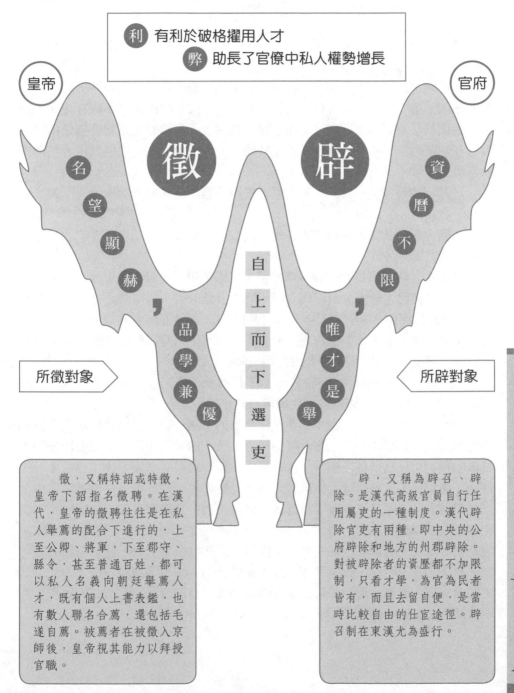

利 有利於破格擢用人才

弊 助長了官僚中私人權勢增長

皇帝

官府

徵

辟

名望顯赫

資歷不限

自上而下選吏

品學兼優

唯才是舉

所徵對象

所辟對象

卷五·教育卷

徵，又稱特詔或特徵，皇帝下詔指名徵聘。在漢代，皇帝的徵聘往往是在私人舉薦的配合下進行的，上至公卿、將軍，下至郡守、縣令，甚至普通百姓，都可以私人名義向朝廷舉薦人才，既有個人上書表鑑，也有數人聯名合薦，還包括毛遂自薦。被薦者在被徵入京師後，皇帝視其能力以拜授官職。

辟，又稱為辟召、辟除。是漢代高級官員自行任用屬吏的一種制度。漢代辟除官吏有兩種，即中央的公府辟除和地方的州郡辟除。對被辟除者的資歷都不加限制，只看才學，為官為民者皆有，而且去留自便，是當時比較自由的仕宦途徑。辟召制在東漢尤為盛行。

察舉制

　　察舉制，是古代選拔官吏的一種制度，確立於漢武帝元光元年（西元前134年）。它是漢代為適應國家統治的需要而建立的一整套選拔官吏的制度。察舉是自下而上推選人才的制度，也叫「選舉」。察舉是漢代選拔官吏的一種主要方法。「選」的對象為沒有官職的讀書人，「拔」的對象是下級官吏。按規定，他們都必須是品德高尚、學識才幹出眾的人。察舉制的主要特徵是由地方長官在轄區內隨時考察、選取人才並推薦給上級或中央，並經過試用考核再任命官職。

　　漢高祖劉邦首下求賢詔，要求郡國推薦具有治國才能的賢士大夫，開「察舉制」之先河。

　　惠帝、呂后（二人執政時間為西元前194～前180年）詔舉「孝弟力田」，察舉開始有了科目。

　　漢文帝（西元前179～前157年在位）在即位第二年就下詔，說：「天下治亂，在予（自己）一人，舉賢良方正，能直言極諫者，以匡朕之不逮。」察舉制度由此正式開始。文帝十五年（西元前165年）又下詔，舉賢良能直言極諫，「對策者百人，唯（晁）錯為高第」。說明當時不但有了考試（對策），而且還有等第區別，顯示此時察舉制度已趨成熟。

　　漢武帝建元元年（西元前140年）下詔舉士，規定非治儒術者不取，董仲舒取為上第。標誌著察舉制度的完備與正式確立。

　　漢代察舉的科目，是由少到多不斷增加的；增加科目尤以特科為多，是根據對專門人才的需要而設立的。這些科目，統一由皇帝確定。按照舉期分類，察舉的科目可分為常科（歲科）與特科兩大類。歲科有孝廉、茂才（秀才）、察廉（廉吏）、光祿四行；特科又分為常見特科和一般特科。在上述科目中，以歲科為先，其中又以孝廉一科為最重要。特科中則以賢良方正為最重要。漢文帝時要求舉賢良方正，漢武帝（西元前140～前87年在位）時要求舉孝廉。這都是察舉史上的標誌性事件。如果按照四科標準分類，以「德」為主的有孝廉、孝廉方正、至孝、敦厚等科；以「文法」為主的有明法科；以「才能」為主的有尤異、治劇、勇猛知兵法、明陰陽災異、有道等科。但所有的科目，都以「德行」為先，在學問上則以「儒學」為主。

自下而上推選人才的察舉制

　　察舉制是中國古代選拔官吏的一種制度，它的確立是從漢武帝元光元年（西元前134年）開始的。察舉制不同於以前先秦時期的世襲制和從隋唐時建立的科舉制，它的主要特徵是由地方長官在轄區內隨時考察、選取人才並推薦給上級或中央，經過試用考核再任命官職。

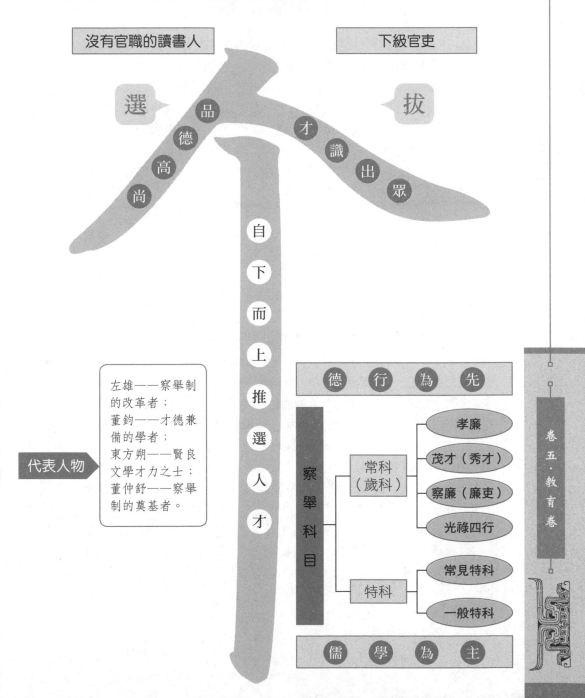

沒有官職的讀書人

下級官吏

選

品德高尚

拔

才識出眾

自下而上推選人才

代表人物

左雄——察舉制的改革者；
董鈞——才德兼備的學者；
東方朔——賢良文學才力之士；
董仲舒——察舉制的奠基者。

德 行 為 先

察舉科目

常科（歲科）

孝廉

茂才（秀才）

察廉（廉吏）

光祿四行

特科

常見特科

一般特科

儒 學 為 主

卷五・教育卷

4

九品中正制

　　九品中正制，又稱九品官人法，是魏晉南北朝時期重要的選官制度，是魏文帝曹丕為了拉攏士族而採納的陳群的意見。曹丕篡漢前夕即延康元年（220年）由魏吏部尚書陳群制定。此制至西晉漸趨完備，南北朝時又有所變化。九品中正制上承兩漢察舉制，下啟隋唐之科舉，在中國古代政治制度史上占有十分重要的地位，是中國君主社會三大選官制度之一，從曹魏始至隋唐科舉的確立，這其間約存在了400年之久。

　　最早漢代推行察舉制，因缺乏客觀標準，長久以來為門閥所把持，乃至賄選之風極盛。曹魏時，以陳群之議，定九品中正制以選拔人才。其主要內容是：在各州郡選擇「賢有識見」的官員任「中正」，中正必須是二品現任中央官，中正以簿世（譜牒家世）、行狀（才幹道德）、鄉品（中正鑑定）為標準查訪評定州郡人士，將他們分成上上、上中、上下、中上、中中、中下、下上、下中、下下九等，中正給鄉品前先列某一層次，即所謂「輩目」，先由小中正（郡）列入記錄，再報大中正（州），最後轉呈司徒，作為吏部授官的依據。

　　九品中正制在曹魏時對人才的提升和使用有重要作用，如中正王嘉狀吉茂為「德優能少」，西晉時，中正王濟狀孫楚為「天材英博，亮拔不群」。大中正亦可推薦小中正，但無權任免。中正制每隔三年清理調整一次，有所上下，言行有修者則升之，如由五升四，道義有虧者則下之，如自五退六。

　　九品中正制主要是改進漢末察舉之頹風。漢末人口流徙，戶籍紊亂，鄉論不能行，於是以該地賢者，評論當地之人士優劣，以代鄉論。但到了西晉時實際上官員都從世家大族中選定，造成「上品無寒門，下品無世族」的情況。為防止庶族假冒士族，世家大族便編寫譜牒（家譜），因此譜牒學也成為一門學問。

　　九品中正制只重家世，不問賢愚，整個魏晉南北朝時期都以此制選官，久之造成社會風氣浮靡，世族弟子終日清談，不問國事。世族為維持門第血統，婚姻必擇門當戶對。到了隋代，隨著門閥制度的衰落和科舉制實現，此制終被廢除。

上承察舉制、下啟科舉制的九品中正制

　　九品中正制也叫九品官人法，是盛行於魏晉南北朝時期主要的選官制度。這種選官制度，實際是兩漢察舉制度的一種延續和發展，或者說是察舉制的另一種表現形式。這種新的選官制度是由魏文帝曹丕時的吏部尚書陳群創議的。

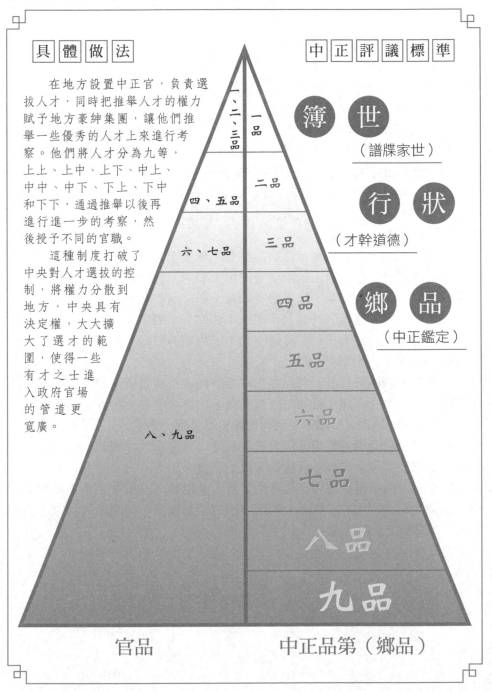

具 體 做 法

　　在地方設置中正官，負責選拔人才，同時把推舉人才的權力賦予地方豪紳集團，讓他們推舉一些優秀的人才上來進行考察。他們將人才分為九等，上上、上中、上下、中上、中中、中下、下上、下中和下下，通過推舉以後再進行進一步的考察，然後授予不同的官職。

　　這種制度打破了中央對人才選拔的控制，將權力分散到地方，中央具有決定權，大大擴大了選才的範圍，使得一些有才之士進入政府官場的管道更寬廣。

中 正 評 議 標 準

簿 世
（譜牒家世）

行 狀
（才幹道德）

鄉 品
（中正鑑定）

一、二、三品　一品
四、五品　二品
六、七品　三品
四品
五品
六品
七品
八、九品　八品
九品

官品　　　　　　中正品第（鄉品）

卷五‧教育卷

科舉制

　　科舉，是歷代王朝通過考試選拔官吏的一種制度，由於採用分科取士的辦法，所以叫做科舉。科舉制從隋朝大業元年（西元605年）開始實行，到清朝光緒三十一年（西元1905年）舉行最後一科進士考試為止，共經歷了1300餘年。

　　科舉考試的內容主要是八股文。而八股文主要測試的內容是經義，《詩》、《書》、《禮》、《易》和《春秋》，五經裏選擇一定的題目來進行寫作。題目和寫作的方式都是有一定格式的。

　　八股文中有四個段落，每個段落都要有排比句，有排比的段落，叫四比，後來又叫八股。八股文在當時是非常重要的，它關係到一個人能不能升官，能不能科舉考試中進士升官。

　　從隋朝開始，各朝科舉考試科目都在不斷變化。從各個朝代科舉設置的科目和形式的變化可以看出統治階層的用人取向，也反映了不同時代的人才需求。隋文帝時僅有策問，隋煬帝時開考十科。唐朝時考試科目很多，常設科目主要有明經（經義）、進士、明法（法律）、明字（文字）、明算（算學）。到明朝只設進士一科。清襲明制，但也開過特制（特別科），如博學鴻詞科、翻譯科、經濟科等。

　　科舉除了特制科目外，明清進士科考的內容主要是儒家經典。考試形式在各個朝代也有所不同，唐朝主要有墨義、口試、貼經、策問、詩賦等，宋朝主要是經義、策問、詩賦等，到明代就只有經義一門了。

　　科舉是一種透過考試來選拔官吏的制度，它是古代中國的一項重要政治制度，對隋唐以後中國的社會結構、政治制度、教育、人文思想，產生了深遠的影響，並對中國社會和文化產生了巨大的影響，直接催生了不論門第、以考試產生的「士大夫」階層。鄰近中國的亞洲國家，如越南、日本等也曾引入了這種制度來選拔人才。

分科取士的科舉制

　　科舉，是中國古代統治者為選拔人才而設置的一種考試制度。隋朝時設置，清朝時發展到了巔峰，清末開始衰落下來。主要是設置若干科，透過考試來選拔人才。特徵是一切以呈文作為去留的根據，首先要看考試成績，知名人事推薦也有一定作用。最後還需要經過口試，最終被授予官職。

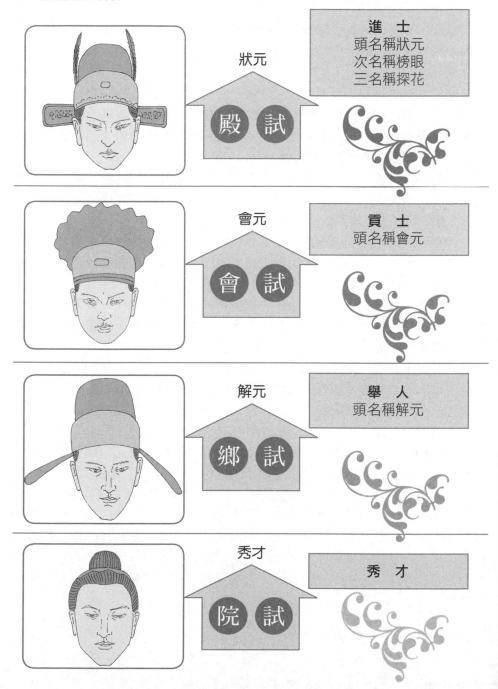

狀元

殿 試

進 士
頭名稱狀元
次名稱榜眼
三名稱探花

會元

會 試

貢 士
頭名稱會元

解元

鄉 試

舉 人
頭名稱解元

秀才

院 試

秀 才

第二章
學府門類 ①

官 學

官學，是指朝廷直接舉辦和管轄，以及歷代官府按照行政區劃在地方所辦的學校系統。包括中央官學和地方官學，共同構成了中國古代最主要的官學教育制度。

國家的中央官學，在漢朝正式創辦。魏晉南北朝時期政局紛亂，官學時興時廢，及至唐朝，中央官學繁盛，制度完備，南宋以後逐漸走下坡路。到了君主社會後期，中央官學逐步衰敗，成為科舉制度的附庸，名存實亡。清朝末年，完全被學堂和學校所代替。

根據中央官學各自所定的文化程度、教育對象和教學內容的不同，可將整個中君主社會的中央官學分為最高學府、專科學校和貴族學校三大類。其中，太學和國子監是最高學府，是培養人才的主要場所。

中央官學不僅具有階級性，而且具有明顯的等級性。辦學宗旨是培養各種封建統治人才，以供朝廷之用。設置了專門教育行政機關和教育長官來管轄中央官學。教育內容以儒家經籍為主，以四書五經為主要教材。

中央官學在培育各種優秀人才、繼承中國古代文化遺產、繁榮科學、學術事業等方面，曾經發揮十分重要的作用。在促進中國與亞歐諸國的文化交流和增進友誼方面，也曾有積極的作用。

古代地方官學自漢代開始設立。兩漢時期，平帝元始三年（西元3年），建立了地方學校制度。魏晉南北朝時期，由於國家經常處於戰亂、分裂與種種問題之中，官學處於或興或廢的狀態。隋唐時期，隋代國家重歸統一，但由於立國較短，實際上「空有建學之名，而無弘道之實」。

唐代教育事業空前發展，特別是唐代前期，貞觀、開元年間官學繁盛，中葉自天寶後即告衰廢。宋遼金時期，宋代地方官學於仁宗慶曆四年（西元1044年）開始設立，詔諸州府軍監立學，學者200人以上允許設置縣學。徽宗崇寧元年（西元1102年）撤銷限制，所有州縣一律置學。遼、金立國，亦設有地方學校。元代地方官學制度比較完備，在路、府、州、縣四級，均有相應學校，只是並未普遍設立。明代前期是中國社會地方官學興盛的時代。清代地方官學基本沿襲明制。依其地方區劃設有府學、州學、縣學，並於鄉間置社學。

培養各種統治人才的官學

官學是指朝廷直接舉辦和管轄，以及歷代官府按照行政區劃在地方所辦的學校系統。包括中央官學和地方官學，二者共同構成了中國古代最主要的官學教育制度。

官　學

中　央　官　學

其中

太學　國子監

為國家的最高學府，是培養人才的主要場所。

　最　高　學　府

太學和國子監在辦學育才、繁榮學術、發展中國古代文化科學方面，積累了許多寶貴經驗，在中國和世界教育史上占有重要地位。太學、國子監強調自修、自由探究學術。歷代太學、國子監都注重考試，但考試形式方法不盡相同。

辦學宗旨
培養各種人才，以供朝廷之用。

教育內容
以儒家經籍為主。

主要教材
四書五經。

官學由朝廷直接舉辦和管轄

最　高　學　府

專　科　學　校

貴　族　學　校

分類

中央官學和地方官學共同構成了古代官學教育制度

卷五・教育卷

私　學

　　私學，是中國古代私人辦理的學校，與官學相對而言。私學歷時兩千餘年，在發展過程中，其在經費、師資、教學內容、教學方法、管理、辦學形式等方面形成了自己的特色，對中華文化的發展傳播和創新具有促進作用，在中國教育史上占有重要的地位。中國的私學源遠流長。它產生於春秋時期，以孔子私學規模最大，影響最深。那時統一的奴隸制國家西周日趨衰落，禮崩樂壞。由「學在官府」變為「學在四夷」。此外，當時社會出於政治鬥爭的需要，私人養士之風盛行，私學發展而至勃興。

　　漢武帝時雖宣布「罷黜百家，獨尊儒術」，但並沒有禁止私學，甚至東漢末時私學一度壓倒官學。

　　兩晉時私學頗發達，名儒聚徒講學，生徒常有幾百甚至幾千人。南朝的官學時興時廢，教育多賴私學維持。

　　北魏雖曾一度禁止私學，但整個北朝為了促進漢化，官學比較發達，但私學也頗盛。

　　唐代，佛教極盛，每一個寺廟實即一個佛教學校。唐代佛教產生了天臺宗、唯識宗、禪宗、華嚴宗等宗派，對佛教哲學進行獨立發揮，對宋明理學和書院的發展都有很大的影響。

　　宋代，書院成為私學的一個重要方面，影響很大。書院初為私立，後來才由政府控制了一部分。作為聚徒講學的書院開始於五代，宋興之初最著名的有白鹿洞、嵩陽、應天府、岳麓四書院。後來書院超過了州縣學。

　　私學的興盛一般都出現在重大的社會變革時期，且其生存與發展，與寬鬆、寬容的文化氛圍成正比例關係。當考選制度體現了公平競爭精神時，官學則相對發達；而考選死板、偏狹、腐敗之時，則私學較盛。

　　私學產生的原因，除社會需求外，還有賴於兩個基本條件，即有可教學的內容和有從事教學的人。私學作為教育事業的重要組成部分，對中華文明的發展作出了巨大的貢獻。首先，它打破西周以來「學在官府」、學校教育為官府壟斷局面，擴大了教育對象。其次，私學是專門的教育場所，這就打破了政教合一、官師合一的舊官學教育體制，使教育成為一種獨立的活動。私學使教育內容與教育方式得到新的發展。最後，私學的發展積累了豐富的教育經驗，促進了先秦教育理論的發展。

　　但是，由於歷史條件的限制和教育發展狀況的影響，私學教育也具有明顯的局限性。因此，籠統地說私學教育在一切方面都優於官學也是不科學的。

古代私人興辦並管理的學校——私學

　　私學，是指中國古代私人或民間團體出資興辦並管理的學校，與官學相對而言。近現代稱之為私立學校。以孔子、墨子為代表的一批新型知識分子以新的辦學形式，聚徒講學，從而成為創辦私學、傳播學術文化的先驅。

 私 學 特 點

❶ 經費和師資：私立教育經費基本為自籌，但也不排斥官方資助；早期私學師資來源於平民學者，唐宋以後，許多科舉落第者成為私學特別是蒙學教育師資的主要來源。

❷ 教育對象貴族化：私學的「有教無類」打破了種族、地域和階級界限，平民布衣受教育的機會顯著增加。

❸ 教學內容異彩紛呈：由於私學大多有自己獨立的學術追求且教育對象的廣泛性，私學教育無論是在內容上還是方式上，都具有多樣化的特徵。

 私 學 特 點

❹ 私家蒙學和高級蒙學管理方法不同：蒙學的教育對象是不諳世事的蒙童，管理方式多是傳統家長式管理。高級私學基本上是以倫理和人情維繫。

❺ 辦學形式靈活多樣：如春秋戰國諸子百家私學，其開辦不受時間、地點、人員、經費等的限制。

❻ 關係制度：私學作為一種比較特殊的教育制度，雖然具有一定的獨立性，但其興衰發展乃至明確的教學內容，不可避免地總要受制於當時政府。

❼ 文教政策：歷代政府對於私學的態度不外乎兩種：一是扶植利用，一是禁止壓制。

圖解：國學

太 學

　　太學，是中國古代中央官學，為中國古代教育體系中的最高學府。漢武帝時，董仲舒上「天人三策」，提出「願陛下興太學，置明師，以養天下之士」的建議，「太學」始設於京師。

　　太學作為古代中國的最高學府，在先秦以前，周代稱「辟雍」，虞舜時稱「上庠」，五帝時稱「成均」，漢以後始稱「太學」，隋朝以後稱「國子監」，清末廢除科舉制度，國子監撤銷。

　　漢武帝建元六年（西元前135年）在長安設太學。太學之中由博士任教授，自西漢始，以對弟子授業傳道為博士的主要職責。同時還要奉使議政、試賢舉能。漢代規定博士須熟習經史，「明於古今，溫故知新，通達國體」的一代鴻儒巨賢，方能充當博士。北齊、唐、宋等朝代的太學，還設有助教協助博士施教。

　　太學的學生，歷代稱謂不一，或稱博士弟子，或喚太學生、諸生等。太學生入學的身份資格，歷代不盡相同。唐代規定太學生限文武官員五品以上子孫、取事官五品的期親，或三品的曾孫，以及勳官三品以上有封之子。宋代太學生須文武官八品以下的子弟及庶民之俊異者。

　　太學的主要教材是經史，授「孔子之術，六藝之文」，以儒家五經（《詩》、《書》、《禮》、《易》、《春秋》）作為基本教材。為了避免因抄寫經籍錯漏而引起的紛爭，東漢熹平四年，下詔諸儒校正五經文字，刻石於太學門外，成為當時官定的太學標準教材。南宋時復有以四書為教材，教授方法多取自修、講授、討論、解惑等。

　　太學修業年限無統一規定，各朝學制亦不相同。但各都有一套考試、放假和管理制度。漢代還在中央政府設置「太常」作為兼管教育的長官，職司禮儀、選試博士、宗廟等事務。唐、宋兩朝設教育行政機關國子監，總轄太學諸學。魏晉至明清或設太學，或設國子學，或兩者同時設立，均為傳授儒家經典的最高學府。歷代太學均制施各種規章制度，頒行學規，嚴禁各種離經叛道的思想行為。

　　太學，自西漢武帝創立，至北朝末衰落，歷時六七百年，是屹立在世界東方的第一所國立中央大學，對後世產生了深遠的影響，堪稱教育史上的奇葩。

古代中央官學——太學

太學，太學之名始於西周，於漢代始設於京師。太學選聘學優德劭者任教授，稱為博士；招收學生，隨博士學習，稱為博士弟子。太學的課程以通經致用為主，學生分經受業，經考試及格，任用為政府官吏。太學以《詩》、《書》、《禮》、《易》、《春秋》等儒家經典為教材。

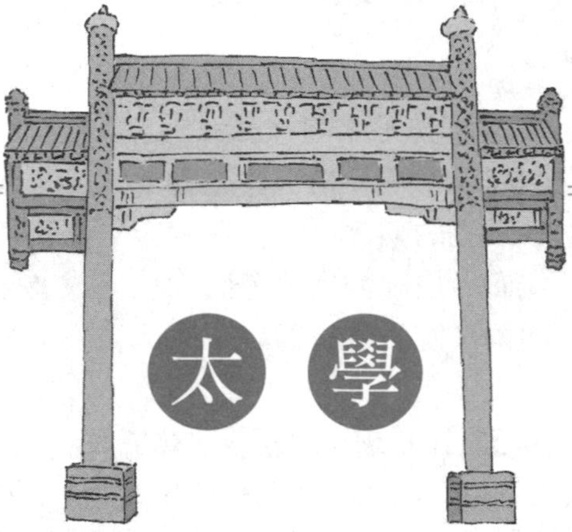

太 學

太學選聘學優德劭的者任教授，稱為博士；招收學生，隨博士學習，稱為博士弟子。

太學以《詩》《書》《禮》《易》《春秋》等儒家經典為教材。

創立於西漢武帝

衰落於北朝末年

太學的課程以通經致用為主，學生分經受業，經考試及格，任用為政府官吏。

歷代太學均制施各種規章制度，頒行學規，嚴禁各種離經叛道的思想行為。

東漢太學講學畫磚

是中國古代中央官學

為中國古代最高學府

卷五・教育卷

白鹿洞書院

　　白鹿洞書院，位於廬山五老峰南麓（今屬江西九江市），享有「海內第一書院」之譽。始建於南唐升元年間（西元940年），是中國首間完備的書院；南唐時建成「廬山國學」（又稱「白鹿國學」），為中國歷史上唯一的由中央政府於京城之外設立的國學；宋代理學家朱熹出任知南康軍（今星子縣）時，重建書院，並使得白鹿洞書院名聲大振，成為宋末至清初數百年間重要的文化搖籃。白鹿洞書院與嶽麓書院、應天書院、嵩陽書院並稱「天下四大書院」。

　　白鹿洞書院在唐代時原為李渤兄弟隱居讀書處。李渤養有一隻白鹿，終日相隨，故人稱「白鹿先生」。後來李渤就任江州（今九江）刺史，舊地重遊，於此修建亭臺樓閣，疏引山泉，種植花木，成為一處遊覽勝地。由於這裏山峰回合，形如一洞，故取名為「白鹿洞」。期間，白鹿洞書院累經興廢。至南宋淳熙六年（西元1179年），著名哲學家朱熹出任南康太守，重建了白鹿洞書院。他親定洞規，置田建屋，延請名師，充實圖書；又親臨講課，與學生質疑問難。淳熙八年（西元1181年），著名哲學家陸九淵也來到白鹿洞書院講學，因此有朱熹、陸九淵「白鹿洞之會」，書院也因之而聞名天下。

　　朱熹接辦書院時，曾立下《白鹿洞書院學規》（或稱《白鹿洞書院揭示》），主要述說儒家倫理觀，影響書院千年的辦學方針。《白鹿洞書院學規》不但體現了朱熹以「格物、致知、誠意、正心、修身、齊家、治國、平天下」等一套儒家經典為基礎的教育思想，而且成為南宋以後700年書院辦學的樣式，也是教育史上最早的教育規章制度之一。

　　白鹿洞書院現有建築面積約3800平方公尺，院內主要建築有禮聖殿、先賢書院（禮聖殿之西）、白鹿洞書院、紫陽書院等。書院大門為磚木結構，四坡式二層。頂層，中脊磚砌，兩端起翹；四斜脊，尖端起翹，亦為磚砌。大門有「白鹿洞書院」牌匾，是明代正德年間文學家李夢陽書寫。白鹿洞書院環境優美，風光如畫，門前貫道溪上的拱橋和橋頭磯上的小亭與碧水青山相映生輝，也是古道來書院的前奏，成為書院的標誌和景觀。

海內第一書院——白鹿洞書院

白鹿洞書院，位於廬山五老峰南麓，享有「海內第一書院」之譽。始建於南唐升元年間（西元940年），是中國首間完備的書院。白鹿洞書院與嶽麓書院、應天府書院、嵩陽書院並稱天下四大書院。

海內第一書院

名稱由來

白鹿洞書院在唐代時原為李渤兄弟隱居讀書處。李渤養有一隻白鹿，終日相隨，故人稱白鹿先生。後來李渤就任江州刺史，舊地重遊，於此修建亭臺樓閣，疏引山泉，種植花木，成為一處遊覽勝地。由於這裏山峰回合，形如一洞，故取名為白鹿洞。宋代初年，經擴充改建為書院，並正式定名為「白鹿洞書院」。

白鹿洞書院與嶽麓書院、應天府書院、嵩陽書院並稱為中國古代「四大書院」，並被譽為中國四大書院之首。

洞書院碑刻數量之多，內容之廣，書法之精，在全國除收藏碑刻為主的文保單位外也是罕見的。這些碑刻真實地記錄了書院的興衰和活動，從史料上充實和豐富了白鹿洞書院的文化內涵，體現了書院文化的特色，具有重大的研究價值。白鹿洞山水間的摩崖題刻，是歷代文人寄情題詠留下的墨跡，為自然景色帶來了人文的、書院的氣息。這些摩崖題刻集文學、書法於一體，具有吟詠和觀賞價值，引人入勝，耐人尋味。

嶽麓書院

　　嶽麓書院，中國古代四大書院之一，位於湖南省長沙市岳麓山東側，緊鄰湘江。書院始建於北宋開寶九年（西元976年），歷經宋、元、明、清四個朝代，迨及晚清（西元1903年）改為湖南高等學堂，至今仍為湖南大學下屬的辦學機構，歷史已逾千年，享有「千年學府」的美譽。

　　嶽麓書院自創立伊始，即以其辦學和傳播學術文化而聞名於世。北宋真宗皇帝召見山長（山長是中國古代書院的負責人，也即現代意義上的「院長」）周式，頒書賜額，書院之名始聞於天下，有「瀟湘洙泗」之譽。南宋理學家張栻主教，嶽麓書院成為湖湘學派的發源地，培養出了一批「岳麓鉅子」。朱熹在此兩度講學，盛時曾有「學徒千餘人」。明代中後期，明世宗御賜「敬一箴」，王陽明心學派和東林學派也在此傳播和交流，明清著名的愛國主義思想家王夫之也曾在此求學，明清至民國初期更是嶽麓書院培養人才的鼎盛時期，一批批日後深刻影響中國歷史的人物都是從這裏走向社會。

　　嶽麓書院歷史上經歷過多次戰火，曾七毀七建，現存主要建築為清朝遺構。嶽麓書院古建築在布局上採用中軸對稱、縱深多進的院落形式。主體建築多集中於中軸線上，講堂布置在中軸線的中央，齋舍、祭祀專祠等排列於兩旁。這種布局形式，除了營造一種莊嚴、神妙、幽遠的縱深感和視覺效應之外，還體現了儒家文化尊卑有序、等級有別、主次鮮明的社會倫理關係。

　　嶽麓書院為中國現存規模最大、保存最完好的書院建築群。書院占地面積21000平方公尺，主體建築有頭門、二門、講堂、半學齋、教學齋、百泉軒、御書樓、湘水校經堂、文廟等，分為講學、藏書、供祀三大部分，各部分互相連接，完整地展現了中國古代建築氣勢恢弘的壯闊景象。

　　除建築文物外，嶽麓書院還以保存大量的碑匾文物聞名於世，如唐刻「麓山寺碑」、明刻宋真宗手書「嶽麓書院」石碑坊、「程子四箴碑」、清代御匾「學達性天」、「道南正脈」、清刻朱熹「忠孝廉潔碑」、歐陽正煥「整齊嚴肅碑」、王文清「嶽麓書院學規碑」等。

　　嶽麓書院園林建築，具有深刻的湖湘文化內涵，它既不同於官府園林的隆重華麗的表現，也不同於私家園林喧鬧花哨的追求，而是反映出一種士文化的精神，具有典雅樸實的風格。

千年學府——嶽麓書院

　　嶽麓書院，位於湖南省長沙市湘江西岸，為中國古代著名四大書院之一；書院始建於北宋開寶九年（西元976年），一千餘年來，這所譽滿海內外的著名學府，歷經宋、元、明、清時勢變遷，迨及晚清（1903年）改制為湖南高等學堂，1926年正式定名為湖南大學。享有「千年學府」美譽。

千年學府

自然風光

奇　珍　幽　美

人文景觀

於斯為盛

唯楚有材

　　嶽麓書院為中國現存規模最大、保存最完好的書院建築群，現存建築大部分為明清遺物，同時還以保存大量的碑匾文物聞名於世，如唐刻「麓山寺碑」等。嶽麓書院園林建築，具有深刻的湖湘文化內涵，反映出一種士文化的精神，具有典雅樸實的風格。

文化傳承

　　嶽麓書院自創立伊始，即以其辦學和傳播學術文化而聞名於世。北宋真宗皇帝頒書賜額，書院之名始聞於天下，有「瀟湘洙泗」之譽。朱熹曾兩度在此講學。明代中後期，明世宗御賜「敬一箴」，王陽明心學和東林學派在此傳播和交流，明清著名的愛國主義思想家王夫之在此求學。清代，康熙和乾隆分別御賜「學達性天」和「道南正脈」額。

卷五・教育卷

卷 六

軍事卷

在此篇章中，當看到那古代所發生的一場場激烈而又殘酷的戰爭，就會讓人越發珍惜今天所擁有的、來之不易的和平生活；當看到那一位位身懷愛國愛民之心的在戰場上英姿颯爽、所向披靡的英勇愛國將領，就會使人激發起強烈的愛國熱情和願為國家而奉獻一切的決心；當看到那一個個充滿著智慧且用兵如神的奇謀妙策，就會讓人不由得拍案叫絕，不得不感歎古人是何等的深謀遠慮。

而且，你所看到和學到的絕對不單單是相關的軍事知識。當你看到古人為編寫一本書或打勝一場戰爭所付出的艱辛，你就會不由自主地受到激勵和鼓舞而鬥志昂揚；當你深悟了弱小者也可以把強大者打敗的道理，你就不再會因暫時的失敗、挫折而氣餒，也不再會因暫時的成功而得意忘形、迷失自我；當你懂得了「一鼓作氣，再而衰，三而竭」所蘊涵的意義，你就會在辦任何事情的時候都不再拖泥帶水，而是能夠一氣呵成；當你熟讀了《孫子兵法》、《三十六計》，你將會在許多方面——無論是求學就業、為人處世，還是商業競爭、政治鬥爭——受益匪淺！

第一章
軍事著作 ①

《孫子兵法》

　　《孫子兵法》，春秋末年齊國人孫武（字長卿）所著，又稱《孫武兵法》、《孫子兵書》、《孫武兵書》等，是現存中國和世界軍事理論史上最早形成戰略體系的一部兵學專著，是傳統文化的重要組成部分，是世界三大兵書之一（另外兩部是《戰爭論》、《五輪書》）。其內容包羅萬象、博大精深，涉及戰爭規律、哲理、謀略、政治、經濟、外交、天文、地理等方面內容，堪稱古代兵學理論的寶庫和集大成者，在世界廣為傳播。

　　《孫子兵法》內容共有13篇，分為：始計篇、作戰篇、謀攻篇、軍形篇、兵勢篇、虛實篇、軍爭篇、九變篇、行軍篇、地形篇、九地篇、火攻篇、用間篇。《孫子兵法》在深刻總結春秋時期各國相戰的經驗的同時，集中概括了戰略戰術的一般規律。

　　一般認為，《孫子兵法》成書於專諸刺吳王僚之後至闔閭三年孫武見吳王之間，即西元前515～前512年，是孫武初次見面贈送給吳王的見面禮。事見司馬遷《史記》：「孫子武者，齊人也，以兵法見吳王闔閭。闔閭曰：『子之十三篇吾盡觀之矣。』」

　　曾有觀點認為今本《孫子兵法》應是戰國中晚期孫臏及其弟子的作品，但是銀雀山出土的漢簡（同時在西漢墓葬中出土《孫子兵法》、《孫臏兵法》各一部）已基本否定此說。

　　《孫子兵法》是世界上最早的一部軍事理論著作，比歐洲克勞塞維茨寫的《戰爭論》還要早2300年。

　　《孫子兵法》在中國被奉為兵家經典，後世的兵書大多受到它的影響，對中國的軍事學發展影響非常深遠。它也被翻譯成多種語言，在世界軍事史上也具有重要的地位。

　　《孫子兵法》是中國古典軍事文化遺產中的璀璨瑰寶，也是傳統文化的重要組成部分。是中國古代流傳下來的最早、最完整、最偉大的軍事理論著作，也是中國古籍在世界影響最大、最為廣泛的著作之一。

　　《孫子兵法》曾被譽為「前孫子者，孫子不遺；後孫子者，不遺孫子」，並享有「兵學聖典」的美譽。它所闡述的謀略思想和哲學思想，被廣泛地運用於軍事、政治、經濟等各領域中。

兵學聖典——《孫子兵法》

《孫子兵法》，是兵家經典著作，由春秋末年著名軍事家孫武所著，共13篇。《孫子兵法》在深刻總結春秋時期各國相戰的經驗的同時，集中概括了戰略戰術的一般規律。

孫武，字長卿，是春秋時期齊國樂安人。著名軍事家。曾率領吳國軍隊大破楚國軍隊，占領了楚的國都郢城，幾滅亡楚國。著有《孫子兵法》13篇，為後世兵法家所推崇，被譽為「兵學聖典」，置於《武經七書》之首，被譯為英文、法文、德文、日文等，成為國際間最著名的兵學典範之書。

兵　聖　孫　武

《孫子兵法》

作　　者：孫武

成書時間：西元前515～前512年

具體篇目：始計篇、作戰篇、謀攻篇、軍形篇、兵勢篇、虛實篇、軍爭篇、九變篇、行軍篇、地形篇、九地篇、火攻篇、用間篇。

主要內容：涉及戰爭規律、哲理、謀略、政治、經濟、外交、天文、地理等方面內容。在深刻總結春秋時期各國相戰的經驗的同時，集中概括了戰略戰術的一般規律。

「兵法」主要運用於軍事領域中

卷六·軍事卷

《吳子》

《吳子》，又稱《吳子兵法》、《吳起兵法》，作者為衛國左氏（今山東省定陶）人吳起。

《吳子》是在封建制度確立後，戰爭和軍事思想有了顯著發展的歷史條件下產生的。這時，軍隊成分的改變，鐵兵器和弩的廣泛使用以及騎兵的出現，引起了作戰方式的明顯變化。它反映了新興地主階級的戰爭理論、軍隊建設和作戰指導方面的觀點。

《吳子》相傳有48篇，現僅存6篇。依次是圖國篇、料敵篇、治兵篇、論將篇、應變篇和勵士篇。《吳子》主要論述了戰爭觀問題，該書既反對持眾好戰，又反對重修德而廢弛武備。它認為只有內修文德、外治武備才能使國家強盛。

作為一部兵法著作，《吳子》提出「以治為勝，賞罰嚴明」，主張在軍隊實行「進有重賞，退有重刑」，做到「令行禁止，嚴不可犯」。提出「用兵之法，教誡為先」，主張透過嚴格的軍事訓練，使士卒掌握各種作戰本領，提高整個軍隊的戰鬥力。強調「簡募良材」，根據士卒體力、技能等條件的不同，合理分工和編組，實現軍隊的優化組合。要求統軍將領「總文武」、「兼剛柔」，具備理、備、果、戒、約的「五慎」條件，掌握氣機、地機、事機、力機四個關鍵的因素。提出「審敵虛實而趨其危」，主張先弄清敵人的虛實，選擇有利時機進攻，以奪取勝利。

《吳子》主要總結了戰國時期的實戰經驗，與《孫子兵法》一起並稱為「孫吳兵法」。《吳子》一書雖僅5000字左右，但內容十分豐富，是繼《孫子兵法》以後又一部體系完備、思想精深、具有重大理論價值的兵學論著，頗受歷代軍事家、政治家的重視。約成書於戰國的《尉繚子》曾多處引述其用兵、治軍的言論。唐初，魏徵將《吳子》的一些內容收入《群書治要》。宋代則正式將其列入《武經七書》。其後研究、注釋該書者眾多。在中國古代兵學史上占有極其重要的地位。

《吳子》現存最早的版本是宋代的《武經七書》本。後世版本，如明吳勉學刊《二十子》本、明翁氏刊《武學經傳三種》本、清孫星衍《平津館叢書》本、清《四庫全書》本等，均源於宋本《武經七書》。

《吳子》

　　《吳子》，又稱《吳子兵法》《吳起兵法》，作者為衛國左氏人吳起。它是一部兵法著作，全書僅5000字左右，但內容十分豐富，是繼《孫子》以後又一部體系完備、思想精深、具有重大理論價值的兵學論著，在中國古代兵學史上占有極其重要的地位。

吳起

《吳子》現僅存6篇，如下：

內 修 文 德
外 治 武 備

圖國篇

料敵篇

治兵篇

論將篇

應變篇

勵士篇

《吳子》

主 要 觀 點

吳 起

簡 介

　　吳起（前440年～前381年），衛國左氏人。是戰國初期著名的政治改革家，卓越的軍事家、統帥、軍事理論家、軍事改革家。後世把他和孫子連稱「孫吳」，著有《吳子》，《吳子》與《孫子兵法》又合稱《孫吳兵法》。

　　提出「以治為勝，賞罰嚴明」，主張在軍隊實行「進有重賞，退有重刑」。 ①

　　提出「用兵之法，教誡為先」主張經由嚴格的軍事訓練，提高軍隊戰鬥力。 ②

　　強調「簡募良材」根據士卒體力、技能等，合理分工和編組，優化組合。 ③

　　要求統軍將領「總文武」「兼剛柔」具備理、備、果、戒、約「五慎」條件，掌握關鍵因素。 ④

　　提出「審敵虛實而趨其危」，主張先弄清敵人虛實，再擇有利時機進攻。 ⑤

卷六‧軍事卷

③

《孫臏兵法》

　　《孫臏兵法》，是古代的著名兵書，也是《孫子兵法》後「孫子學派」的又一力作。《孫臏兵法》古稱《齊孫子》，作者孫臏，傳說他是孫武的後代，在戰國時期生於齊國阿、鄄之間（今山東陽穀、鄄城一帶），曾和龐涓一起學習兵法。

　　《孫臏兵法》，又名《齊孫子》，係與《孫子兵法》區別之故。《漢書・藝文志》稱「《齊孫子》八十九篇，圖四卷」，但自《隋書・經籍志》始，便不見於歷代著錄，大約在東漢末年便已失傳。1972年，臨沂銀雀山漢墓竹簡出土，這部古兵法始重見天日。但由於年代久遠，竹簡殘缺不全，損壞嚴重。經竹簡整理小組整理考證，於1975年出版了簡本《孫臏兵法》，共收竹簡364枚，分上、下編，共30篇。對於這批簡文，學術界一般認為，上篇當屬原著無疑，係在孫臏著述和言論的基礎上經弟子輯錄、整理而成；下篇內容雖與上篇內容相類，但也存在著編撰體例上的不同，是否為孫臏及其弟子所著尚無充分的證據。1985年，出版的《銀雀山漢墓竹簡（壹）》中，收入《孫臏兵法》凡16篇，係原上編諸篇加上下篇中的《五教法》而成，其篇目依次為：擒龐涓、見威王、威王問、陳忌問壘、篡卒、月戰、八陣、地葆、勢備、兵情、行篡、殺士、延氣、官一、五教法、強兵。

　　縱觀《孫臏兵法》16篇，孫臏在孫、吳軍事思想的基礎上，既有所繼承又有新發展。他闡述了戰爭是政治鬥爭工具的戰爭觀，明確提出了「因勢而利導之」的作戰原則，並指出了人在戰爭中的重要作用。孫臏在軍事學上的另一重要貢獻，是豐富和發展了春秋時期以來的陣法。此外，在一系列戰略戰術上也提出了不少有價值的指導原則，如他提倡堅持積極進攻的戰略原則等。

　　作為兩千多年前的歷史文化遺產，《孫臏兵法》也具有一定的局限性。例如，它雜有陰陽五行的神秘成分，認為日月星辰可以影響戰爭的勝負；有時對於戰爭中的地形等物質條件看得過於片面和絕對。但這些缺點和不足並不影響它的價值。它是戰國時期戰爭實踐的理論總結，在軍事思想史上占有重要地位。

中國古代著名兵書——《孫臏兵法》

《孫臏兵法》，又名《齊孫子》，是中國古代的著名兵書，也是《孫子兵法》後「孫子學派」的又一力作。作者孫臏，據傳是孫武的後代。

孫　臏

 生　平　簡　介

　　孫臏（？～前316年），本名孫伯靈，漢族，山東鄄城人。是中國戰國時期軍事家，以「貴勢」即講求機變而著稱。曾與龐涓同師於鬼谷子學習兵法。後龐涓為魏惠王將軍，因嫉賢妒能，恐孫臏取代他的位置，騙孫臏到魏，並使用奸計致使孫臏被處以髕刑，後被齊國使者偷偷救回齊國，被田忌善而客待。後透過田忌賽馬被引薦與齊威王任軍師。馬陵之戰，身居輜車，計殺龐涓，打敗魏軍。著作有《孫臏兵法》，部分失傳。

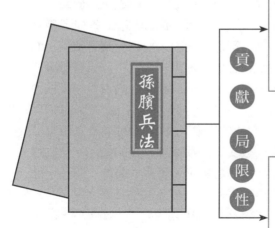

貢獻

　　《孫臏兵法》是對戰國時期戰爭實踐的理論總結，既繼承了前輩軍事家的優秀成果，又對這些成果進行了發揮創造，在軍事思想史上占有重要地位。

局限性

　　《孫臏兵法》雜有陰陽五行的神秘成分，認為日月星辰可以影響戰爭的勝負；有時對於戰爭中的地形等物質條件看得過於片面和絕對。

卷六・軍事卷

《六韜》

　　《六韜》，又稱《太公六韜》或《太公兵法》，是中國古代著名兵書，據傳是周朝姜望所作。《隋書‧經籍志》注云：「周文王師姜望撰。」姜望，又稱呂望，字子牙（一說字尚），俗稱姜太公、姜子牙，為西周開國功臣、齊國始祖。

　　歷史上，對於《六韜》的作者、成書年代及書的真偽爭議頗多。當今學者大多認定《六韜》成書於戰國時期。其理由是：《六韜》文辭淺近，與商周文字風格相去甚遠，而與戰國時期的《吳子》《孫臏兵法》等相近。書中涉及騎兵作戰的篇章很多，而騎兵誕生，是在戰國趙武靈王實行「胡服騎射」之後。書中提到的一系列鐵兵器，都是在戰國時期才出現。另外，陰陽五行學說的形成也是戰國時期的事。《六韜》成書於戰國，當然就不是姜望所作，而是戰國時人託其名撰成。

　　《六韜》包含文韜、武韜、龍韜、虎韜、豹韜和犬韜6卷，共61篇，近2萬字。全書以太公與文王、武王對話的方式編成。《六韜》主要是論述治國、治軍和指導戰爭的理論、原則，其中又以戰略和戰術的論述最為精彩，同時，它的權謀家思想也很突出。

　　《六韜》一書，在軍事方面，主張「伐亂禁暴」、「上戰無與戰」，強調「知彼知己」、「密察敵人之機」、「形人而我無形」、「先見弱於敵」。要求戰爭指導者「行無窮之變，圖不測之利」，機動靈活地運用各種戰略戰術。在軍事哲理方面，它一方面反對巫祝卜筮迷信活動，把它列為必須禁止的「七害」之一，另一方面又主張用天命鬼神去迷惑敵人。《六韜》具有辯證法思想，初步認知到了衝突的對立和轉化，提出了「極反其常」的重要辯證法思想，是對古代辯證法思想的重要貢獻。

　　《六韜》是一部集先秦軍事思想之大成的著作，對後代的軍事思想有著很大的影響，受到歷代兵家名將的重視，被譽為是兵家權謀類的始祖。司馬遷《史記‧齊太公世家》稱：「後世之言兵及周之陰權。皆宗太公為本謀。」北宋神宗元豐年間，《六韜》被列為《武經七書》之一，為武學必讀之書。《六韜》據傳在7世紀傳入日本，18世紀傳入歐洲，現今已翻譯成日、法、朝、越、英、俄等多種文字。

兵家權謀的始祖——《六韜》

　　《六韜》，又稱《太公六韜》或《太公兵法》，包含文韜、武韜、龍韜、虎韜、豹韜和犬韜6卷，共61篇，近2萬字。全書以太公與文王、武王對話的方式編成，主要論述治國、治軍和指導戰爭的理論、原則，其中又以戰略和戰術的論述最為精彩，它的權謀家思想也很突出。是一部具有重要價值的兵書，對後世產生了重大影響。

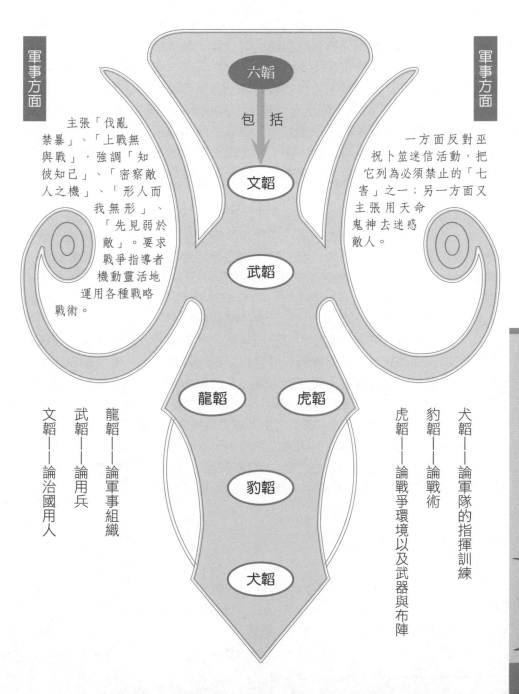

軍事方面

主張「伐亂禁暴」、「上戰無與戰」，強調「知彼知己」、「密察敵人之機」、「形人而我無形」、「先見弱於敵」。要求戰爭指導者機動靈活地運用各種戰略戰術。

六韜

包　括

文韜

武韜

龍韜　虎韜

豹韜

犬韜

軍事方面

一方面反對巫祝卜筮迷信活動，把它列為必須禁止的「七害」之一；另一方面又主張用天命鬼神去迷惑敵人。

文韜——論治國用人

武韜——論用兵

龍韜——論軍事組織

虎韜——論戰爭環境以及武器與布陣

豹韜——論戰術

犬韜——論軍隊的指揮訓練

卷六·軍事卷

《黃石公三略》

　　《黃石公三略》，又名《黃石公記》，是中國古代的一部著名兵書，與《六韜》齊名，相傳作者為漢初隱士黃石公。最早提及此書的是司馬遷。《史記‧留侯世家》中記載：張良刺殺秦始皇未成，遭追捕，被迫隱姓埋名藏匿於下邳（今江蘇邳縣），在這裏遇見一自稱「穀城山下黃石即我」的老者，授其一部兵書，即《黃石公三略》，其後此公便不見於史載。張良得書，潛心研究，後幫助劉邦取得天下，建立了西漢政權。但據考證，《黃石公三略》的成書當不早於西漢中期，它是後人在吸收先秦優秀軍事思想的基礎上，總結秦漢初政治統治和治軍用兵的經驗，假託前人名義編纂而成，其中有許多獨到之處。

　　《黃石公三略》分上略、中略、下略3個部分，共3800餘字。與前代兵書不同，《黃石公三略》是古代第一部專論戰略的專著，尤其側重闡述政略，即《黃石公三略》側重於從政治策略上闡明治國用兵的道理，這是該書的一個顯著特點。《黃石公三略》的另一個特點，即是大量引用古代兵書《軍讖》、《軍勢》中的內容來表達自己的思想，共引用了700餘字，占全書的1/6。因而為後人保留了這兩部已佚兵書的部分精華。

　　作為大一統王朝建立之後的第一部兵書，《黃石公三略》繼承了《孫子兵法》以來先秦兵學的優秀傳統，又具有突出的時代特色。其兵學內涵十分豐富，軍事思想十分深刻。概括起來講，主要包括深刻的戰爭觀念、系統的戰爭指導理論、全面的選將用將原則、精闢的治軍思想這幾大部分。南宋晁公武稱其：「論用兵機之妙、嚴明之決，軍可以死易生，國可以存易亡。」

　　《黃石公三略》，具有鮮明的思想特色，從哲學屬性上來說，屬於典型的黃老兵學體系；從時代屬性上來說，帶有明顯的大一統兵學的特點。

　　《黃石公三略》於北宋神宗元豐年間被列《武經七書》之一。

我國古代第一部專論戰略的兵書——《黃石公三略》

　　《黃石公三略》，《武經七書》之一，是中國古代的一部著名兵書，與《六韜》齊名。此書側重於從政治策略上闡明治國用兵的道理。它是一部糅合了諸子各家的某些思想，專論戰略的兵書。南宋晁公武稱其：「論用兵機之妙、嚴明之決，軍可以死易生，國可以存易亡。」

黃 石 公 三 略

思想特色

　　第一，從哲學屬性上來說，《黃石公三略》屬於典型的黃老兵學體系；第二，從時代屬性上來說，《黃石公三略》帶有明顯的大一統兵學的特點。

主要特點

　　《黃石公三略》繼承了《孫子兵法》以來先秦兵學的優秀傳統，具有突出的時代特色。其兵學內涵十分豐富，軍事思想十分深刻。概括起來講，主要包括深刻的戰爭觀念、系統的戰爭指導理論、全面的選將用將原則、精闢的治軍思想這幾大部分。

兵學內涵

　　第一，它是一部專論戰略的兵書，尤其側重闡述政略；第二，大量引用古代兵書《軍讖》、《軍勢》中的內容來表達自己的思想，共引用了700餘字，占全書的1/6。

　　相傳張良逃亡到下邳後，有一天在橋上遇見一位老翁（即黃石公）。老翁故意把自己的鞋子掉到橋下，要張良去幫他取上來。待張良取鞋上橋，老翁又要他把鞋為自己穿上，於是張良跪行幫老翁穿了鞋。後老翁要求張良五日後來此橋上等他。張良答應了。

　　五天後一大早，張良來到橋上時老翁已先在。老翁大怒，要張良五日後再早些來。後張良又如約前往，可還是又遲了老翁一步。再五日後，張良終於比老翁早到，老翁便拿出一部書送給他。天亮後張良取看此書，乃是一部兵書（即《黃石公三略》），從此時常讀誦。張良後來輔佐劉邦成就了帝業。

張良巧遇黃石公　兵書在手天下謀

卷六·軍事卷

6

《太白陰經》

《太白陰經》，全名《神機制敵太白陰經》。是中國古代的一部綜合性的軍事著作。「太白」，本為天上星宿名，即金星，也叫啟明星。古代星占學家慣以星象占驗吉凶，「傳達天意」。太白星主殺伐，主兵，因此多用來比喻軍事，《太白陰經》的名稱即由此而來。作者為唐朝的李筌。除《四庫全書》中為8卷外，其他版本都是10卷。

綜觀全書，大凡人謀籌策、攻守作戰、營壘陣圖、武器裝備、屯田戰馬、軍儀典制、公文程序、人馬醫護、祭祀占卜等涉及古代軍事與戰爭的諸多問題，作者李筌都有較為詳細的論述，堪稱唐代唯一存世的一部內容豐富的綜合性兵學專著。

《太白陰經》第一、二卷內容主要講「人謀」，是全書中是最富理論色彩的部分，也是最能反映李筌軍事觀點的部分。第三卷的內容比較龐雜，為「雜儀」，第四卷為「戰攻具類」，第五卷講「預備」（戰前準備），第六至第十卷，主要內容為陣圖、祭文、雜占、遁甲、雜式等篇目。

《太白陰經》強調戰爭勝敗決定於人謀而不靠陰陽鬼神；士兵之勇怯取決於刑賞；戰爭的勝利取決於君主的「仁義」以及國家的富強。在論述將帥用兵時，指出要考慮從政治上制勝敵人、團結內部、預有謀劃、選拔各種人才，要利用地形，創造主動有利的態勢。對軍儀典禮、各類攻防戰具、駐防行軍等各項準備事宜、戰陣隊形、公文程序和人馬醫護、物象觀測等，也分別作了具體論述。這些內容，基本上是綜合前代兵書典籍及有關著作寫成，且有所闡發，其中存錄了不少有價值的軍事資料。因此，該書亦為後世兵家所重。書中有辯證法思想，但風角雜占、奇門遁甲等則有不科學的內容。

《太白陰經》是一本為將帥增益心智、啟迪韜略的兵書。成書於社會劇烈動蕩的中唐時期，具有總結「安史之亂」作戰經驗的性質。作者藉「釋古」指斥時弊，強調了人在戰爭中的作用，並在充分繼承前人論兵成果的基礎上，結合唐代軍事發展的實際情況，對古代戰爭、國防、治軍、作戰等重大軍事問題，都進行了較為深刻有系統的論述，並對某些問題的闡發作了創新性發展。

綜合性軍事著作——《太白陰經》

《太白陰經》，又名《神機制敵太白陰經》，是唐代兵學家李筌撰著的一部內容豐富、影響深遠的重要兵書。該兵書（除《四庫全書》中為8卷外）共10卷、99篇，約8萬字。

《太白陰經》內容簡介

第一、第二卷

主要內容是「人謀」，講戰爭中人的作用。提出了諸如天無陰陽、地無險阻、人無勇怯、主有道德、國有富強、賢有遇時、將有智謀、術有陰謀、數有探心、政有誅強等批駁形而上學的命題，並進行了富有邏輯的論證。另就善師、貴和、廟勝、沉謀、子卒、選士、勵士、刑賞、地勢、兵形、作戰、攻守、行人、鑑才等有關治軍和戰爭指導等問題闡述了自己的見解。

第三卷

內容比較龐雜，為「雜儀」，其中包括授鉞、部署、將軍、陣將、隊將、馬將、鑑人、相馬、誓眾軍令、關塞四夷等篇目。

第四卷

主要內容是「戰攻具類」，對攻城具、守城具、水攻具、火攻具、濟水具、水戰具、器械、軍裝等分別進行了介紹。

第五卷

主要內容是「預備」（戰前準備），包括築城、鑿濠、弩臺、烽燧臺、馬鋪土河、遊奕地聽、報平安、嚴警鼓角、定鋪、夜號更刻、鄉導、井泉、迷途、搜山燒草、前茅後殿、鼉鼓、屯田、人糧馬料、軍資、宴設音樂等篇目。

第六至第十卷

主要內容是陣圖、祭文、捷書、藥方、雜占、遁甲、雜式等篇目。

強調戰爭勝敗決定於人謀而不靠陰陽鬼神；士兵之勇怯取決於刑賞；戰爭的勝利取決於君主的「仁義」以及國家的富強。

卷六‧軍事卷

《練兵實紀》

　　《練兵實紀》，是戚繼光在薊鎮練兵時所撰寫的各種教材和條規的匯編。此書正集9卷，附雜集6卷。它和《紀效新書》被稱為戚氏兵書姐妹篇。《練兵實紀》內容廣泛，涉及兵員選拔、部伍編制、旗幟金鼓、武器裝備、將帥修養、軍禮軍法、車步騎兵的編成保結及其同訓練等建軍、訓練和作戰的各個方面。其寫於《紀效新書》之後，起筆於西元1568年，成書於西元1571年。它既注意吸收南方練兵的經驗，又結合北方練兵的實際，其練兵思想在《紀效新書》的基礎上又有了新的發展。

　　《練兵實紀》反映了當時編制、裝備的改進和練兵方法的革新精神。主要強調車營、騎營、步營的配合作戰，車兵、騎兵、步兵、銃手、炮手的協同攻守。

　　全書可分為練卒和練將兩大部分。正集一至四卷為練伍法、膽氣、耳目和手足，側重單兵訓練；五至八卷的場操、行營、野營、戰約和雜集中的軍器制解、車步騎營陣解，則為營陣訓練。經過訓練達到「聯異為同，聚少成多，合寡為眾」、「萬人一心，萬身一力」（《練兵實紀》《墨海金壺》本，下同），以取得「防身殺賊立功」的實效。

　　第九卷練將及雜集中儲練通論、將官到任寶鑑和登壇口授等卷，有系統地闡述了將官的品德修養、戰術和技術修養，以及養兵、練兵、用兵必須遵循的原則和方法。作者認為：「練兵之要，在先練將。」作者還主張興辦「武庠」（軍事學校）訓練將官，並放到「實境」中鍛鍊，以培養深諳韜鈐的良將。

　　《練兵實紀》反映了在當時的作戰對象和火器大量使用的情況下編制裝備的改進，車、步、騎、輜各營配備較多火器。如車營有戰車128輛，火炮256門，並有相當數量的鳥銃和火箭，等等。同時，反映了練兵方法的革新，訓練步兵、騎兵、車兵及銃手、炮手等配合作戰，以發揮各種武器的威力。具有時代的特點。

　　《練兵實紀》總結了練兵經驗，且文字通俗，便於官兵「口念心記」，掌握運用，對當時邊備修飭、保持安寧有重要意義，亦為後世兵家所重。自隆慶年間問世後，傳播很廣。

通俗的兵學典籍——《練兵實紀》

　　《練兵實紀》，是明代以軍事訓練為主的著名兵書。戚繼光著，全書正集9卷，附雜集6卷，約10餘萬字，中間還附有大量的圖說。隆慶二年（1568年），戚繼光以都督同知總理薊州、昌平、保定三鎮練兵，並於隆慶五年寫成此書。

❶
　　練伍法，主要論述步、騎、車、炮、輜各兵種的隊列訓練；

❷
　　練膽氣，分別對將、卒進行愛兵、報國、遵紀、苦練、聽令和勇敢等方面的教育；

❸
　　練耳目，主要講如何訓練士卒辨別並掌握金鼓旗幟等各種指揮信號；

❹
　　練手足，主要論述士卒的單兵攻防訓練，使之適應實戰的要求；

❺❻❼❽
　　為練營陣，分別闡述了營陣操練中有關場操、行營、野營、戰約4個部分的內容；

❾
　　練將，主要講如何訓練將領具備德、才、識、藝四種基本的軍事素質。

正集

九　卷

練　　　兵

　　《練兵實紀》根據當時華北，特別是薊北長城邊守的敵情、我情而寫，主要強調車營、騎營、步營的配合作戰，車兵、騎兵、步兵、銃手、炮手的協同攻守。反映了當時編制、裝備的改進和練兵方法的革新精神。分正集9卷，雜集6卷。

實　　　紀

六　卷

雜集

　　卷一、卷二《儲練通論上、下》、卷三《將官到任寶鑑》、卷四《登壇口授》，主要論述軍官的訓練和儲備。

　　卷五《軍器制解》，重點論述火器的研製、改進、使用和維護。

　　卷六《車步騎營陣解》，主要講車、步、騎、炮、輜各兵種的協同戰術。

卷六・軍事卷

《三十六計》

　　《三十六計》，又稱「三十六策」，是指中國古代三十六個兵法策略，語源於南北朝，成書於明清。它是根據古代卓越的軍事思想和豐富的鬥爭經驗總結而成的兵書，是中華民族的悠久文化遺產之一。

　　「三十六計」一語，先於著書之年，語源可考自南朝宋將檀道濟（？～西元436年），據《南齊書・王敬則傳》：「檀公三十六策，走為上計，汝父子唯應走耳。」意為敗局已定，無可挽回，唯有退卻，方是上策。此語後人爭相沿用，宋代惠洪《冷齋夜話》有：「三十六計，走為上計。」及明末清初，引用此語的人更多。於是有心人採集群書，編撰成《三十六計》。但此書為何時何人所撰已難確考。

　　原書按計名排列，共分六套，即勝戰計、敵戰計、攻戰計、混戰計、並戰計、敗戰計。前三套是處於優勢時所用之計，後三套是處於劣勢時所用之計。每套又各包含六計，總共三十六計。其中每計名稱後的解說，均係依據《易經》中的陰陽變化之理及古代兵家剛柔、奇正、攻防、彼己、虛實、主客等對立關係相互轉化的思想推演而成，含有軍事辯證法的因素。解說後的按語，多引證宋代以前的戰例和孫武、吳起、尉繚子等兵家的精闢語句。

　　三十六計是古代兵家計謀的總結和軍事謀略學的寶貴遺產，為便於人們熟記這三十六條妙計，有位學者在三十六計中每計取一字，依序組成一首詩：金玉檀公策，借以擒劫賊，魚蛇海間笑，羊虎桃桑隔，樹暗走癡故，釜空苦遠客，屋梁有美屍，擊魏連伐虢。

　　全詩除了檀公策外，每字包含了三十六計中的一計，依序為：金蟬脫殼、拋磚引玉、借刀殺人、以逸待勞、擒賊擒王、趁火打劫、關門捉賊、渾水摸魚、打草驚蛇、瞞天過海、反間計、笑裏藏刀、順手牽羊、調虎離山、李代桃僵、指桑罵槐、隔岸觀火、樹上開花、暗渡陳倉、走為上、假癡不癲、欲擒故縱、釜底抽薪、空城計、苦肉計、遠交近攻、反客為主、上屋抽梯、偷梁換柱、無中生有、美人計、借屍還魂、聲東擊西、圍魏救趙、連環計、假道伐虢。

軍事謀略學——《三十六計》

《三十六計》，又稱「三十六策」，是指古代三十六個兵法策略，語源於南北朝，成書於明清。它是根據古代卓越的軍事思想和豐富的戰爭經驗總結而成的兵書，是中華民族的悠久文化遺產之一。

三 十 六 計

勝戰計	瞞天過海	圍魏救趙	借刀殺人	以逸待勞	趁火打劫	聲東擊西
敵戰計	無中生有	暗渡陳倉	隔岸觀火	笑裏藏刀	李代桃僵	順手牽羊
攻戰計	打草驚蛇	借屍還魂	調虎離山	欲擒故縱	拋磚引玉	擒賊擒王
混戰計	釜底抽薪	渾水摸魚	金蟬脫殼	關門捉賊	遠交近攻	假道伐虢
並戰計	偷梁換柱	指桑罵槐	假癡不癲	上屋抽梯	樹上開花	反客為主
敗戰計	美人計	空城計	反間計	苦肉計	連環計	走為上計

空 城 計

三國時期，魏國派司馬懿掛帥帶領十萬大軍進攻蜀國街亭，諸葛亮派馬謖駐守失敗。司馬懿率兵乘勝直逼西城，當時諸葛亮雖無兵迎敵，但沉著鎮定，大開城門，在城樓上彈琴唱曲。司馬懿懷疑設有埋伏，不敢冒進，便引兵退去。等得知西城是空城回去再戰，趙雲已趕回解圍，最終大勝司馬懿。

巧 計

三 十 六 計

金玉檀公策，
借以擒劫賊，
魚蛇海間笑，
羊虎桃桑隔，
樹暗走癲故，
釜空苦遠客，
屋梁有美屍，
擊魏連伐虢。

全詩除了檀公策外，每字包含了三十六計中的一計。

卷 六 · 軍 事 卷

八卦陣

　　八卦陣，學名為九宮八卦陣，九為數之極，取六爻三三衍生之數，《易》有云：一生二，二生三，三生萬物。又有所謂太極生兩儀，兩儀生四相，四相生八卦，八卦而變六十四爻，從此周而復始變化無窮。

　　八卦以陰爻「--」和陽爻「一」組合代表其性質，分別象徵自然界的八種物質，天、地、雷、風、水、火、山、澤，是萬物衍生的物質基礎，其中以乾坤天地二卦為萬物之母，萬物生於天地宇宙之間，水火為萬物之源陰陽之基，風雷為之鼓動，山澤終於形成，有了山澤，生物開始滋生，生命開始孕育，人類因此繁衍。

　　八卦陣是由太極圖像衍生出來的一個更精妙的陣法。關於八卦，最早的說法是伏羲為天下王，他向外探求大自然的奧秘，向內省視自己的內心，終於推演出了太極八卦圖。但至今最為盛名的莫過於《周易》八卦，而後的道家亦將《周易》八卦的運用推至到了一個巔峰，甚至依據八卦圖形演變成了八卦陣法，其中八個卦象分含八種卦意，「乾為馬，坤為牛，震為龍，巽為雞，坎為豕，離為雉，艮為狗，兌為羊」，分別是八個圖騰的意思。戰國時期孫臏首創八卦陣，按休、生、傷、杜、景、死、驚、開八門，從正東「生門」打入，往西南「休門」殺出，復從正北「開門」殺入，此陣可破。至三國時期，諸葛亮在中間加上指揮使臺，由弓兵和步兵守護，指揮變陣，一般認為有四四一十六種變法。

　　關於八卦陣的發明，有傳是伏羲，有傳是周文王，有傳是孫臏，還有傳是諸葛亮，但到底是誰先發明了八卦陣，現已很難考證了。不過可以肯定的是，八卦陣等古代陣法是真實存在的。

　　八卦陣實際上是一種經過事先針對性訓練的、步卒應對馬軍的手段。在對方衝擊時，有意識地在戰線的某些位置讓出真空，引誘騎方下意識地集中向這些路線行進。待其殺入陣中之後，我陣雖破卻不散，一路上在兩邊集結固守，讓出前方空間任由敵人衝刺。陣勢的核心在於：這種路徑可以透過事先操演確定，經過有意識地引導，讓對方本來是戰陣兩端的直線衝殺，變成我方主導下的，在陣內的環形路線。連續不斷地接觸無窮無盡的敵人，將會逐步消耗馬軍的氣勢和體力。而由於馬軍自身的特性，他們又不得不按照這條「安全」的路線衝鋒。所謂「強弩之末不能穿魯縞」，隨著時間的推移，陣內的敵軍最終會被逐漸消耗一空。

圖解：國學

靈活多變的八卦陣法

八卦陣是一種經過事先針對性訓練的，步卒應對馬軍的手段。

具體陣式

　　大將居中，四面各布一隊正兵，正兵之間再派出四隊機動作戰的奇兵，構成八陣。八陣散布成八，複而為一，分合變化，又可組成六十四陣。

陣法核心

　　這種路徑可以透過事先操演確定，經過有意識地引導，讓對方本來是戰陣兩端的直線衝殺，變成我方主導下的，在陣內的環形路線。連續不斷地接觸，將會逐步消耗馬軍的氣勢和體力。而由於馬軍自身的特性，他們又不得不按照這條「安全」的路線衝鋒。隨著時間的推移，陣內的敵軍最終會被逐漸消耗一空。

卷六・軍事卷

撒星陣

　　撒星陣，是南宋名將岳飛破金兵「拐子馬」的陣法。撒星陣的隊形布列如星，連成一排的「拐子馬」衝來時士兵散而不聚，使敵人撲空。等敵人後撤時散開的士兵再聚攏過來，猛力撲擊敵人，並用刀專砍馬腿，以破「拐子馬」。

　　宋史裏記載撒星陣是張威首創的：

　　　　威初在行伍，以勇見稱，進充偏裨，每戰輒克，金人聞其名畏憚之。臨陳戰酣，則精采愈奮，兩眼皆赤，時號「張紅眼」，又號「張鶻眼」，威立「淨天鶻旗」以自表。每戰不操它兵，有木棓號「紫大蟲」，圜而不刃，長不六尺，揮之掠陣，敵皆靡。荊、鄂多平川廣野，威曰：「是彼騎兵之利也，鐵騎一衝，吾步技窮矣，蜀中戰法不可用。」乃意創法，名「撒星陣」，分合不常，聞鼓則聚，聞金則散。騎兵至則聲金，一軍分為數十簇；金人隨而分兵，則又鼓而聚之。倏忽之間，分合數變，金人失措，然後縱擊之，以此輒勝。威御軍紀律嚴整，兵行常若銜枚，罕聞其聲。每與百姓避路，買食物則貫倍於市，迄無敢喧。晚以嗜欲多疾，故不壽云。

　　撒星陣還有其他相關記載，據《古今圖書集成·政典》卷九十二《握奇發微》一書記載：

　　　　兀朮聚鐵騎於一處，號同命隊，合而衝我，此長於並力者也。岳飛散其卒為野戰，什什伍伍，布如列星，約以聞鼓而散，聞金而聚。敵至鼓之，無所得及，及其疲而返，於是金之，殺獲殆盡。此以分兵破其並力之法也。

　　這段文字，大概就是「撒星陣」的出處了。但關於這種「撒星陣」的說法，顯然在明代並非流行。在明代著名兵書《陣紀》談論陣法時也有提到岳飛的用兵之道，由於作者何良臣也是游擊將軍，對陣法之類很有研究，他的記載，值得重視。其原文如下：

　　凡用步兵，欲以寡鬥眾，弱勝強者，無如吳起之進止隊，李陵之馳驟隊，韓信之輕凌隊，張巡之聚散隊，李牧之蓄銳勢，岳飛之任機勢，楊素之摧陷勢，吳璘之三疊陣，戚繼光之鴛鴦陣，及臣之連環、因之二陣而已。

　　這裏並沒有特別提到「撒星陣」，加之宋代典籍從無關於「撒星陣」之類的記載，所以此陣是否屬實，當可存疑。不過，「撒星陣」在一定程度上符合岳飛善於把握時機、利用形勢的用兵之道，所以不必完全否定，當個參考便好。

隊形布如星的撒星陣

撒星陣，是南宋名將岳飛破金兵「拐子馬」的陣法。撒星陣的隊形布列如星，連成一排的「拐子馬」衝來時士兵散而不聚，使敵人撲空。等敵人後撤時散開的士兵再聚攏過來，猛力撲擊敵人，並用刀專砍馬腿，以破「拐子馬」。

南宋初年，北方金國的元帥兀朮統率大軍進攻宋國。南宋大將岳飛駐紮在郾城，抵抗金軍。兀朮調集了1.5萬匹的「拐子馬」是一種精銳的騎兵，作戰的時候，把這些騎兵擺在兩側，衝鋒陷陣，妄圖以此打敗「岳家軍」。

岳飛得知敵軍的作戰計劃，說：「叫士兵們多準備麻繩和大刀，衝入敵陣以後，不要往上看，見了金軍的『拐子馬』，就用麻繩絆馬腿，舉刀砍馬蹄。」決戰那天，金軍的拐子馬像風一樣朝宋軍衝來。岳飛沒讓騎兵抵擋，只叫步兵迎戰。士兵們拿著麻繩大刀，絆馬腿、砍馬蹄，就這樣，金軍的「拐子馬」人仰馬翻，一敗塗地。

岳飛（西元1103~1142年），字鵬舉。北宋相州湯陰縣永和鄉孝悌里人。中國歷史上著名戰略家、軍事家、民族英雄、抗金名將。岳飛在軍事方面的才能則被譽為宋、遼、金、西夏時期最為傑出的軍事統帥。其率領的軍隊被稱為「岳家軍」，人們流傳著「撼山易，撼岳家軍難」的名句，表示了對「岳家軍」的最高讚譽。

卷六‧軍事卷

鴛鴦陣

　　鴛鴦陣，中國古代陣法之一。明代軍隊抗擊倭寇時採用的一種疏散的戰鬥隊形。

　　該陣產生的主要背景是：火器廣泛運用於戰場後，武器的殺傷力和破壞力顯著提高，大而密集的戰鬥隊形難以適應作戰需要。明代軍事將領戚繼光，根據東南沿海地區多丘陵溝塹、河渠縱橫、道路窄小和僑寇作戰特點等情況，創立了此陣，以形似鴛鴦結伴而得名。

　　鴛鴦陣陣形以十一人為一隊，最前為隊長，次二人一執長牌、一執藤牌，長牌手執長盾牌遮擋倭寇的箭矢、長槍，藤牌手執輕便的藤盾並帶有標槍、腰刀，長牌手和藤牌手主要掩護後隊前進，藤牌手除了掩護還可與敵近戰。再二人為狼筅手執狼筅（狼筅是利用南方生長的毛竹，選其老而堅實者，將竹端斜削成尖狀，又留四周尖銳的枝枝丫，每支狼筅長三米左右），並利用狼筅前端的利刃刺殺敵人以掩護盾牌手的推進和後面長槍手的進擊。接著是四名手執長槍的長槍手，左右各二人，分別照應前面左右兩邊的盾牌手和狼筅手。再跟進的是使用短刀的短兵手，如敵人迂迴攻擊，短兵手即持短刀衝上前去劈殺敵人。

　　「鴛鴦陣」不但使矛與盾、長與短緊密結合，充分發揮了各種兵器的效能，而且陣形變化靈活，攻守兼備。可以根據情況和作戰需要變縱隊為橫隊，變一陣為左右兩小陣或左中右三小陣。當變成兩小陣時稱「兩才陣」，左右盾牌手分別隨左右狼筅手、長槍手和短兵手，護衛其進攻；當變成三小陣時稱「三才陣」，此時，狼筅手、長槍手和短兵手居中。盾牌手在左右兩側護衛。這種變化了的陣法又稱「變鴛鴦陣」。此陣運用靈活機動，正好抑制住了倭寇優勢的發揮。戚繼光率領「戚家軍」，經過「鴛鴦陣」法的演練後，在與倭寇的作戰中，每戰皆捷。

形似鴛鴦結伴的鴛鴦陣

鴛鴦陣，中國古代陣法之一。明代軍隊抗擊倭寇時採用的一種疏散的戰鬥隊形。該陣產生的主要背景是：火器廣泛運用於戰場後，武器的殺傷力和破壞力顯著提高，大而密集的戰鬥隊形難以適應作戰需要。

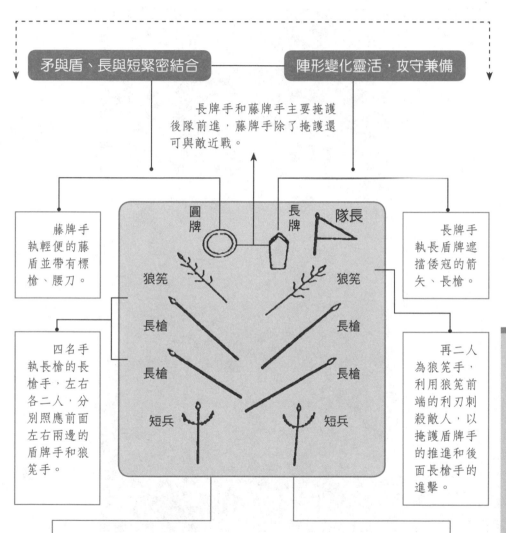

矛與盾、長與短緊密結合

陣形變化靈活，攻守兼備

長牌手和藤牌手主要掩護後隊前進，藤牌手除了掩護還可與敵近戰。

藤牌手執輕便的藤盾並帶有標槍、腰刀。

長牌手執長盾牌遮擋倭寇的箭矢、長槍。

圓牌　　長牌　　隊長

狼筅　　　　狼筅

長槍　　　　長槍

長槍　　　　長槍

短兵　　　　短兵

四名手執長槍的長槍手，左右各二人，分別照應前面左右兩邊的盾牌手和狼筅手。

再二人為狼筅手，利用狼筅前端的利刃刺殺敵人，以掩護盾牌手的推進和後面長槍手的進擊。

再跟進的是使用短刀的短兵手，如敵人迂迴攻擊，短兵手即持短刀衝上前去劈殺敵人。

卷六·軍事卷

科技卷

作為世界四大文明古國之一，中國有著源遠流長的歷史和博大精深的文化。在漫漫的歷史長河中，在自然科學和技術領域，勤勞智慧的先民曾經取得了累累碩果。很多傑出成就都曾經在世界居於領先地位，如古代天文學、物理學、化學、地理學、醫藥學以及建築、紡織、陶瓷、造船、水利建設等；尤其是四大發明——造紙術、印刷術、指南針、火藥，更是舉世聞名，促進了整個人類文明的進步。

在中國古代科學文化對世界作出巨大貢獻的幾個典型中，就包括了殷商文化、秦漢文化、隋唐文化和宋元文化。其中，商朝具有獨特風格的青銅製造藝術和先進的曆法；秦漢時期的突出表現，如絲綢、冶煉製造，以及傳播到中亞、羅馬和歐洲地區的水利技術等，使中國文化開始漸漸走向西方、走向世界；隋唐時期，文明昌化，全面輝煌，幾乎在所有領域都有突出成就。且由於唐朝時期中外交流空前繁盛，被世界學者公認的「中華文化圈」既影響了亞洲文化的發展，同時也促進了西方乃至世界文化的進步；在隋唐文化基礎上發展起來的宋元文化中，印刷術、指南針和火藥技術的對外傳播，在整個世界面貌的改變中，有著巨大的作用。

同時，中國古代科技還具有一些阻礙科技發展的特點，以致於中國古代科技自十六世紀後不可逆轉地走向衰落：其雖在內容上應用性強，但對事物發展規律的探索不夠；在科技使用上主要服務於農業經濟的發展需要，缺乏將科技有效地轉化為生產力，並成為科技進一步發展的動力與意識。採用傳統的典籍整理與經驗總結，缺少實踐；在研究方法上主要

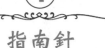
指南針

指南針，是用以判別方位的一種簡單儀器，其前身是中國古代四大發明之一的司南。指南針的主要組成部分是一根裝在軸上可以自由轉動的磁針，它的指示方向原理是：地球是個大磁體，其地磁南極在地理北極附近，地磁北極在地理南極附近。指南針在地球的磁場中受磁場力的作用，磁針能保持在磁子午線的切線方向上，所以會一端指南一端指北。

作為一種指向儀器，指南針在古代軍事上、生產上、日常生活上、地形測量上，尤其在航海事業上，都有重要的作用。

中國是世界上公認發明指南針的國家。指南針的發明是我國勞動人民在長期的實踐中對物體磁性認識的結果：人們首先發現了磁石吸引鐵的性質，後來又發現了磁石的指向性。經過多方面的實驗和研究，終於發明了實用的指南針。最早的指南針是用天然磁體做成的。

據《鬼谷子》記載，鄭國人到深山密林中去採集玉石時，為了不迷失方向，常隨身攜帶著「司南」。此「司南」即是「指南針」這種機械。司南的樣子像一把湯勺，圓底，可以放在平滑的「地盤」上並保持平衡，且可以自由旋轉。當它靜止的時候，勺柄就會指向南方。司南是現代指南針（磁羅盤）的原型。

「指南」由張衡在《東京賦》中第一次提出，以後經過魏晉、南北朝、隋、唐，直到宋代，經過一千多年才逐漸發展起來。宋代傑出的科學家沈括在《夢溪筆談》中，總結了四種指南針的裝置方法。第一種是水浮法，將磁針浮於水面進行指南，雖然比較平穩，但容易動盪不定；第二種是指甲旋定法，將磁針置於指甲上，轉動靈活，但也容易滑落；第三種是碗唇旋定法，將磁針置於碗口邊上，轉動較靈活，但仍易滑落；第四種是縷旋法，用蠶絲將磁針懸掛起來，可達到轉動靈活而又穩定。沈括還記載了人工授磁方法即「以磁石磨針鋒，則能指南」。這種用人工製成的磁體，是一個巨大的進步。此外，他還曾製出過「指南魚」、「旱針」、「水針」。其中，旱針和水針這兩種指南針的研製為近代指南針（羅盤針）的基本結構原理奠定了基礎。沈括在研究指南針的過程中，還發現了地磁有偏角存在。也就是說，指南針指示的方向，「常微偏東，不全南也」。這是對地磁學作出的偉大貢獻。

四大發明之指南針

指南針，是用以判別方位的一種簡單儀器。其前身是中國古代四大發明之一的司南。常用於航海、大地測量、旅行及軍事等方面。

司南——指南針的始祖

指向原理

地球是一個大的磁體，其地磁南極在地理北極附近，地磁北極在地理南極附近。指南針在地球的磁場中受磁場的作用，所以會一端指南一端指北。

主要應用

指南針為一種指向儀器，在古代軍事上、生產上、日常生活上、地形測量上，尤其是在航海事業上，都有重要的作用。

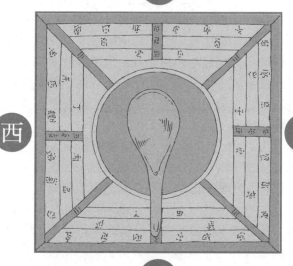

北

西

東

南

司南的形狀像一把湯勺，圓底，可以放在平滑的「地盤」上並保持平衡，且可以自由旋轉。當它靜止的時候，勺柄就會指向南方。司南是現代指南針（磁羅盤）的原型。

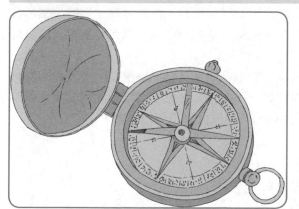

現代指南針是中國四大發明之一——司南的基礎上發展起來的。

 現 代 指 南 針

圖解：國學

造紙術

　　造紙術，被稱為中國古代四大發明之一，是促使人類文化傳播的偉大發明，相傳是由中國東漢時代的蔡倫（西元63～121年）所發明，但是也有考古證據說明，造紙術早就存在，蔡倫只是改進造紙術的重要發展者。

　　在造紙術發明以前，中國古代用來供書寫、記載的材料主要是甲骨、竹簡和絹帛等，但是甲骨、竹簡都比較笨重，如秦始皇一天閱讀的奏章，可裝滿整整一車；絹帛雖然輕便，但是成本非常昂貴，且不適於書寫。到了漢代，由於西漢的經濟、文化迅速發展，甲骨和竹簡已經不能滿足發展的需求，從而促使了書寫工具的改進——紙被發明出來了。但那時的紙張不但質地粗糙，而且數量少、成本高，很難普及。

　　東漢和帝元興元年（西元105年），蔡倫在總結前人製造絲織品的經驗的基礎上，用樹皮、破漁網、破布、麻頭等作為原料，製造成了適合書寫的植物纖維紙，改進了造紙術，才使紙成為人們普遍使用的書寫材料。這種植物纖維紙後被稱為「蔡侯紙」。

　　蔡倫的此種造紙方法，不但擴大了造紙的原料來源，降低了成本，而且還大大提高了紙張的質量和生產效率。根據史書記載和後人研究，蔡倫造紙術的基本點，歸納起來就是用植物纖維為原料，經過切斷、漚煮、漂洗、舂搗、簾抄、乾燥等步驟製成的纖維薄片。沒有經過造紙基本步驟處理的纖維薄片，不具備紙的基本性能，就不能稱之為傳統概念上的紙。

　　蔡倫改進造紙術之後，造紙技術和紙張便廣為流傳。東漢末年，東萊人左伯也是一位造紙能手。他造的紙，比蔡侯紙更為白潔細膩。趙歧著的《三輔決錄》中，提到左伯的紙、張藝的筆、韋誕的墨，說它們都是名貴的書寫工具。筆、墨和紙並列，說明紙已是當時常用的書寫材料。作為竹簡、木牘、絹帛等書寫材料的有力競爭者，紙在3、4世紀時就基本取代了它們而成為唯一的書寫材料，這就有力地促進了科學文化的發展。

　　造紙術——尤其是東漢蔡倫改進的造紙術（又稱「蔡侯紙」），是書寫材料的一次革命，它便於攜帶，取材廣泛不拘泥，對世界造紙業的發展及人類文化的傳播具有深遠影響，推動了中國乃至整個世界的文化發展。

四大發明之造紙術

　　造紙術，中國四大發明之一。紙是用以書寫、印刷、繪畫或包裝等的片狀纖維製品。一般由經過製漿處理的植物纖維的水懸浮液，在網上交錯的組合，初步脫水，再經壓縮、烘乾而成。中國是世界上最早發明紙的國家。根據考古發現，西漢時期（西元前206～8年），我國已經有了麻質纖維紙。

蔡倫

　　蔡倫（西元63～121年），字敬仲，東漢桂陽郡耒陽人。
　　西元105年，蔡倫在總結前人經驗的基礎上，改進了造紙術，以樹皮、麻頭、破布、舊漁網等為原料，製造成了適合書寫的

蔡侯紙

植物纖維紙，改進了造紙術，使紙成為人們普遍使用的書寫材料。被稱為「蔡侯紙」。

漢 代 造 紙 工 藝 流 程 圖

①切斷　②洗滌　③浸灰水
④蒸煮　⑤春搗　⑥打漿
⑦抄紙　⑧曬紙　⑨揭紙

　　「漢代造紙工藝流程圖」生動地再現了兩漢時期的造紙術，將麻頭、破布等原料經水浸、切碎、洗滌、蒸煮、漂洗、春搗、加水配成懸浮的漿液、撈取紙漿、乾燥後即成為紙張。

火　藥

　　火藥，又稱「黑火藥」，是人類文明史上的一項傑出的成就。在適當的外界能量作用下，火藥自身能進行迅速而有規律的燃燒，同時生成大量高溫燃氣的物質。在軍事上主要用作槍彈、炮彈的發射藥和火箭、導彈的推進劑及其他驅動裝置的能源，是彈藥的重要組成部分。根據燃燒時的性質，可分為有煙火藥（燃燒時發煙，如黑色火藥）和無煙火藥兩類。主要用作引燃藥或發射藥。

　　火藥是漢族於隋唐時期所發明的，距今已有一千多年的歷史。

　　中國是世界上最早發明火藥的國家。火藥的研究始於古代煉丹術。從戰國至漢初，帝王貴族們沉醉於當神仙長生不老的幻想，驅使一些方士道士煉「仙丹」，在煉製過程中逐漸發明了火藥的配方。隋代時，就已誕生了硝石、硫磺和木炭三元體系火藥。

　　唐代時，煉丹家於唐高宗永淳元年（西元682年）首創了硫磺伏火法，用硫磺、硝石，研成粉末，再加皂角子（含炭素）。唐憲宗元和三年（西元808年）又創狀火磯法，用硝石、硫磺及馬兜鈴（含炭素）一起燒煉。這兩種配方，都是把三種藥料混合起來，已經初步具備火藥所含的成分。到晚唐（9世紀末）時，黑色火藥正式出現。

　　火藥的最初使用並非在軍事上，而是在宋代諸軍馬戲的雜技演出，以及木偶戲中的煙火雜技——「藥發傀儡」。宋代演出「抱鑼」、「硬鬼」、「啞藝劇」等雜技節目，都運用剛剛興起的火藥製成「爆仗」和「吐火」等，以製造神秘氣氛。宋人同時也以火藥表演幻術，如噴出煙火雲霧以遁人、變物等，以收神奇迷離之效。火藥還曾被當做藥類，《本草綱目》中就提到火藥能治瘡癬、殺蟲，辟濕氣、瘟疫等。

　　中國的火藥推進了世界歷史的進程。恩格斯曾高度肯定了中國在火藥發明中的首創作用：「現在已經毫無疑義地證實了，火藥是從中國經過印度傳給阿拉伯人，又由阿拉伯人和火藥武器一道經過西班牙傳入歐洲。」火藥的發明大大地推進了歷史發展的進程。

四大發明之火藥

　　火藥，是中國四大發明之一，距今已有一千多年的歷史。火藥的研究始於古代煉丹術。中國是最早發明火藥的國家，隋代時，誕生了硝石、硫磺和木炭三元體系火藥。黑色火藥在晚唐（9世紀末）時候正式出現。

應用	分類	組成
火藥最初使用在宋代諸軍馬戲的雜技演出，以及木偶戲中的煙火雜技等。後在軍事上主要用作槍彈、炮彈的發射藥和火箭、導彈的推進劑及其他驅動裝置的能源，是彈藥的重要組成部分。	**按用途分**：點火藥、發射藥、固體推進劑。 **按燃燒時外部特徵分**：有煙藥與無煙藥。 **按火藥成型工藝分**：壓製火藥、鑄造火藥、混合火藥等。 **按結構分**：均質火藥和異質火藥。	火藥由硫磺、硝石、木炭混合而成。

火　藥

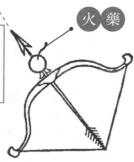

火

藥

起

源

　　隋朝初年，有一個叫杜春子的人去拜訪一位煉丹老人。當晚住在那裏時半夜被驚醒，看見煉丹爐內有「紫煙穿屋上」，頓時屋子燃燒起來。這可能是煉丹家配置易燃藥物時疏忽而引起火災。這說明煉丹者已經掌握了一個很重要的經驗，就是硫、硝、碳三種物質可以構成一種極易燃燒的藥，這種藥被稱為「著火的藥」，即火藥。火藥的配方由煉丹家轉到軍事家手裏，就成為中國古代四大發明之一的黑色火藥。

卷七・科技卷

印刷術

　　印刷術，是中國古代四大發明之一。它開始於隋朝的雕版印刷，經宋仁宗時代的畢昇（被稱為印刷術的始祖）發展、完善，產生了活字印刷。

　　印刷術發明之前，文化的傳播主要靠手抄的書籍。手抄費時、費事，又容易抄錯、抄漏，既阻礙了文化的發展，又給文化的傳播帶來不應有的損失。印章和石刻給印刷術提供了直接的經驗性的啟示，用紙在石碑上墨拓的方法，直接為雕版印刷指明了方向。中國的印刷術經過了雕版印刷和活字印刷兩個階段。印刷的種類大致可分為：凸版印刷、平版印刷、凹版印刷和孔版印刷（絲網印刷）。

　　雕版印刷起源於隋朝。其過程大致是：將書稿的寫樣寫好後，使有字的一面貼在板上，即可刻字，刻工用不同形式的刻刀將木版上的反體字墨跡刻成凸起的陽文，同時將木版上其餘空白部分剔除，使之凹陷。板面所刻出的字約凸出版面1～2公釐。用熱水沖洗雕好的板，洗去木屑等，刻板過程就完成了。印刷時，用圓柱形平底刷蘸墨汁，均勻刷於板面上，再小心把紙覆蓋在板面上，用刷子輕輕刷紙，紙上便印出文字或圖畫的正像。將紙從印板上揭起，陰乾，印製過程就完成了。

　　雕版印刷一版能印幾百部甚至幾千部書，對文化的傳播有很大的作用，但是刻板費時費工，存放版片占用空間大，而且常會因變形、蟲蛀、腐蝕而損壞。此外，如雕版發現錯別字，需整版重新雕刻。

　　活版印刷源於北宋時代刻字工人畢昇在雕版印刷基礎上的發展、完善。其過程大致是：用細質且帶有黏性的膠泥，做成一個個四方形的長柱體，在上面刻上反寫的單字，一個字一個印，放在土窯裏用火燒硬，形成活字。然後按文章內容，將字依順序排好，放在一個個鐵框上做成印版，再在火上加熱壓平，就可以印刷了。印刷結束後把活字取下，下次還可再用。這種改進之後的印刷術叫做活板印刷術。

　　活版印刷可隨時拼版，大大地加快了製版時間，且活字可重複使用，儲存占用空間小，容易儲存和保管。這種印刷方法使印刷技術進入了一個新時代。

　　中國的印刷術是人類近代文明的先導，為知識的廣泛傳播、交流創造了條件，曾先後傳到朝鮮、日本、中亞、西亞和歐洲等。

四大發明之印刷術

　　印刷術，是中國古代四大發明之一。始於隋朝的雕版印刷，經宋仁宗時代的畢昇發展、完善，產生了活字印刷。活版印刷可隨時拼版，大大地加快了製版時間，且活字可重複使用，儲存占用空間小，容易儲存和保管。這種印刷方法使印刷技術進入了一個新時代。

❶ 把膠泥做成一個個四方形的長柱體，並在上面刻上反寫的單字，一字一印。

❷ 把刻有反寫單字的四方形長柱體膠泥塊，放在土窰裏用火燒硬，形成活字。

❸ 將燒好的活字取出。

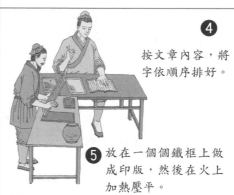

❹ 按文章內容，將字依順序排好。

❺ 放在一個個鐵框上做成印版，然後在火上加熱壓平。

❻ 一切就緒，開始印刷。

畢昇

活字印刷術的發明者

卷七‧科技卷

5

瓷　器

　　瓷器，是一種由瓷石、高嶺土等組成，外表施有釉或彩繪的物器。瓷器的成形要透過在窯內高溫（約1280℃～1400℃）燒製，瓷器表面的釉色會因為溫度的不同從而發生各種化學變化。燒結的瓷器胎一般僅含3％不到的鐵元素，且不透水，因其較為低廉的成本和耐磨不透水的特性而廣為世界各地的民眾所喜愛。

　　中國瓷器是從陶器發展演變而成的，原始瓷器起源於三千多年前。大約在西元前16世紀的商代中期，中國就出現了早期的瓷器。因為其無論在胎體上，還是在釉層的燒製工藝上都尚顯粗糙，燒製溫度也較低，表現出原始性和過渡性，所以一般稱其為「原始瓷」。

　　至宋代時，名瓷名窯已遍及大半個中國，是瓷業最為繁榮的時期。當時的汝窯、官窯、哥窯、鈞窯和定窯並稱為宋代五大名窯。被稱為瓷都的江西景德鎮在元代出產的青花瓷已成為瓷器的代表。青花瓷釉質透明如水，胎體質薄輕巧，潔白的瓷體上敷以藍色紋飾，素雅清新，充滿生機。青花瓷一經出現便風靡一時，成為景德鎮的傳統名瓷之冠。與青花瓷共同並稱四大名瓷的還有青花玲瓏瓷、粉彩瓷和顏色釉瓷。另外，還有雕塑瓷、薄胎瓷、五彩胎瓷等，均精美非常，各有特色。

　　在中國歷史上，明代以前中國的瓷器以素瓷（沒有裝飾花紋，以色彩純淨度的高低為優劣標準的瓷器）為主。明代以後以彩繪瓷為主要流行的瓷器。最早素瓷依照顏色有青瓷、黑瓷和白瓷三種。彩繪瓷和其他彩色瓷器中較為著名的有唐三彩（唐三彩不是瓷，是低溫鉛陶）、信樂燒、青花瓷等。

　　依照瓷器出產地點不同分類，有中國浙江越窯（秘色瓷）、河北定瓷，以及日本近江、甲賀的信樂燒，長崎有田燒，岡山縣備前燒等。

　　多姿多彩的瓷器是中國古代的偉大發明之一，原料純淨度高的瓷器在相互碰撞時會發出類似金屬相撞的清脆聲音，高級瓷器擁有遠高於一般瓷器的製作工藝難度，因此在古代皇室中也不乏精美瓷器的收藏。作為古代中國的特產奢侈品之一，瓷器經過各種貿易管道傳到了各個國家。今天，作為具有收藏價值的古董，精美的古代瓷器被大量收藏家所喜愛和收藏。

圖解：國學

瓷器的代表——青花瓷

　　青花瓷，又稱白地青花瓷，常簡稱青花，它是用氧化鈷料在胚胎上描繪紋樣，施釉後高溫一次燒成，是中國瓷器的主流品種之一，屬釉下彩瓷。原始青花瓷於唐宋已見端倪，成熟的青花瓷則出現在元代景德鎮的湖田窯。明代青花成為瓷器的主流。清康熙時發展到了巔峰。

● 製作工藝 ●

　　運用天然鈷料在白泥上進行繪畫裝飾，再罩以透明釉，然後在高溫1300℃上下一次燒成。製作方式是：在素色瓷胎上用藍色顏料描繪後，在表面塗無色或淺色的釉，然後入窯燒製。成品底色為純白或粉白，花紋顏色為青黑、深藍；後期使用含氧化鈷顏料的則呈亮藍色。

元青花‧鬼谷子
下山圖罐

清乾隆青花‧纏枝蓮紋如意耳扁壺

清康熙青花‧山水人物紋蓋罐

白釉青花一火成，花從釉裏透分明

可參造化先天妙，無極由來太極生

● 瓷器鑑賞 ●

　　看鈷料：青花瓷鈷料種類分蘇泥麻青、平等青、石子青、回青等，尤以進口青花鈷料燒製的瓷器最具收藏價值。

　　看發色：釉下發色豔麗，青花見五色（指使用一種青花顏料燒製出來的瓷器，圖案出現深淺虛實等各種變化）的青花瓷品種尤為珍貴。

　　看藝術水準：器型優雅、構圖有立體感、層次分明，人物景致清晰明顯的青花瓷具有更高的收藏價值。

　　看款識：古代青花瓷款識中的書法、圖案，對於書畫、篆刻藝術的創新也有很大的參考價值。

清‧龔軾‧《陶歌》

卷七‧科技卷

地動儀

　　地動儀，是中國古代偵測地震的儀器，也是世界最早的地震儀。由東漢時期南陽天文學家張衡在漢順帝永建七年（西元132年）發明，但已失傳，據說毀於東漢戰火。現存的候風地動儀，是由各國考古學家根據古書記載與現代科學知識，所復原的模型。

　　在張衡所處的東漢時代，地震比較頻繁。據《後漢書‧五行志》記載，自和帝永元四年（西元92年）到安帝延光四年（西元125年）的三十餘年間，共發生了二十六次大的地震。地震區有時大到幾十個郡，引起山崩地裂、江河泛濫、房屋倒塌，造成了巨大的損失。

　　張衡對地震有不少親身體驗。為了掌握全國地震動態，他經過長年研究，終於發明了候風地動儀——世界上第一架地震儀。在通信不發達的古代，候風地動儀在地震後為人們及時知道發生地震和確定地震大體位置起了一定的作用。

　　據《後漢書‧張衡傳》記載，候風地動儀「以精銅鑄成，圓徑八尺」，「形似酒樽」，上有隆起的圓蓋，儀器的外表刻有篆文以及山、龜、鳥、獸等圖形。儀器的內部中央有一根銅質「都柱」，柱旁有八條通道，稱為「八道」，還有巧妙的機關。樽體外部周圍有八個龍頭，按東、南、西、北、東南、東北、西南、西北八個方向布列。

　　龍頭與內部通道中的發動機關相連，每個龍頭嘴裏都銜有一個銅球。正對著龍頭的下方，各有一隻蟾蜍蹲在地上，各個昂頭張嘴，準備承接銅球。當某個地方發生地震時，樽體隨之運動，觸動機關，使發生地震方向的龍頭張開嘴，吐出銅球，並落到銅蟾蜍的嘴裏，發生很大的聲響。依此人們就可以知道地震發生的方向了。

　　歷史記載該儀器曾經測出隴西方向有地震，官員立即上奏皇上，但當時並無地震訊息，立時遭重臣誹議。三日後六百里加急來報「甘肅發生大地震」，眾人乃信服。另有一種說法是，候風儀與地動儀是兩種儀器，前者做成銜花的鳥形，可以依照鳥的指向測風向，並以花轉動的速度測定風速。

　　據學者們考證，張衡在當時已經利用了力學上的慣性原理，「都柱」實際上發揮的正是慣性擺的作用。同時張衡對地震波的傳播和方向性也一定有所了解，這些成就在當時來說是十分了不起的，而歐洲直到1880年，才製成與此類似的儀器，比起張衡的發明足足晚了一千七百多年。

世界最早的地震儀——候風地動儀

候風地動儀，是世界上第一架測驗地震的儀器，由中國東漢時期天文學家張衡於西元132年製成。候風地動儀用精銅製成，直徑2.7公尺，其外形像一個大型酒樽，裏面亦有著精巧的結構。

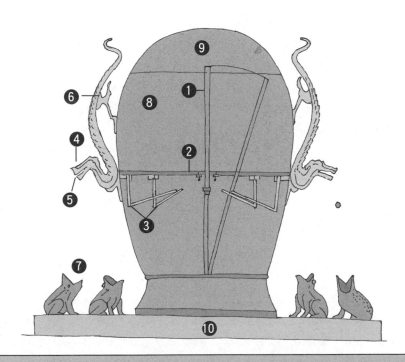

1.都柱；2.八道；3.牙機；4.龍首；5.銅丸；6.龍體；7.蟾蜍；8.儀體；9.儀蓋；10.地盤

測 震 原 理

候風地動儀體內部裝有機關，與體外龍頭相連，當發生地震時，都柱因受到震動而失去平衡，並觸動機關八道（都柱周圍的八條滑道）中的一道，使相應的龍口張開，小銅珠即落入蟾蜍口中，由此便判斷地震發生的時間和方向。

相 關 小 故 事

西元138年2月的一天，張衡的地動儀正對西方的龍嘴突然張開來，吐出了銅球。按照張衡的設計，這就是報告西部發生了地震。可是，那一天洛陽及其附近地方並無任何地震跡象。因此，大家都說張衡的地動儀不可靠，甚至有人說他有意造謠生事。過了幾天，有人快馬來向朝廷報告，離洛陽一千多里的隴西一帶發生了大地震。大家這才信服。

7

水　碾

水碾是魏晉南北朝時發明的穀物加工機械，用於穀物脫殼或去麩。水碾是中古時期較為先進的生產加工工具，其特點主要是在技術上充分利用水利資源，借助水力帶動碾　進行加工生產。

碾與磨比較，磨有上、下兩扇磨盤，中軸直穿，下層固定，上層旋轉，作滑動摩擦，而碾則只有一扇磨盤，中軸固定，上安橫軸，軸上裝滾輪旋轉，作滾動摩擦。水碾的基本結構是在一扇大磨盤中設中軸，並裝一根橫軸，橫軸一端裝一個滾輪，利用水輪帶動軸轉，使滾輪滾動摩擦，將穀物脫殼或去麩，工效高於畜力碾。

水碾在歷史文獻中多有記載：

水碾是石碾裏面的一種，石碾最早見於東漢文獻記載，可用人力、畜力或水力驅動。王禎《農書》記載：「下作臥輪或立輪，如水磨之法，輪軸上端穿其碢榦，水激則輾隨輪轉，循槽轢穀，疾若風雨，日所毀米，比於陸輾，功利過倍。」

《魏書》記載崔亮「讀《杜預傳》，見為八磨，嘉其有濟時用，遂教民為碾。及為僕射，奏於張方橋東堰穀水造水碾磨數十區，其利十倍，國用便之」。由此可見，水碾不僅加工效率大有提高，而且其生產效益也頗豐厚，對於社會生產有著重要意義。

魏晉南北朝時，當時日趨發展的寺院經濟勢力，也開始主動謀取自身的經濟利益，介入到各種經濟活動中。北魏楊衒之在《洛陽伽藍記》中就描述當時的景明寺已經利用水碾進行生產加工：「寺有三池，萑蒲菱藕，水物生焉。或黃甲紫鱗，出沒於蘩藻；或青鳧白雁，沉浮於綠水。碾磑舂簸，皆用水功。」

東漢順帝永建四年，尚書僕射虞詡曾上書說「禹貢雍州之域，厥田惟上……北阻山河，乘阸據險。因渠以溉，水舂河漕。用功省少，而軍糧饒足。故孝武皇帝及光武築朔方，開西河，置上郡，皆為此也」。

水碾

　　水碾，是石碾裏的一種，是魏晉南北朝時發明的穀物加工機械，多用於穀物脫殼或去麩。水碾的基本結構是在一扇大磨盤中設中軸，並裝一根橫軸，橫軸一端裝一個滾輪，利用水輪帶動軸轉，使滾輪滾動摩擦，將穀物脫殼或去麩。

水　　碾

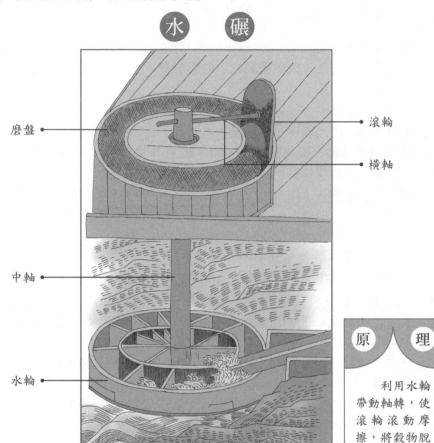

磨盤

滾輪

橫軸

中軸

水輪

原　理

　　利用水輪帶動軸轉，使滾輪滾動摩擦，將穀物脫殼或去麩。

 小知識拓展

 石

　　石碾是一種用石頭和木材等製作的工具，其作用是使穀物等破碎或去皮，可用人力、畜力或水力驅動。

碾

　　石碾主要由碾臺（亦叫碾盤）、碾砣（亦叫碾滾子）、碾框子、碾管前、碾棍（或碾棍孔）等組成。

第二章
天文曆法 ①

《夏小正》

　　《夏小正》，是中國現存最早的科學文獻之一，也是中國現存最早的一部農事曆書，原為《大戴禮記》中的第47篇。由「經」和「傳」兩部分組成，全文共四百多字。

　　《夏小正》的主要內容是按一年十二個月，分別記載每月的物候、氣象、星象和有關重大政事，特別是生產方面的大事。書中反映當時的農業生產的內容包括穀物、纖維植物、染料、園藝作物的種植、蠶桑、畜牧和採集、漁獵等；星象包括昏中星、旦中星、晨間、夕伏的恆星、北斗的斗柄指向、河漢（指銀河）的位置、太陽在星空中所處的位置等，如「正月鞠則見，初昏參中，斗柄懸在下」；指時標誌，以動植物變化為主，用以指時的標準星象都是一些比較容易看到的亮星，如辰參、織女等。

　　但《夏小正》的文句簡奧不下於甲骨文，大多數是二字、三字或四字為一完整句子；缺少十一月、十二月和二月的星象記載；還沒有出現四季和節氣的概念。《夏小正》記載的生產事項內容繁多，但無一字提到「百工之事」，這是社會分工還不發達的反映。所有這些，皆表明《夏小正》曆法的原始和時代的古老。

　　《夏小正》曾原文收入《大戴禮記》中，但在唐宋時期散佚（且《大戴禮記》亦有一半同時散佚）。現存的《夏小正》，為宋朝傅嵩卿著《夏小正傳》把當時所藏兩個版本《夏小正》的文稿匯集而成。但因經文與傳文（以自己的文字注解）在篇章中混集而沒有說明之關係，所以《夏小正傳》中不盡是原來的全部篇章。

　　因原稿散佚與成形之問題，《夏小正》的成稿年代爭論很大，但一般認為最遲成書在春秋時期。《史記‧本紀》載：「太史公曰：孔子正夏時，學者多傳《夏小正》云。」故人們認為是孔子及其門生考察後所記載下的農事曆書，所收錄之有關夏朝的也多是物候等資料。

　　由於長期流傳的緣故，這一文獻本身可能有殘缺和其他的錯誤，也可能混雜有後人或其他的附會成分，但它在一定程度上反映了夏代農業生產的發展水準，保存了中國最古老的比較珍貴的天文曆法知識，這是毋庸置疑的。

最早的天文曆法著作——《夏小正》

《夏小正》是中國現存最早的一部記述天象和物候的著作。其成書年代爭論很大，但一般認為最遲成書在春秋時期。書中載有一年中各月份的物候、天象、氣象和農事等內容，集物候曆、觀象授時法和初始曆法於一身，相傳它是夏代行用的日曆制度。

《夏小正》全書雖不到400字，但內容十分豐富。它按一年十二個月的順序分別記載物候、氣象、天象和重要的政事農事（如農耕、養蠶、養馬等），其中最突出的部分就是物候，可以說它是中國古代的一本物候曆。現以正月為例把有關內容（文字由原文翻譯過來）說明如下：

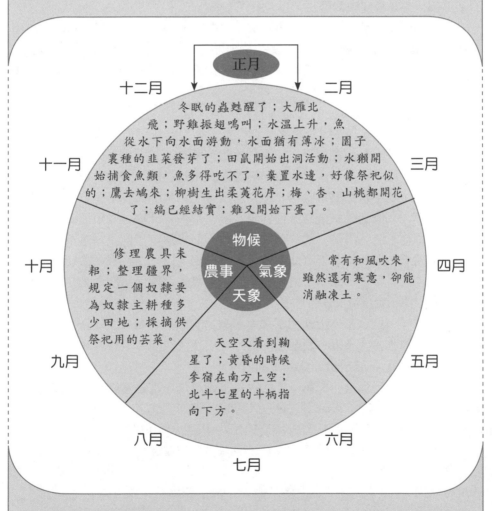

正月

十二月 **二月**

冬眠的蟲甦醒了；大雁北飛；野雞振翅鳴叫；水溫上升，魚從水下向水面游動，水面猶有薄冰；園子裏種的韭菜發芽了；田鼠開始出洞活動；水獺開始捕食魚類，魚多得吃不了，棄置水邊，好像祭祀似的；鷹去鳩來；柳樹生出柔荑花序；梅、杏、山桃都開花了；編已經結實；雞又開始下蛋了。

十一月 **三月**

物候
農事 **氣象**
天象

常有和風吹來，雖然還有寒意，卻能消融凍土。

十月 **四月**

修理農具耒耜；整理疆界，規定一個奴隸要為奴隸主耕種多少田地；採摘供祭祀用的芸菜。

天空又看到鞠星了；黃昏的時候參宿在南方上空；北斗七星的斗柄指向下方。

九月 **五月**

八月 **六月**

七月

以上列舉的雖然只是《夏小正》全書的一部分，但足以說明，這在3000年前中國的物候知識已相當豐富。對草本、木本植物都進行了觀察，對鳥、獸、家禽和魚類的活動也都注意到了，而且把物候和農事並列，有指示農時之意。

《太初曆》

　　曆法是長時間的紀時系統，具體來說，就是對年、月、日、時的安排。因為農事活動和四季變化密切相關，所以曆法最初是由於農業生產的需要而創制的。中國的農業生產歷史悠久，古代曾制訂過許多曆法，其中西漢的《太初曆》是第一部比較完整的曆法。

　　《太初曆》在漢武帝太初元年（前104年），由鄧平、唐都、落下閎、司馬遷等根據對天象實測和長期天文紀錄所制訂。漢成帝末年，由劉歆重新編訂，改稱「三統曆」，又稱八十一分律曆。從漢武帝太初元年算起，此曆共實行了188年。《太初曆》的原著已失傳。

　　西漢初年，沿用秦朝的《顓頊曆》，但《顓頊曆》有一定的誤差。西元前104年，大中大夫公孫卿、壺遂、太史令司馬遷等建議修改曆法。同時漢初以後，人們對於天象觀測和天文知識，的確有所進步，這也為修改曆法創造了良好的條件。同年五月，漢武帝命司馬遷等人議造漢曆，並徵募民間天文學家20餘人參加，其中包括曆官鄧平、長樂司馬可、酒泉郡侯宜君、方士唐都和巴郡落下閎等人。他們或做儀器進行實測，或進行推考計算，對所提出的18種改曆方案，進行了一番辯論、比較和實測檢驗，最後選定了鄧平、落下閎提出的八十一分律曆。把元封七年改為太初元年，並規定以十二月底為太初元年終，以後每年都從孟春正月開始，到季冬十二月年終。這種曆法叫做太初曆，它是中國最早根據一定規制而頒行的曆法。

　　西漢末年，劉歆基本上採用了《太初曆》的數據，據《太初曆》改為《三統曆》。它被收在《漢書·律曆志》裏，並一直流傳至今。實際《太初曆》以改元而得名，而《三統曆》是以法數而得名。

　　《太初曆》不僅是中國第一部比較完整的曆法，也是當時世界上最先進的曆法。它規定一年等於365.2502日，一月等於29.53086日；以正月為歲首；以沒有中氣的月份為閏月，使月份與季節配合得更合理；採用135個月的日食週期；關於五星會合週期的精度也較前有明顯提高，並建立了一套推算五星位置的曆法；《太初曆》還首次把二十四節氣收入曆法，這對於農業生產起了重要的指導作用。《太初曆》的編制是中國曆法史上的第一次大改革。

中國第一部比較完整的曆法——《太初曆》

　　《太初曆》是中國第一部比較完整的曆法。在漢武帝太初元年（前104年），由鄧平、唐都、落下閎、司馬遷等根據對天象實測和長期天文紀錄所制訂。漢成帝末年，由劉歆重新編訂，改稱「三統曆」。其法規定一回歸年為365.2502日，一朔望月為29.53086日，又稱八十一分律曆。以夏曆的正月為歲首。此曆共實行了188年。

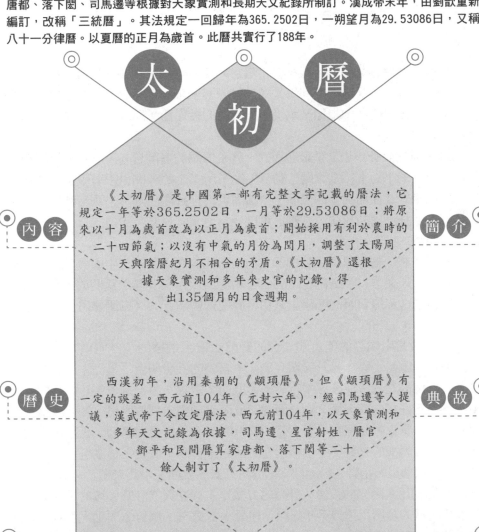

太初曆

內容
簡介

　　《太初曆》是中國第一部有完整文字記載的曆法，它規定一年等於365.2502日，一月等於29.53086日；將原來以十月為歲首改為以正月為歲首；開始採用有利於農時的二十四節氣；以沒有中氣的月份為閏月，調整了太陽周天與陰曆紀月不相合的矛盾。《太初曆》還根據天象實測和多年來史官的記錄，得出135個月的日食週期。

曆史
典故

　　西漢初年，沿用秦朝的《顓頊曆》。但《顓頊曆》有一定的誤差。西元前104年（元封六年），經司馬遷等人提議，漢武帝下令改定曆法。西元前104年，以天象實測和多年天文記錄為依據，司馬遷、星官射姓、曆官鄧平和民間曆算家唐都、落下閎等二十餘人制訂了《太初曆》。

曆法
影響

　　《太初曆》不僅是中國第一部有完整文字記載的曆法，也是當時世界上最先進的曆法，取得了諸多科學成就：首先在於曆法計算上的精密準確。其次在於適應農時的迫切需要。最後在於第一次計算了日月食發生的週期和精確計算了行星會合的週期。《太初曆》的編制是中國曆法史上的第一次大改革。

中國第一部比較完整的曆法

卷七・科技卷

日　晷

　　日晷，本義是指日影，又稱「日規」，是古代利用太陽的位置來測量時間的一種計時儀器，其原理是利用太陽投射的影子來測定並劃分時刻。日晷主要由一根投射太陽陰影的指標、承受指標投影的投影面（即晷面）和晷面上的刻度線組成。

　　最常見的設計，也就是最普通的，就是所謂的庭園日晷，讓日影投射在一個標有時刻的平面上，當太陽移動時，影子所指示的時間也跟著變動。其實，日晷可以設計在任何物體的表面上，讓固定的指針產生陰影來測量時間，因此日晷有許多種不同的形式，基本上可以分為地平式日晷、赤道式日晷、子午式日晷和卯酉式日晷，等等。

　　世界上最早的日晷誕生於6000年前的巴比倫之大王國。中國最早文獻記載是《隋書・天文志》中提到的袁充於隋開皇十四年（574年）發明的短影平儀，即地平日晷。赤道日晷的明確記載初見於南宋曾敏行的《獨醒雜志》卷二中提到的晷影圖。

　　日晷通常由銅製的指針和石製的圓盤組成。銅製的指針叫做「晷針」，垂直地穿過圓盤中心，晷針又叫「表」，石製的圓盤叫做「晷面」，安放在石臺上，呈南高北低，使晷面平行於天赤道面，這樣，晷針的上端正好指向北天極，下端正好指向南天極。在晷面的正反兩面刻劃出12個大格，每個大格代表兩個小時。當太陽光照在日晷上時，晷針的影子就會投向晷面，太陽由東向西移動，投向晷面的晷針影子也慢慢地由西向東移動。於是，移動著的晷針影子好像是現代鐘表的指針，晷面則相當於是鐘表的表面，以此來顯示時刻。

　　這種利用太陽光的投影來計時的方法是人類在天文計時領域的重大發明，這項發明被人類所用達幾千年之久，但是，日晷有一個致命弱點，那就是在陰雨天和夜裏無法使用。

古代計時儀器——日晷

　　日晷本義是指日影，是使用太陽的位置來測量時間的一種設備，主要由一根投射太陽陰影的指標、承受指標投影的投影面（即晷面）和晷面上的刻度線組成。日晷分為地平式日晷、赤道式日晷、子午式日晷和卯酉式日晷等。

原理　　利用太陽投射的影子來測定並劃分時刻。

種類　　地平式日晷、赤道式日晷、子午式日晷和卯酉式日晷等。

結構　　日晷主要由一根投射太陽陰影的指標、承受指標投影的投影面（即晷面）和晷面上的刻度線組成。

缺點　　陰雨天和夜裏無法使用。

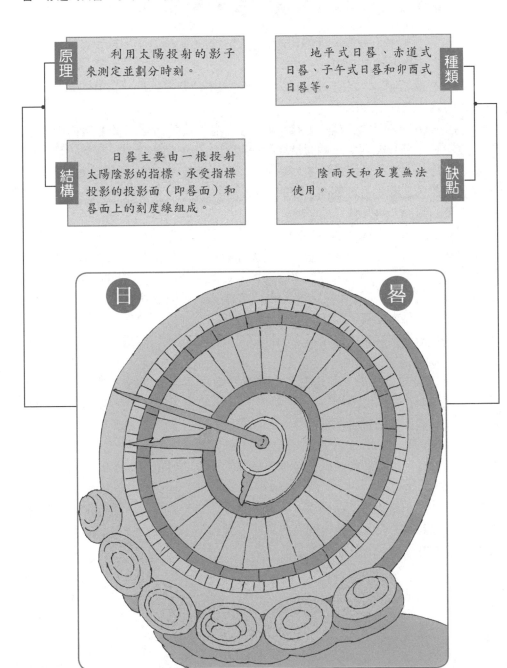

日　晷

卷七·科技卷

朔　望

　　當月亮在軌道上繞行至太陽和地球之間，月亮的陰暗的一面對著地球，這時叫朔，正是農曆每月的初一。

　　當月亮繞行至地球的後面，被太陽照亮的半球對著地球，這時叫望，一般在農曆每月十五或十六日。

　　朔是指月球與太陽的地心黃經相同的時刻。這時月球處於太陽與地球之間，幾乎和太陽同起同落，朝向地球的一面因為照不到太陽光，所以從地球上是看不見月亮的。望是指月球與太陽的地心黃經相差180度的時刻。這時地球處於太陽與月球之間，月球朝向地球的一面照滿太陽光，所以從地球上看來，月球呈光亮的圓形，叫做滿月或望月。

　　從朔到下一次朔或者從望到下一次望的時間間隔，稱為一朔望月，約為29.53059日。這只是一個平均數，因為月球繞地球和地球繞太陽的軌道運動都是不均勻的，二者之間也沒有簡單的關係。因此，每兩次朔之間的時間是不相等的，最長與最短之間約相差13個小時。在中國古代曆法中，把包含朔時刻的那一天叫做朔日，把有望時刻的那一天叫做望日；並以朔日作為一個朔望月的開始。在曆日的安排中，通常為大小月相間，經過15～17個月，接連有兩個大月。

　　東漢以前的曆法中，都是把月行的速度當做不變的常數，以朔望月的週期來算朔，算出的朔後來稱做「平朔」。東漢前後發現了月亮運動的不均勻性，此後人們就設法對平朔進行修正，以求出真正的朔，稱為「定朔」。首次載有這種修正算法的曆法，是劉洪創制的《乾象曆》。直到隋代劉焯的《皇極曆》，才把日行也有遲疾（就是地球繞日運動不均勻性的反映）的因素考慮到「定朔」的計算中去。

　　同時，朔和望也是兩個極端，「無月為朔，滿月為望」，表達了人們對待事物的一種渴望、希望之情，同時也說明了大自然不變的規律，由無到有，由有到無，生生不息，生生不滅！

陰曆曆法——朔望

朔是指月球與太陽的地心黃經相同的時刻。望是指月球與太陽的地心黃經相差180度的時刻。從朔到下一次朔或者從望到下一次望的時間間隔，稱為一朔望月，長度為29或30日。

望是指月球與太陽的地心黃經相差180°的時刻。這時地球處於太陽與月球之間，月球朝向地球的一面照滿太陽光，所以從地球上看來，月球呈光亮的圓形，叫做滿月或望月。

十五月圓日為望

望

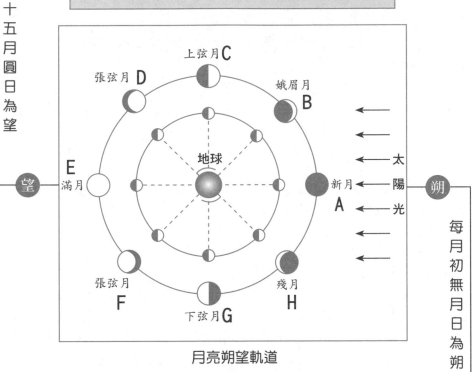

月亮朔望軌道

朔

每月初無月日為朔

朔是指月球與太陽的地心黃經相同的時刻。這時月球處於太陽與地球之間，幾乎和太陽同起同落，朝向地球的一面因為照不到太陽光，所以從地球上看不見月亮。

陰曆·朔望

從朔到朔，或從望到望，時間間隔為29.53059日。這個長度即是一朔望月。因每月天數不能有奇零，故一朔望月為29日或30日。每月以合朔之日為首，即以朔日為初一日。每年以接近立春之朔日為歲首。習俗所謂一個月，即指朔望月而言。因朔望月每月月相明顯，月缺月圓，易於辨識，使用方便，所以通常稱這種曆法為陰曆。遠古的曆法幾乎都是陰曆。

干 支

干支，是「天干地支」的簡稱，在中國古代的曆法中，甲、乙、丙、丁、戊、己、庚、辛、壬、癸，被稱為「十天干」；子、丑、寅、卯、辰、巳、午、未、申、酉、戌、亥，被稱為「十二地支」（注：十二地支對應十二生肖，分別時：鼠、牛、虎、兔、龍、蛇、馬、羊、猴、雞、狗、豬）。十天干和十二地支依次相配，組成六十個基本單位，兩者按固定的順序互相配合，組成了干支紀法。

據現有考古材料，古人早在殷商時代就已開始使用天干地支紀日，一日一個干支名號，日復一日，循環使用。干支紀法除了用於紀日，還曾用來紀年、紀月、紀時等。干支紀年，是指以立春而不是以農曆的正月初一作為一年的開始；干支紀月，是指把冬至所在的月稱為子月，下一個月稱為丑月，再下一個月稱為寅月，等等。干支紀時，即是指將一日分為十二個時段，分別以十二地支表示，現在的23點至1點為「子時」，1點至3點為「丑時」，3點至5點為「寅時」，等等。依次類推，稱為十二時辰。

另據《辭源》裏說，「干支」取義於樹木的「幹枝」。

早在西元前2697年，黃帝建國時，命大撓氏探察天地之氣機，探究五行（金、木、水、火、土）），始作甲、乙、丙、丁、戊、己、庚、辛、壬、癸十天干，及子、丑、寅、卯、辰、巳、午、未、申、酉、戌、亥十二地支，相互配合成六十甲子用為紀曆之符號。《五行大義》中記載，干支即是大撓創制的。大撓「采五行之情，占鬥機所建，始作甲乙以名日，謂之幹，作子丑以名月，謂之支。有事於天則用日，有事於地則用月。陰陽之別，故有支幹名也。」

中國曆法以月球繞地球一周的時間（29.5306天）為一月，以地球繞太陽一周的時間（365.2419天）為一年，為使一年的平均天數與回歸年的天數相符，設置閏月。據記載，西元前6世紀中國開始採用19年7閏月法以協調陰曆和陽曆。

古人（一說黃帝）觀測朔望月，發現兩個朔望月約是59天的概念。12個朔望月大體上是354天多（與一個回歸年的長度相近似），古人因此就得到了一年有12個月的概念。再搭配日記法（十天干），產生陰陽合曆，由此發展出現在的天干地支。

干支法在中國古代一直使用，從未間斷。因此對研究歷史非常有幫助，非常容易推算歷史時間。

古代紀法——干支

干支是天干與地支的合稱，由兩者經一定的組合方式搭配成60對，為一個週期，循環往復，稱為「60甲子」或「60花甲子」。中國古代用以記錄年、月、日、時。

天干地支羅盤

由 來 傳 說

相傳遠古時代，黃帝與蚩尤大戰於涿鹿之野，流血百里不能治之，黃帝於是齋戒沐浴、築壇祀天、方丘禮地。天乃降十干（即甲乙丙丁戊己庚辛壬癸）、十二支（即子丑寅卯辰巳午未申酉戌亥）。黃帝乃將十干圓布像天形，十二支方布像地形，始以干為天，支為地，然後乃能治之。後有大撓氏將十天干、十二地支分配成六十甲子，並以黃帝開國日定為甲子年、甲子月、甲子日，甲子時。

卷七・科技卷

二十四節氣

　　二十四節氣是古代用來指導農事的補充曆法，是在春秋戰國時期形成的。由於中國農曆是一種「陰陽合曆」，即根據太陽也根據月亮的運行制訂的，因此不能完全反映太陽運行週期，但中國又是一個農業社會，農業需要嚴格了解太陽運行情況，農事完全根據太陽進行，所以在曆法中又加入了單獨反映太陽運行週期的「二十四節氣」，用作確定閏月的標準。二十四節氣能反映季節的變化，輔助農事活動，影響著千家萬戶的衣食住行。

　　二十四節氣：春雨驚春清穀天，夏滿芒夏暑相連，秋處露秋寒霜降，冬雪雪冬小大寒。

　　中國的主要政治、經濟、文化、農業活動中心多集中在黃河流域中原地區，二十四節氣也就是以這一帶的氣候、物候為依據建立起來的。由於中國幅員遼闊，地形多變，故二十四節氣對於很多地區來講只是一種參考。遠在春秋時期，就定出仲春、仲夏、仲秋和仲冬等四個節氣。以後不斷地改進與完善，到秦漢年間，二十四節氣已完全確立。

　　西元前104年，由鄧平等制訂的《太初曆》，正式把二十四節氣訂於曆法，明確了二十四節氣的天文位置。

　　在古代，一年分為十二個月紀，每個月紀有兩個節氣。在前的為節曆，在後的為中氣，如立春為正月節，雨水為正月中，後人就把節曆和中氣統稱為節氣。

　　二十四節氣是根據太陽在黃道（即地球繞太陽公轉的軌道）上的位置來劃分的。視太陽從春分點（黃經零度，此刻太陽垂直照射赤道）出發，每前進15度為一個節氣；運行一周又回到春分點，為一回歸年，合360度，因此分為24個節氣。

輔助農事的補充曆法——二十四節氣

二十四節氣是根據太陽在黃道上的位置，劃分、反映中原地區（以黃河中下游地區為代表）一年中的自然現象與農事季節特徵的二十四個節候。即：立春、雨水、驚蟄、春分、清明、穀雨、立夏、小滿、芒種、夏至、小暑、大暑、立秋、處暑、白露、秋分、寒露、霜降、立冬、小雪、大雪、冬至、小寒、大寒。

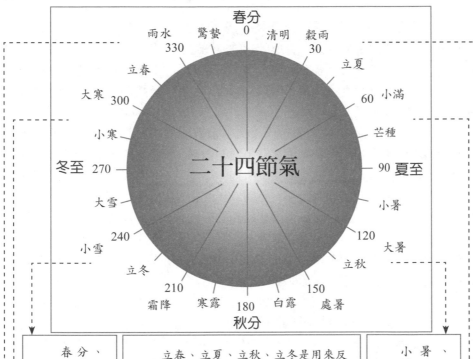

春分、秋分、夏至、冬至是從天文角度來劃分的，反映了太陽高度變化的轉折點。

立春、立夏、立秋、立冬是用來反映季節的，是一年四個季節的開始，將一年劃分為春、夏、秋、冬四個季節。

小暑、大暑、處暑、小寒、大寒等五個節氣，反映了氣溫的變化，用來表示一年中不同時期寒熱程度。

雨水、穀雨、小雪、大雪四個節氣反映了降水現象，表明降雨、降雪的時間和強度。

白露、寒露、霜降三個節氣，表面上反映的是水汽凝結、凝華現象，但實質上反映出了氣溫逐漸下降的過程和程度。

小滿、芒種則反映有關作物的成熟和收成情況。

驚蟄、清明反映的是自然物候現象。尤其是驚蟄，它用天上初雷和地下蟄蟲的復甦，來預示春天的回歸。

卷七・科技卷

二十八宿

　　二十八宿，即二十八星宿，又名二十八舍或二十八星，它把沿黃道和天球赤道（地球赤道延伸到天上）所分布的一圈星宿分為四組，又稱為四象、四獸、四維、四方神，每組各有七個星宿，與東西南北四個方位和青龍、白虎、朱雀、玄武四種動物形象相配；而每宿又以宿名以及按照木、金、土、日、月、火、水的順序與一動物相配。

　　二十八宿廣泛應用於中國古代天文、宗教、文學及星占、星命、風水、擇吉等術數中。不同的領域賦予了它不同的內涵，相關內容非常龐雜。它的最初起源，目前尚無定論。據目前文獻所知，二十八宿的體系可以追溯到周朝初期，在春秋戰國時期已經完備了。有關二十八宿及四象的記載，最早見於戰國初期文獻。1978年，考古學家在湖北隨州的戰國曾侯乙墓的墓葬中，出土了繪有二十八宿圖像的漆箱蓋，這是迄今為止發現的最早的關於二十八宿的實物例證。史學界公認二十八宿最早用於天文，所以它在天文學史上的地位相當重要，一直以來也是中外學者感興趣的話題。

　　二十八宿最初是古人為比較太陽、太陰、金、木、水、火、土的運動而選擇的二十八個星官，作為觀測時的標記。「宿」的意思和黃道十二宮的「宮」類似，是星座表之意。表示日月五星所在的位置。到了唐代，二十八宿成為二十八個天區的主體，這些天區仍以二十八宿的名稱為名稱，和三垣的情況不同，作為天區，二十八宿主要是為了區劃星官的歸屬。印度、波斯、阿拉伯古代也有類似二十八宿的說法。

　　二十八宿從角宿開始，自西向東排列，與日、月運動的方向相同：

　　東方稱青龍：角木蛟、亢金龍、氐土貉、房日兔、心月狐、尾火虎、箕水豹；

　　南方稱朱雀：井木犴、鬼金羊、柳土獐、星日馬、張月鹿、翼火蛇、軫水蚓；

　　西方稱白虎：奎木狼、婁金狗、胃土雉、昴日雞、畢月烏、觜火猴、參水猿；

　　北方稱玄武：斗木獬、牛金牛、女土蝠、虛日鼠、危月燕、室火豬、壁水貐。（龜蛇合一稱玄武）

應用廣泛的二十八宿

南方朱雀

古代中國將黃道和天赤道附近的天區劃分為二十八個區域。月球每天經過一區（稱為「宿」或「舍」），二十八天環天一周。因此有二十八宿、二十八舍或二十八星之稱。二十八宿又分為四組，每組七宿，與東西南北四個方位和青龍、白虎、朱雀、玄武四種動物形象相配，稱為四象。

西方白虎

東方蒼龍

北方玄武

東方：青龍	角宿	亢宿	氐宿	房宿	心宿	尾宿	箕宿
對應動物	角木蛟	亢金龍	氐土貉	房日兔	心月狐	尾火虎	箕水豹
南方：朱雀	井宿	鬼宿	柳宿	星宿	張宿	翼宿	軫宿
對應動物	井木犴	鬼金羊	柳土獐	星日馬	張月鹿	翼火蛇	軫水蚓
西方：白虎	奎宿	婁宿	胃宿	昴宿	畢宿	觜宿	參宿
對應動物	奎木狼	婁金狗	胃土雉	昴日雞	畢月烏	觜火猴	參水猿
北方：玄武	斗宿	牛宿	女宿	虛宿	危宿	室宿	壁宿
對應動物	斗木獬	牛金牛	女土蝠	虛日鼠	危月燕	室火豬	壁水貐

第三章
數 學 ①

《九章算術》

　　《九章算術》是中國古代第一部數學專著，是《算經十書》中最重要的一種。該書內容十分豐富，系統總結了戰國、秦、漢時期的數學成就。它的出現標誌著中國古代數學形成了完整的體系。《九章算術》的作者已不可考。一般認為它是經歷代各家的增補修訂，而逐漸成為現今定本的。

　　《九章算術》全書採用問題集的形式，共收有246個與生產、生活實踐有聯繫的應用問題，其中每道題都有問（題目）、答（答案）、術（解題的步驟，但沒有證明）三部分組成，有的是一題一術，有的是多題一術或一題多術。這些問題依照性質和解法分別隸屬於方田、粟米、衰分、少廣、商功、均輸、盈不足、方程及勾股九章。原作有插圖，今傳本已只剩下正文了。

　　《九章算術》確定了中國古代數學的框架，以計算為中心的特點，密切結合現實，以解決人們生產、生活中的數學問題為目的的風格。其影響之深，以至後來的中國數學著作大體採取兩種形式：或為之作注，或仿其體例著書。甚至在西算傳入中國之後，人們著書立說時還常常把包括西算在內的數學知識納入九章的框架。

　　然而，《九章算術》亦有其不容忽視的缺點：沒有任何數學概念的定義，也沒有給出任何推導和證明。直到魏景元四年（西元263年），劉徽為《九章算術》作注，才大大彌補了這個缺陷。

　　《九章算術》是幾代人共同努力的結晶，後世的數學家，大都是從《九章算術》開始學習和研究數學知識的。唐宋兩代都由國家明令規定其作為教科書。西元1084年由當時的北宋朝廷進行刊刻，這是世界上最早的印刷本數學書。

　　《九章算術》是世界上最早有系統地敘述分數運算的著作；其中盈不足的算法更是一項令人驚奇的創造；「方程」章還在世界數學史上首次闡述了負數及其加減運算法則。在代數方面，《九章算術》在世界數學史上最早提出負數概念及正負數加減法法則；現在中學講授的線性方程式的解法和《九章算術》中介紹的方法大體相同。注重實際應用是《九章算術》的一個顯著特點。該書的一些知識還傳播至印度和阿拉伯，甚至經過這些地區遠至歐洲。

中國古代第一部數學專著——《九章算術》

　　《九章算術》是中國古代第一部數學專著，是《算經十書》中最重要的一種。該書內容十分豐富，系統總結了戰國、秦、漢時期的數學成就。它的出現標誌中國古代數學形成了完整的體系。其作者已不可考，一般認為它是經多人增補修訂而成。

方田

主要講述了平面幾何圖形面積的計算方法，以及分數的四則運算法則等。

粟米

主要是糧食交易的計算方法，其中涉及許多比例問題。

衰分

主要內容為分配比例的算法。

勾股

利用勾股定理求解的各種問題。

少廣

已知面積、體積，反求其一邊長和徑長等，開平方和開立方的方法。

方程

主要是聯立一次方程組的解法和正負數的加減法，在世界數學史上是第一次出現。

商功

主要是土石方和用工量等工程數學問題，以體積的計算為主。

盈不足

即雙設法問題。提出了三種類型的盈虧問題，以及若干可以通過兩次假設化為盈不足問題的一般問題的解法。

均輸

合理攤派賦稅。用衰分術解決賦役的合理負擔問題。

九章算術

第一章　第二章　第三章　第四章　第五章　第六章　第七章　第八章

主要特點

　　《九章算術》確定了中國古代數學的框架，以計算為中心的特點，密切結合現實，以解決人們生產、生活中的數學問題為目的的風格。然而，《九章算術》亦有其不容忽視的缺點：沒有任何數學概念的定義，也沒有給出任何推導和證明。直至魏景元四年（263年），劉徽為《九章算術》作注，才大大彌補了這個缺陷。

主要成就

　　《九章算術》中的數學成就是多方面的：

　　算術方面：主要成就有分數運算、比例問題和「盈不足」算法。

　　幾何方面：主要成就有面積（方田）、體積（商功）的計算問題。

　　代數方面：主要成就有一次方程式解法、負數概念的引入及其加減法法則、開平方、開立方、一元二次方程解法等。

《孫子算經》

　　《孫子算經》，中國南北朝數術著作，《算經十書》之一。約成書於4-5世紀，作者生平和編寫年代無以考證。現在傳本的《孫子算經》共三卷。

　　上卷：詳細討論了度量衡的單位和籌算的制度和方法。籌算在春秋戰國時期已經運用，但在古代數學著作如《九章算術》等書中都不曾記載算籌的使用方法；《孫子算經》第一次詳細地記述了籌算的布算規則：「凡算之法，先識其位，一縱十橫，百立千僵，千十相望，百萬相當。」此外又說明用空位表示零。

　　乘法法則：「凡乘之法：重置其位，上下相觀，頭位有十步，至十有百步，至百有千步，至千以上命下所得之數列於中。言十即過，不滿，自如頭位。乘訖者，先去之下位；乘訖者，則俱退之。六不積，五不只。上下相乘，至盡則已。」《孫子算經》明確說明「先識其位」的位值概念和「逢十進一」的十進位制。

　　除法法則：「凡除之法：與乘正異乘得在中央，除得在上方，假令六為法，百為實，以六除百，當進之二等，令在正百下。以六除一，則法多而實少，不可除，故當退就十位，以法除實，言一六而折百為四十，故可除。若實多法少，自當百之，不當復退，故或步法十者，置於十百位（頭位有空絕者，法退二位。餘法皆如乘時，實有餘者，以法命之，以法為母，實餘為子。」

　　中卷：主要是關於分數的應用題，包括面積、體積、等比數列等計算題，大致都在《九章算術》中論述的範圍之內。

　　下卷：對後世的影響最為深遠，如下卷第31題即著名的「雞兔同籠」問題，後傳至日本，被改為「鶴龜算」（據藤原松三郎之《日本數學史概要》）。下卷第26題：「今有物不知其數，三三數之剩二，五五數之剩三，七七數之剩二，問物幾何？答曰：『二十三』」。《孫子算經》不但提供了答案，而且還給出了解法。南宋大數學家秦九韶則進一步開創了對一次同餘式理論的研究工作，推廣「物不知數」的問題。德國數學家高斯於西元1801年出版的《算術探究》中明確地寫出了上述定理。西元1852年，英國基督教士偉烈亞士將《孫子算經》「物不知數」問題的解法傳到歐洲，西元1874年馬蒂生指出孫子的解法符合高斯的定理，從而在西方的數學史裏將這一個定理稱為「中國的剩餘定理」。下卷第28題即為後來的「大衍求一術」的起源，被看做是中國數學史上最有創造性的成就之一。

《算經十書》之《孫子算經》

《孫子算經》約成書於四五世紀，作者生平和編寫年代都不可考。現在傳本的《孫子算經》共分上、中、下三卷。是一部數算之書。

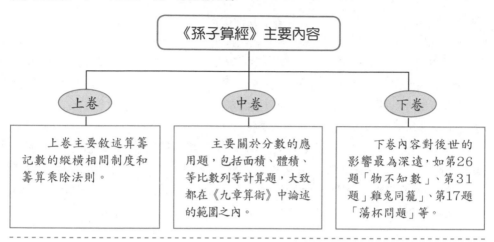

題曰：「今有雉兔同籠，上有三十五頭，下有九十四足，問雉兔各幾何？」（意思是：現有若干隻雞兔同在一個籠子裏，從上面數，有35個頭；從下面數，有94隻腳。問籠中各有幾隻雞和兔？）

題解：兔子有12隻，雞有23隻。

你知道是怎麼算出來的嗎？試試看，自己能用多少種方法得出此題的答案。

雞兔同籠算法公式

公式1：（兔的腳數×總隻數－總腳數）÷（兔的腳數－雞的腳數）＝雞的隻數
　　　　總隻數－雞的隻數＝兔的隻數

公式2：（總腳數－雞的腳數×總隻數）÷（兔的腳數－雞的腳數）＝兔的隻數
　　　　總隻數－兔的隻數＝雞的隻數

公式3：總腳數÷2－總頭數＝兔的隻數
　　　　總隻數－兔的隻數＝雞的隻數

公式4：雞的隻數＝（4×雞兔總隻數－雞兔總腳數）÷2
　　　　兔的隻數＝雞兔總隻數－雞的隻數

公式5：兔總隻數＝（雞兔總腳數－2×雞兔總隻數）÷2
　　　　雞的隻數＝雞兔總隻數－兔總隻數

公式6：（頭數×4－實際腳數）÷2＝雞

公式7：$4x+2$（總數$-x$）＝總腳數（x＝兔，總數$-x$＝雞數，用於方程式）

圓周率

　　圓周率，一般以 π 來表示，是一個在數學及物理學普遍存在的數學常數。它定義為圓形之周長與直徑之比，也等於圓形之面積與半徑平方之比。是精確計算圓周長、圓面積、球體積等幾何形狀的關鍵值。在分析學上，π 可以嚴格地定義為滿足 $\sin(x)=0$ 的最小正實數 x。

　　在歷史上，有不少數學家都對圓周率作出過研究，其中著名的有阿基米德、劉徽、托勒密、張衡、祖沖之等。

　　第一個用科學方法尋求圓周率數值的人是阿基米德，他在《圓的度量》（西元前3世紀）中用圓內接和外切正多邊形的周長確定圓周長的上下界，從正六邊形開始，逐次加倍計算到正96邊形，得到 $(3+10/71)<\pi<(3+1/7)$，開創了圓周率計算的幾何方法（亦稱古典方法，或阿基米德方法），得出精確到小數點後兩位的 π 值。

　　中國古代數學家劉徽在注釋《九章算術》（西元263年）時，只用圓內接正多邊形就求得 π 的近似值，也得出精確到兩位小數的 π 值，他的方法被稱為割圓術。他用割圓術一直算到圓內接正192邊形。

　　南北朝時代南朝的數學家祖沖之則利用割圓術進一步得出精確到小數點後7位的 π 值（西元466年），給出不足近似值3.1415926和過剩近似值3.1415927，還得到兩個近似分數值，密率355/113和約率22/7，這一紀錄在世界上保持了一千年之久。為紀念祖沖之對圓周率發展的貢獻，日本數學家將這一推算值尊稱為「祖沖之圓周率」，簡稱「祖率」。其中的密率在西方直到1573年才由德國人奧托得到，西元1625年發表於荷蘭工程師安托尼斯的著作中，歐洲稱之為安托尼斯率。

　　阿拉伯數學家卡西在15世紀初求得圓周率17位精確小數值，打破了祖沖之保持近千年的紀錄。德國數學家柯倫於西元1596年將 π 值算到20位小數值，後投入畢生精力，於西元1610年算到小數後35位數，該數值被用他的名字稱為魯道夫數。西元1579年法國數學家韋達給出 π 的第一個解析表達式。此後，無窮乘積式、無窮連分數、無窮級數等各種 π 值表達式紛紛出現，π 值計算精度也迅速增加。除 π 的數值計算外，它的性質探討也吸引了眾多數學家。西元1761年瑞士數學家蘭伯特第一個證明 π 是無理數。西元1794年法國數學家勒讓德又證明了 π^2 也是無理數。到1882年德國數學家林德曼首次證明了 π 是超越數，由此否定了困惑人們兩千多年的「化圓為方」尺規作圖問題。

用 π 表示的圓周率

圓周率，一般以 π 來表示，是一個在數學及物理學普遍存在的數學常數。它定義為圓形之周長與直徑之比，也等於圓形之面積與半徑平方之比。是精確計算圓周長、圓面積、球體積等幾何形狀的關鍵值。在分析學上，π 可以嚴格地定義為滿足 sin（x）=0 的最小正實數 x。

祖 沖 之 求 算 圓 周 率

$$\pi = 3.1415926\cdots\cdots\cdots$$

π的諧音背誦

　　祖沖之按照劉徽的割圓術之法，設了一個直徑為一丈的圓，在圓內切割計算。當他切割到圓的內接一百九十二邊形時，得到了「徽率」（即劉徽求得的 π 值）的數值。但他沒有滿足，繼續切割，作了三百八十四邊形、七百六十八邊形……一直切割到二萬四千五百七十六

　　「山巔一寺一壺酒，爾樂苦煞吾，把酒吃，酒殺爾，殺不死，樂而樂。」即是：

3. 14159265358
97932384626

邊形，依次求出每個內接正多邊形的邊長。最後求得直徑為一丈的圓，它的圓周長度在三丈一尺四寸一分五厘九毫二秒七忽到三丈一尺四寸一分五厘九毫二秒六忽之間。換句話說即是：如果圓的直徑為 1，那麼圓周小於3.1415927，大大不到千萬分之一。它們的提出，大大方便了計算和實際應用。

卷七・科技卷

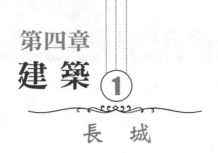

第四章
建築 ①

長城

　　長城，是古代先民智慧的結晶，也是中華民族的象徵，更是中華文明的瑰寶。長城始建於春秋戰國時期，歷時達兩千多年。明長城東起遼寧丹東虎山，西至甘肅嘉峪關，從東向西經10個省市區，總長度達8851.8公里，其中人工牆體長6259.6公里，壕塹和天然形成長度為2592.2公里。綿延萬里的長城並不只是一道單獨的城牆，而是由城牆、敵樓、關城、墩堡、營城、衛所、鎮城烽火臺等多種防禦工事所組成的一個完整的防禦工程體系。

　　此外，長城所蘊藏的文化藝術的內涵也十分豐富，除了城牆、關城、鎮城、烽火臺等本身的建築布局、造型、雕飾、繪畫等建築藝術之外，還有詩詞歌賦、民間文學、戲曲說唱等。古往今來，許多帝王將相、戍邊士卒、騷人墨客、詩詞名家都為長城留下了不朽的篇章。

　　春秋戰國時期，各諸侯國為了防禦別國的入侵，紛紛修築烽火臺，並用城牆連接起來，從而形成了最早的長城。之後的歷代君王幾乎都曾加固、增修過長城。其中，以秦、漢和明三朝的修築規模最為浩大。

　　西元前221年，秦始皇統一六國後，一方面拆毀諸國間的長城，另一方面為防北邊匈奴，又調動軍民上百萬人，命大將蒙恬督築長城，西起洮河沿黃河向東，再按原秦、趙、燕長城走向一直到遼東，綿亙萬餘里，成為中國最早的萬里長城。

　　西漢時，除修繕秦長城外，西面更增築河西、玉門關、居延澤等長城。全長達10000多公里，規模遠逾秦代。東漢初又在西漢長城以內，大興障塞堠塢，總長也達萬里以上。兩漢時期一北一南所築長城，是歷代規模最大的。

　　明長城之多，是歷代之最。主要長城從鴨綠江邊的九連城到甘肅的嘉峪關，全長7500多公里。其中從山海關到嘉峪關間的6350公里的主長城保存較完善，特別是山海關到北京周圍，經戚繼光重新督築過的長城最為壯觀。現存的長城遺跡即主要為始建於14世紀的明長城。

　　長城像一條矯健的巨龍，越群山，經絕壁，穿草原，跨沙漠，起伏在崇山峻嶺之巔，黃河彼岸和渤海之濱。古今中外，凡到過長城的人無不驚歎它的磅礴氣勢、宏偉規模和艱巨工程。長城是一座稀世珍寶的建築，也是藝術非凡的文物古蹟，它象徵著中華民族堅不可摧永存於世的偉大意志和力量，是中華民族的驕傲，也是整個人類的驕傲。

上下兩千年，縱橫十萬里——長城

　　長城，是中國古代的偉大建築，是中華民族的象徵。長城始修築於春秋戰國時期，至今已有兩千多年的歷史。其主要目的在於防禦北方民族的侵襲。長城體系主要由城牆、關城和烽火臺（即烽燧）三部分組成，此外還包括其他附屬設施。

主要結構

城牆
　　是長城防禦工程中的主體部分，根據地形和防禦功能的需要而修建，多建於高山峻嶺或平原險阻之處。在城牆頂上，可觀看敵情、射擊、滾放擂石等。

關牆
　　關城設置的位置至關重要，均是選擇在有利防守的地形之處，以收到以極少的兵力抵禦強大的入侵者的效果。長城沿線的關城有大有小，數量很多。

烽火臺
　　主要用來傳遞軍情。其主要布局在高山險處或是峰迴路轉處，而且相鄰三個臺必須能相互望見，以便於看見和傳遞。此外，烽火臺還為來往使節保護安全、提供食宿、供應馬匹糧秣等服務。

傳說故事

孟姜女哭長城

　　秦朝時，范杞良、孟姜女剛新婚三天，新郎就被抓去修築長城，不久因飢寒勞累而死，屍骨被埋在長城牆下。孟姜女身背寒衣，歷盡艱辛，萬里尋夫來到長城邊，得到的卻是丈夫過世的靈耗。她在長城下痛哭，三日三夜不止，長城為之崩裂，露出范杞良屍骸，孟姜女亦於絕望之中投海而死。

圓明園

　　圓明園，坐落在北京西郊海澱區，與頤和園緊相毗鄰。它始建於康熙四十八年（西元1709年），內有園林風景百餘處，建築面積逾16萬平方公尺，是清朝帝王在150餘年間創建和經營的一座大型皇家宮苑。西元1860年10月，圓明園遭到英法聯軍的洗劫和焚毀，此事件成為中國近代史上一頁屈辱史。

　　圓明園是清代著名的皇家園林之一。在康熙四十六年（西元1707年）時，園已初具規模。西元1709年，康熙皇帝把該園賜給四子胤禛（後來的雍正帝），並賜名「圓明園」。雍正皇帝於西元1723年即位後，拓展原賜園，並在園南增建了正大光明殿和勤正殿以及內閣、六部、軍機處諸值房，御以「避喧聽政」。乾隆皇帝在位60年，對圓明園歲歲營構，日日修華，浚水移石，費銀千萬。他除了對圓明園進行局部增建、改建之外，還在緊東鄰新建了長春園，在東南鄰並入了綺春園。至乾隆三十五年（西元1770年），圓明三園的格局基本形成。嘉慶朝時，主要對綺春園進行修繕和拓建，使之成為主要園居場所之一。道光朝時，國事日衰，財力不足，但寧撤萬壽、香山、玉泉「三山」的陳設，罷熱河避暑與木蘭狩獵，仍不放棄圓明三園的改建和裝飾……圓明園經清朝五位皇帝長達150多年的經營，使之營造成一座規模宏偉、景色秀麗的離宮，被清帝特稱為「御園」。

　　圓明園總體上是由圓明園、長春園和綺春園這三座相互連通、實為一體的園林組成的。三園可各自劃分為數十個景點，每個景點都以一組建築為中心，景點中的每組建築都包括了若干個院落，而每一個院落又分別有幾幢建築。這種園中有園、層層嵌套的格局是圓明園的一個重要特徵。

　　圓明園不僅集中了中國園林藝術的精粹，還融會了東西方各種建築風格，集當時古今中外造園藝術之大成。園中有宏偉的宮殿，有輕巧玲瓏的樓閣亭臺；有象徵熱鬧街市的「買賣街」，有象徵農村景色的「山莊」；有仿照杭州西湖的平湖秋月、雷峰夕照，有仿照蘇州獅子林的風景名勝；還有仿照古代詩人、畫家的詩情畫意建造的，如蓬萊瑤臺、武陵春色等。

　　圓明園的毀敗始於1860年第二次鴉片戰爭期間英法聯軍的大規模縱火搶劫。目前圓明三園內有跡可考的遺址大多分布在西洋樓一帶，包括海晏堂大錫海，諧奇趣、方外觀殘存石柱石臺，大水法西洋式石門及噴水池，綺春園單孔橋，圓明園別有洞天石舫等。

萬園之園——圓明園

圓明園，位於北京西北郊。是一座舉世聞名的皇家園林。原為清代一座大型皇家御苑，由圓明園、長春園、綺春園三園組成。圓明園平面布局呈倒置的品字形，占地總面積約346.7萬平方公尺。被世人冠以「萬園之園」、「世界園林的典範」、「東方凡爾賽宮」等諸多美名。1860年10月6日，英法聯軍入侵北京圓明園，瘋狂搶掠，焚燒建築，肆意破壞，園中珍寶損失殆盡。

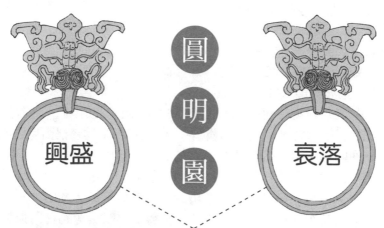

興盛 圓明園 衰落

圓明園有園林風景百餘處，建築面積逾16萬平方公尺，是清朝帝王在150餘年間創建和經營的一座大型皇家宮苑。雍正、乾隆、嘉慶、道光、咸豐五朝皇帝，都曾長年居住在圓明園優遊享樂，並於此舉行朝會、外理政事，它與紫禁城（故宮）同為當時的全國政治中心，被清帝特稱為「御園」。

圓明園的毀敗始於1860年第二次鴉片戰爭期間英法聯軍的大規模縱火搶劫。1900年八國聯軍侵占北京，西郊諸園再遭劫掠。民國初期的軍閥，持續二十多年把圓明園凡能做建築材料的東西搜羅殆盡。至此，圓明園建築、林木、磚石皆已蕩然無存。宣統末年，當地旗人已在園內的宮殿舊址上築屋，昔日的皇家園林麥壟相望。1940年以後的日本占領時期，農戶陸續入園平山填湖，開田種稻。圓明園早已面目全非。

卷七・科技卷

黃鶴樓

　　黃鶴樓，位於湖北省武漢市蛇山的黃鵠磯頭，面對鸚鵡洲，與湖南岳陽樓、江西滕王閣、山東蓬萊閣合稱中國四大名樓，素有「天下絕景」和「天下江山第一樓」之美譽。這裏地處江漢平原東緣，鄂東南丘陵餘脈起伏於平野湖沼之間，龜蛇兩山相夾，江上舟楫如織，黃鶴樓天造地設於斯。黃鶴樓是古典與現代熔鑄、詩化與美意構築的精品。

　　黃鶴樓始建於三國時期孫吳政權黃武二年（西元223年），傳說是為了軍事目的而建，孫權為實現「以武治國而昌」（「武昌」的名稱由來於此），築城為守，建樓以瞭望。至唐朝，其軍事性質逐漸演變為著名的名勝景點。

　　黃鶴樓歷代屢毀屢建，現樓為1981年重建，以清代「同治樓」為原型設計。黃鶴樓共五層，高50.4公尺，塔尖頂，層層飛簷，四望如一。在主樓周圍還建有聖像寶塔、碑廊、山門等建築。整個建築具有獨特的民族風格。黃鶴樓內部，層層風格不相同。底層為一高大寬敞的大廳，其正中藻井高達10多公尺，正面壁上為一幅巨大的「白雲黃鶴」陶瓷壁畫，兩旁立柱上懸掛著長達7公尺的楹聯：爽氣西來，雲霧掃開天地撼；大江東去，波濤洗淨古今愁。二樓大廳正面牆上，有用大理石鐫刻的唐代閻伯理撰寫的《黃鶴樓記》，它記述了黃鶴樓興廢沿革和名人逸事；樓記兩側為兩幅壁畫，一幅是「孫權築城」，形象地說明黃鶴樓和武昌城相繼誕生的歷史；另一幅是「周瑜設宴」，反映三國名人去黃鶴樓的活動。三樓大廳的壁畫為唐宋名人的「繡像畫」，如崔顥、李白、白居易等，也摘錄了他們吟詠黃鶴樓的名句。四樓大廳用屏風分割幾個小廳，內置當代名人字畫，供遊客欣賞、選購。頂樓大廳有《長江萬里圖》等長卷、壁畫。

　　登上黃鶴樓，武漢三鎮的旖旎風光歷歷在目，遼闊神州的錦繡山河也遙遙在望。由於這獨特的地理位置，以及前人流傳至今的詩詞、文賦、楹聯、匾額、摩岩石刻和民間故事等，使黃鶴樓成為山川與人文景觀相互倚重的文化名樓。

　　黃鶴樓從北宋至20世紀50年代，還曾作為道教聖地，是神話傳說中呂洞賓傳道、修行、教化的道場。

天下江山第一樓——黃鶴樓

　　黃鶴樓，位於武漢市蛇山的黃鵠磯頭，相傳始建於三國時期，歷代屢毀屢建。現樓為1981年重建，以清代「同治樓」為原型設計。由於獨特的地理位置，以及前人流傳至今的詩詞、文賦、楹聯、匾額、摩崖石刻和民間故事，使黃鶴樓成為自然景觀與人文景觀相互倚重的文化名樓，素有「天下絕景」和「天下江山第一樓」的美譽。

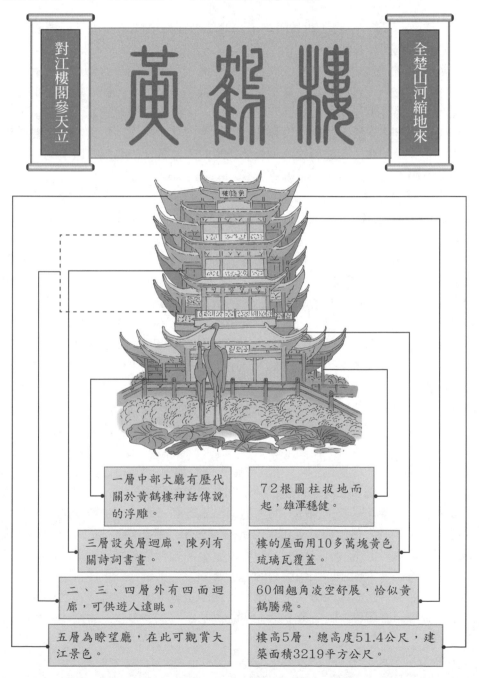

對江樓閣參天立

全楚山河縮地來

黃鶴樓

一層中部大廳有歷代關於黃鶴樓神話傳說的浮雕。

72根圓柱拔地而起，雄渾穩健。

三層設夾層迴廊，陳列有關詩詞書畫。

樓的屋面用10多萬塊黃色琉璃瓦覆蓋。

二、三、四層外有四面迴廊，可供遊人遠眺。

60個翹角凌空舒展，恰似黃鶴騰飛。

五層為瞭望廳，在此可觀賞大江景色。

樓高5層，總高度51.4公尺，建築面積3219平方公尺。

滕王閣

　　南昌滕王閣，位於江西省南昌市西北部沿江路贛江東岸，它與湖北黃鶴樓、湖南岳陽樓為並稱為「江南三大名樓」，並居「江南三大名樓」之首。

　　滕王閣建築規模很大，閣高九丈，共三層。滕王閣飽經滄桑，歷史上屢毀屢建達28次之多，世所罕見。據記載，唐高祖李淵之子李元嬰於永徽三年遷任蘇州刺史，調任洪州都督時建此閣以為別居。由於李元嬰封號為「滕王」，故名滕王閣。20多年後，當時的洪州都督閻伯嶼首次重修。竣工後，閻伯嶼聚集文人雅士作文記事，途經於此的王勃於此時寫下了其代表名篇《滕王閣序》。並由此令滕王閣名揚四海。

　　滕王閣現存建築為第29次仿宋修建。主閣的色彩，絢爛而華麗。其梁枋彩畫採用宋式彩畫中的「碾玉裝」為主調，輔以「五彩遍裝」及「解綠結華裝」。室內外斗拱用「解綠結華裝」，突出大紅基調，拱眼壁也按此色調繪製，底色用奶黃色。室內外所有梁枋各明間用「碾玉裝」，各次間用「五彩遍裝」，天花板每層圖案各異，支條深綠色，大紅井口線，十字口梔子花。椽子、望板均為大紅色，柱子油朱紅色，門窗為紅木家具色。室外平坐欄杆油古銅色。

　　滕王閣主閣建築淨高57.5公尺，建築面積13000平方公尺。其下部為象徵古城牆的12公尺高臺座，分為兩級。臺座以上的主閣取「明三暗七」格式，即從外面看是三層帶迴廊建築，而內部卻有七層，就是三個明層，三個暗層，加屋頂中的設備層。新閣的瓦件全部採用宜興產碧色琉璃瓦，因唐宋多用此色。正脊鴟吻為仿宋特製，高達3.5公尺。勾頭、滴水均特製瓦當，勾頭為「滕閣秋風」四字，而滴水為「孤鶩」圖案。臺座之下，有南北相通的兩個瓢形人工湖，北湖之上建有九曲風雨橋。樓閣雲影，倒映池中，盎然成趣。

　　步入閣中，彷彿置身於一座以滕王閣為主題的藝術殿堂。在第一層正廳有一幅表現王勃創作《滕王閣序》的大型漢白玉浮雕《時來風送滕王閣》，巧妙地將滕王閣的動人傳說與歷史事實融為一體。第二層正廳是23.90×2.55公尺的大型工筆重彩壁畫《人傑圖》，繪有自秦至明的80位各領風騷的江西歷代名人。這與第四層表現江西山川精華的《地靈圖》，堪稱雙璧，令人歎為觀止。第五層是憑欄騁目的最佳處。進入廳堂，迎面是蘇東坡手書的千古名篇《滕王閣序》。每一層都有一個主題，亦都與閣有關。

江南三大名樓之首——滕王閣

　　滕王閣，坐落於南昌市西北，贛江東岸，始建於唐永徽四年。與岳陽樓、黃鶴樓並稱江南三大名樓，因「初唐四傑」之首的王勃的《滕王閣序》而名貫古今，譽滿天下。滕王閣建築規模宏大，閣高九丈，共三層。滕王閣飽經滄桑，歷史上屢毀屢建達28次之多，現存建築為第29次仿宋修建。

　　滕王閣主閣一層東抱廈的正門門前紅柱上，懸掛著一幅4.5公尺長的不鏽鋼拱聯，是毛澤東生前手筆：

落霞與孤鶩齊飛

秋水共長天一色

詩　詞　欣　賞

滕王閣

王勃

滕王高閣臨江渚，
佩玉鳴鸞罷歌舞。
畫棟朝飛南浦雲，
珠簾暮捲西山雨。
閒雲潭影日悠悠，
物換星移幾度秋。
閣中帝子今何在？
檻外長江空自流。

第五章

紡 織

黃道婆

　　黃道婆（約西元1245～1330年），宋末元初知名棉紡織家，又名黃婆、黃母。松江府烏泥涇鎮（今上海市華涇鎮）人。由於傳授先進的紡織技術以及推廣先進的紡織工具，而受到百姓的敬仰。在清代的時候，被尊為布業的始祖。

　　黃道婆出身貧苦，少年受家庭壓迫而流落崖州（今海南島），以道觀為家，跟隨著其他黎族姐妹工作、生活，並學會運用製棉工具和織崖州被的方法。元代元貞年間（西元1295～1296年）重返故鄉，從事紡織，教當地婦女棉紡織技術，並且製成一套挹、彈、紡、織工具（如攪車、椎弓、三錠腳踏紡車等），提高了紡紗效率。

　　此外，她還把從黎族人民那裏學來的織造技術，結合自己的實踐經驗，總結出一套比較先進的「錯紗、配色、綜線、絜花」等織造技術，熱心向人們傳授。因此，當時烏泥涇出產的被、褥、帶、帨等棉織物，上有折枝、團鳳、棋局、字樣等各種美麗的圖案，鮮豔如畫。由於烏泥涇和淞江一帶人民迅速掌握了先進的織造技術，一時「烏泥涇被不脛而走，廣傳於大江南北」。當時的太倉、上海等地區都加以仿效。棉紡織品五光十色，呈現了空前盛況。淞江布匹有「衣被天下」的美稱。這些紡織品遠銷各地，很受歡迎，很快淞江一帶就成為全國最大的棉紡織中心，歷幾百年久而不衰。16世紀初，當地人民織出的布，一天就有上萬匹。18世紀乃至19世紀，淞江布更遠銷歐美，獲得了很高聲譽。這偉大的成就其中當然凝聚了黃道婆的大量心血。

　　黃道婆去世以後，松江人民感念她的恩德，在順帝至元二年（西元1336年），為她立祠，歲時享祀。後因戰亂，祠被毀。至正二十二年（西元1362年）鄉人張守中重建並請王逢作詩紀念。明熹宗天啟六年（西元1626年）張之象塑其像於寧國寺。清嘉慶年間，上海城內渡鶴樓西北小巷，立有小廟。黃道婆墓在上海縣華涇鎮北面的東灣村，於1957年重新修建並立有石碑。上海的南市區曾有先棉祠，建黃道婆禪院。上海豫園內，有清咸豐時作為布業公所的跋織亭，供奉黃道婆為始祖。在黃道婆的故鄉烏泥涇，至今還傳頌著「黃婆婆，黃婆婆，教我紗，教我布，兩只筒子兩匹布」的民謠。

　　黃道婆對棉紡織技術的巨大貢獻，贏得了當地人民深情的熱愛和永久的紀念。她是古代勞動婦女勤奮、聰明、慈愛、無私的傑出典型，她的名字和功績將永遠留在人們的記憶中。

中國紡織技術革新的始祖——黃道婆

　　黃道婆，宋末元初知名棉紡織家，是中國紡織技術革新的鼻祖。其出身貧苦，少年受家庭壓迫流落崖州，以道觀為家，跟隨著其他黎族姐妹工作、生活，並學會運用制棉工具和織崖州被的方法。後重返家鄉傳授先進的紡織技術，推廣先進的紡織工具，因而受到百姓的敬仰。在清代的時候，被尊為布業的始祖。

　　教人製棉紡織；推廣攪車、彈棉弓、紡車等器具；傳授「錯紗配色」等技術。

　　淞江、太倉和蘇杭等地，採用黃道婆的新法，以致有「松郡棉布，衣被天下」的盛稱。製棉業也逐漸興旺起來，棉紡織品盛況空前。黃道婆的一生刻苦學習研究、辛勤勞動實踐，有力地影響和推動了中國棉紡織業的發展，堪稱中國棉紡織業技術革新的鼻祖。

黃　道　婆

卷七·科技卷

有關黃道婆的民謠

　　黃婆婆，黃婆婆，
　　教我紗，教我布，
　　兩只筒子兩匹布。

有關黃道婆的詩詞

竹枝詞·詠黃道婆
清·秦榮光
烏泥涇廟祀黃婆，標布三林出數多。
衣食我民真眾母，千秋報賽奏弦歌。

綾

　　綾，是斜紋地上起斜紋花的中國傳統絲織物，是在綺的基礎上發展起來的。綾始產於漢代以前，盛於唐、宋。綾光滑柔軟，質地輕薄，常用於書畫裝裱、製作衣服等。用作裝裱圖畫、書籍及高級禮品盒等的稱「裱畫綾」。

　　綾類絲綢按原料分有純桑蠶絲織品、合纖織品和交織品。綾類織物的地紋是各種經面斜紋組織或以經面斜紋組織為主，混用其他組織製成的花素織物，常見的綾類織物品種有花素綾、廣綾、交織綾、尼棉綾等，素綾是用純桑蠶絲做原料的絲織品，它質地輕薄，用於裱表裱圖，其他綾類織物色光漂亮，手感柔軟，可以做四季服裝。

　　綾是中國傳統絲織物的一類。最早的綾表面呈現疊山形斜路，「望之如冰凌之理」而故名。綾有花、素之分。《正字通：系部》：「織素為文者曰綺，光如鏡面有花卉狀者曰綾。」綾採用斜紋組織或變化斜紋組織。傳統花綾一般是斜紋組織為地，上面起單層的暗光織物。綾質地輕薄、柔軟。綾在漢代以前就有了，漢代的散化綾用多綜多躡機織造，三國時馬鈞對綾機加以改革，能織禽獸人物較複雜的紋樣，唐代綾得到了很大發展，唐白居易《杭州春望》詩：「紅袖織綾誇柿蒂，青旗酤灑趁梨花。」唐代的官員們都用綾做官服。在繁多的品種中，浙江的繚綾最為有名，宋代在唐的基礎上又增加了狗蹄、柿蒂、雜花盤雕和濤水波等名目。元、明、清時期產量漸減。

　　花綾的組織主要有兩種。一種是花、地組織循環數相同而斜紋方向相反的，稱異向綾，地組織如採用右斜，則花組織為左斜。現存唐代實物有外國人從敦煌盜去的幾塊和日本正倉院收藏葡萄唐草紋實物。銀川西夏正獻王墓和鎮江南宋周瑀墓中也有異向綾出土。由於異向綾織物花部與地部緊度相同，織物非常平整，這種組織至今仍然經常使用。另一種是花、地組織斜向相同而組織循環數不同，稱同向綾。敦煌出土的一塊唐代佛經封面的裱綾就屬於這一種，紋樣為圖案化花卉，地部採用右斜而花部也採用右斜。較晚的同向綾的組織循環數差異更大。例如，福建出土的一塊明萬曆年間梅花綾，花部採用右斜地部也為右斜。織物地部緊度大而花部緊度小，紗線產生位移，而使花紋具有凹凸效果。

中國傳統絲織物——綾

　　綾，中國傳統絲織物的一類，是在綺的基礎上發展起來的。主要指各種斜紋作地組織，綢面有明顯斜向紋路的花素絲織物。始產於漢代以前，盛於唐、宋。

特點
　　質地輕薄、手感柔軟、光澤柔和、色彩漂亮。

種類
　　花素綾、廣綾、交織綾、尼棉綾等。

用途
　　主要用於書畫裝裱，也可用於刺繡、衣料等。

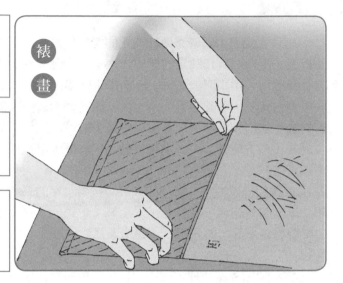

裱畫

花綾組織分類

異 向 綾

　　花、地組織循環數相同，而斜紋方向相反的綾。特點是，織物花部與地部緊度相同，織物非常平整。

同 向 綾

　　花、地組織斜向相同，而組織循環數不同的綾。特點是，織物地部緊度大而花部緊度小，紗線產生位移，而使花紋具有凹凸效果。

卷七‧科技卷

雲　錦

　　南京雲錦是中國優秀傳統文化的傑出代表，因其絢麗多姿，美如天上雲霞而得名，至今已有1580年的歷史。南京雲錦與成都的蜀錦、蘇州的宋錦、廣西的壯錦並稱「中國四大名錦」。而南京雲錦則集歷代織錦工藝藝術之大成，位於中國古代三大名錦之首，元、明、清三朝均為皇家御用品貢品。雲錦因其豐富的文化和科技內涵，被專家稱做是中國古代織錦工藝史上最後一座里程碑，公認為「東方瑰寶」、「中華一絕」。亦是中華民族和全世界最珍貴的歷史文化遺產之一。

　　在古代絲織物中，錦是代表最高技術水平的織物。「錦」字，是「金」字和「帛」字的組合，《釋名‧采帛》：「錦，金也。作之用功重，其價如金。故唯尊者得服。」這是說，錦是豪華貴重的絲帛，在古代只有達官貴人才能穿得起。

　　雲錦配色多達18種，運用「色暈」層層推出主花，富麗典雅、質地堅實、花紋渾厚優美、色彩濃豔莊重，而且大量使用金線，形成金碧輝煌的獨特風格。現代只有南京生產，常稱為「南京雲錦」。

　　雲錦的誕生應歸功於蘇州的緙絲，它實際是蘇州緙絲衍生出來的附屬品。南京雲錦工藝獨特，用老式的提花木機織造，必須由提花工和織造工兩人配合完成，兩個人一天只能生產5～6公分，這種工藝至今仍無法用機器替代。雲錦主要特點是逐花異色，從雲錦的不同角度觀察，繡品上花卉的色彩是不同的。由於被用於皇家服飾，所以雲錦在織造中往往用料考究、不惜工本、精益求精。雲錦喜用金線、銀線、銅線及長絲、絹絲，各種鳥獸羽毛等來織造，如在皇家雲錦繡品上的綠色是用孔雀羽毛織就的，每個雲錦的紋樣都有其特定的含義。

　　雲錦在元、明、清王朝皇室御用龍袍、冕服，官吏士大夫階層的貴婦衣裝，以及民間宗室，喜慶、婚禮服飾等應用的範疇裏。它匯集了以絲質（材料、組織）肌理美、色彩和諧美、紋樣情愫美的裝飾美化特徵，以「質與紋」、「巧與藝」、「意與象」三者結合的內容與形式，達到科技與文藝，兩者完善統一的形態美感。

東方瑰寶——雲錦

　　雲錦是一種中國傳統提花絲織錦緞，為南京特產。至今有1580年的歷史。雲錦有「織金」、「庫錦」、「庫緞」、「妝花」等主要品種流傳至今。因其圖案絢麗、紋飾華美如天上雲霞而得名，與四川蜀錦、蘇州宋錦、廣西壯錦並稱「中國四大名錦」。

獨特工藝

南京雲錦工藝獨特，用老式的提花木機織造，必須由提花工和織造工兩人配合完成，兩個人一天只能生產5～6公分，這種工藝至今仍無法用機器替代。

主要特點

圖案布局嚴謹莊重，紋樣造型簡練概括，色彩豔麗，暈色和諧，典麗渾厚，自然天成。喜用金線、銀線、銅線及長絲、絹絲、各種鳥獸羽毛等來織造，每個雲錦的紋樣都有其特定的含義。

主要用途

雲錦在元、明、清王朝皇室主要用作御用龍袍、冕服，官吏士大夫階層的貴婦衣裝，以及民間宗室，喜慶、婚禮服飾等。

雲  錦

美麗傳說

　　相傳，古南京城內，有個財主逼著織錦老人張永趕織一塊「松齡鶴壽」的雲錦掛屏。可憐老人年老體衰，一夜才織出五寸半，終因疲勞過度而暈倒。當他醒來後，發現有兩個姑娘已經幫他把錦織好了。張永把雲錦往機子下捲，沒想到雲錦怎麼也拉不完、捲不盡。財主聽說後，帶人來搶這臺神奇的織錦機。結果被雲錦上的兩隻仙鶴啄瞎了眼睛。後來人們傳說，那天夜裏幫張永織錦的兩個美麗姑娘就是雲錦娘娘身邊的兩個仙女，奉雲錦娘娘之命，特地下凡幫窮人整治財主的。

卷七‧科技卷

醫學卷

現今，中西方各方面的交流空前盛大和密切，二者在很多領域都在進行著相當激烈的競爭，其中，中西醫之間的碰撞就是備受關注的事件之一。而且，隨著時間的發展，西醫憑藉擁有現代化的醫療機械先進設備，對中醫發出咄咄逼人的進攻，似乎中醫只有招架之功而無還手之力了，更有甚者，將中醫扣上了「偽中醫」的帽子。在此種情況下，關注傳統醫學的年輕人越來越少，許多具有中國特色的傳統技術如針灸等，甚至面臨著無人承繼、失傳的危險。這無疑是讓人痛心。

其實，如果我們能夠多了解一下中國古代那些留名千古的名醫，多接觸一下那些曾經領先於世界幾百年的治療方法，多關注一下中國所特有的醫療體系和學說，多體會一下那些流傳下來的、凝聚著古人智慧和全部心血的醫書。了解這些醫典的創作需經過醫者自身何等艱苦的實踐過程，也許我們就可以知曉中醫的科學性，以及它是何等博大精深了。要知道，西醫不是萬能的，即使不用現代化的醫療器械，中醫也可以做到西醫所力不能及的事情。

五行學說

五行學說，是指將古代哲學理論中以木、火、土、金、水五類物質的特性及其生克制化規律來認識、解釋自然的系統結構，並將這種方法論運用到醫學中而建立的基本理論，用以解釋人體內臟之間的相互關係、臟腑組織器官的屬性、運動變化及人體與外界環境的關係。

五行學說，主要是以相生、相剋的規律來說明事物之間的相互關係，五行相生的規律是：木生火，火生土，土生金，金生水，水生木；其相剋的規律是：木剋土，土剋水，水剋火，火剋金，金剋木。

五行在中醫上的應用主要有如下方面：

（1）用以說明五臟的生理活動特點：中醫將這五種物質與人體五臟一一對應。如肝喜條達，有疏泄的功能，木有生發的特性，故以肝屬「木」；心陽有溫煦的作用，火有陽熱的特性，故以心屬「火」；脾為生化之源，土有生化萬物的特性，故以脾屬「土」；肺氣主肅降，金有清肅、收斂的特性，故以肺屬「金」；腎有主水、藏精的功能，水有潤下的特性，故以腎屬「水」。

（2）用以闡明臟腑組織的內在關聯：它們之間同樣存在相生相剋的關係。如腎（水）之精以養肝，肝（木）藏血以濟心，心（火）之熱以溫脾，脾（土）化生水穀精微以充肺，肺（金）清肅下行以助腎水。肺（金）氣清肅下降，可以抑制肝（木）的上亢；肝（木）的條達，可以疏泄脾（土）的壅鬱；脾（土）的運化，可以制止腎（水）的泛濫；腎（水）的滋潤，可以防止心火的亢烈；心（火）的陽熱，可以制約肺（金）過於清肅。

（3）用以解釋人體與外界的關係：五行學說應用於生理，就在於說明人體臟腑組織之間，以及人體與外在環境之間相互連結的統一性。

（4）用以說明臟腑間的病理影響：如肝病可以傳脾，是木乘土；脾病也可以影響肝，是土侮木；肝脾同病，互相影響，即木鬱土虛或土壅木鬱；肝病還可以影響心，為母病及子；影響肺，為木侮金；影響腎，為子病及母。肝病是這樣，其他臟器的病變也是如此，都可以用五行生克乘侮的關係，說明它們在病理上的相互影響。

（5）用以對疾病的診斷和治療：①在疾病診斷上的運用：五臟中任何一臟有病，都可以傳及其他四臟，用五行學說來分析，存在著相乘、相侮、母病及子和子病及母四種傳變關係。②在疾病治療上的運用：控制五臟疾病的傳變；確定治療原則。

相互生克的五行學說

　　五行學說，是中國古代哲學思想。五行是指金、木、水、火、土，多用於哲學、中醫學和占卜方面。五行學說認為宇宙萬物都由這五種基本物質的運行和變化所構成。因此，古代醫學家借用五行學說來解釋人體生理、病理的各種現象，並用以總結醫學知識和臨床經驗，逐漸形成了以五行學說為基礎的醫學理論體系。

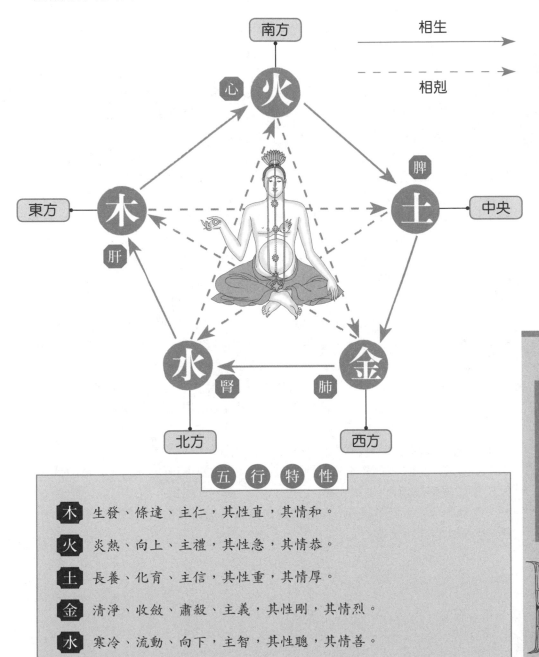

相生

相剋

南方

心 火

脾

東方 木 土 中央

肝

水 金

腎 肺

北方 西方

五 行 特 性

木 生發、條達、主仁，其性直，其情和。

火 炎熱、向上、主禮，其性急，其情恭。

土 長養、化育、主信，其性重，其情厚。

金 清淨、收斂、肅殺、主義，其性剛，其情烈。

水 寒冷、流動、向下，主智，其性聰，其情善。

針 灸

　　針灸，針法和灸法的合稱。針法是把針體按一定穴位刺入患者體內，運用撚轉與提插等針刺手法來治療疾病。灸法是把燃燒著的艾絨按一定穴位熏灼皮膚，利用熱的刺激來治療疾病。針灸由「針」和「灸」構成，是中醫學的重要組成部分之一，其內容包括針灸理論、腧穴、針灸技術以及相關器具，在形成、應用和發展的過程中，具有鮮明的漢民族文化與地域特徵，是基於漢民族文化和科學傳統產生的寶貴遺產。

　　針灸是一種中國特有的治療疾病的手段。它是一種「內病外治」的醫術，是利用經絡、腧穴的傳導作用，以及應用一定的操作法，來治療全身疾病的。在臨床上按中醫的診療方法診斷出病因，找出疾病的關鍵，辨別疾病的性質，確定病變屬於哪一經脈，哪一臟腑，辨明它是屬於表裏、寒熱、虛實中哪一類型，作出診斷；然後進行相應的配穴處方，進行治療；以通經脈，調氣血，使陰陽歸於相對平衡，使臟腑功能趨於調和，從而達到防治疾病的目的。

　　針與灸是治療方法的兩個方面，多用針法來治療急性病，用灸法來治療慢性病。中醫學中針灸治療的理論基礎在於傳統的中醫臟腑陰陽經絡學說。和中醫的方劑治療方法相比較，針灸治療的特點是療效快、簡單、便宜。

　　中醫施針的穴位，按深度分為天、人、地三層，當針灸到達每一層時，均有「針感」，患者會感到痠、脹、麻，而施術的醫生則有黏針的感覺。

　　針灸療法最早見於戰國時期問世的《黃帝內經》一書。《黃帝內經》說：「藏寒生滿病，其治宜灸」，便是指灸術，其中詳細描述了九針的形制，並大量記述了針灸的理論與技術。兩千多年來，針灸療法一直在中國流行，並早在西元6世紀，中國的針灸學術就開始傳播到了國外。

　　針灸是一門古老而神奇的科學。而針灸的出現，則可追溯到新石器時代。針灸療法是醫學遺產的一部分，也是中國特有的一種民族醫療方法；千百年來，對保障健康，繁衍民族，有過卓越的貢獻，直到現在，仍然擔當著這個任務，為廣大群眾所信賴。

內病外治的醫術——針灸

　　針灸是針法和灸法的合稱。針法是把針體按一定穴位刺入患者體內，用撚、提等手法來治療疾病。灸法是把燃燒著的艾絨按一定穴位熏灼皮膚，利用熱的刺激來治療疾病。它利用經絡、腧穴的作用，以及應用一定的手法，來治療全身疾病。它「內病外治」，是一種中國所特有的治療疾病的手段。

針	灸
病理	
多治療 急性病	多治療 慢性病
特點	
針法是把毫針按一定穴位刺入患者體內，運用撚轉與提插等針刺手法來治療疾病。	灸法是把燃燒著的艾絨按一定穴位熏灼皮膚，利用熱的刺激來治療疾病。
分類	
溫針法、火針法、皮膚針法、刺絡法、皮內針法、電針法、耳針法、頭皮針法、眼針法、腕踝針法	艾灸法、非艾灸法

治　療　作　用

疏通經絡

調和陰陽

扶正祛邪

治　療　過　程

按中醫診療方法診斷出病因
↓
找出疾病的關鍵，辨別疾病的性質
↓
確定病變位置，辨明病症類型
↓
作出診斷，進行相應的配穴處方
↓
依據配穴處方進行治療

卷八・醫學卷

拔　罐

　　拔罐古代稱為「角法」，通常又稱為「拔火罐」或「拔罐子法」，是以罐為工具，利用燃燒、擠壓等方法排除罐內空氣，造成負壓，使罐吸附於體表特定部位（患處、穴位），產生廣泛刺激，形成局部充血或淤血現象，從而達到防病治病、強壯身體的一種治療方法。這種療法經常與針灸、放血療法配合使用。古代醫家在治療瘡瘍膿腫時常用它來吸血排膿，後來又擴大應用於肺癆、風濕等內科疾病。

　　傳統火罐主要有竹筒罐、陶瓷罐、玻璃罐、角製罐、紫銅罐等。拔罐形式主要有閃罐、走罐（滑罐）、留罐三種。

　　拔罐與針灸一樣，也是一種物理療法，而且拔火罐是物理療法中最優秀的療法之一。

　　拔罐的理論基礎建立在經絡學說上，經絡學說是中醫學重要的理論基礎之一，它和陰陽五行、營衛、氣血及臟腑等共同構築了一個完整理論體系。「經」即徑，如通達各處的路徑；「絡」即網，如錯綜連綴的網絲。經是縱行的幹線，絡是橫出的旁支，它們互相貫穿在人體的上下、左右、前後、內外，從而或深或淺地把五臟、六腑、頭面、軀幹、四肢等都聯繫起來，成為一個有機的整體，經過協調運作完成各項複雜地內在功能。

　　拔罐療法可以逐寒祛濕、疏通經絡、祛除淤滯、行氣活血、消腫止痛、拔毒瀉熱，具有調整人體的陰陽平衡、解除疲勞、增強體質的功能，從而達到扶正祛邪、治癒疾病的目的。所以，許多疾病都可以採用拔罐療法進行治療。比如，人到中年，多會筋骨疼，按中醫的解釋多屬風濕入骨。拔火罐時罐口摀在患處，可以慢慢吸出病灶處的濕氣，同時促進局部血液循環，達到止痛、恢復機能的目的，從而治療風濕「痹痛」筋骨痠楚等不適。

　　拔罐對於疏緩肌肉的強硬疼痛，效果快速良好。也常用於治療因疲勞所致的膏肓緊崩疼痛。而配合刺血的拔罐，更是民俗療法常見的手法。但對於虛弱所致的疲勞痠痛，當以調理氣血為主，不宜頻繁反覆使用拔罐。

　　拔罐療法已有兩千餘年的歷史，並已形成了一套完整而獨特的治療疾病的方法。

物理療法——拔罐

拔罐，是一種物理療法，也是民間流傳很久的一種獨特的治病方法，古稱「角法」，俗稱「拔罐子」、「吸筒」等。傳統火罐主要有竹筒罐、陶瓷罐、玻璃罐、角製罐、紫銅罐等。

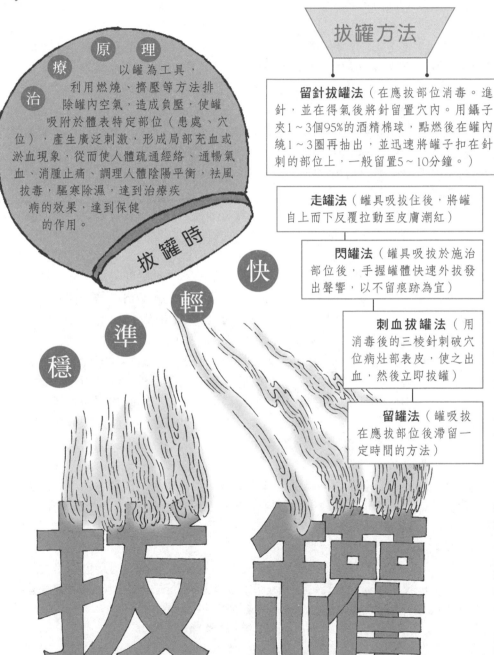

原理（治療）以罐為工具，利用燃燒、擠壓等方法排除罐內空氣，造成負壓，使罐吸附於體表特定部位（患處、穴位），產生廣泛刺激，形成局部充血或淤血現象，從而使人體疏通經絡、通暢氣血、消腫止痛、調理人體陰陽平衡，祛風拔毒，驅寒除濕，達到治療疾病的效果，達到保健的作用。

拔罐時　快　輕　準　穩

拔罐方法

留針拔罐法（在應拔部位消毒。進針，並在得氣後將針留置穴內。用鑷子夾1～3個95%的酒精棉球，點燃後在罐內繞1～3圈再抽出，並迅速將罐子扣在針刺的部位上，一般留置5～10分鐘。）

走罐法（罐具吸拔住後，將罐自上而下反覆拉動至皮膚潮紅）

閃罐法（罐具吸拔於施治部位後，手握罐體快速外拔發出聲響，以不留痕跡為宜）

刺血拔罐法（用消毒後的三棱針刺破穴位病灶部表皮，使之出血，然後立即拔罐）

留罐法（罐吸拔在應拔部位後滯留一定時間的方法）

拔罐

氣　功

　　氣功，是中國特有的一種健身術。基本分兩大類，一類以靜為主，靜立、靜坐或靜臥，使精神集中，並且用特殊的方式進行呼吸，促進循環、消化等系統的功能。另一類以動為主，一般用柔和的運動操、按摩等方法，堅持經常鍛鍊以增強體質。

　　氣功大致是以調心、調息、調身為手段，以防病治病、益壽延年、開發潛能為目的的一種身心鍛鍊方法。調心是調控心理活動，調息是調控呼吸運動，調身是調控身體的姿勢和動作。這三調是氣功鍛鍊的基本方法，是氣功學科的三大要素或稱基本規範。

　　氣功是人們在生產、生活、醫療保健等多種實踐中，逐漸總結而形成的。氣功療法與體育療法有關聯卻又有區別，它可以包括體育療法，但體育療法卻代替不了氣功療法。肢體運動始終只是氣功調心的手段之一，呼吸運動也是為調心服務的，三調是統一的整體，必以調心為核心。內練與外練是結合的，應以內練為主。氣功之氣是指「內氣」、「真氣」，是人體自有的一種能量，可以用意念調動真氣達到病灶或其他部位從而達到祛病的作用。氣功療法具有綜合性的特點，至少它是心理療法與體育療法的綜合。

　　氣功療法包含心理療法，但是與心理療法有區別。心理療法一般是指醫生用語言、表情、姿勢、態度等，對覺醒狀態下的病人進行說理、暗示治療；或用一些特殊的誘導方法，使病人引起一種表面上類似於睡眠的催眠狀態，再對呈催眠狀態下的病人進行暗示治療。故病人始終是被動的。而氣功療法的特點是發揮病人的主觀能動性，病人在醫生指導下，透過自我鍛鍊從而加強自我控制能力而收效。

　　氣功與宗教有著本質的區別。氣功作為一門科學，不涉及各教派的宗旨與教義，只從教徒的修煉實踐中提取科學的內涵。這反映在道藏、佛經中也記載了不少古代氣功的資料；另外宗教中的一些理論，也常為練功者所借鑑。

　　氣功具有如下方面的特點：

　　（1）經絡、穴位、氣血學說是中國傳統醫學的理論，同時也是氣功的理論基礎——經絡是氣血運行的通道，穴位是氣血運行的出入口。氣功健身祛病的道理在於穴位受到良性刺激，氣血在經絡中運行通暢。

　　（2）氣功體現了天人合一、形神合一的整體觀。

　　（3）氣功受道家、儒家、佛家和醫家的影響，逐步形成氣功博大精深的理論體系和豐富多彩的養生技術。

中國特有的健身術——氣功

　　氣功是中國特有的一種健身術。基本分兩大類，一類以靜為主，靜立、靜坐或靜臥，使精神集中，並且用特殊的方式進行呼吸，促進循環、消化等系統的功能。另一類以動為主，一般用柔和的運動操、按摩等方法，堅持經常鍛鍊以增強體質。古稱氣功為吐納、導引、行氣、服氣、食氣、練氣、靜坐、坐禪或內功等。

天人合一、形神合一

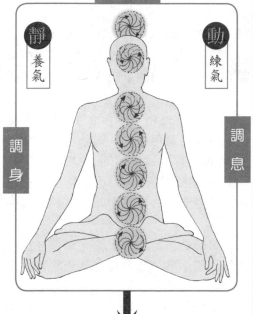

氣功

動功 **靜功**

　　動功，是指以身體的活動為主的氣功，特點是強調與意氣相結合的肢體操作。

　　靜功，是指身體不動，只靠意識、呼吸的自我控制來進行的氣功。

　　大多數氣功方法都是動靜相間的。

調心

靜 養氣

動 練氣

調身

調息

氣功三要素

　　調心：是指調控心理活動。

　　調息：是指調控呼吸運動。

　　調身：是指調控身體的姿勢和動作。

　　氣功大致是以調息、調身、調心為手段，以防病治病、益壽延年、開發潛能為目的的一種身心鍛鍊方法。

氣功

理論基礎

　　經絡、穴位、氣血學說是中國氣功的理論基礎——經絡是氣血運行的通道，穴位是氣血運行的出入口。

作用原理

　　氣功並不是針對某種疾病或某個局部起作用的特殊療法，而是以改善人體整體機能狀態來獲得療效的。其作用原理大致可以歸納為如下方面：
　　1. 培養正氣，補益元神；
　　2. 平衡陰陽，協調臟腑；
　　3. 疏通經絡，活躍氣機；
　　4. 發掘人體潛能。

扁　鵲

　　扁鵲（西元前407～前310年）姬姓，秦氏，名越人，又號盧醫，春秋戰國時期名醫。渤海郡鄭（今河北任丘）人，一說為齊國盧邑（今山東長清）人。由於他的醫術高超，被認為是神醫，所以當時的人們借用了上古神話的黃帝時神醫「扁鵲」的名號來稱呼他。

　　扁鵲少時學醫於長桑君，盡傳其醫術禁方，擅長各科。在趙為婦科，在周為五官科，在秦為兒科，名聞天下。後遭秦太醫李醯嫉妒而被刺殺。扁鵲奠定了中醫學的切脈診斷方法，開啟了中醫學的先河。相傳有名的中醫典籍《難經》為扁鵲所著。

　　扁鵲在診視疾病中，已經應用了中醫全面的診斷技術，即後來中醫總結的四診法：望診（看看他的臉色等）、聞診（聽聽病人最近做了什麼事情後生病）、問診（問問有沒有導致生病的一些事情）和切診（看看他的脈搏），當時扁鵲稱它們為望色、聽聲、寫影和切脈。在這四診法中，扁鵲尤擅長望診和切診。扁鵲是歷史上最早應用脈診來判斷疾病的醫生，並且提出了相應的脈診理論。

　　綜合療法為扁鵲行醫時的主要治療措施。扁鵲在自己的醫療生涯中，不僅表現出高超的診斷和治療水平，還表現出高尚的醫德。他謙虛謹慎，從不居功自傲。

　　在《史記》中記有扁鵲的「六不治」理論。這六不治包括：信巫不信醫；驕恣不論於理；輕身重財；衣食不能適；形羸不能服；陰陽並，藏氣不定。即相信巫術不相信醫道者；依仗權勢，驕橫跋扈的人；貪圖錢財，不顧性命者；暴飲暴食，飲食無常者；身體虛弱不能服藥者；病深不早求醫者。

　　扁鵲的醫療經驗極其豐富，曾編撰過頗有價值的《扁鵲內經》9卷和《扁鵲外經》12卷，可惜均已失傳，這是醫學的極大損失。

神醫扁鵲

扁鵲，戰國時期的醫學家。學醫於長桑君。有豐富的醫療實踐經驗，反對巫術治病，總結前人經驗，創立望、聞、問、切的四診法。他是中國傳統醫學的鼻祖，對中醫、中藥學的發展有著特殊的貢獻。

扁鵲

四診法

望（看氣色）

聞（聽聲音）

問（問病情）

切（按脈搏）

六不治

依仗權勢、驕橫跋扈者

貪圖錢財、不顧性命者

暴飲暴食、飲食無常者

病深不早求醫者

身體虛弱、不能服藥者

相信巫術、不相信醫道者

傳說故事

　　有一次，扁鵲路過虢國，聽說太子死了半日但身體卻未冰涼發硬，經過詳細問詢，扁鵲認為太子患的只是一種突然昏倒、不省人事的「屍厥」症，發病時患者會鼻息微弱，像死去一樣。便親去察看診治。他讓弟子磨研針石，刺百會穴，又做了藥力能入體五分的熨藥，用八減方的藥混合使用之後，太子竟然坐了起來，和常人無異。繼續調補陰陽，兩天以後，太子完全恢復了健康。從此，天下人傳言扁鵲能「起死回生」，但扁鵲卻否認說，他並不能救活死人，只不過能把應當活的人的病治癒罷了。

卷八‧醫學卷

張仲景

　　張仲景，名機，字仲景，東漢末年著名醫學家。正史無傳，生卒年及生平不詳，經後人考證，約生於東漢和平元年（西元150年），卒於建安二十四年（西元219年）。他寫作的《傷寒雜病論》，是中醫史上第一部理、法、方、藥具備的經典，喻嘉言稱此書：「為眾方之宗、群方之祖」。元明以後被奉為「醫聖」，甚至有廟供奉香火。張仲景與譙郡華佗、侯官董奉齊名，並稱「建安三醫」。

　　張仲景相傳曾舉孝廉，做過長沙太守，所以有張長沙之稱。張仲景刻苦學習《內經》，廣泛收集醫方，寫出了傳世巨著《傷寒雜病論》。它確立的辨證論治原則，是中醫臨床的基本原則，是中醫的靈魂所在。在方劑學方面，《傷寒雜病論》也作出了巨大貢獻，創造了很多劑型，記載了大量有效的方劑。其所確立的六經辨證的治療原則，受到歷代醫學家的推崇。這是中國第一部從理論到實踐、確立辨證論治法則的醫學專著，是中國醫學史上影響最大的著作之一，是後學者研習中醫必備的經典著作。

　　張仲景是兩漢醫經、經方二派的集大成者，他使用的方劑很多是來自經方派；而六經辨證的手法，則是來自《黃帝內經》；此外，更加上他個人的心得與經驗。將傷寒與雜病共論，湯液與針灸並用，打破了《素問熱論》中六經只辨傷寒的局限性，因此，無論傷寒、雜病和它們互相夾雜的複雜問題，都能用六經辨證方法概括而無遺。稱張仲景為「醫中之聖」，《傷寒雜病論》為「中醫之魂」，實不為過。

　　張仲景的著作在中醫領域內影響深遠，遠自晉朝王叔和，唐朝孫思邈，近至金元四大家，清朝葉天士、吳鞠通，無不是由鑽研仲景學之後才能卓然成家。歷代注解《傷寒雜病論》者，不下數十家，各有見解，這也推動了中醫思想的不斷進步。至明清時，《傷寒雜病論》中的方劑，被尊為「經方」，影響遠至朝鮮、日本。

醫聖——張仲景

　　張仲景，東漢時名醫，南陽郡涅陽人。年輕時曾跟同郡張伯祖學醫。經過多年的刻苦鑽研和臨床實踐，寫出了傳世巨著《傷寒雜病論》，是中國醫學史上影響最大的著作之一，受到歷代醫學家的推崇。後人尊稱他為「醫學之聖」、「方書之祖」。

醫中之聖　　　　　　　　萬世醫典

傷　寒　雜　病　論

　　《傷寒雜病論》，是中國最早的理論結合實際的臨床診療專書，被後世醫家譽為「萬世寶典」。它系統地分析了傷寒的原因、症狀、發展階段和處理方法，創造性地確立了對傷寒病的「六經分類」的辨證論治原則，奠定了理、法、方、藥的理論基礎。書中還精選了三百多藥劑方，為中醫方劑學提供了發展的依據。後來不少藥方都是從它發展變化而來。

每逢農曆初一、十五，張仲景在大堂上擺開桌子，專為百姓看病。

　　據說張仲景曾做過長沙太守，所以直到今天，他的別稱仍叫「張長沙」，他留下的藥方，也被醫學界稱為「長沙方」。他在長沙的這段日子，一邊辦公一邊為百姓治病，這就是「坐堂醫」的由來。

卷八·醫學卷

華 佗

華佗（約西元145～208年），字元化，又名旉，三國時，東漢沛國譙（今安徽亳州）人，他醫術全面，尤其擅長外科，精於手術，被後人稱為「外科聖手」、「外科鼻祖」。華佗一生行醫各地，聲譽頗著，在醫學上有多方面的成就。

華佗從小就喜歡讀書，年輕時遊學於徐州一帶，通曉各種經書和養生的學問。沛國相陳珪和太尉黃琬曾先後舉薦或徵召他出來當官，都被他拒絕了。他立志以醫濟世，為民眾解除病苦。華佗行醫足跡遍及今安徽、江蘇、山東、河南的一些地區，深受群眾的愛戴和推崇。漢丞相曹操患頭風頭痛，久治不見效，召華佗治療。華佗施以針刺，頭痛立刻就停止了。曹操要留華佗在身邊做侍醫，華佗不願意只為他一人服務，托辭回家不返。曹操一怒之下，將華佗殺害了。

華佗不僅精於針灸，在婦產科、小兒科、內科雜病和寄生蟲病等方面都有很高的造詣。他最大的成就，是在外科方面。他發明了麻沸散，並成功地使病人在全身麻醉下施行腹部外科手術。據史書記載，華佗已能做腫瘤摘除、胃腸縫合一類的手術。他對那些發於體內，針灸服藥都不能治好的病，就採用手術治療。他先讓病人用酒服麻沸散，待病人如同酒醉失去知覺時，切開其腹壁，若是腫瘤就割除；若病在腸胃，就將胃腸截斷，除去疾穢的部分，經過洗滌後再加以縫合，在傷口上敷以一種藥膏。四、五天後傷口癒合，病人一個月左右就可恢復健康。麻沸散是一種用於全身麻醉的中藥麻醉劑。華佗在西元2-3世紀發明的全身麻醉術，比西方醫學家進行全麻手術，要早一千六百多年。因此華佗不僅是中國第一位，而且是世界上第一位使用麻醉術進行腹腔手術的人。

華佗還很重視疾病的預防，強調體育鍛鍊以增強體質。他認為適當的運動可以幫助消化、暢通氣血，不但能預防疾病，還可延長壽命。據此，華佗模仿虎、鹿、熊、猿、鳥的動作，創造了「五禽戲」。

華佗一生有很多醫著，可惜都沒有流傳下來，這是中國醫學的一個重大損失。現在看到的《中藏經》《華佗神醫秘傳》等，都是後人託名而作，並非出自華佗之手。華佗傳授弟子三人，樊阿善針灸，吳普著《吳普本草》，李當之著《李當之藥錄》。

外科鼻祖——華佗

華佗，字元化，又名旉，三國時，東漢沛國譙人，他醫術全面，尤其擅長外科，精於手術，被後人稱為「外科聖手」、「外科鼻祖」。華佗一生行醫各地，聲譽頗著，在醫學上有多方面的成就。其最突出的貢獻是發明了麻醉術——酒服麻沸散和創造了體育療法「五禽戲」。

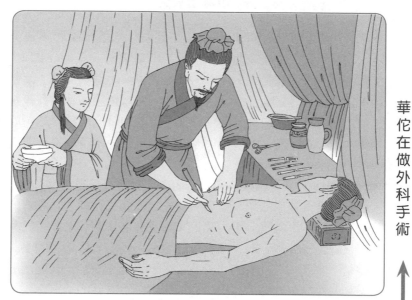

華佗在做外科手術

華佗成就： 發明了麻沸散為針灸術上的「絕技」；創造五禽戲。

五禽戲

卷八·醫學卷

　　五禽戲，又稱「五禽操」、「五禽氣功」等。是華佗模仿熊、虎、猿、鹿、鳥5種動物的動作創編的一套防病、治病、延年益壽的醫療氣功。練熊戲時要在沉穩之中寓有輕靈，將其剽悍之性表現出來；練虎戲時要表現出威武勇猛的神態，柔中有剛，剛中有柔；練猿戲時要仿效猿敏捷靈活之性；練鹿戲時要體現其靜謐恬然之態；練鳥戲時要表現其展翅凌雲之勢，方可融形神為一體。

陶弘景

陶弘景（西元前456～前536年），字通明，自號華陽隱居。南朝南齊南梁時期道士、醫學家、哲學家（道家學者）和文學家。人稱山中宰相。丹陽秣陵（今江蘇南京）人。在醫藥、煉丹、天文曆算、地理、兵學、鑄劍、經學、文學藝術、道教儀典等方面都有深入的研究，而以對藥物學的貢獻為最大。陶弘景在整理古籍《神農本草經》的基礎上，吸收魏晉間藥物學的新成就，撰有《本草經集注》七卷。陶弘景堪稱中國醫藥學史上對本草學進行系統整理，並加以創造性地發揮的第一人。

《本草經集注》在《神農本草經》365種藥物的基礎上又加入了365種藥物，大大擴展了可供使用的藥物種類。首先，陶弘景開創了一種新的藥物分類法，即按玉石、草木、蟲獸、果、菜、米食及有名未用等七類，對藥物進行了分類。比起《神農本草經》的「三品」分類法，既便於使用者的查詢，又便於對藥物的總結。並且，在其後的一千多年中，這種方法被一直延用著。其次，書中對於藥物的性味、產地、採集、形態和鑑別等方面的論述水平，也較以前的論述有了顯著的提高。此外，經過系統的歸納和總結，陶弘景還第一次提出了「諸病通用藥」的概念。這是將藥物的功用主治和疾病特點兩個方面相結合進行的一種十分切合臨床使用的歸納方法。比如，書中提到「治風」的通用藥有防風、防己、秦艽等；「治黃疸」的通用藥有茵陳、梔子、紫草、白薇等。這種方法的創立為臨床醫學家提供了很大的方便。

陶弘景對《神農本草經》原有的365種藥，所作的訂正、補充和說明，是有調查研究作為基礎的。他卜了很大工夫取得了藥物的採集和臨床用藥的經驗，並經常深入藥材產地，了解藥物的形態、採製方法。在對各種藥味進行研究時，他發現許多藥物，雖被指為藥用，其實有名無實，毫無價值。如石下、長卿、屈草、滿陰實、扁青等。他把這類藥列為「有名無用」類。這種創見是在調查研究基礎上獲得的。

《本草經集注》對藥物名稱、來源、產地、形狀、藥性、鑑別、功用、炮製、保管等均加記述，為藥物學留下了珍貴的資料。書中明確指出藥物的產地、採製方法和藥物的療效有密切的關係，同時，還考訂了古今藥物的度量衡，為藥學的發展作出了貢獻，對隋唐以後本草學的發展產生了重大影響，在中國藥學史上占有重要地位。

藥物學家——陶弘景

陶弘景，人稱「山中宰相」。長於醫藥、曆算、地理等。在整理古籍《神農本草經》的基礎上，吸收魏晉間藥物學的新成就，撰有《本草經集注》七卷，所載藥物凡730種，並首創沿用至今的藥物分類方法，以玉石、草木、蟲、獸、果、菜、米食分類，對後世本草學之發展有很大影響。

陶弘景與《本草經集注》

「山中宰相」陶弘景

《本草經集注》的特點

《本草經集注》具有明顯的特點。

第一，它改進了藥物的一般分類法。陶弘景把《神農本草經》的三品分類法發展到玉石、草木、蟲獸、果、菜、米食，有名未用等七種分類。

第二，對於藥物的性味、產地、採集、形態和鑑別諸方面的論述，有顯著提高。

第三，總結了諸病通用的藥物。例如，祛風的藥物有防風、防己、秦艽、川芎、獨活等，就歸在同一類，叫做「諸病通用藥」。

梁武帝早年便與陶弘景認識，稱帝之後，想讓其出山為官，輔佐朝政。陶於是畫了一張畫，兩頭牛，一個自在地吃草，一個帶著金籠頭，被拿著鞭子的人牽著鼻子。梁武帝一見，便知其意，雖不為官，但書信不斷，常以朝廷大事與他商討，人稱「山中宰相」。

治學嚴謹的陶弘景

一天，陶弘景看到《詩經》上說，螟蛉（一種細腰蜂）有雄無雌，繁殖後代時，是由雄螟蛉把螟蛉的幼蟲銜回窩裏，叫那幼蟲變成自己的樣子而成為後代。陶弘景並不這麼認為，就找到一窩螟蛉，經過幾次細心觀察，發現螟蛉幼蟲是螟蛉銜來作為自己幼蟲的「糧食」的。螟蛉不但有雌的，而且有自己的後代。從這件事，陶弘景得出一個結論：治學要重視調查研究，不能人云亦云。

孫思邈

孫思邈（西元581～682年），唐朝京兆華原（現陝西耀縣）人，是著名的醫師與道士。他是中國乃至世界史上著名的醫學家和藥物學家，被譽為「藥王」。

孫思邈著有《備急千金要方》，簡稱《千金要方》，共30卷，232門，已接近現代臨床醫學的分類方法。他汲取《黃帝內經》關於臟腑的學說，在《千金要方》中第一次完整地提出了以臟腑寒熱虛實為中心的雜病分類辨治法，收集藥方5300帖。《千金翼方》是對《千金要方》的補編。

孫思邈重視醫德修養，詳論醫德規範。他特別強調醫家的職業道德。特別是《備急千金要方》中的「大醫習業」和「大醫精誠」兩篇，系統地論述了醫德規範。其內容大致可歸納為兩個方面：第一是技術要精湛，第二是品德要高尚。《千金要方》卷首以顯著地位論述了「大醫精誠」與「大醫習業」，把醫德放在了極其重要的位置上，強調為人治病，不分「貴賤貧富，長幼妍媸，怨親善友，華夷愚智」，皆一視同仁。還強調以德養性、以德養身。較之漢晉醫家，孫思邈對醫德的論述，可以說是最全面的了。而這些基本醫療道德，至今仍具有重要的現實意義。

孫思邈重視前人的寶貴經驗，但尊古而不擬古。他將《傷寒論》的內容較完整地收集在《千金翼方》之中。在他一生行醫的過程中，他還十分重視婦人與兒童疾病的診治，他認為這是關係人類繁衍的大事，故曰：「先婦人小兒……則是崇本之意也。」在針灸學方面，他不僅強調針藥並用，還創設了新的穴位，創制了彩色經絡圖，還常配合按摩、灸治。同時，他還是食療治法的積極倡導者。他反對魏晉時期盛行的服石求長生的風氣，倡導積極養生，強身長壽。

孫思邈將道教內修理論和醫學、衛生學相結合，把養生學也作為醫療內容。認為人若善攝生，當可免於病。只要「良醫導之以藥石，救之以針劑」，「形體有可癒之疾，天地有可消之災」。

孫思邈一生著作80餘部，除了《千金要方》《千金翼方》外，還有《老子注》《莊子注》《枕中素書》1卷、《會三教論》1卷、《福祿論》3卷、《攝生真錄》1卷、《龜經》2卷等。

藥王——孫思邈

孫思邈（581～682年），為唐代著名醫藥學家。被人稱為「藥王」。京兆華原人。少時因病學醫，後終成一代大師，其博涉經史百家，兼通佛典。

仁

心

孫思邈

仁

術

醫學成就

孫思邈對醫藥學的研究及其成就是多方面的。他繼承前代醫藥各家學派，發揚光大，經過實踐而注入新的學術內容。他在《千金要方》中系統地記載並論述了臟腑的生理、病理、診斷及治療，並第一次完整地提出了以臟腑寒熱虛實為中心的雜病分類辨治法，收集藥方5300帖。

藥王逸事

有一個病人得了尿瀦留病，撒不出尿來。孫思邈看到病人憋得難受的樣子，他想：「吃藥來不及了。如果想辦法用根管子插進尿道，尿或許會流出來。」於是他找來一根蔥管，在火上輕輕燒了燒，切去尖的一頭，然後小心翼翼地插進病人的尿道裏，再用力一吹，不一會兒尿果然順著蔥管流了出來。病人的小肚子慢慢癟了下去，病也就好了。

卷八：醫學卷

李時珍

　　李時珍（西元1518～1593年），字東璧，晚年自號瀕湖山人。蘄州（今湖北省黃岡市蘄春縣蘄州鎮）人，生於蘄州亦卒於蘄州。李時珍是中國歷史上最著名的醫學家、藥學家和博物學家之一，其所著的《本草綱目》是本草學集大成的著作，對後世的醫學和博物學研究影響深遠。

　　李時珍出身於一個世醫家庭：祖父是「鈴醫」；父親李言聞，號月池，也是當地名醫。由於家庭的熏陶，李時珍從小就喜愛醫藥。但由於當時從醫者的社會地位不高，所以身為醫生的父親李言聞只希望他讀書應考以光宗耀祖，並不鼓勵他習醫。李時珍在14歲的時候不負父望順利地成為秀才，但是之後3次參加鄉試欲成舉人，都難以遂願，兼之他對醫學的濃厚興趣一直有增無減，於是決定棄儒從醫專心研究醫藥。

　　李時珍在30歲時就已成為當地名醫，在其行醫救人期間，他發現古代的本草書籍「品數既煩，名稱多雜。或一物析為二三，或二物混為一品」（《明外史本傳》）。特別是許多毒性藥品，竟被認為可以「久服延年」，遺禍無窮，便親自對歷代有關藥物學的著作進行了整理。

　　李時珍參考歷代有關醫藥及其學術書籍800餘種，並結合自身經驗和調查研究，歷時27年，於萬曆戊寅年（西元1578年）完成了《本草綱目》的編寫工作。全書約有190萬字，52卷，載藥1892種，新增藥物374種，載方10000多個，附圖1000餘幅，是明代以前藥物學的總結性巨著。其中糾正前人錯誤甚多，在動植物分類學等許多方面有突出成就，並對其他有關學科（生物學、化學、礦物學、地質學、天文學等）產生影響。達爾文稱讚它是「中國古代的百科全書」。在東西方均有很高的評價，已有幾種文字的譯本或節譯本。另著有《瀕湖脈學》《奇經八脈考》《瀕湖集簡方》《三焦客難》《命門考》《五臟圖論》《瀕湖醫案》等，除前兩種外皆失傳。

藥聖——李時珍

李時珍（1518～1593年），字東璧，晚年自號瀕湖山人，湖北蘄州人，漢族，中國古代偉大的醫學家、藥物學家。著有《瀕湖脈學》《本草綱目》等中醫藥經典。

貢　獻　與　評　價

　　李時珍經過長期艱苦的實地調查，弄清了藥物的許多疑難問題，終於完成了《本草綱目》的編寫工作。全書約有190萬字，52卷，載藥1892種，新增藥物374種，載方10000多個，附圖1000餘幅，成了藥物學的空前巨著。其中糾正前人錯誤甚多，在動植物分類學等許多方面有突出成就，並對其他有關學科（生物學、化學、礦物學、地質學、天文學等）產生影響。

本　草　綱　目　編　寫　過　程

　　經過長時間的準備，李時珍開始了《本草綱目》的寫作。在編寫過程中，他腳穿草鞋，身背藥簍，帶著學生和兒子建元，翻山越嶺，訪醫採藥，足跡遍及河南、河北、江蘇、安徽、江西、湖北等廣大地區，以及牛首山、攝山、茅山、太和山等大山名川，走了上萬里路，傾聽了千萬人的意見，參閱各種書籍800多種，歷時27年，終於在他61歲那年（1578年）寫成。

本草綱目 明·李时珍 著

李　時　珍

卷 九

藝術卷

藝術是人們現實生活和精神世界的具體反映，也是藝術家知覺、情感、理想、意念等繪事心理活動的產物，反映出社會的一種意識形態，滿足了人們多方面的審美需求，尤其對人類精神領域有潛移默化的作用。

勃朗寧說：「藝術應當擔負起哺育思想的責任。」羅曼・羅蘭說：「藝術的偉大意義，基本上在於它能顯示人的真正感情、內心生活的奧秘和熱情的世界。」林語堂先生說：「在藝術作品中，最富有意義的部分即是技巧以外的個性。」

根據藝術的表現方式和表現手法，藝術可分為表演藝術「音樂、舞蹈」，造型藝術「繪畫、雕塑、建築」，語言藝術「文學」，綜合藝術「戲劇、影視」等。

第一章
書法字體與書法家 ①
楷　書

　　楷書，又稱正楷、楷體、正書或真書，是漢字書法中常見的一種字體。「正書」一詞的由來，最早可見於宋代的《宣和書譜》。楷書字形較為正方，不像隸書寫成扁形。楷書仍是現代漢字手寫體的參考標準，由此也發展出另一種手寫體——鋼筆字。

　　楷書分為小楷和大楷兩種，1～2公分的為小楷（小字），5公分以上的為大楷（大字），二者之間的為中楷。但這僅僅是籠統的分法，實際上也有出現過10公分的小字。

　　一般說來，寫小楷與寫大字是大不相同的，其原則上是：寫大字要緊密無間，而寫小楷必要使其寬綽有餘。也就是說：寫大字要能做到小楷似的精密；而寫小楷要能做到有大字似的雄闊，故古人所謂「作大字要如小字，而作小字要如大字」。

　　楷書的大家林立，著名的有王羲之、王獻之、歐陽詢、顏真卿、柳公權、趙孟頫等。其中歐陽詢、顏真卿、柳公權和趙孟頫被稱為楷書四大家，他們的書法分別被稱為「歐體」、「顏體」、「柳體」和「趙體」。

　　章法是書法藝術形式美的重要組成部分。點畫是線條美，間架結構是局部的構圖美，章法是整體構圖美。

　　楷書章法的整體感，首先是整齊，字的排列形式是字與字、行與行之間的等距，給人穩定、莊重的視覺效果，這種形式最適合嚴格意義的楷書。結字的寬窄、長短不同的造型產生局部參差變化，使整齊一律而不呆板拘謹的楷書不會出現不和諧或單調之弊。

　　一件書法藝術品首先感染人的是其整體效果，而整體是由無數個局部構成。因此，在布置章法時，不應該忽略每個字的細節，諸如字的造型、長短、欹正的變化，輕重的節奏感等，都需要慎重地考慮，嚴密地設計，並且要堅持不懈地經過較長時期磨練，方能自由地進行章法處理，表現出一種似乎沒有設計的設計美，達到書法藝術的較高境界。

　　楷書章法並不複雜，其主要形式有中堂、對聯、條幅、橫批、扇面等。楷書的章法布置，字距與行距大多基本相等，但也有行距大於字距的；一律自右至左豎寫，橫批的少字數者也仍然是由右至左書寫；現代的中文橫寫是自左至右，在特殊需要的情況下也可以用這種方法，但豎寫時仍然以從右至左為佳。

正正方方的楷書

楷體，又稱楷書、正書等。是一種模仿手寫習慣的字體，形體方正，筆畫平直，可作楷模，故名。始於東漢。楷書的名家很多，如歐陽詢（歐體）、顏真卿（顏體）、柳公權（柳體）、趙孟頫（趙體）等。

特　點

筆畫平直，字形端正。

【歐體】

歐陽詢（西元557～641年），字信本，潭州臨湘人。為書法史上第一大楷書家，其字體被稱為「歐體」。其以二王體為基礎，參以六朝北派書風，結體特異，獨創一格，幾為學書的標準本。其楷書用筆剛勁峻拔，筆畫方潤整齊，結體開朗爽健。楷書代表作有《九成宮醴泉銘》等。

【顏體】

顏真卿（西元709～785年）字清臣，京兆萬年人。書史亦稱顏魯公。在書法史上，他是繼二王之後成就最高、影響最大的書法家。其書初學張旭，並師法蔡邕、王羲之、王獻之、褚遂良等人，融會貫通，加以發展，形成獨特風格。其楷書結體方正茂密，筆畫橫輕豎重，筆力雄強圓厚，氣勢莊嚴雄渾，人稱「顏體」。代表作《多寶塔碑》。

 分類

主要有小楷和大字兩種。楷書書寫原則上寫大字要緊密無間，而寫小楷必要使其寬綽有餘。

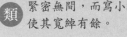

 運筆

運筆上，小楷要圓潤、娟秀、挺拔、整齊，下筆時宜用尖鋒，收筆時宜用頓筆或提筆；大字要雄壯、厚重，下筆時用逆鋒（藏鋒），收筆時用回鋒。

【柳體】

柳公權（西元778～865年），字誠懸，京兆華原人。唐代著名楷書家。他初學王羲之並精研歐陽詢、顏真卿筆法，然後自成一家。所寫楷書，體勢勁媚，骨力道健。較之顏體，柳字則稍清瘦，故有「顏筋柳骨」之稱。代表作有《金剛經刻石》《玄秘塔碑》《神策軍碑》等。

章法

章法是書法藝術形式美的重要組成部分，所謂章法即是指楷書的整體構圖美，包括諸如字的造型、長短、欹正的變化、輕重的節奏感，字間距，行間距等。

【趙體】

趙孟頫（西元1254～1322年），字子昂，號雪松道人，又號水晶宮道人，太祖趙匡胤十一世孫。元代初期很有影響的書法家。其書風遒媚、秀逸，結體嚴整、筆法圓熟，集前代諸家之大成，世稱「趙體」。代表作有《千字文》《洛神賦》《膽巴碑》《歸去來兮辭》《蘭亭十三跋》《赤壁賦》《道德經》《仇鍔墓碑銘》等。

卷九·藝術卷

草　書

　　草書：漢字的一種書體，特點是結構簡省、筆畫連綿。形成於漢代，是為書寫簡便在隸書基礎上演變出來的。有章草、今草、狂草之分。

　　為了便捷書寫，經過漫長的約定俗成的過程，尤其是在篆書向隸書轉化的時期，民間流行的草字的數量逐漸增多，寫法逐漸統一，經過由量變到質變的過程，終於產生了具有法度的草書，那便是章草，之後進一步發展成今草，狹義的草書就是指章草和今草。

　　自章草起「草法」就基本形成了，約定俗成的「草法」既具有法度的規範性，又具有很大的靈活性，其基本內容包括三個方面：第一，草書是筆畫省略，結構簡便的書體。第二，草書是以點畫作為基本符號來代替偏旁和字的某個部分，是最具有符號化特徵的書體。第三，草書的筆畫之間、字與字之間相互連帶呼應，是便於快捷書寫和便於表達書者情感的書體。

　　從草書的發展來看，草書發展可分為早期草書、章草和今草三大階段。早期草書是跟隸書平行的書體，一般稱為隸草，實際上夾雜了一些篆草的形體。初期的草書，打破隸書方整規矩的嚴謹，是一種草率的寫法。章草是早期草書和漢隸相融的雅化草體，波挑鮮明，筆畫勾連呈「波」形，字字獨立，字形偏方，筆帶橫勢。章草在漢魏之際最為盛行，後至元朝方復興，蛻變於明朝。漢末，章草進一步「草化」，脫去隸書筆畫行跡，上下字之間筆勢牽連相通，偏旁部首也做了簡化和互借，稱為「今草」。今草，是章草去盡波挑而演變成的，今草書體自魏晉後盛行不衰。到了唐代，今草寫的更加放縱，筆勢連綿環繞，字形奇變百出，稱為「狂草」，亦名大草。

　　到了今天，草書的審美價值遠遠超越了其實用價值。草書是按一定規律將字的點劃連字，結構簡省，偏旁假借，並不是隨心所欲的亂寫。草書符號的主要特徵之一是筆畫帶勾連，包括上下勾連和左右勾連。隸化筆法的橫勢傾向，為左右勾連的草化提供了依據。

　　草書之章法雖難以定形，但也應遵循氣勢貫通、錯綜變化、虛實相生的原則。

　　草書代表人物及其作品主要有：趙佶‧宋‧《草書千字文》；張旭‧唐‧《古詩四帖》；懷素‧唐‧《自敘帖》；孫過庭‧唐‧《書譜》；黃庭堅‧宋‧《李白憶舊遊詩卷》；米芾‧宋‧《論草書帖》；鮮于樞‧元‧《石鼓歌》；祝允明‧明‧《前後赤壁賦》；文徵明‧明‧《草書詩卷》；徐渭‧明‧《白燕詩卷》等。

結構簡省、筆畫連綿的草書

　　草書，漢字的一種書體，特點是結構簡省、筆畫連綿。形成於漢代，是為書寫簡便在隸書基礎上演變出來的。有章草、今草、狂草之分。

懷素書法作品

草書書寫原則

　　氣勢貫通：氣勢是發展的、流動的、變化的，筆勢應來去自然，不可遏止。

　　錯綜變化：草書章法之錯綜變化難以名狀，錯綜者指字之大小、疏密、用筆輕重、欹正錯綜等。

　　虛實相生：草書章法應「虛實相生」。使字與字、行與行之間能融為一體，縝密無間。「實」指紙上的點畫，也即有墨的黑處；「虛」指紙上點畫以外的空白，也即無墨的白處。

草書代表人物及其作品

趙佶·宋·《草書千字文》；
張旭·唐·《古詩四帖》；
懷素·唐·《自敘帖》；
孫過庭·唐·《書譜》；
黃庭堅·宋·《李白憶舊遊詩卷》；
米芾·宋·《論草書帖》；
鮮于樞·元·《石鼓歌》；
祝允明·明·《前後赤壁賦》；
文徵明·明·《草書詩卷》；
徐渭·明·《白燕詩卷》等。

 章草

　　章草，起於西漢，盛於東漢，字體具隸書形式，字字區別，不相糾連，由隸書直接演變而來，著名的章草作品有《平復帖》（陸機）等。

 今草

　　今草，亦稱「小草」。相傳起源自東漢末年的書法家張芝，由章草演變而來。東晉之後逐漸成熟，以王羲之、王獻之的《十七帖》為聖品。

 狂草

　　狂草，是在今草的基礎上將點畫連綿書寫，形成「一筆書」，在章法上與今草一脈相承。書寫狂草著名的書法家包括唐朝的張旭和懷素等人。

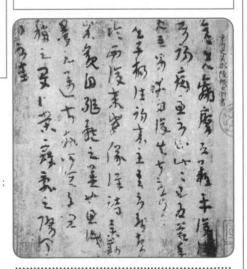

陸機《平復帖》

卷九·藝術卷

行　書

　　行書，或叫行楷，相傳是在後漢末年所創。古人對行書的來源有如此看法：「行書即正書（楷書）小偽，務從簡易，相間流行，故謂之行書。」（唐・張懷瓘《書斷》）從晉以來，多數書法家都兼工行書，行書至王羲之，將它的實用性和藝術性最完美地結合起來，從而創立了光照千古的南派行書藝術，成為書法史上影響最大的一宗。

　　行楷的特點是在楷書筆畫中融合有行書的筆意，在行書結構中又吸收了楷書的成分。

　　據後人考究行書是幾乎和楷書同時出現的字體，由於楷書書寫較慢，只用於正式文章或公文。在一般人平時書信往來時，書寫有些隨意，不太端正，因此叫做行書。行書類乎草書和楷書之間，偏向於楷書的也有人叫「行楷」，偏向於草書的叫「行草」。行書比草書容易辨認。在書寫過程中，筆毫的使轉，在點畫的各種形態上都表現得較為明顯，這種筆毫的運動往往在點畫之間、字與字之間留下了相互牽連、細若游絲的痕跡，這就是牽絲。

　　行書是楷書的快寫，是楷書的流動。經過對幾組楷書與行書個字的分析，發現楷書與行書書寫時，點畫的寫法、用筆需遵循的準則，如中鋒、鋪毫、逆入平出、提按起主、藏鋒等都是一致的，只是行書書寫時比較舒展、流動。

　　行書的結構特點主要是大小相兼、收放結合、疏密得體、濃淡相融等。

　　行書布局謀篇的具體方法主要有錯落大小、調整輕重、左右揮灑、上下貫穿和力求和諧五個方面。

　　一件好的書法作品有三條標準，即理法通達、筆力遒勁、姿態優美。行書代表作中最著名的是東晉書法家王羲之的《蘭亭序》，前人以「龍跳天門，虎臥鳳閣」形容其字雄強俊秀，讚譽為「天下第一行書」。唐顏真卿所書《祭姪文稿》，寫得勁挺奔放，古人評之為「天下第二行書」。而蘇軾的《黃州寒食帖》則被稱為「天下第三行書」。行楷中著名的代表作品是唐代李邕的《麓山寺碑》，暢達而腴潤。還有如宋代蘇軾、黃庭堅、米芾，蔡襄，元代的趙孟頫、鮮于樞、康里巎，明代的祝允明、文徵明、董其昌、王鐸，清代的何紹基等，都擅長行書或行草，有不少作品傳世。

介於楷書與草書之間的行書

　　行書，在楷書的基礎上產生，是介於楷書、草書之間的一種字體，是為了彌補楷書的書寫速度太慢和草書的難於辨認而產生。行書既不像草書那樣潦草，也不像楷書那樣端正。實質上它是楷書的草化或草書的楷化。楷法多於草法的叫「行楷」，草法多於楷法的叫「行草」。

行書用筆特點

　　點畫以露鋒入紙的寫法居多；以欹側代替平整；以簡省的筆畫代替繁複的點畫；以勾、挑、牽絲來加強點畫的呼應；以圓轉代替方折。

行書結構特點

　　行書的結構特點主要是大小相兼、收放結合、疏密得體、濃淡相融等。

天下第一行書　晉·王羲之《蘭亭序》

　　顏真卿，字清臣，漢族，中國唐代書法家。《祭侄文稿》是顏真卿為祭奠就義於安史之亂的侄子顏季明所作。此帖原系祭文草稿，顏真卿本無意作書。但正因無意作書，不工而極工。整幅字寫得氣勢凝重而又神采飛動，筆勢圓潤雄奇，姿態橫生，純以神寫，得自然之妙。

　　王羲之，字逸少，號澹齋，少從衛夫人學書，及長又師法鐘繇、張芝、李斯、蔡邕等人，博采眾長，終成大家。其書法瀟灑飄逸，圓轉如意，與魏晉士風相表裏。《蘭亭序》通篇筆勢縱橫，意氣淋漓，如龍跳虎臥，渾然天成。全文十九個「之」字，七個「不」字，變化多姿，無一雷同。

　　蘇軾，字子瞻，號東坡居士。擅長行書、楷書，取法李邕、徐浩、顏真卿，而能自創新意，用筆豐腴跌宕，有天真爛漫之趣。此帖中，或正鋒，或側鋒，轉換多變，順手斷連，渾然天成。其結字亦奇，或大或小，或疏或密，有輕有重，有寬有窄，參差錯落，變化萬千。

天下第二行書　唐·顏真卿《祭侄文稿》

天下第三行書　宋·蘇軾《黃州寒食帖》

卷九·藝術卷

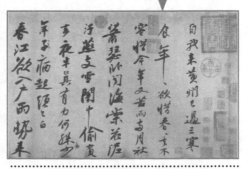

繪畫名家與作品 ①

顧愷之

　　顧愷之（西元348～409年）字長康，小字虎頭，漢族，晉陵無錫（今江蘇無錫）人。顧愷之博學有才氣，工詩賦、書法，尤善繪畫。精於人像、佛像、鳥獸、山水等，時人稱之為三絕：畫絕、文絕和癡絕。他的畫風格獨特，被稱為「顧家樣」，人物清瘦俊秀，所謂「秀骨清像」，線條流暢，謂之「春蠶吐絲」。顧愷之與曹不興、陸探微、張僧繇合稱「六朝四大家」。顧愷之作畫，意在傳神，其「遷想妙得」、「以形寫神」等論點，為中國傳統繪畫的發展奠定了基礎。

　　顧愷之畫跡甚多，有《司馬宣王像》《謝安像》《劉牢之像》《王安期像》《阮脩像》《阮咸像》《晉帝相列像》《司馬宣王並魏二太子像》《桂陽王美人圖》《蕩舟圖》《虎豹雜鷙鳥圖》《鳧雁水鳥圖》《廬山會圖》《水府圖》《行三龍圖》《夏禹治水圖》等。但顧愷之作品真跡沒有保存下來。相傳為顧愷之作品的摹本有《女史箴圖》《洛神賦圖》《列女仁智圖》等。

　　《女史箴圖》，絹本，淡設色，現藏英國倫敦不列顛博物館，多數人認為是唐代摹本。內容係據西晉張華《女史箴》一文而作，原分12段，每段題有箴文，現存9段，自「玄熊攀檻」開始，到「女史司箴敢告庶姬」結束，是了解顧愷之繪畫風格比較可靠的實物依據。此外，北京故宮博物院尚藏有宋人摹本一卷，藝術水平不如前者，但多出樊姬、衛女兩段，也有研究價值。

　　《洛神賦圖》，絹本，淡設色，今存宋摹本4種，分藏於北京故宮博物院、臺北故宮博物院、遼寧省博物館及美國弗里爾美術館等處。內容根據三國時曹植《洛神賦》一文而作。此卷母本的時代，有的認為要早於顧愷之，或與東晉明帝司馬紹所作《洛神賦圖》有關。畫卷以豐富的山水景物作為背景，展現出人物的各種情節，人物刻畫，意志生動。構思布局尤為奇特，洛神和曹植在一個完整的畫面裏多次出現，組成有首有尾的情節發展進程，畫面和諧統一，絲毫看不出連環畫式的分段描寫的跡象。圖中的山水部分，對了解東晉山水畫的特點，有一定的參考價值。

　　《列女仁智圖》，絹本，亦為北京故宮博物院所藏。內容係描繪《古列女傳》卷三《仁智傳》部分。今傳本只有10段，大約係南宋人所摹。此卷線條剛勁，似與文獻所載顧愷之畫「如春蠶吐絲」不合。顧愷之的畫論有《論畫》《魏晉勝流畫贊》《畫雲台山記》等。

畫、文、癡三絕的顧愷之

顧愷之，博學有才氣，工詩賦、書法，尤善繪畫。精於人像、佛像、鳥獸、山水等，時人稱之為三絕：畫絕、文絕和癡絕。與曹不興、陸探微、張僧繇合稱「六朝四大家」。顧愷之作畫，意在傳神，其「遷想妙得」、「以形寫神」等論點，為中國傳統繪畫的發展奠定了基礎。

顧
愷
之

畫作特點

師法衛協而又有所變化，他的畫有敷染容貌，以濃色微加點綴，不求暈飾；筆跡周密，緊勁連綿，如春蠶吐絲、春雲浮空。

《洛神賦》（局部），主要內容是歌頌曹植與甄氏愛情。

《女史箴圖》（局部），主要內容是勸誡婦女德行。

畫癡逸事

相傳，有一年春天，顧愷之要出遠門，把自己滿意的畫作集中起來放在一個櫃子裏，又用紙封好，題上字，交給好友桓玄代為保管。後桓玄偷偷把畫取走，又把空櫃子封好還給了他，並說：「櫃子還給你，我可未動。」顧愷之把櫃子拿回家，發現一張畫也沒有了，卻驚歎道：「妙畫有靈，變化而去，猶如人之羽化登仙，太妙了！太妙了！」

卷九・藝術卷

閻立本

閻立本（約西元601～673年），字立本，以字行。唐初著名畫家、工程學家。雍州萬年（今西安市）人。唐太宗貞觀年間曾任刑部侍郎，高宗顯慶年間任過將作大匠，曾代其兄閻立德任工部尚書。總章初年（西元668年）升任右丞相，封爵博陵縣男。咸亨元年（西元670年）升任中書令，四年（西元673年）卒於任。善畫道釋、人物、山水、鞍馬，尤以道釋人物畫著稱，曾在長安慈恩寺兩廊畫壁，頗受稱譽。特別擅長於刻畫人物神貌，筆法圓勁，氣韻生動，能從畫中看出人物的性格特點。

閻立本的父親閻毗和兄長閻立德都擅長於繪畫、工藝、建築，閻立本亦秉承家學，尤其善於繪畫。他的繪畫，線條剛勁有力，神采如生，色彩古雅沉著，人物神態刻畫細致，其作品備受當世推崇，被時人列為「神品」。曾為唐太宗畫《秦府十八學士》《凌煙閣功臣二十四人圖》，為當時稱譽。他的作品有《步輦圖》《歷代帝王圖卷》《職貢圖》《蕭翼賺蘭亭圖》等傳世。

閻立本的作品保留到現在的有《歷代帝王圖卷》。閻立本成功地刻畫了帝王們的個人性格，而且表現了畫家對於他們的評價。

閻立本還擅長政治題材繪畫的創作。據記載，他畫過《職貢圖》《西域圖》《外國圖》《異園鬥寶圖》，都是透過對邊遠各民族及國家人物形象的描繪，反映唐王朝與各民族的友好關係，從而歌頌政權的強大。他曾畫《魏徵進諫圖》則是表現太宗時名臣魏徵敢於直諫，從而歌頌唐太宗善於聽取臣下意見的美德，他曾畫《永徽朝臣圖》，係表現高宗時的大臣肖像，又畫《昭陵列像圖》，則是樹立在太宗陵墓兩側的各族首領石雕像的設計圖……可惜這些具有歷史意義的作品沒有能夠流傳下來。

閻立本在藝術上繼承南北朝的優秀傳統，認真揣磨並加以吸收和發展。他的作品所顯示的剛勁的鐵線描，較之前朝具有豐富的表現力，古雅的設色沉著而又富於變化，人物的精神狀態有著細致的刻畫，都超過了南北朝和隋的水平，因而被譽為「丹青神化」而為「天下取則」，在繪畫史上具有重要地位。

丹青神化閻立本

閻立本，出身貴族。其父閻毗，兄閻立德，父子三人並以工藝、繪畫馳名隋唐之際。其繪畫藝術，先承家學，後師張僧繇、鄭法士。據傳他在荊州見到張僧繇壁畫，在畫下留宿十餘日，坐臥觀賞，捨不得離去。除了擅長繪畫外，還頗有政治才幹。

此圖描繪的是貞觀十五年（641年）唐太宗李世民接見來迎娶文成公主的吐蕃使者祿東贊的情景。

步輦圖

該圖不僅再現了這一具有偉大歷史意義的事件，更鮮明生動地刻畫了人物的不同身份、氣質、儀態和相互關係，並具有肖像畫特徵。

擅長於刻畫人物神貌，筆法圓勁，氣韻生動，能從畫中看出人物的性格特點。如《歷代帝王圖卷》等。

擅長政治題材。如《職貢圖》《異國鬥寶圖》《魏徵進諫圖》等。

《歷代帝王圖卷》共描繪了13位帝王形象。既注意刻畫作為統治者的共同特性和氣質儀容，又體現出每個帝王不同的政治作為和環境命運。全卷用線為鐵線描，衣紋、鬍鬚等勻細而挺拔，用色濃重、暈染顯著，為古畫造詣的上乘之作。

《蕭翼賺蘭亭圖》描繪的是唐太宗御史蕭翼從王羲之第七代傳人的弟子袁辯才的手中，將「天下第一行書」《蘭亭集序》騙取到手，然後獻給唐太宗的故事。

畫面：蕭翼向袁辯才索畫，蕭翼揚揚得意，老和尚辯才張口結舌，失神落魄；旁有二僕在茶爐上備茶；各人物表情刻畫入微。

卷九‧藝術卷

吳道子

　　吳道子（約西元680～759年）又名道玄，唐代畫家。畫史尊稱吳生。漢族，陽翟（今河南禹州）人。少孤貧，初為民間畫工，年輕時即有畫名。曾任兗州瑕丘（今山東滋陽）縣尉，不久即辭官。後流落洛陽，從事壁畫創作。開元年間以善畫被召入宮廷，歷任供奉、內教博士。曾隨張旭、賀知章學習書法，藉由觀賞公孫大娘舞劍，體會用筆之道。擅佛道、神鬼、人物、山水、鳥獸、草木、樓閣等，尤精於佛道、人物，長於壁畫創作。

　　吳道子是中國唐代第一大畫家，被後世尊稱為「畫聖」，被民間畫工尊為祖師。吳道子的繪畫具有獨特風格，是中國山水畫之祖師。他創造了筆間意遠的山水「疏體」，使得山水成為獨立的畫種，從而結束了山水只作為人物畫背景的附庸地位。所畫人物衣褶飄舉，線條遒勁，人稱蓴菜條描，具有天衣飛揚、滿壁風動的效果，被譽為「吳帶當風」。他還於焦墨線條中，略施淡彩，世稱「吳裝」。

　　吳道子酷愛繪畫，具有巨大的創作熱情，一生所作的壁畫，僅在長安和洛陽就有300餘幅，此外還有大量卷軸畫。據宋徽宗趙佶親自主持編纂的《宣和畫譜》記載，宋代宣和年間（西元1119～1125年），歷經幾百年變遷，宮廷中仍收藏有吳道子的卷軸畫93件。

　　目前所聚到的畫跡、碑刻、畫目以及關乎吳道子的畫詩畫跋、口傳畫跡、海外存跡等還有391件。公認的吳畫代表作品是《天王送子圖》《八七神仙卷》《孔子行教像》《菩薩》《鬼伯》等。現存壁畫真跡有《雲行雨施》《維摩詰像》《萬國咸寧》等。現在臺灣的《寶積寶伽羅佛像》《關公像》《百子圖》等。還有一些真跡摹製品，如《吳道子貝葉如來畫》（7幅）、《少林觀音》《大雄真聖像》等。海外存跡有流入德國的《道子墨寶》50幅，流入日本的《溪谷圖》等6幅。吳道子一生雖然創作了許多作品，但真跡流傳下來的很少。

畫聖——吳道子

　　吳道子，被玄宗賜名「道玄」。是中國唐代第一大畫家，被後世尊稱為「畫聖」，被民間畫工尊為祖師。畫史尊稱吳生。相傳曾學書於張旭、賀知章，未成，乃改習繪畫。

　　吳道子擅畫佛道、神鬼、人物、山水、鳥獸、草木、樓閣等，尤精於佛道、人物，長於壁畫創作。

繪 畫 風 格

　　吳道子的繪畫具有獨特風格，是中國山水畫之祖師。他創造了筆間意遠的山水「疏體」，使得山水成為獨立的畫種，從而結束了山水只作為人物畫背景的附庸地位。所畫人物衣褶飄舉，線條遒勁，人稱蓴菜條描，具有天衣飛揚、滿壁風動的效果，被譽為「吳帶當風」。他還於焦墨線條中，略施淡彩，世稱「吳裝」。

畫聖逸事

　　有一次，吳道子向某僧人討茶喝，但此僧對他不太禮貌。他便在僧房牆壁上畫了一頭驢，然後離去。不料他畫的驢變成了真驢，惱怒異常，在屋子裡亂跑，把僧房的家具等物踐踏得亂七八糟，狼藉一片。僧人得知是吳道子所畫的驢在作怪後，懇求他把壁上的畫塗抹掉，這才得以相安無事。

天王送子圖

卷九・藝術卷

張擇端

圖解：國學

張擇端（西元1085～1145年），字正道。琅邪東武（今山東諸城）人。北宋著名畫家。他的風俗畫《清明上河圖》，是世界名畫之一，也是他的代表作，描繪當年汴京（今河南開封）近郊在清明時節社會各階層的生活景象，真實生動，是一件具有重要歷史價值和傑出藝術成就的優秀風俗畫。經過近千年的漫長歲月，至今仍完好地保存在北京故宮博物院。

張擇端自幼好學，早年遊學汴京，後習繪畫。宋徽宗時供職翰林圖畫院，專工「界畫」宮室，尤擅繪舟車、市肆、橋梁、街道、城郭。後「以失位家居，賣畫為生，著有《西湖爭標圖》《清明上河圖》」。他是北宋末年傑出的現實主義畫家，其作品大都失傳，存世《清明上河圖》《金明池爭標圖》，為古代的藝術珍品。另外，天津藝術博物館藏有署名「張擇端」的小幅《西湖爭標圖》，係偽託之作，該作品現在已經轉到天津博物館。《清明上河圖》尚存，是《東京夢華錄》《聖畿賦》《汴都賦》等著作的最佳圖解，具有極大的參考價值，為後人了解宋代民俗風情提供了直觀的摹本。

張擇端的長卷風俗畫《清明上河圖》，本是進貢給宋徽宗的貢品，流傳至今已有800多年的歷史。它是中國繪畫史上的稀世奇珍，畫之瑰寶。它用現實主義手法，全景式構圖，生動細致地描繪了北宋王都開封汴京時的舟船往復，飛虹臥波，店鋪林立，人煙稠密的繁華景象和豐富的社會生活習俗風情。全圖規模宏大，結構嚴密，構圖起伏有序，其筆墨技巧，兼工帶寫，活潑簡練，人物生動傳神，牲畜形態，房舍、舟車、城郭、橋梁，樹木、河流、無一不至臻至妙，稱得上妙筆神工。

綜數中國古代繪畫，多有那種士大夫的孤芳自賞，實難找到類似《清明上河圖》這樣不惜以大量的筆墨，描繪數以百計的民眾市俗生活與商業經濟活動，將民眾置於主人翁地位，並加以正確地藝術概括的傳世畫作，這在中國古代繪畫中是不多見的，即使在現代繪畫中也是罕見的。此畫的第一位收藏人是宋徽宗，是他用瘦金體親筆在畫上題寫了「清明上河圖」五個字。

風俗畫《清明上河圖》

張擇端，北宋末年傑出的現實主義畫家，擅長於畫車馬、市街、橋梁、城郭等。其作品大都失傳，存世《清明上河圖》《金明池爭標圖》，為中國古代的藝術珍品。

《清明上河圖》以長卷形式，採用散點透視的構圖法，將繁雜的景物納入統一而富於變化的畫卷中，畫中主要分開兩部分，一部分是農村，另一部分是市集。其構圖疏密有致，筆墨章法都很巧妙，頗見功底。這幅畫描繪的是汴京清明時節的繁榮景象，也是北宋城市經濟面貌的寫照。

張 擇 端

《清明上河圖》局部

卷 九 · 藝術卷

唐　寅

　　唐寅（西元1470～1523年），字伯虎，一字子畏，號六如居士、桃花庵主、魯國唐生等，據傳於明憲宗成化六年庚寅年寅月寅日寅時生，故名唐寅。吳縣（今蘇州）人。他才華橫溢，詩文擅名，與祝允明、文徵明、徐禎卿並稱「江南四才子」，畫名更著，與沈周、文徵明、仇英並稱「吳門四家」。

　　唐寅出身商人家庭，父親唐廣德，母親邱氏。自幼聰明伶俐，20餘歲時家中連遭不幸，父母、妻子、妹妹相繼去世，家境衰敗，在好友祝允明的規勸下潛心讀書。29歲參加應天府公試，得中第一名「解元」。30歲赴京會試，卻受考場舞弊案牽連被斥為吏。此後遂絕意進取，以賣畫為生。正德九年（西元1514），曾應寧王朱宸濠之請赴南昌半年餘，後察覺寧王圖謀不軌，遂裝瘋甚至在大街上裸奔才得以脫身而歸。晚年生活困頓，54歲即病逝。

　　唐寅擅長山水、人物、花鳥繪畫。其山水早年隨周臣學畫，後師法李唐、劉松年，加以變化，畫中山重嶺複，以小斧劈皴為之，雄偉險峻，而筆墨細秀，布局疏朗，風格秀逸清俊。人物畫多為仕女及歷史故事，師承唐代傳統，線條清細，色彩豔麗清雅，體態優美，造型準確；亦工寫意人物，筆簡意賅，饒有意趣。其花鳥畫，長於水墨寫意，灑脫隨意，格調秀逸。除繪畫外，唐寅亦工書法，取法趙孟頫，書風奇峭俊秀。有《騎驢思歸圖》《山路松聲圖》《事茗圖》《王蜀宮妓圖》《李端端落籍圖》《秋風紈扇圖》《百美圖》《枯槎鸜鵒圖》《兩岸峰青圖》等繪畫作品傳世。

　　唐寅為傳統繪畫所作的貢獻，大致可概括為三點：其一，綜合南北二派，弘揚了文人畫的傳統。中國的傳統繪畫在北宋初期分為南北兩大畫派。唐寅打破了門戶之見，從筆法、氣勢、筆意和設色上，綜合南北兩派，揚長避短，最後形成結構嚴謹、風骨奇峭、筆法秀逸、水墨淋漓、意境空靈的獨特風格。其二，詩書畫的結合。唐寅不僅是一位著名的畫家，而且詩文、書法的造詣也很深，在詩、書、畫結合方面也作出了新的貢獻。其結合方法：一是將書風與畫風保持一致與和諧。二是將書法用筆之法運用於繪畫。其三，詩情與畫意的緊密結合。唐寅繪畫中的題詩和情感，緊扣畫的主題和意境，以闡發或充實畫面的內涵思想，從而達到詩與畫的完美結合。

　　唐寅在文學上亦富有成就。工詩文，其詩風婉華麗，通俗流暢，即興抒懷，以才情取勝；詩文內容多紀遊、題畫、感懷之作，以表達狂放和孤傲的心境，以及對世態炎涼的感慨，以俚語、俗語入詩，通俗易懂，語淺意雋。著有《六如居士集》。

才華橫溢的唐寅

　　唐寅，又名唐伯虎，中國明代畫家，文學家。自稱江南第一風流才子。出身商販家庭，少時讀書發憤，青年時中應天府解元，後赴京會試，因舞弊案受牽連入獄，出獄後又投寧王朱宸濠幕下，但發現朱有謀反之意，即脫身返回蘇州。從此絕意仕途，潛心書畫，形跡放縱，性情狂放不羈。

　　唐寅的繪畫綜合南北二派，弘揚了文人畫的傳統，並把詩書畫有機結合，詩情與畫意緊密結合。同時他深化了文人畫的題材內容，促進了山水、人物、仕女、花鳥各科的全面發展，加強文人畫自我表現意識等，對後世產生深遠影響。

　　歷史上的唐伯虎才華出眾，有理想抱負，是位天才畫家，但他那憤世嫉俗的狂傲性格不容於當時社會。他一生坎坷，最後潦倒而死，年僅54歲。他臨終時寫的絕筆詩就表露了他刻骨銘心的留戀人間而又憤恨厭世的複雜心情：「生在陽間有散場，死歸地府又何妨。陽間地府俱相似，只當漂流在異鄉。」

唐　寅

解　字　謎，唐　寅　得　良　師

　　相傳唐伯虎的老師沈石田是祝枝山為他找的。唐伯虎幼年家境不好，父親在蘇州開酒店謀生。唐寅自幼喜歡畫畫，到13歲時，父親就讓他在店中幫忙工作，不再上學，畫出得意的畫就貼在店牆上。一次，才子祝枝山到酒店喝酒，很喜歡牆上的畫，就問畫是由誰畫的。老板回答說是兒子畫的。祝枝山很驚訝，提出要見唐寅。在得知了唐寅的境遇之後，便決定找一位丹青妙手來教他畫畫。不久，祝枝山帶著畫師沈石田來到了酒店。

　　沈石田也很欣賞唐寅的畫，但想考考他才氣如何，就出了一個字謎：「去掉左邊是樹，去掉右邊是樹，去掉中間是樹，去掉兩邊是樹，這是什麼字？」唐寅略一思考就說出了謎底是個「彬」字。沈石田很高興，於是就收下了唐寅。

卷九·藝術卷

徐 渭

　　徐渭（西元1521～1593年）字文清，後改字文長，別號青藤、天池、田水月等，山陰人。中國明代晚期傑出的文學藝術家，列為中國古代十大名畫家之一。山水、人物、花鳥、竹石無所不工，以花卉最為出色，公認為青藤畫派之鼻祖。所著有《徐文長全集》《徐文長佚草》及雜劇《四聲猿》，戲曲理論《南詞敘錄》等。

　　徐渭的文藝創作所涉及的領域很廣，喜好獨創一格，具有強烈的個性，風格豪邁而放逸。他在書法、詩文、戲曲、繪畫等方面均有較高的獨特造詣，他曾自稱書第一，詩二，文三，畫四。其實，他在繪畫方面取得的成就最大。

　　徐渭繪畫，既有一定的師承，又能突破前規以適抒發已性。他的人物畫受宋代梁瘋子（梁楷，綽號「梁瘋子」）的簡筆畫影響，概括洗練，造型生動；山水畫受沈周、文徵明等影響；花鳥畫在林良、陳淳等人的寫意畫基礎上又向前推進了一步。徐渭的繪畫新穎奇特，打破了花鳥畫、山水畫、人物畫的題材界限，他的寫意水墨花鳥畫，氣勢縱橫奔放，不拘小節，筆簡意賅，用墨多用潑墨，很少著色，層次分明，虛實相生，水墨淋漓，生動無比。他又融勁健的筆法於畫中，書與畫相得益彰，具有詩一般的抒情性和韻律感，給人以豐富的想象。畫史上把他與陳淳並稱為「青藤」、「白陽」，並把他視為大寫意畫派的創始人。

　　徐渭特別注重繪畫的「生韻」、「生動」。這正符合中國畫法中的第一法——氣韻生動。他曾在一首詩中提到：「不求形似求生韻，根撥皆吾五指栽。」又在《書謝時臣淵明卷為葛公旦》中指出：「畫病，不病在墨輕與重，在生動與不生動耳。」他認為畫家如果要表現自己某種特定的氣質、胸次、情性，就必須選擇相應的題材，以適合表現本人的那種氣質、胸次、情性。

　　徐渭在美術史上有著很高的地位，影響及於八大山人、石濤、揚州八怪直至吳昌碩、齊白石等。在繪畫技巧上，徐渭主張「新為上，手次之，目口末矣」，反對因襲前人「鳥學人言」的做法。

　　雖然徐渭聲名遠揚，成就諸多，但綜觀其一生，卻充滿悲劇與不幸。他胸懷強烈的功名事業心和報國願望，卻連舉人也不曾考取，甚至落魄郊野；性情豪爽，蔑視權貴，視金錢如糞土；中年因發狂殺妻而下獄七載，晚年靠賣字畫乃至賣書、賣衣度日，最後在「幾間東倒西歪屋，一個南腔北調人」的境遇中以73歲高齡結束了一生。死前身邊唯有一狗與之相伴。

寫意畫大師——徐渭

徐渭（1521～1593年），字文清，後改字文長，別號青藤、天池、田水月等，紹興府山陰人（今浙江紹興）。中國明代晚期傑出的文學藝術家，列為中國古代十大名畫家之一。山水、人物、花鳥、竹石無所不工，以花卉最為出色，公認為青藤畫派之鼻祖。所著有《徐文長全集》《徐文長佚草》及雜劇《四聲猿》，戲曲理論《南詞敘錄》等。

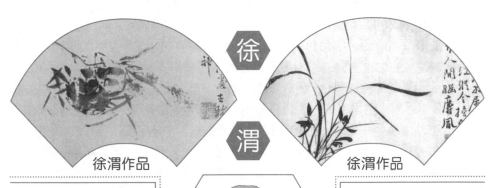

徐渭作品　　　　　　　　　徐渭作品

徐渭在詩文、書法、戲曲、繪畫方面均有獨特造詣，自謂「吾書第一，詩二，文三，畫四。」

但其實他在繪畫方面成就最高，山水、人物、花鳥、竹石無所不工，以花卉最為出色，與陳淳並稱為「青藤」、「白陽」，並被尊為寫意畫派的宗師。

徐渭　　　　生平

徐渭一生命途多舛，遭遇坎坷。他胸懷大志卻無處施展；性情豪爽，蔑視權貴，視金錢如糞土；中年因發狂殺妻而下獄七載，晚年靠賣字畫乃至賣書、賣衣度日，最後潦倒而死，終年73歲。死前身邊唯有一狗與之相伴。

題墨葡萄詩
——徐渭
半生落魄已成翁，
獨立書齋嘯晚風。
筆底明珠無處賣，
閒拋閒擲野藤中。

徐渭作品　　　　　　　　　徐渭作品

卷九·藝術卷

八大山人

八大山人（約西元1626～1705年），名朱耷，號雪個、個山、人屋、驢屋等，入清後改名道朗，字良月，號破雲樵者。漢族，南昌（今屬江西）人。明末清初畫家，明亡後削髮為僧，後改信道教，住南昌青雲譜道院。

八大山人以繪畫為中心，對於書法、詩跋、篆刻也都有很高的造詣。在繪畫上他以大筆水墨寫意畫著稱，並善於潑墨，尤以花鳥畫稱美於世。清初畫壇在革新與保守的對峙中，八大山人是革新派「四大畫僧」中起了突出作用的一人。

在創作上八大山人取法自然，筆墨簡練，大氣磅礴，獨具新意，創造了高曠縱橫的風格。300年來，凡大筆寫意畫派都或多或少受了他的影響。清代張庚評他的畫達到了「拙規矩於方圓，鄙精研於彩繪」的境界。他作畫主張「省」，有時滿幅大紙只畫一鳥或一石，寥寥數筆，神情畢具。他的書法具有勁健秀暢的氣格。篆刻形體古樸，獨成格局。

八大山人在形成自己風格的發展過程中，繼承了前代的優良傳統，又自闢蹊徑。他的花鳥畫，遠宗五代徐熙的野逸畫風和宋文人畫家的蘭竹墨梅，也受明林良、呂紀、陸治的技法影響，尤致意「青藤」（徐渭）「白陽」（陳淳）的粗放畫風。他的山水畫多為水墨，宗法董其昌，兼取黃公望、倪瓚等。他用董其昌的筆法來畫山水，卻絕無秀逸平和、明潔幽雅的格調，而是枯索冷寂，滿目淒涼，於荒寂境界中透出雄健簡樸之氣，反映了他孤憤的心境和堅毅的個性。

八大山人繪畫藝術的特點大致說來是以形寫情，變形取神；著墨簡淡，運筆奔放；布局疏朗，意境空曠；精力充沛，氣勢雄壯。他的形式和技法是他的真情實感的最好的一種表現。筆情恣縱，不構成法，蒼勁圓秀，逸氣橫生，章法不求完整而得完整。他的畫多著眼於布置上的地位與氣勢，以及是否用得適時，用得出奇，用得巧妙。

八大山人的畫作主要有《孔雀竹石圖》《孤禽圖》《眠鴨圖》《貓石雜卉圖》，以及《荷塘戲禽圖卷》《河上花並題圖卷》《魚鴨圖卷》《蓮花魚樂圖卷》《雜花圖卷》《楊柳浴禽圖軸》《芙蓉蘆雁圖軸》《大石游魚圖軸》《雙鷹圖軸》《古梅圖軸》《墨松圖軸》《秋荷圖軸》《芭蕉竹石圖軸》《椿鹿圖軸》《快雪時晴圖軸》《幽溪泛舟圖軸》《四幀絹本淺絳山水大屏》等，還有許多條幅、冊頁中的花鳥魚鴨、山水樹石等。

「東方梵谷」──八大山人

　　八大山人（約1626～1705年），名朱耷，明末清初畫家、書法家，清初畫壇「四僧」之一。原為明朝王孫，明滅亡後，國毀家亡，心情悲憤，落髮為僧，他一生對明朝忠心耿耿，以明朝遺民自居，不肯與清廷合作。朱耷的畫作在東方，尤其在日本備受推崇，並在世界畫壇引起了很大的反響，有著「東方梵谷」的美譽。

清初畫壇四僧之一

有東方之美譽高凡

八大山人一生以主要的精力從事繪畫，他襟懷浩落，慷慨嘯歌。由於時代特點和身世遭遇，他抱著對清王朝誓不妥協的態度，把滿腔悲憤發泄於書畫之中。所以畫中出現是鼓腹的鳥，瞪眼的魚，甚至禽鳥一足著地，以示

朱　耷

與清廷勢不兩立；眼珠向上，以白眼向青天。八大山人的繪畫往往以象徵手法抒寫心意，筆墨特點以放任恣縱見長，蒼勁圓秀，清逸橫生，不論大幅或小品，都有渾樸酣暢又明朗秀健的風神。章法結構不落俗套，在不完整中求完整。

取筆法墨簡練自然

獨具新意大氣磅薄

在繪畫創作上

卷九‧藝術卷

石　濤

　　石濤（西元1642～1707年），畫壇「清初四僧」之一。中國清代畫家、僧人，原姓朱，名若極，廣西全州人，小字阿長，別號很多，如大滌子、清相老人、苦瓜和尚、瞎尊者，法號有元濟、原濟等。他是明靖江王朱贊儀的十世孫，朱亨嘉的長子，終年55歲。順治二年（西元1645年），16歲的他，在國破家亡的命運促使下，由桂林赴全州，在湘山寺削髮為僧，改名石濤。

　　石濤一生浪跡天涯，雲遊四方，在安徽宣城敬亭山及黃山住了10年左右，結交畫家，後來到了江寧（南京）。他雖入佛門，但沒有掙脫世俗名利觀念，想得到清廷重用。清聖祖於康熙二十三年（西元1684年）、二十八年（西元1689年）兩次南巡時，他在南京、揚州兩次接駕，獻詩畫，自稱「臣僧」。後又北上京師，結交達官貴人，為他們作畫。但終因身為明代藩王後裔及和尚的身份，上進無望，返回南京。最後定居揚州，以賣畫為生，並總結與整理他多年來繪畫實踐的經驗與理論，使他晚年的作品更加成熟和豐富多彩。

　　石濤是中國繪畫史上一位十分重要的人物，他既是繪畫實踐的探索者、革新者，又是藝術理論家。石濤工詩文，善書畫。其畫擅山水，兼工蘭竹。其山水不局限於師承某家某派，而廣泛師法歷代畫家之長，將傳統的筆墨技法加以變化，又注重師法造化，從大自然吸取創作源泉，並完善表現技法。其花鳥、蘭竹，亦不拘成法，自抒胸臆，筆墨爽利峻邁，淋漓清潤，極富個性。其作畫構圖新奇。無論是黃山雲煙，江南水墨，還是懸崖峭壁，枯樹寒鴉，或平遠、深遠、高遠之景，都力求布局新奇，意境翻新。他尤其善用「截取法」以特寫之景傳達深邃之境。

　　石濤還講求氣勢。他筆情恣肆，淋漓灑脫，不拘小處瑕疵，作品具有一種豪放鬱勃的氣勢，以奔放之勢見勝。對清代以至現當代的中國繪畫發展產生了極為深遠的影響。有《搜盡奇峰打草稿圖》《淮揚潔秋圖》《惠泉夜泛圖》《山水清音圖》《細雨虯松圖》《梅竹圖》《墨荷圖》《竹菊石圖》等傳世。著《苦瓜和尚畫語錄》，闡述了他對山水畫的認識，提出一畫說，主張「借古以開今」、「我用我法」和「搜盡奇峰打草稿」等，在中國畫史上具有十分重要的意義。

力主「搜盡奇峰打草稿」的石濤

石濤（1630～1724年），明靖江王朱贊儀之十世孫，「清初四僧」之一。中國清代畫家。工詩文，善書畫。其畫擅山水，兼工蘭竹。作畫構圖新奇，善用「截取法」以特寫之景傳達深邃之境；講求氣勢，作品具有一種豪放鬱勃的氣勢，以奔放之勢見勝。

苦 瓜

石濤自號苦瓜和尚，餐餐不離苦瓜，甚至還把苦瓜供奉案頭朝拜。他對苦瓜的這種感情，與其經歷、心境密不可分。石濤生於明朝末年，15歲時，父親被唐王捉殺，國破家亡被迫逃亡到廣西湘山寺削髮為僧。

和 尚

之後顛沛流離，輾轉多地，到晚年才定居揚州。他帶著內心的矛盾和隱痛，創作了大量精湛的作品。最為人推崇的，是他畫中那種奇險兼秀潤的獨特風格，筆墨中包含淡淡的苦澀味。一種和苦瓜極為近似的韻致。

工蘭竹

擅長山水

石濤山水畫構圖新奇，講究氣勢，尤其善用「截取法」以特寫之景傳達深邃之境。其筆情恣肆，淋漓灑脫，不拘小處瑕疵，作品具有一種豪放的氣勢，以奔放之勢見勝，在繪畫上主張「搜盡奇峰打草稿」等。

石濤蘭竹畫不拘成法，自抒胸臆，筆墨爽利峻邁，淋漓清潤，極富個性。

山水畫

蘭竹畫

卷九·藝術卷

鄭板橋

　　鄭板橋（西元1693～1765年），原名鄭燮，字克柔，號理庵，又號板橋，人稱板橋先生。清代著名畫家。江蘇興化人。康熙秀才，雍正十年舉人，乾隆元年（西元1736年）進士。官山東范縣、濰縣知縣，以書畫營生。工詩詞，善書畫。擅畫花卉木石，尤長蘭竹。書亦有別致，隸、楷參半，自稱「六分半書」。為「揚州八怪」的主要代表，其詩、書、畫世稱「三絕」。一生畫竹最多，次則蘭、石，但也畫松畫菊，是清代比較有代表性的文人畫家。他的一生可以分為「讀書教書」「賣畫揚州」「考取功名」「宦遊、作吏山東」「再次賣畫揚州」五個階段。

　　鄭板橋的題畫詩擺脫了傳統單純的以詩就畫或以畫就詩的窠臼，他每畫必題以詩，有題必佳，達到「畫狀畫之像」、「詩發難畫之意」，詩畫映照，無限拓展畫面的廣度，鄭板橋的題畫詩是關注現實生活的，有著深刻的思想內容，他以如槍似劍的文字針砭時弊，正如他在《蘭竹石圖》中云：「要有掀天揭地之文，震電驚雷之字，呵神罵鬼之談，無古無今之畫，固不在尋常蹊徑中也。」題畫詩在他筆下，除了在內容上有思想性、抒情性以外，在形式上還更具有藝術性、趣味性。

　　鄭板橋繪畫取法於徐渭、石濤、八大山人，而自成家法，體貌疏朗，風格勁峭。並將書法用筆融於繪畫之中。主張繼承傳統「十分學七要拋三」，「不泥古法」，重視藝術的獨創性和風格的多樣化，所謂「未畫之先，不立一格，既畫之後，不留一格」。

　　鄭板橋畫墨竹，多為寫意之作，一氣呵成，生活氣息十分濃厚，一枝一葉，不論枯竹新篁，叢竹單枝，還是風中之竹、雨中之竹，都極富變化之妙。如竹之高低錯落，濃淡枯榮，點染揮毫，無不精妙。畫風清勁秀美，超塵脫俗，給人一種與眾不同之感。鄭板橋畫竹還講究書與畫的結合。鄭板橋畫的怪石，先勾輪廓，再作少許橫皴或淡擦，但從不點苔，造型如石筍，方勁挺峭，直入雲端，往往竹石相交，出奇制勝，給人一種「強悍」、「不羈」、「天趣淋漓，煙雲滿幅」之感。鄭板橋畫的蘭花，多為山野之蘭，以重墨草書之筆，盡寫蘭之爛漫天性，花葉一筆點畫，畫花朵如蝴蝶紛飛，筆法灑脫秀逸，意趣橫生。不僅有完美的藝術形式，而且有豐富而深刻的思想內容。

揚州八怪之鄭板橋

鄭板橋（1693～1765年），清代著名畫家。字克柔，號板橋，江蘇興化人。工詩詞，善書畫。擅畫花卉木石，尤擅蘭竹。為「揚州八怪」的主要代表，其詩、書、畫世稱「三絕」。一生畫竹最多，次則蘭、石，是清代比較有代表性的文人畫家。

難得糊塗

三絕詩書畫

一官歸去來

書畫特色

獨創寫意，著意趣味，藝術風格清新、秀逸、勁健，他自謂應有「真氣、真趣、真意」。

畫竹

畫竹，多為寫意之作，生活氣息十分濃厚，一枝一葉，都極富變化之妙。如竹之高低錯落，濃淡枯榮，點染揮毫，無不精妙。畫風清勁秀美，超塵脫俗。

畫蘭

畫蘭，多為山野之蘭，以重墨草書之筆，盡寫蘭之爛漫天性，花葉一筆點畫，畫花朵如蝴蝶紛飛，筆法灑脫秀逸，意趣橫生不僅有完美的藝術形式，而且有豐富而深刻的思想內容。

畫石

畫石，先勾輪廓，再作少許橫皴或淡擦，但從不點苔，造型如石筍，方勁挺峭，直入雲端，往往竹石相交，出奇制勝，給人一種「強悍」、「不羈」、「天趣淋漓，煙雲滿幅」之感。

生平

讀書、教書

↓

賣畫揚州

↓

考取功名

↓

宦遊、作吏山東

↓

再次賣畫揚州

板橋逸事

鄭板橋辭官回家，「一肩明月，兩袖清風」，唯攜黃狗一條，蘭花一盆。某夜，板橋輾轉不眠，適有小偷光顧。他佯裝熟睡，任他拿取，又不甘心。略一思考，低聲吟道：「細雨蒙蒙夜沉沉，梁上君子進我門。」此時，小偷已近床邊，聞聲暗驚。繼又聞：「腹內詩書存千卷，床頭金銀無半文。」小偷心想，不偷也罷。轉身出門，又聽裏面說：「出門休驚黃尾犬。」小偷想，既有惡犬，何不逾牆而出。正欲上牆，又聞：「越牆莫損蘭花盆。」小偷一看，牆頭果有蘭花一盆，乃細心避開，足方著地，屋裏又傳出：「天寒不及披衣送，趁著月黑趕豪門。」

第三章
音樂表演

五 音

五音，指的是宮、商、角、徵、羽。「人含五常而生，聲有五音，宮、商、角、徵、羽」。古人通常以宮作為音階的第一級音。相傳是由中國最早的樂器「塤」的五種發音而得名。相當於現在的1，2，3，5，6——do、re、mi、sol、la。

古人把五音與五臟相配：脾應宮，其聲漫而緩；肺應商，其聲促以清；肝應角，其聲呼以長；心應徵，其聲雄以明；腎應羽，其聲沉以細，此為五臟正音。

最早的「宮、商、角、徵、羽」的名稱見於距今兩千六百餘年的春秋時期，在《管子‧地員篇》中，有採用數學運算方法獲得「宮、商、角、徵、羽」五個音的科學辦法，這就是中國音樂史上著名的「三分損益法」。

但是「宮、商、角、徵、羽」這五個名稱從哪裏來卻有多種說法。有的說來自古代的天文學，即是從二十八個星宿的名稱而來的，這是「天文說」；而有的說來自古人馴養的畜禽，說「牛、馬、雉、豬、羊」五個字在古代的讀音和「宮、商、角、徵、羽」近似，這是「畜禽說」；有的說來源於古代氏族的圖騰，這是「圖騰說」；而在古代的音樂著作《樂記》中的說法則為：宮為君，商為臣，角為民，徵為事，羽為物。說宮音代表國君，商音代表萬民……這是「君臣說」。

無論哪種說法都有一定的道理，都給音樂塗上了一層或神秘、或樸素、或帶有傳統倫理觀念的色彩，表達了先民个同的音樂觀念。

據說在古代，真正好的中醫不用針灸或中藥，用音樂。一曲終了，病退人安。

中醫的經典著作《黃帝內經》兩千多年前就提出了「五音療疾」的理論，《左傳》中更說，音樂像藥物一樣有味道，可以使人百病不生，健康長壽。古代貴族宮廷配備樂隊歌者，不純為了娛樂，還有一項重要作用是，用音樂舒神靜性、頤養身心。

現在由於科學、實用的簡譜和五線譜的廣泛使用，這種原始的五音記譜方法，已很少使用。除了人們常說某某不懂音律、調侃其「五音不全」外，它的真實、豐富的內涵，也就漸被遺忘、鮮為人知了。

古代音樂記譜法——五音

　　五音指宮、商、角、徵、羽五音。古人把五音與五臟相配：脾應宮，其聲漫而緩；肺應商，其聲促以清；肝應角，其聲呼以長；心應徵，其聲雄以明；腎應羽，其聲沉以細，此為五臟正音。相傳是由中國最早的樂器「塤」的五種發音而得名。相當於現在的1，2，3，5，6，do、re、mi、sol、la。

五音詳解

　　宮，通常相當於今首調唱名中的do音。「宮」音為五音之主、五音之君，統率眾音。

　　商，通常相當於今首調唱名中的re音。「商」音為五音第二級，居「宮」之次。古人認為，「商，屬金，臣之象」，「臣而和之」。有以商音為主音、結聲構成的調（式）名。

　　角，通常相當於今首　調唱名中的mi音。「角」為五音之第三級，居「商」之次。古人以為，「角屬木，民之象」。有以角音為主音、結聲構成的調（式）名。

　　徵，通常相當於今首調唱名中的sol音。「徵」為五音之第四級，居「角」之次。古人以為，「徵屬火，事之象」。有以徵音為主音、結聲構成的調（式）名。

　　羽，通常相當於今首調唱名中的la音。「羽」為五音之第五級，居「徵」之次。古人以為，「羽屬水，物之象」。有以羽音為主音、結聲構成的調（式）名。

名稱由來

天文說
　　認為五音來自古代的天文學，即是從二十八個星宿的名稱而來的。

畜禽說
　　認為來自古人馴養的畜禽，說「牛、馬、雉、豬、羊」五個字在古代的讀音和「宮、商、角、徵、羽」近似。

圖騰說
　　認為來源於古代氏族的圖騰。

君臣說
　　在古代的音樂著作《禮記·樂記》中有「宮為君，商為臣，角為民，徵為事，羽為物」的說法。認為宮音代表國君，商音代表萬民……

五音

　　關於五音名稱的由來，以上無論哪種說法都有一定的道理，都給音樂塗上了一層或神秘、或樸素、或帶有傳統倫理觀念的色彩，表達了先民的不同的音樂觀念。

卷九·藝術卷

《霓裳羽衣舞》

　　《霓裳羽衣曲》，即《霓裳羽衣舞》，是唐朝大曲中的法曲精品，唐歌舞的集大成之作。直到現在，它仍無愧於音樂舞蹈史上的一顆璀璨的明珠。但在安史之亂後失傳。在南唐時期，李煜和大周后將其大部分補齊，但是金陵城破時，被李煜下令燒毀，樂譜散失。南宋年間，姜夔發現了商調霓裳曲的樂譜18段，並保存在他的《白石道人歌曲》裏。

　　《霓裳羽衣曲》是唐代的一首著名的法曲。據傳是開元年間唐玄宗李隆基所創作，描寫了唐玄宗向往神仙而去月宮見到仙女的神話。

　　根據白居易的《霓裳羽衣歌和微之》的記載，全曲共分36段，由散序（6段）、中序（18段）、曲破（12段）三部分組成。

　　散序的6段全是自由節奏的散板，由磬、簫、箏、笛等樂器獨奏或輪奏，不舞不歌，所謂「磬、簫、箏、笛遞相攙，擊、摭、彈、吹聲邐迤」，「散序六未奏動衣，陽臺宿雲慵不飛」。

　　中序又名拍序或歌頭，它可能是一個慢板的抒情樂段，但中間可能還有由慢轉快的幾次變化。它有歌有舞，也有器樂伴奏，所謂「中序擘騞初入拍，秋竹竿裂春冰拆」。

　　曲破又名舞遍，以舞為主，可能只有樂器伴奏而沒有歌唱。開始時，有散板的引起，稱為「入破」。白居易的《臥聽法曲（霓裳）》詩稱「朦朧閒夢初成後，婉轉柔聲入破時」，可見其曲調是相當抒情的，不過很快就轉入「繁音急節十二遍，跳珠摭玉何鏗錚」的快板部分。這一部分在轉入快板前可能有一個由散板入快板的過渡段「虛催」，中間也可能還有由快轉更快的幾次變化。此曲結尾時節奏再次放慢，然後拖長一音作結，白居易自注云：「凡曲將畢，皆聲拍促速，唯《霓裳》之末，長引一聲也。」可見《霓裳羽衣曲》由於曲情的要求，結尾處沒有像別的大曲那樣採用極快的「煞袞」作結。

　　《霓裳羽衣曲》表明唐代大曲已有了龐大而多變的曲體，其藝術表現力顯示了唐代宮廷音樂所取得的巨大成就。它是音樂史上的一大奇蹟。

唐歌舞的集大成之作——《霓裳羽衣舞》

《霓裳羽衣曲》，即《霓裳羽衣舞》。唐玄宗作曲，安史之亂後失傳。南宋年間，姜夔發現商調霓裳曲的樂譜十八段。這些片斷保存在他的《白石道人歌曲》裏。唐代歌舞的集大成之作，至今仍無愧於音樂舞蹈史上的一個璀璨的明珠。

除磬、簫、箏、笛以外，白居易還提到「玲瓏箜篌謝好箏，陳寵篳篥沈平笙。清弦脆管纖纖手，教得《霓裳》一曲成」（《霓裳羽衣歌和微之》），就是說還用到箜篌、篳篥、笙等樂器。而唐文宗在宮廷裏表演時，卻用了玉磬四虡（架）與琴、瑟、築、簫、跋膝管、笙、竽各一件。看來其樂隊編制比較接近清樂的系統，這一點可能與它追求文雅的效果有關。

《霓裳羽衣曲》描寫唐玄宗向往神仙而去月宮見到仙女的神話，其舞、其樂、其服飾都著力描繪虛無縹緲的仙境和舞姿婆娑的仙女形象，給人以身臨其境的藝術感受。

在《霓裳羽衣曲》中，既有本國的創作曲調，又有外來音樂的改編曲調。而外來音樂則取自印度的佛曲，用它來表現中國道教的神仙故事。由此可見，《霓裳羽衣曲》對於外來音樂的吸取，目的是為了引起人們新奇的感覺，表現作者所追求的那種神幻莫測的境界，在藝術上是有獨創性的。

全曲共36段，分散序（6段）、中序（18段）和曲破（12段）三部分：

散序為前奏曲，全是自由節奏的散板，由磬、簫、箏、笛等樂器獨奏或輪奏，不舞不歌。

中序又名拍序或歌頭，是一個慢板的抒情樂段，中間也有由慢轉快的幾次變化，按樂曲節拍邊歌邊舞。

曲破又名舞遍，是全曲高潮，以舞蹈為主，繁音急節，樂音鏗鏘，速度從散板到慢板再逐漸加快到急拍，結束時轉慢，舞而不歌。

此曲約成於西元718～720年，其由來傳說不一：有的說，唐玄宗登三鄉驛，望見女兒山，歸而作之；有的說，此曲是《婆羅門曲》之別名；有的說，唐玄宗憑幻想寫成前半曲，又將西涼都督楊敬述進《婆羅門曲》改編成後半曲合而制之。

卷九‧藝術卷

京　劇

　　京劇，由「西皮」和「二黃」兩種基本腔調組成它的音樂形式，也吸收一些地方小曲調（如柳子腔、吹腔等）和崑曲曲牌。它在1840年前後形成於北京，盛行於20世紀30年代，時有「國劇」之稱。現在它仍是具有全中國影響的大劇種。它的行當全面、表演成熟、氣勢宏美，是近代中國戲曲的代表。

　　京劇是中國的「國粹」，已有二百餘年歷史。京劇之名始見於清光緒二年（西元1876年）的《申報》，歷史上曾有皮黃、二黃、黃腔、京調、京戲、平劇、國劇等稱謂。清朝乾隆五十五年（西元1790年），安徽四大徽班進京後徽劇與北京劇壇的崑曲、漢劇、弋陽、秦腔等劇種經過五六十年的融合，發展成為京劇，最終成為中國最大的戲曲劇種。其劇目之豐富、表演藝術家之多、劇團之多、觀眾之多、影響之深均為全國之冠。京劇是綜合性表演藝術，即以唱（歌唱）、念（念白）、做（表演）、打（武打）、舞（舞蹈）為一體、通過程序的表演手段敘演故事，刻畫人物，表達「喜、怒、哀、樂、驚、恐、悲」的思想感情。角色可分為生（男人）、旦（女人）、淨（男人）、丑（男、女人皆有）四大行當。人物有忠奸之分、美醜之分、善惡之分。各個形象鮮明、栩栩如生。

　　京劇聲腔屬於板腔體，用胡琴（京胡）、和鑼鼓、京二胡、月琴等伴奏。主要唱腔除二黃、西皮外，其常用唱腔還有反二黃、南梆子、四平調、高拔子和吹腔。京劇的傳統劇目約有一千個，常演的約有數百個，其中除來自徽戲、漢戲、崑曲與秦腔者外，也有相當數量是京劇藝人和劇作家陸續創作出來的。京劇較擅長於表現歷史題材的政治、軍事鬥爭，故事大多取自歷史演義和小說話本。既有整本的大戲，也有大量的折子戲，此外還有一些連臺本戲。

　　京劇舞臺藝術在文學、表演、音樂、唱腔、鑼鼓、化妝、臉譜等各個方面，經過無數藝人的長期舞臺實踐，構成了一套互相制約、相得益彰的格律化和規範化的程序。它的表演藝術更趨於虛實結合的表現手法，最大限度地超脫了舞臺空間和時間的限制，以達到「以形傳神，形神兼備」的藝術境界。表演上要求精致細膩，處處入戲；唱腔上要求悠揚委婉，聲情並茂；武戲則不以火爆勇猛取勝，而以「武戲文唱」見佳。

國劇——京劇

　　京劇，又稱「皮黃」，其聲腔形式由「西皮」和「二黃」兩種基本腔調組成，也兼唱一些地方小曲調和崑曲曲牌。它在1840年前後形成於北京，盛行於20世紀30年代，時有「國劇」之稱。現在它仍是具有全中國影響的大劇種。它的行當全面、表演成熟、氣勢宏美，是近代中國漢族戲曲的代表。京劇是中國的「國粹」，已有200年歷史。

表現手法

　　唱、念、做、打。「唱」指演唱，「念」指具有音樂性的念白，二者相輔相成，構成歌舞化的京劇表演藝術兩大要素之一的「歌」；「做」指舞蹈化的形體動作，「打」指武打和翻跌的技藝，二者相互結合，構成歌舞化的京劇表演藝術兩大要素之一的「舞」。

京劇臉譜

　　在人的臉上塗上某種顏色以象徵這個人的性格和特質，角色和命運，是京劇的一大特點，可以幫助理解劇情。簡單地講，紅臉含有褒義，代表忠勇；黑臉為中性，代表猛智；藍臉和綠臉也為中性，代表草莽英雄；黃臉和白臉含貶義，代表凶詐；金臉和銀臉是神秘，代表神妖。

藝術特色

　　京劇耐人尋味，韻味醇厚。京劇舞臺藝術表現在文學、表演、音樂、唱腔、鑼鼓、化妝、臉譜等各個方面。表演上要求精致細膩，處處入戲；唱腔上要求悠揚委婉，聲情並茂；武戲則不以火爆勇猛取勝，而以「武戲文唱」見佳。

京劇板式

　　京劇的板式是指唱腔的板眼結構形式。通常有四類：一板一眼、一板三眼、有板無眼、無板無眼。在各種板式中，原板是變化的基礎。除原板外，還有慢板、導板、散板、流水板等。

崑 曲

　　崑曲，發源於14～15世紀蘇州崑山腔，融合了唱念做表、舞蹈及武術的表演藝術。原名「崑山腔」或簡稱「崑腔」，清代以來被稱為「崑曲」，現又稱為「崑劇」。崑曲是中國漢族傳統戲曲中最古老的劇種之一，也是中國傳統文化藝術，特別是戲曲藝術中的珍品，被譽為戲曲百花園中的一朵「蘭花」。

　　崑曲至今已有600多年歷史，崑山腔與起源於浙江的海鹽腔、餘姚腔和起源於江西的弋陽腔，並稱為明代四大聲腔，同屬南戲系統。崑曲是明朝中葉至清代中葉戲曲中影響最大的聲腔劇種，很多劇種都是在它的基礎上發展起來的，有「中國戲曲之母」的雅稱。此外，崑劇是中國戲曲史上具有最完整表演體系的劇種，它的基礎深厚，遺產豐富，是中國文化藝術高度發展的成果，在中國文學史、戲曲史、音樂史、舞蹈史上占有重要的地位。

　　崑曲門派主要分為南崑與北崑。南崑以蘇州白話為主，以蘇州崑劇院與江蘇崑劇院為代表；北崑以大都韻白和京白為主，以北方崑劇院為代表。

　　崑曲的音樂屬於聯曲體結構，簡稱「曲牌體」。它所使用的曲牌，據不完全統計，大約有1000種以上，其曲牌來源，不僅有古代的歌舞音樂，唐宋時代的大曲、詞調，宋代的唱賺、諸宮調，還有民歌和少數民族歌曲等。它以南曲為基礎，兼用北曲套數，並以「犯調」、「借宮」、「集曲」等手法進行創作。

　　崑曲的伴奏樂器，以曲笛為主，輔以笙、簫、嗩吶、三弦、琵琶等（打擊樂俱備）。崑曲的表演，也有它獨特的體系、風格，它最大的特點是抒情性強、動作細膩，歌唱與舞蹈的身段結合得巧妙而和諧。

　　崑劇行腔優美，以纏綿婉轉、柔曼悠遠見長。在演唱技巧上，注重聲音的控制，節奏速度的快慢以及吐字發音，並有「豁」、「疊」、「擻」、「嚯」等腔法的區分以及各類角色的性格唱法。音樂的板式節拍，除了南曲「贈板」將四拍子的慢曲放慢一倍外，無論南曲、北曲，都包括通常使用的三眼板、一眼板、流水板和散板。它們在實際演唱時自有許多變化，一切服從於戲情和角色應有的情緒。

　　崑曲在長期的演出實踐中，積累了大量的演出劇目。其中有影響而又經常演出的劇目有王世貞的《鳴鳳記》，湯顯祖的《牡丹亭》，沈璟的《義俠記》、高濂的《玉簪記》、孔尚任的《桃花扇》、洪昇的《長生殿》等。

中國戲曲之母——崑曲

崑曲，發源於14～15世紀蘇州崑山的曲唱藝術體系，融合了唱念做表、舞蹈及武術的表演藝術。崑曲以鼓、板控制演唱節奏，以曲笛、三弦等為主要伴奏樂器，主要以中州官話為唱說語言。最大的特點是抒情性強、動作細膩，歌唱與舞蹈的身段結合得巧妙而諧和。主要分南曲和北曲。

崑曲劇本

崑曲劇本採用宋、元時代的雜劇傳奇的結構方式，每出戲通常有24折，每折戲自成單元，可以獨立演出。在文學語言上，採用長短句的文體，文辭華麗典雅。崑曲的曲文則有唐詩、宋詞、元曲的文學傳統。

崑曲音樂

崑曲的音樂屬曲牌體，共有1000多個曲牌。它以南曲為基礎，兼用北曲套數，唱腔婉轉細膩，吐字講究。伴奏樂器以曲笛為主，輔以笙、蕭、嗩吶、三弦、琵琶等。

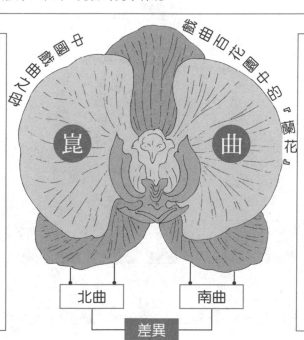

中國戲曲園中之母

戲曲百花園中的「蘭花」

崑　曲

崑曲表演

崑曲的表演有它獨特的體系、風格，最大的特點是抒情性強、動作細膩，歌唱與舞蹈的身段結合得巧妙而諧和。崑曲融詩、樂、歌、舞、戲於一爐。其表現手段為唱、念、做、打（舞）之綜合。

北曲　　　南曲

差異

①音階：北曲是按七聲音階記錄的，南曲則按五聲音階。

②讀字：北曲念字多從普通話；南曲念字多從蘇州話。

③調和韻：北曲一出戲一韻一調到底；南曲一出戲不限一調，也可以換韻。

④詞曲關係：北曲「辭情多」，「聲情少」；南曲則與之相反。

⑤旋法特點：北曲常用四度、五度及八度以上的跳進；南曲則多用五聲級進。

⑥唱法特點：北曲發聲較「硬挺直截」，「以遒勁為主」；南曲講究吞吐收放。

⑦演唱形式：北曲一般只用獨唱；南曲則有獨唱、接唱、合唱等多種形式。

⑧劇目：北曲裏武打劇目較多；南曲則側重文戲。

卷九・藝術卷

卷 十

宗教卷

在整個傳統文化中，宗教是其中不可或缺的一個組成部分。中國宗教有其自身的特點，並一直影響著人們的精神生活。在漫漫歷史長河中，宗教作為傳統文化中一道亮麗的風景線，爭奇鬥豔，多姿多彩。認識並拓展對宗教文化的了解，有助於我們從中吸取智慧，增強我們的民族自信心和自豪感，為能創造出更加輝煌燦爛的中華新文明打下堅實的基礎。

中國社會對外來文化具有很大的包容性，當然，對宗教的傳入更不例外。基本上，各種宗教及其分支教派都能夠在中國這片古老的土地上正常生存和發展。許多外國宗教，透過諸如正常的文化交流途徑等的和平方式傳入中國，其中以印度佛教的傳入和中國化最為成功。在很大程度上，中國人是主動請佛教進入中國的，其取經、譯經的活動更是數百年綿延不絕。除此之外，中國人在理解、消化和改造佛學的基礎上，形成了中國本土化的漢傳佛教。

《太平經》

　　《太平經》，又名《太平清領書》。中國道教初期的重要經典。關於撰者傳說不一，非一時一人所作。現存《太平經》，與後漢襄楷、晉葛洪、劉宋范曄所傳相符合。經中所用詞匯、地理名稱、社會風尚等，皆為漢代所已有，是漢代的作品。《太平經》汲取傳統的陰陽、五行之說及黃老、神仙、讖緯、方術等思想，內容龐雜，主要宗旨在於倡導太平。原書分甲、乙、丙、丁、戊、己、庚、辛、壬、癸10部，每部17卷，共170卷。今道藏本僅殘存57卷，另有唐人閭丘方遠節錄的《太平經鈔》10卷，敦煌遺書《太平經目錄》1卷。

　　成書於漢代的《太平經》，據史書記載，共有三種：一是西漢成帝時齊人甘忠可的《天官曆包元太平經》12卷，自稱是天帝真人赤精子傳授；二是東漢順帝時問世的《太平清領書》；三是順帝時張陵所得的《太平洞極經》144卷。我們這裏所說的《太平經》，是《太平清領書》。

　　《太平經》的主要經文思想：無為和有為。

　　《太平經》認為：「天地之性，萬物各自有宜。當任其所長，所能為。所不能為者，而不可強也。」「無為」與「道」相連，上古所以「無為而治」，就因為「得道意，得天心意」。人如果能夠「入無為之術，身可有也；去本來末，道之患也」。魏晉以後，無為的思想成為道教社會觀和道士全身修仙的基礎。

　　天道與人道。從天道與人道的區別來論述無為和有為。認為「無為者，天道也；有為者，人道也。無為同天，有為同人。如人擔物，兩頭俱在則停穩，脫卻一頭即偏也」。接著又說，如果兩頭和擔子俱脫，那就回到原來的狀態了。

　　近人王明據有關資料輯校補遺，撰成《太平經合校》一書，大體可見原書舊貌。此經假託神人（又稱天師）與六方真人問答，演說原始道教教義和方術。其卷帙浩繁，內容龐雜。大抵以奉天法道，順應陰陽五行為宗旨，廣述治世之道，倫理之則，以及長壽成仙、治病養生、通神占驗之術。其說雖受漢代讖緯神學影響，宣揚災異祥瑞，善惡報應觀念，「多巫覡雜語」；但亦自成體系，以順天地之法，治政修身，達於天下太平為主旨。有代表下層民眾反對統治者恃強凌弱，主張自食其力，周窮救急的思想。故為張角等早期民間道教領袖所利用，發動起義。後世道教各派教義，亦受此書影響。

道教初期經典著作——《太平經》

《太平經》是中國道教初期的重要經典。關於撰者傳說不一，非一時一人所作。《太平經》汲取傳統的陰陽、五行之說，以及黃老、神仙、讖緯、方術等思想，內容龐雜，主要宗旨在於導致太平。

主要宗旨在於太平，為了追求太平，提出任用賢才、減省刑罰、溝通民意等一系列改良的主張。

無為和有為

《太平經》認為：「天地之性，萬物各自有宜。當任其所長，所能為。所不能為者，而不可強也。」「無為」與「道」相連，上古所以「無為而治」，就因為「得道意，得天心意」。人如果能夠「入無為之術，身可有也；去本來末，道之患也」。

天道與人道

道從天道與人道的區別來論述無為和有為。認為「無為者，天道也；有為者，人道也。無為同天，有為同人。如人擔物，兩頭俱在則停穩，脫卻一頭即偏也」。

該書內容龐雜，非一人一時之作，專以奉天地順五行為本，認為治國者有它，可以長生，其中多「巫覡雜語」，但也不乏反映貧苦民眾疾苦與要求的思想，並對當時的社會政治問題發表了評論。該書為太平道的中心思想，並促成黃巾起義；張陵創五斗米道也利用了它。其對後世道教及道教思想的發展亦有重大影響。

後世　影響

卷十·宗教卷

《壇經》

《壇經》，佛教禪宗典籍，亦稱《六祖法寶壇經》。禪宗六祖慧能說，弟子法海集錄。《釋門正統》卷八《義天傳》有「大遼皇帝詔有司令義學沙門詮曉等再定經錄，世所謂《六祖壇經》《寶林傳》等皆被焚」等語，似宋遼時期此書已入經錄。現有明清諸藏本、房山石經本及流通本等。1976年日本影印《六祖壇經諸本集成》，匯集各種版本《壇經》11種。

《壇經》主要記載慧能一生得法傳宗的事跡和啟導門徒的言教，內容豐富，文字通俗，是研究禪宗思想淵源的重要依據。由於歷代輾轉傳抄，因而版本較多，體例互異，內容詳略不同。據流通較廣的金陵刻經處本，其品目為自序、般若、決疑、定慧、妙行、懺悔、機緣、頓漸、護法、咐囑等十品。

《壇經》的中心思想是「見性成佛」，即所謂「唯傳見性法，出世破邪宗」。性，指眾生本具之成佛可能性。即「菩提自性，本來清淨，但用此心，直了成佛」及「人雖有南北，佛性本無南北」。這一思想與《涅槃經》「一切眾生悉有佛性」之說一脈相承。

慧能大師指導禪者修行實踐的核心方法是「無念為宗，無相為體，無住為本」。無念為宗，即「於諸境上心不染」，就是不論遇到什麼境界都不起心動念；無相為體，即「於相而離相」以把握諸法的體性，知一切相皆是虛妄；無住為本，即「於諸法上念念不住」，無所繫縛。

《壇經》還主張唯心淨土思想。認為：「東方人造罪念佛求生西方，西方人造罪念佛求生何國？凡愚不了自性，不識身中淨土，願東願西，悟人在處一般。」又說：「心地但無不善，西方去此不遙；若懷不善之心，念佛往生難到。」

慧能大師反對離開世間空談佛法，主張「佛法在世間，不離世間覺，離世覓菩提，恰如求兔角」。指出：「若欲修行，在家亦得，不由在寺。在家能行，如東方人心善；在寺不修，如西方人心惡。」

《壇經》的思想對禪宗乃至中國佛教的發展，都發揮了重要作用。中國佛教著作被尊稱為「經」的，僅此一部。

禪宗經典典籍——《壇經》

《壇經》，是漢傳佛教禪宗的經典。由慧能大師的弟子在其圓寂後整理而成，記載慧能一生得法傳宗的事跡和啟導門徒的言教，內容豐富，文字通俗，是研究禪宗思想淵源的重要依據。主要分為自序、般若、決疑、定慧、妙行、懺悔、機緣、頓漸、護法、附囑等十品。

中心思想

中心思想是「見性成佛」，即所謂「唯傳見性法，出世破邪宗」。性，指眾生本具之成佛可能性，即「菩提自性，本來清淨，但用此心，直了成佛」及「人雖有南北，佛性本無南北」。

修行原則

修行原則是「無念為宗，無相為體，無住為本」。無念即「於諸境上心不染」，就是不論遇到什麼境界都不起心動念；無相為體，即「於相而離相」，以把握諸法的體性，知一切相皆是虛妄；無住為本，即「於諸法上念念不住」，無所繫縛。

六祖慧能大師的故事

佛教禪宗傳到了第五祖弘忍大師，其手下有弟子五百餘人，其中大弟子神秀是公認的禪宗衣缽的繼承人。後弘忍以作偈子（有禪意的詩）的好壞來決定衣缽繼承人。神秀寫的偈子是：「身是菩提樹，心為明鏡臺。時時勤拂拭，勿使惹塵埃。」這首偈子所表達的是一種入世的心態，強調修行的作用。弘忍看後沒有作任何評價。因為他知道神秀還沒有頓悟。

當時還是火頭僧的慧能禪師也作了一個偈子：「菩提本無樹，明鏡亦非臺，本來無一物，何處惹塵埃。」他的這個偈子很契合禪宗頓悟的理念。是一種出世的態度，這是禪宗一種很高的境界，領略到這層境界的人，就是所謂的開悟了。

弘忍看到這個偈子以後，把衣缽傳給了慧能。10年以後慧能在曹溪寶林寺創立了禪宗的南宗。而神秀後來成為梁朝的護國法師，創立了禪宗的北宗。

卷十·宗教卷

《金剛經》

　　《金剛經》是佛教重要經典。根據不同譯本，全名略有不同，鳩摩羅什所譯全名為《金剛般若波羅蜜經》，唐玄奘譯本則為《能斷金剛般若波羅蜜經》。《金剛經》傳入中國後，自東晉到唐朝共有6個譯本，以鳩摩羅什所譯《金剛般若波羅蜜經》最為流行（5176字或5180字）。唐玄奘譯本《能斷金剛般若波羅蜜經》共8208字，為鳩摩羅什譯本的一個重要補充。其他譯本則流傳不廣。《金剛經》通篇討論的是「空」的智慧。一般認為前半部說眾生空，後半部說法空。

　　《金剛經》，是印度大乘佛教般若系經典，後秦鳩摩羅什譯。般若，梵語，意為智慧；波羅蜜，梵語，意味到彼岸。以金剛比喻智慧之銳利、頑強、堅固，能斷一切煩惱，故名。此經採用對話體形式，說一切世間事物空幻不實，實相者即是非相；主張認識離一切諸相而無所住，即放棄對現實世界的認知和追求，以般若智慧契證空性，破除一切名相，從而達到不執著於任何一物而體認諸法實相的境地。

　　《金剛經》亦是中國禪宗所依據的重要經典之一。

　　《金剛經》於西元前494年間，成書於古印度。是如來世尊釋迦牟尼在世時與長老須菩提等眾弟子的對話紀錄，由弟子阿難所記錄。是大乘佛教重要經典之一，為出家、在家佛教徒常所誦持。20世紀初出土於敦煌的《金剛經》，為世界最早的雕版印刷品之一，現存於大英圖書館。

　　這部經的原題目是玄奘大帥所翻譯的《能斷金剛般若波羅蜜經》，「金剛」有兩種意義：閃電，具有極大的快速而又猛烈的威力；鑽石，世界上最堅硬、最珍貴、最受人青睞的寶貝。佛教運用「金剛」來形容教法的堅固和能夠破斥外道，而不被外道所破壞。

　　由於人們認虛為實、認假為真，所以頑固地執著自我和外部客觀世界是真實的，由此造作無量無邊的身業、口業、意業，並且受這三種業力的牽引、拖累，以致長劫地生死輪迴，經受不可言狀的種種痛苦，始終無法獲得自由和解脫。在佛教釋義中，金剛般若波羅蜜多，靠著無上智慧的指引，就能夠超越欲界、色界、無色界，最終到達涅槃寂靜的彼岸，這就是本經題的深刻含義。

佛教經典著作——《金剛經》

　　《金剛經》是佛教重要經典，全名《金剛般若波羅蜜經》（鳩摩羅什譯本）。全名是指按照此經修持能成就金剛不壞之本質，修得悟透佛道精髓智慧，脫離欲界、色界、無色界三界而完成智慧（到達苦海彼岸）。也就是所有十方法界的眾生，如果想要修行成就佛菩薩，成就無上正等正覺，都要經過《金剛經》的真修實證，開悟而後成就。

　　實相，是世界的真實，事物的本來面目。以般若觀照實相，即對此名相採取不住、不執、不取的如實態度。一切法相，甚至連佛的形象、佛土，都是用文字和形象對實相的近似表達，皆非實相本身。《金剛經》卷末著名的四句偈文：「一切有為法，如夢幻泡影，如露亦如電，應作如是觀。」堪稱一經之精髓。

凡所有相，皆是虛妄。

現照實相

主
內
容
要

金剛經

實踐宗要

應無所住而生其心。

　　唯有不住相、不偏執，才能把握實相。所以，在實踐中應以空靈自在的心態應對一切法。經中以布施為例，其有三要件（三輪）：能布施的我，受布施的人，所布施的財物。一般人心中存在這三種人為的分別，施一錢物，即作一錢物功德想，於是施恩圖報，算計冥冥中所積累的功德。但實際上，應以「三輪」體空的精神去布施。

全經綱領

發度盡一切眾生之大心。

　　小乘以自覺為終極，而大乘的菩薩不僅要自覺，更要「覺他」，故其終極目標定位在和一切眾生成就佛果的廣大境界。故要盡己所能廣度眾生，但不要執著於「我」在幫助眾生中具有多大的功德。唯心量大者，才有大格局，方能成就大事業。

卷 十一

風俗卷

「風」是指由自然條件的不同而造成的行為規範差異；「俗」是指由社會文化的差異所造成的不同行為規則。在特定社會文化區域內，由歷代人所共同遵守的行為模式或規範，即稱之為「風俗」。風俗的多樣性表現在習慣上，具有因地而異的特點。它是一種社會傳統，常隨著歷史條件的變化而變化。

幾千年來，華夏歷代各族人民懷著對美好事物的追求與向往，在發展生產和日常生活中逐漸形成了豐富多彩的風俗習慣，也代表了中華民族文明教化的水平。那正月十五令人眼花繚亂的花燈，那端午處處飄香的粽子，那宮中華美典雅的霓裳羽衣舞蹈，那民間繁花似錦的手工藝，諸如此類，數不勝數，都無不給人以「美」的視覺衝擊和「絕」的心靈震撼！更有那尊老愛幼的美德古今相傳、謙遜辭讓的風範蔚為大觀、捨生取義的習尚人人頌揚、精忠報國的傳統代代承繼……

第一章
飲食與服飾

豆　腐

　　豆腐是古代先民奉獻給世界的一道綠色健康食品。時至今日，已有二千一百餘年的歷史，深受人們及世界各國人民的喜愛。豆腐發展至今，已品種齊全，花樣繁多，具有風味獨特、製作工藝簡單、食用方便的特點。

　　據傳豆腐的發明者是西漢淮南王劉安。他雅好道學，欲求長生不老之術，不惜重金廣招方術之士，其中較為出名的有蘇非、李尚、田由、雷波、伍波、晉昌、毛被、左昊八人，號稱「八公」。劉安邀八公相伴，登北山而造爐，煉仙丹以求壽。他們取山中「珍珠」、「大泉」、「馬跑」三泉清冽之水磨製豆汁，又以豆汁培育丹苗，不料煉丹不成，豆汁與鹽鹵化合成一片芳香誘人、白白嫩嫩的東西。當地膽大農夫取而食之，竟然美味可口，於是取名「豆腐」。北山從此更名「八公山」，劉安也於無意中成為發明豆腐的老祖宗。自劉安發明豆腐之後，八公山方圓數十里的廣大村鎮，就成了名副其實的「豆腐之鄉」。

　　豆腐以黃豆、青豆、黑豆為原料，經浸泡、磨漿、過濾、煮漿、加細、凝固和成型等工序加工而成。豆腐營養豐富，有「植物肉」之稱。豆腐及豆腐製品的蛋白質含量比大豆高，而且豆腐蛋白屬完全蛋白，不僅含有人體必需的八種氨基酸，而且其比例也接近人體需要，營養效價較高。豆腐是一種高蛋白、低脂肪的食品，具有降血壓、降血脂和降膽固醇的功效。而且豆腐老幼皆宜，生熟皆可食用，是養生攝生、益壽延年的美食佳品。中醫理論認為，豆腐味甘性涼，入脾、胃、大腸，具有益氣和中、生津潤燥、清熱解毒的功效。此外，豆腐對病後調養、減肥、細膩肌膚亦很有好處。雖然豆腐如此諸多益處，但過量食用也會危害健康。

　　在長期的社會發展中，問世於壽縣八公山的豆腐，今已發展為八大系列：一為水豆腐，包括質地粗硬的北豆腐和細嫩的南豆腐；二為半脫水製品，主要有百葉、千張等；三為油炸製品，主要有炸豆腐；四為鹵製品，主要包括五香豆腐干和五香豆腐絲；五為熏製品，諸如熏素腸、熏素肚；六為冷凍製品，即凍豆腐；七為乾燥製品，比如豆腐皮、油皮；八為發酵製品，包括人們熟悉的豆腐乳、臭豆腐等。

　　兩千多年來，隨著中外文化的交流，豆腐不但走遍全中國，而且走向世界。今天，世界人民都把品嘗豆腐菜看做一種美妙的藝術享受，豆腐就像茶葉、瓷器、絲綢一樣享譽世界。

「植物肉」——豆腐

　　豆腐，是一種綠色健康食品，相傳為煉丹家淮南王劉安發明，已有二千一百餘年的歷史。豆腐是一種高蛋白、低脂肪的食品，具有降血壓、降血脂和降膽固醇的功效。豆腐發展至今，已品種齊全，花樣繁多，具有風味獨特、製作工藝簡單、食用方便的特點。

傳統豆腐製作

① 　　先把豆去殼篩淨，洗淨後放入水中，浸泡適當時間。

② 　　把泡好的豆子加一定比例的水磨成生豆漿。

③ 　　接著用特製的布袋將磨出的漿液裝好，收好袋口，用力擠壓，將豆漿榨出布袋。一般榨漿可以榨兩次。

④ 　　把榨好的生豆漿放入鍋內煮沸，邊煮邊要撇去面上浮著的泡沫。煮的溫度保持在90℃至沸騰邊緣既可，並且需要注意煮的時間。

⑤ 　　煮好的豆漿需要進行點鹵以凝固。點鹵的方法可分為鹽鹵、石膏兩種，點鹵的作用是使豆漿凝結成豆腐花。

⑥ 　　在豆腐花凝結的約15分鐘內，用勺子把其盛進已鋪好包布的木托盆或其他容器裏。盛滿後，用包布將豆腐花包起，蓋上木板，壓10～20分鐘，即成豆腐。

元　宵

　　元宵是用糯米粉等原料做成的圓形食品，是農曆正月十五吃的一種節日食品。「元宵」作為食品，在中國由來已久。宋代，民間即流行一種在元宵節期間食用的新奇食品。這種食品，最早叫「浮元子」，後稱「元宵」，生意人還美其名曰「元寶」。元宵以白糖、玫瑰、芝麻、豆沙、黃桂、核桃仁、果仁、棗泥等為餡，用糯米粉包成圓形，可葷可素，風味各異。可湯煮、油炸、蒸食，有團圓美滿之意。

　　元宵，原意為「上元節的晚上」，因正月十五「上元節」主要活動是晚上的觀燈賞月，後來節日名稱也演化為「元宵節」。正月十五鬧元宵，將從除夕開始延續的慶祝活動推向又一個高潮。元宵之夜，大街小巷張燈結彩，人們賞燈、猜燈謎、吃元宵，成為世代相沿的習俗。到明朝時仍然保留有元宵節宴飲的習慣，明黃道周《節寰袁公（袁可立）傳》：「及在登萊，方元宵宴客，有傳遼將李性忠與張爾心謀叛者，諸監司怖甚。」

　　元宵從種類上分，可分實心和帶餡的兩種。帶餡的又有甜、咸之分。甜餡一般有豬油豆沙、白糖芝麻、桂花什錦、棗泥、果仁、麻蓉、杏仁、白果、山楂等；咸餡一般有鮮肉丁、火腿丁、蝦米等。用芥、蔥、蒜、韭、薑組成的菜餡元宵，稱「五味元宵」，意寓勤勞、長久、向上。

　　元宵的製作方法很多，南北方有很大的差異。南方人做元宵時，先將糯米粉用水調和成皮，然後將餡包好；北方人做元宵，先把餡捏成均勻的小球狀，放在鋪有乾糯米粉的籮筐裏不斷搖晃，不時加入清水使餡沾上越來越多的糯米粉，直至大小適中。元宵的大小不一，大者如核桃，小者若黃豆。

　　煮元宵也有技巧：第一步：輕輕捏。下鍋前，用手輕捏元宵，使其略有裂痕，這樣煮出來的元宵，裏外易熟，軟滑可口。第二步：開水下。鍋內水開後，放入元宵，用勺背輕輕推開，讓元宵旋轉幾下，就不黏鍋底。第三步：文火煮。「元宵」入鍋煮至浮起後，要迅速改用文火，否則，元宵不斷翻動，受熱不均勻，外熟內硬不好吃。第四步：點冷水。元宵入鍋後，每開一次應點入適量的冷水，使之保持似滾非滾的狀態。開兩三次後，再煮一會兒，即可撈出食用。這樣煮出的元宵質軟不硬，香甜可口。

正月十五吃元宵

　　元宵，是一種華人依照習俗在農曆正月十五元宵節和春節烹煮食用的食品。曾有多種名稱，明永樂年間正式定名為元宵。元宵由糯米製成，或實心，或帶餡。餡有豆沙、白糖、山楂、各類果料等，食用時煮、煎、蒸、炸皆可。此種食物初叫「浮元子」，後又稱「湯團」或「湯圓」，取團圓之意，象徵團圓美滿，和睦幸福。

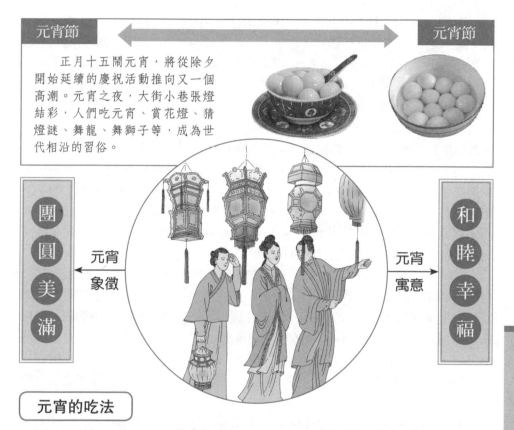

元宵節　　　　　　　　　　　　　　　　　　　　　　元宵節

　　正月十五鬧元宵，將從除夕開始延續的慶祝活動推向又一個高潮。元宵之夜，大街小巷張燈結彩，人們吃元宵、賞花燈、猜燈謎、舞龍、舞獅子等，成為世代相沿的習俗。

團圓美滿　←　元宵象徵　　　　元宵寓意　→　和睦幸福

元宵的吃法

元宵一般有五種吃法	湯煮元宵	要掌握「文火煮」的要領，並用湯勺徐徐推轉，使元宵在湯中旋轉，水沸時稍加涼水，不致黏鍋。
	油炸元宵	熱油下鍋，元宵下鍋後輕輕翻動幾遍，直至元宵全部虛脹，即可撈出撒上糖食用。
	拔絲元宵	先用食油抹光鍋底，再放白糖和適量水用文火化成稠糊狀，當冒大泡呈黃色後，將炸好的元宵入鍋，與糖糊攪拌拔絲，迅速出鍋，趁熱食用。
	穿衣元宵	芝麻炒熟研末，放入稠糖糊中。把炸好的元宵放入糖糊中滾沾均勻後上盤，要逐個擺開。
	酒醉元宵	將特製的小元宵煮熟後盛入碗中，再將煮沸後的甜酒澆入，打入雞蛋花更佳。

月　餅

　　月餅，在古代被作為供品於中秋節所食。中秋節吃月餅的習俗於唐朝出現。北宋之時，該種餅被稱為「宮餅」，在宮廷內流行，但也流傳到民間，當時俗稱「小餅」和「月團」。後來演變成圓形，寓意團圓美好。

　　從歷史記載來看，首次將餅與中秋的月亮結合起來，是唐朝大將軍李靖於八月十五征討匈奴得勝而歸，唐高祖接過吐魯番商人獻上的胡餅，笑指明月說：「應將胡餅邀蟾蜍。」另據《洛中見聞》記載，唐僖宗在中秋節當日命令御膳房用紅綾將餅賞賜給新科進士。但那時還沒有被稱之為月餅。

　　月餅一詞最早見於南宋吳自牧《夢粱錄》中，那時的月餅是菱花形的，和菊花餅、梅花餅等同時存在，並且是「四時皆有，任便索喚，不誤主顧」。可見這時的月餅，還不只是在中秋節吃。至於月餅這個名詞的來曆，已無從考證。但是北宋著名文人蘇東坡留有「小餅如嚼月，中有酥和飴」的詩句，或許這是月餅這個名稱的來源及月餅做法的根據。

　　如今，月餅的品種已異彩紛呈品種繁多，按產地分有：京式月餅、廣式月餅、蘇式月餅、臺式月餅、滇式月餅、港式月餅、潮式月餅、徽式月餅、衢式月餅、秦式月餅，甚至日式等；就口味而言，有甜味、鹹味、鹹甜味、麻辣味；從餡心講，有桂花月餅、梅乾月餅、豆沙月餅、玫瑰月餅、蓮蓉月餅、冰糖月餅、白果月餅、肉松月餅、黑芝麻月餅、火腿月餅、蛋黃月餅等；按餅皮分，則有漿皮、混糖皮、酥皮、奶油皮等；從造型上又有光面月餅與花邊月餅之分。

　　月餅內餡多採用植物性原料種子，如核桃仁、杏仁、芝麻子兒、瓜子兒、山楂、蓮蓉、紅小豆、棗泥等，對人體有一定的保健作用。植物性的種子含不飽和脂肪酸高，以油酸、亞油酸居多，對軟化血管防止動脈硬化有益；含礦物質，有利於提高免疫力，預防兒童鋅缺乏、缺鐵貧血；蓮子、紅小豆、芝麻子兒含鉀很高，可置換細胞內鈉鹽排出，營養心肌、調節血壓；從中醫角度看，一些原料性溫平居多，強心、鎮靜、安神；一些種子富含維生素E，抗衰老，滋皮膚、烏鬚髮。不過，月餅油多、糖多，以鴨蛋黃為餡的月餅膽固醇高，總體講是高熱量食品，糖尿病患者、肥胖者不宜多吃。

月餅

　　月餅是中秋節的傳統食品，最初為形如滿月的餅，外觀為原形，表示團圓之意，後來也有方形或其他形狀的。月餅外層通常以小麥粉為皮，其內有餡，餡料多樣。月餅品種多樣，包括廣式月餅、蘇式月餅、冰皮月餅等。

月餅歷史

殷周
　　據史料記載，早在殷、周時期，江、浙一帶就有一種紀念太師聞仲的「太師餅」，是為月餅的「始祖」。

漢
　　漢代張騫出使西域，引進了芝麻、胡桃，於是出現了以芝麻、胡桃仁為餡的圓形餅，名曰「胡餅」。

唐
　　唐代，民間開始出現專門從事胡餅製作的餅師和賣胡餅的店鋪，並將「胡餅」更名為「月餅」。

宋
　　北宋皇家過中秋，喜歡吃一種叫「宮餅」的食品，其實就是月餅。與現在的月餅已十分相似。

明
　　明代，中秋吃月餅在民間已普及，而且月餅的製作也越發考究，使得月餅不僅好吃而且好看。

清
　　清代月餅品種繁多，而且製作工藝十分考究。

今日
　　時至今日，中秋月餅已成為人們節日必不可少的食品，不僅因為其好吃，還因為它象徵著團圓和祥瑞。

中秋吃月餅的由來

　　中秋節美食首推月餅，其起源說法有多種。一說元末泰州的反元起義領袖張士誠利用中秋民眾互贈圓餅之際，在餅中夾帶「八月十五夜殺韃子」的字條，大家見字條後如約一起手刃「韃子」（元兵），過後家家吃餅慶祝起義勝利，並正式稱中秋節的圓餅為月餅。

　　另有一說是，明洪武初年，大將徐達攻下元朝殘餘勢力盤踞的元大都北京，捷報傳到首都南京，明太祖朱元璋欣喜若狂，即傳諭中秋節普天同慶，並將當初反元大起義時傳遞信息的月餅賞賜臣民。月餅從此成為中秋節「法定」的食品，非食不可了。

粽　子

　　粽子是端午節的節日食品，古稱「角黍」，明、清以後始稱粽子，傳說是為祭投江的屈原而發明的，是中國歷史上迄今為止文化積澱最深厚的傳統食品。而端午節吃粽子，則是另一傳統習俗。

　　歷史上關於粽子的記載，最早見於漢代許慎的《說文解字》。「粽」字本作「糉」，《說文新附·米部》謂「糉，蘆葉裹米也。」而「糉」字右半邊有「聚集」的意思，意即粽乃為米之聚集也。

　　粽子由來已久，花樣繁多。據記載，早在春秋時期，用菰葉（茭白葉）包黍米成牛角狀，稱「角黍」；用竹筒裝米密封烤熟，稱「筒粽」。

　　東漢末年，以草木灰水浸泡黍米，因水中含鹼，用菰葉包黍米成四角形，煮熟，稱為廣東鹼水粽。

　　晉代，粽子被正式定為端午節食品。這時，包粽子的原料除糯米外，還添加中藥益智仁，煮熟的粽子稱「益智粽」。米中摻雜有禽獸肉、板栗、紅棗、赤豆等，品種增多。粽子還用作交往的禮品。

　　到了唐代，粽子的用米「白瑩如玉」，其形狀出現錐形、菱形。日本文獻中就記載有「大唐粽子」。

　　宋朝時，已有「蜜餞粽」，即果品入粽。詩人蘇東坡有「時於粽裏見楊梅」的詩句。此時還出現過用粽子堆成樓臺亭閣、木車牛馬做的廣告，說明宋代吃粽子已很流行。

　　元、明時期，粽子的包裹料已從菰葉變革為箬葉，後來又出現用蘆葦葉包的粽子，輔料已出現豆沙、豬肉、松子仁、棗子、胡桃等，品種更加豐富多彩。

　　由於各地風味不同，主要有甜、鹹兩種口味。甜味有白水粽、赤豆粽、蠶豆粽、棗子粽、玫瑰粽、瓜仁粽、豆沙豬油粽、棗泥豬油粽等。鹹味有豬肉粽、火腿粽、香腸粽、蝦仁粽、肉丁粽等，但以豬肉粽較多。也有南國風味的什錦粽、豆蓉粽、冬菇等；還有一頭甜一頭鹹、一粽兩味的「雙拼粽」。這些粽子均以輔料的不同而味道各異。其中以浙江嘉興粽子最為有名。

　　千百年來，端午吃粽子的風俗盛行不衰，而且流傳到韓國、日本及東南亞諸國。

五月初五粽子香

粽為以箬葉、竹葉或蘆葦葉,包裹糯米或黃米或其他輔料如棗、豆沙、火腿、鹹鴨蛋、花生、栗子等,並以水煮或蒸熟的食品。相傳與紀念古代詩人屈原投江有關,為端午節應景物之一。

製作概況

不同地方的粽子,因為地區不同,由內料至粽葉,都有著很大的差別。

❶ 造型:粽子「裹」出來的形狀有很大的不同,如早期人們盛行以牛角祭天,因此漢晉時的粽子,多做成角形,作為祭祖用品之一。此外,一般還有正三角形、正四角形、尖三角形、方形、長形等各種形狀。

❷ 粽葉:南方因為盛產竹子,就地取材以竹葉來縛粽。一般人都喜歡採用新鮮竹葉,因為乾竹葉綁出來的粽子,熟了以後沒有竹葉的清香。北方人則習慣用葦葉來綁粽子。葦葉葉片細長而窄,所以要用兩三片重疊起來使用。

❸ 大小:粽子的大小也差異甚巨,有達一兩公斤的巨型粽,也有小巧玲瓏、長不及兩寸的甜粽。

❹ 口味:粽子餡葷素兼具,有甜有鹹。北方的粽子以甜味為主,南方的粽子甜少鹹多。輔料的內容,則是最能凸顯地方特色的部分。

傳說當年屈原投身汨羅江之後,百姓莫不感嘆哀傷,空有抱負的屈原就這樣離開了人世,實乃國家損失。所以百姓為免屈原屍身被水中的魚蝦噬咬,紛紛將米糧投入江中,希望魚蝦等只顧吃這些米糧而不損傷屈原屍身。而後,屈原托夢百姓,說米糧投入江中實則被江中的蛟龍所食,如果用艾葉包裹,再綁以五色繩,則可以免遭蛟龍偷食。從此,每年農曆五月初五——屈原投江殉難日,家家都包粽子、投粽子,以此來紀念詩人,端午節的風俗就這樣流傳下來。

民間傳說

卷十一‧風俗卷

茶

　　茶作為一種著名的保健飲品，它是古代中國南方人對中國飲食文化的貢獻，也是對世界飲食文化的貢獻。三皇五帝時代的神農有以茶解毒的故事流傳，黃帝則姓姬名茶，「茶」即古茶字。茶屬於山茶科，為常綠灌木或小喬木植物，植株高達1～6公尺。茶樹喜歡濕潤的氣候，在長江流域以南地區有廣泛栽培。

　　中國自古有神農發現茶葉的傳說，成書於西元前2世紀的《神農本草經》記載：「神農嘗百草，日遇七十二毒，得茶而解之。」相傳神農嘗百草後感到不適，躺於樹下。見到一種開白花的植物，便摘下嫩葉咀嚼而治好。到殷、周時，茶不僅用作藥物，而且開始成為飲料，因此後人便開始有喝茶的習慣。成書於西元前8世紀的《詩經》中亦有「誰謂荼苦，其甘如薺」。據陸羽《茶經》有「茶之為飲，發乎神農氏，聞於魯周公」的記載。此外在浙江餘姚田螺山遺址還出土了西元前4000年的古茶樹。

　　能製作茶的只有茶樹在春季發出的嫩芽，茶品質最好的是在每年4月上旬的清明以前採摘，稱為「明前茶」，它是剛抽出葉尚未打開的嫩芽尖，叫做「蓮心」，因為很輕，所以產量低，價格也昂貴；在清明以後至4月下旬穀雨以前採摘的茶，為「雨前茶」，已經打開一片嫩葉和抽出的另一個新芽，叫「旗槍」，形狀類似一支槍和一面旗；穀雨以後至5月上旬立夏以前採摘的茶叫「三春茶」，由於有兩面小葉和中間一個嫩芽，所以叫「雀舌」；立夏以後一個月內採摘的茶質量較差，是「四春茶」，也叫「梗片」，一般用於製作較低級的加工茶。再以後茶葉老化，就不能再用於製作飲用茶。

　　茶葉的品質好壞，在沒有科學儀器和方法鑑定的時候，可以透過色、香、味、形四個方面的來評價。而用這四個方面來評定茶葉質量的優劣，通常採用看、聞、摸、品進行鑑定。即看外形、色澤，聞香氣，摸身骨，開湯品評。

　　茶在中國被譽為「國飲」，茶葉通常分為綠茶、紅茶、花茶、白茶、青茶、黃茶。現代科學大量研究證實，茶葉不僅具有提神清心、清熱解暑、消食化痰、去膩減肥、清心除煩、解毒醒酒、生津止渴、降火明目、止痢除濕等藥理作用，還對輻射病、心腦血管病、癌症等現代疾病，有一定的藥理功效。茶葉具有藥理作用的主要成分是茶多酚、咖啡鹼、脂多糖等。茶不但有對多科疾病的治療效能，而且有良好的延年益壽、抗老強身的作用。

國飲——茶

茶葉作為一種著名的保健飲品，它是古代中國南方人民對飲食文化的貢獻，也是對世界飲食文化的貢獻。茶樹種植3年就可以採葉子。一般清明前後採摘茶樹的嫩芽，用這種嫩芽製作的茶葉品質非常好，屬於茶中的珍品。

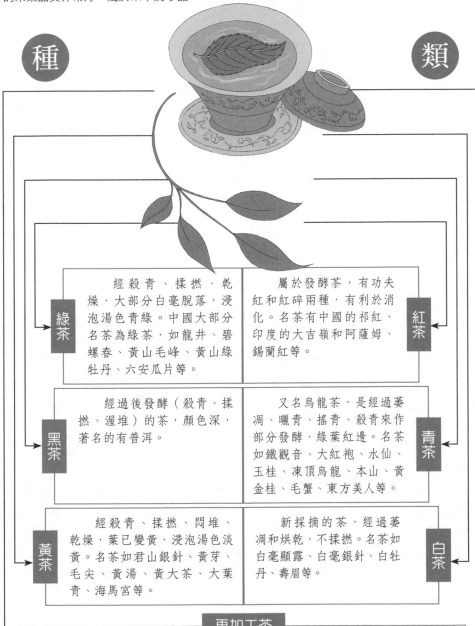

種

類

綠茶
經殺青、揉撚、乾燥，大部分白毫脫落，浸泡湯色青綠。中國大部分名茶為綠茶，如龍井、碧螺春、黃山毛峰、黃山綠牡丹、六安瓜片等。

紅茶
屬於發酵茶，有功夫紅和紅碎兩種，有利於消化。名茶有中國的祁紅、印度的大吉嶺和阿薩姆、錫蘭紅等。

黑茶
經過後發酵（殺青、揉撚、渥堆）的茶，顏色深，著名的有普洱。

青茶
又名烏龍茶，是經過萎凋、曬青、搖青、殺青來作部分發酵，綠葉紅邊。名茶如鐵觀音、大紅袍、水仙、玉桂、凍頂烏龍、本山、黃金桂、毛蟹、東方美人等。

黃茶
經殺青、揉撚、悶堆、乾燥，葉已變黃，浸泡湯色淡黃。名茶如君山銀針、黃芽、毛尖、黃湯、黃大茶、大葉青、海馬宮等。

白茶
新採摘的茶，經過萎凋和烘乾，不揉撚。名茶如白毫顯露、白毫銀針、白牡丹、壽眉等。

再加工茶
即以各種毛茶或精製茶再加工而成的茶。包括花茶、緊壓茶、液體茶、速溶茶及藥用茶等。

卷十一·風俗卷

深　衣

深衣，是直筒式的長衫，把衣、裳連在一起包住身子，分開裁但是上下縫合。通俗地說，就是上衣和下裳相連在一起，用不同色彩的布料作為邊緣（稱為「衣緣」或者「純」）；其特點是使身體深藏不露，雍容典雅。

《五經正義》中認為：「此深衣衣裳相連，被體深邃。」且具體形制的每一部分都有極深的含意，而「深衣」的諧音即為「深意」。如在製作中，先將上衣下裳分裁，然後在腰部縫合，成為整長衣，以示尊祖承古。深衣的下裳以十二幅裁片縫合，以應一年中的十二個月，這是古人崇敬天時意識的反映。採用圓袖方領，以示規矩，意為行事要合乎準則；垂直的背線以示做人要正直；水平的下擺線以示處事要公平。

深衣是古代諸侯、大夫、士晚間所穿之衣。當時的深衣，以白色麻布為之。其用途極廣，是朝祭之外的士的吉服，庶人的唯一的吉服。其特點為上衣和下裳相連，衣襟右掩，下擺不開衩，將衣襟接長，向後擁掩，垂及踝部。深衣邊緣通常鑲以彩帛，其形制、規格皆有嚴格規定，歷代解釋甚多，說法有不一致處。及漢代，婦人禮服用衣、裳相連續，與古代深衣同。其樣式，對後代的服飾產生極大影響，唐代的袍下加襴，元代的質孫服、腰線襖子，明代的曳散等，都採用其上下連衣裳的形式。今之連衣裙，也是古代深衣制的發展。深衣不同於過去不相連屬的上衣下裳，而是上下連在一起的服裝。它的另一特點是「續衽鉤邊」。「衽」就是衣襟；「續衽」，是將衣襟接長。「鉤邊」，是形容衣襟的樣式。深衣改變了過去服裝的裁制方法，不在下擺開衩，而將左面衣襟前後片縫合，後面衣襟加長，加長後的衣襟形成三角，穿時繞至背後，再用腰帶繫紮。

深衣承接上衣下裳，在中國服裝史上具有承上啟下的歷史地位，深衣是一種根據禮制而制定的衣服，所以一直以來都深受士大夫階層的喜愛，是士大夫階層的服飾。深衣大約在周代就出現了，在春秋一直到漢代，形成了以曲裾深衣、直裾深衣為主的款式，在三國兩晉南北朝時期又出現了雜裾深衣，唐史中也有士人穿深衣的記載，到宋代又出現了朱子深衣，朱子深衣對後世衣服的製作具有很大的影響。

「被體深邃」的深衣

深衣，古代上衣、下裳相連綴的一種服裝，因「被體深邃」而得名。又稱長衣、麻衣、中衣。為古代諸侯、大夫等士大夫階層家居便服，也是庶人百姓的禮服。深衣有四種不同名稱：深衣、長衣、麻衣、中衣。

深衣結構

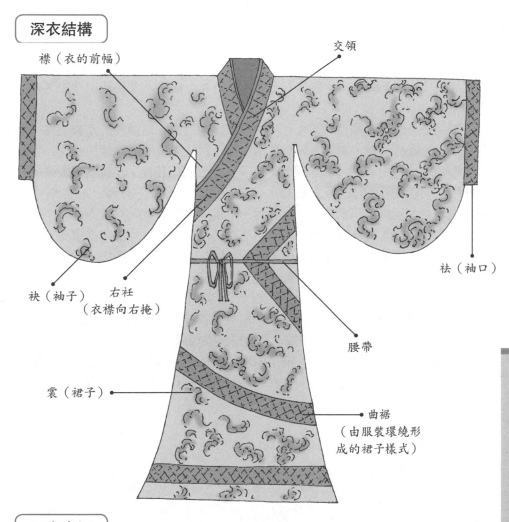

襟（衣的前幅）
交領
袪（袖口）
袂（袖子）
右衽（衣襟向右掩）
腰帶
裳（裙子）
曲裾（由服裝環繞形成的裙子樣式）

深衣內涵

深衣象徵天人合一，恢弘大度，公平正直，包容萬物的東方美德。袖口寬大，象徵天道圓融；領口直角相交，象徵地道方正；背後一條直縫貫通上下，象徵人道正直；腰繫大帶，象徵權衡；分上衣、下裳兩部分，象徵兩儀；上衣用布四幅，象徵一年四季；下裳用布十二幅，象徵一年十二月。身穿深衣，自然能體現天道之圓融，懷抱地道之方正，身合人間之正道，行動進退合權衡規矩，生活起居順應四時之序。

襦

襦是指古代齊腰的短上衣。《說文解字》說：「襦，短衣也。」顏師古注《急就篇》：「袍襦表裏曲領群。」《禮記‧內則》：「衣不帛襦袴。」古辭《樂府詩集‧陌上桑》：「緗綺為下裙，紫綺為上襦。」蓋漢代裙襦的裝束已普遍流行。

襦可分為單襦和複襦，單襦近乎衫，複襦則近襖，區別在於是否夾裏。襦的袖子一般較長、窄，明代多見琵琶袖。交領右衽漢服標準的領口式樣，外觀如字母y形。（右衽指領子繫向身體右邊。方向不可以相反，左衽為異族或死者的樣式。）直領則多配以訶子或抹胸。腰帶用絲或革製成，有固定作用。

《釋名》記載：「襦暖也，言溫暖。」是以襦為冬衣。單襦的花式、色彩十分豐富，唐代詩詞多有描繪。如白居易的《秦中吟》：「紅樓富家女，金鏤刺羅襦。」溫庭筠的《菩薩蠻》中：「新貼繡羅襦，雙雙金鷓鴣」均指襦衫。唐代時規定，「白練襦衣」為公服之一。明清時，民間和官吏便服也非常盛行穿襦衣。

《急就篇》顏師古注曰：「短衣曰襦，自膝以上。」即是說襦為長不過膝之短衣，所以下體必配穿以裙與褲，合稱襦褲或襦裙。

此外，小兒的涎衣也叫襦。清人戴震疏證：「蓋以掩為小兒涎衣，掩頸下者，襦有曲領之名。故亦名襦。」白居易詩《阿催》中有「膩剃新胎髮，香繃小繡襦」之句。

上衣短、下裙長的襦裙

古代稱齊腰的短上衣為「襦」，襦多配以裙與褲穿，謂之「襦裙」。襦裙是我國服飾史上最早也是最基本的服裝形制之一。自戰國直至明朝，前後兩千多年，盡管長短寬窄時有變化，但基本形制始終保持著最初的樣式。

按領子式樣

按領子的式樣不同，可分為交領襦裙和直領襦裙。

襦裙分類

按裙腰高低

按裙腰的高低，可分為低腰襦裙、高腰襦裙和齊胸襦裙。

襦

襦可分為單襦和複襦，單襦近乎衫，複襦則近襖，區別在於是否有夾裏。

襦袖

襦的袖子一般較長、窄，明代多見琵琶袖。

腰帶

腰帶用絲或革製成，有固定作用。（漢服無如和服的寬腰帶的式樣，切忌）

交領右衽

交領右衽是漢服標準的領口式樣，外觀如字母y形。（右衽指領子繫向身體右邊。方向不可以相反，左衽為異族或死者的樣式。直領則多配以訶子或抹胸）

宮條

宮條以絲帶編成，一般在中間打幾個環結，然後下垂至地，有的還在中間串上一塊玉佩，藉以壓裙幅，使其不至散開影響美觀。（此為非必需品）

裙

裙從六幅到十二幅，有各種顏色及繁多的式樣。

獨特特點

較之其他服裝形制，襦裙有一個明顯的特點：上衣短，下裙長，上下比例體現了黃金分割的要求，具有豐富的美學內涵。

襦裙特點

共同特點

襦裙的共同特點：平面裁剪，多緣邊，綢帶繫結；上襦變化主要在領型及門襟上，下裙長至鞋面。

卷十一・風俗卷

春 節

　　春節，即農曆新年，俗稱過年，一般指除夕和正月初一。但在民間，傳統意義上的春節是指從臘月初八的臘祭或臘月二十三或二十四的祭灶，一直到正月十五，其中以除夕和正月初一為高潮。春節歷史悠久，起源於殷商時期年頭歲尾的祭神祭祖活動。在春節期間，中國的漢族和許多少數民族都要舉行各種活動以示慶祝。這些活動均以祭祀神佛、祭奠祖先、辭舊迎新、迎禧接福、祈求豐年為主要內容。活動豐富多彩，帶有濃郁的民族特色。

　　春節是中華民族最隆重的傳統佳節。自漢武帝太初元年始，以夏年（農曆）正月初一為「歲首」（即「年」），年節的日期由此固定下來，延續至今。年節古稱「元旦」。1911年辛亥革命以後，開始採用公曆（陽曆）計年，遂稱公曆1月1日為「元旦」，稱農曆正月初一為「春節」。

　　春節是辭舊迎新的日子。一般從臘月二十三（或二十四日）小年節起，人們便開始「忙年」：掃房屋、洗頭沐浴、準備年節器具等。

　　春節也是祭祝祈年的日子。古人謂穀子一熟為一「年」，五穀豐收為「大有年」。西周初年，即已出現了一年一度的慶祝豐收的活動。後來，祭天祈年成了年俗的主要內容之一。在年節期間，人們給諸神供奉香火，藉此酬謝諸神過去的關照，並祈願在新的一年中能得到更多的福佑。

　　春節還是闔家團圓、敦親祀祖的日子。除夕，全家歡聚一堂，吃罷「團年飯」，長輩給孩子們分發「壓歲錢」，一家人團坐「守歲」。

　　元日子時交年時刻，鞭炮齊響，辭舊歲、迎新年的活動達於高潮。各家焚香致禮，敬天地、祭列祖，然後依次給尊長拜年，繼而同族親友互致祝賀。元日後，開始走親訪友，互送禮品，以慶新年。年節更是民眾娛樂狂歡的節日。元日以後，各種豐富多彩的娛樂活動競相開展：耍獅子、舞龍燈、扭秧歌、踩高蹺、雜耍諸戲等，為新春佳節增添了濃郁的喜慶氣氛。此時，正值「立春」前後，古時要舉行盛大的迎春儀式，鞭牛迎春，祈願風調雨順、五穀豐收。各種社火活動到正月十五，再次形成高潮。

　　因此，集祈年、慶賀、娛樂為一體的盛典年節就成了華人最隆重的佳節。春節是中華文化的優秀傳統的重要載體，它蘊涵著傳統文化的智慧和結晶，凝聚著華夏人民的生命追求和情感寄託，傳承著家庭倫理和社會倫理觀念。歷經千百年的積澱，異彩紛呈的春節民俗，已形成底蘊深厚且獨具特色的春節文化。

中國最盛大的傳統節日——春節

春節是中國民間最隆重最富有特色的傳統節日，是指正月初一，又叫陰曆年，俗稱「過年」。在春節期間，都要舉行各種活動以示慶祝。

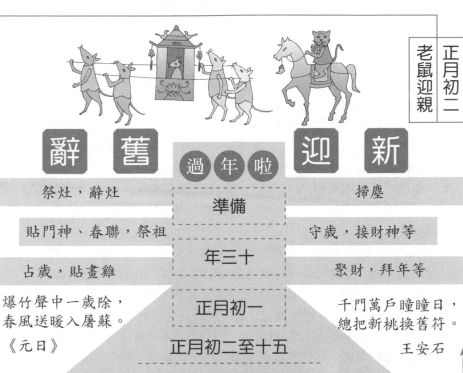

正月初二
老鼠迎親

辭 舊 過 年 啦 迎 新

辭舊	過年啦	迎新
祭灶，辭灶	準備	掃塵
貼門神、春聯，祭祖	年三十	守歲，接財神等
占歲，貼畫雞		聚財，拜年等
爆竹聲中一歲除， 春風送暖入屠蘇。	正月初一	千門萬戶瞳瞳日， 總把新桃換舊符。
《元日》	正月初二至十五	王安石

走親訪友，互送禮品，開展豐富多彩的娛樂活動等。

春節，即農曆新年，俗稱過年，一般指除夕和正月初一。傳統意義上的春節是指從臘月初八的臘祭或臘月二十三或二十四的祭灶，一直到正月十五，其中以除夕和正月初一為高潮。

貼春聯

除夕之夜

卷十一·風俗卷

清明節

　　清明是農曆二十四節氣之一，在仲春與暮春之交，一般是在冬至後的第106天。清明節大約始於周代，距今已有兩千五百多年的歷史。

　　清明一般在每年的陽曆4月5日前後。由於二十四節氣比較客觀地反映了一年四季氣溫、降雨、物候等方面的變化，所以古代人民用它安排進行農事活動。《淮南子・天文訓》云：「春分後十五日，斗指乙，則清明風至。」按《歲時百問》的說法：「萬物生長此時，皆清潔而明淨。故謂之清明。」清明一到，氣溫升高，雨量增多，正是春耕春種的大好時節。故有「清明前後，種瓜點豆」、「植樹造林，莫過清明」的農諺。可見這個節氣與農業生產有著密切的關係。

　　清明的得名，不僅緣於萬物此時的生長清潔明淨，也緣於這一時期的太陽也是清新的太陽，流轉於這一時期天地之間的陽氣，也是清新的陽氣。

　　但是，清明作為節日，與純粹的節氣又有所不同。節氣是中原地區物候變化、時令順序的標誌，而節日則包含著一定的風俗活動和某種紀念意義。

　　清明節又叫踏青節，按陽曆來說，它是在每年的4月4日～6日，正是春光明媚草木吐綠的時節，也正是人們春遊（古代叫踏青）的好時候，所以古人有清明踏青，並開展種種體育活動的習俗。

　　後來，清明節逐漸演變為傳統節日，也是最重要的祭祀節日，是祭祖和掃墓的日子。掃墓俗稱上墳，是祭祀死者的一種活動。

　　按照舊的習俗，掃墓時，人們要攜帶酒食果品、紙錢等物品到墓地，將食物供祭在親人墓前，再將紙錢焚化，為墳墓培上新土，折幾枝嫩綠的新枝插在墳上，然後叩頭行禮祭拜，最後吃掉酒食回家。唐代詩人杜牧的詩《清明》曰：「清明時節雨紛紛，路上行人欲斷魂。借問酒家何處有？牧童遙指杏花村。」寫出了清明節的特殊氣氛。

既是節氣又是節日的清明節

清明，我國二十四節氣之一，也是民間的傳統節日。清明節在每年的陽曆4月4日～6日。清明節祭祀祖先，據傳始於古代帝王將相「墓祭」之禮，後來民間亦相仿效，於此日祭祖掃墓，沿襲而成為一種固定的風俗。

清明習俗

清明節的習俗是豐富有趣的，除了講究禁火、掃墓，還有踏青、盪秋千、踢蹴鞠、打馬球、插柳等一系列風俗體育活動。在清明節，民間忌使針，忌洗衣，大部分地區婦女忌行路。傍晚以前，要在大門前灑一條灰線，據說可以阻止鬼魂進宅。

清明掃墓

清明節是傳統的祭祀節日，按照舊的習俗，掃墓時，人們要攜帶酒食果品、紙錢等物品到墓地，將食物供祭在親人墓前，再將紙錢焚化，為墳墓培上新土，折幾枝嫩綠的新枝插在墳上，然後叩頭行禮祭拜，最後吃掉酒食回家。

清明由來

清明節的起源，據傳始於古代帝王將相「墓祭」之禮，後來民間亦相仿效，於此日祭祖掃墓，沿襲而成為一種固定的風俗。

清明習俗

清明
——唐·杜牧

清明時節雨紛紛，
路上行人欲斷魂。
借問酒家何處有，
牧童遙指杏花村。

寒食節

寒食節，亦稱「禁煙節」、「冷節」、「百五節」，在夏曆冬至後105日，清明節前一二日。是日初為節時，禁煙火，只吃冷食，並在後世的發展中逐漸增加了祭掃、踏青、秋千、蹴鞠、牽勾、鬥卵等風俗。寒食節前後綿延兩千餘年，曾被稱為民間第一大祭日。中國過往的春祭都在寒食節，直到後來改為清明節。

寒食節的源頭，應為遠古時期人類的火崇拜。古人的生活離不開火，但是，火又往往給人類造成極大的災害，於是古人便認為火有神靈，要祀火。各家所祀之火，每年又要止熄一次，然後再重新燃起新火，稱為改火。改火時，要舉行隆重的祭祖活動，將穀神稷的象徵物焚燒，稱為人犧。相沿成俗，便形成了後來的禁火節。

禁火節，後來又轉化為寒食節，用以紀念春秋時期晉國的名臣義士介子推。於是，「寒食禁火」的習俗，被後人流傳下來。漢代以前，寒食節禁火的時間較長，以1個月為期。先秦到南北朝時期，寒食節被當做重大的節日。唐朝時也作為全國性的隆重節日。晚唐、宋以後，禁火冷食的習俗日趨淡化、消衰。久而久之，人們便將寒食節與清明節合而為一。

到唐代時已形成全國性法定節日，是中國傳統節日中形成最早的節日。

寒食節活動由紀念介子推禁煙寒食為主，逐步演變為以拜掃祭祖為主，其中蘊含的忠孝廉潔的理念，完全符合古代中國國家需要忠誠、家庭需要孝道的傳統道德核心，成為家庭和諧、社會穩定的重要載體。發展到現代，寒食節已成為緬懷祖先、教育青少年的重要形式。

在歷代詩詞作品中，題詠寒食節的詩詞從戰國屈原、西晉孫楚到現代從未間斷，僅全唐詩就有近三百首，宋代詩詞及元曲也有一百餘首，涉及唐玄宗、張說等歷史名人，杜甫、白居易及唐宋八大家等各個流派的代表人物，成為研究中國詩詞發展史的重要資料。

禁煙冷食的寒食節

　　寒食節，亦稱「禁煙節」、「冷節」、「百五節」，在夏曆冬至後105日，是春秋時晉文公為紀念介子推而設的節日，距今已有兩千六百多年的歷史。是日初為節時，禁煙火，只吃冷食。並在後世的發展中逐漸增加了祭掃、踏青、秋千、蹴鞠、牽勾、鬥卵等風俗。後合併於清明節。

主要特點

節日形成早

　　節日形成早。源於春秋時，介子推被焚於介休綿山。晉文公下令在子推忌日禁火、寒食，以寒食寄哀思。到唐代時已形成全國性法定節日，是中國傳統節日中形成最早的節日。

❶

❷
延續歷史長

　　延續歷史長。距今兩千六百多年，各個歷史時期的節日期限不等，先後有五日、百五日、一月、三日和二、五、七日，最後變為一日。

文化內涵深
❸

　　文化內涵深。由尊崇介子推忠君愛國、功成身退的奉獻精神，清正廉明的政治抱負，隱不違親的孝道品德發展為聚民心、凝國魂，體現傳統文化的重要節日。並形成錫、青精飯等系列養生長壽的寒食食品。

❹
節日活動多

　　節日活動多。掃墓、禁煙、祭祖、寒食、插柳、踏青、蹴鞠、秋千、賞花、鬥雞、饋宴、詠詩等。

流傳地域廣
❺

　　流傳地域廣。由介休、太原郡到全國各地乃至海外（如高昌國自唐代起將三月九日定為寒食節）。

節日起源

　　寒食節發源地是山西介休綿山，距今已有兩千六百多年的歷史。相傳此俗源於紀念春秋時晉國介子推。當時，介子推歷經磨難輔佐晉公子重耳復國後，隱居介休綿山。重耳感念其割股之恩，數求不出，便以放火燒山逼之，介子推母子隱跡焚身。晉文公為悼念他，下令在介子推忌日（後為冬至後第105日）禁火、寒食，形成寒食節。

卷十一・風俗卷

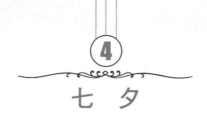

七　夕

　　七夕節，每年的農曆七月初七，是漢族的傳統節日。因為此日活動的主要參與者是少女，而節日活動的內容又是以乞巧為主，故而人們稱這天為「乞巧節」或「少女節」、「女兒節」。七夕節是傳統節日中最具浪漫色彩的一個節日，也是過去姑娘們最為重視的日子。在這一天晚上，婦女們穿針乞巧，祈禱福祿壽活動，禮拜七姐，儀式虔誠而隆重，陳列花果、女紅，各式家具、用具都精美小巧、惹人喜愛。現又被認為是「中國情人節」。

　　作為節日，七夕乞巧起源於漢代，始見於東晉葛洪的《西京雜記》：「漢彩女常以七月七日穿七孔針於開襟樓，人俱習之。」

　　「七夕」最早來源於人們對自然的崇拜。從歷史文獻上看，至少在三四千年前，隨著人們對天文的認識和紡織技術的產生，有關牽牛星、織女星的記載就有了。人們對星星的崇拜遠不止是牽牛星和織女星，他們認為東西南北各有七顆代表方位的星星，合稱二十八宿，其中以北斗七星最亮，可供夜間辨別方向。北斗七星的第一顆星叫魁星，又稱魁首。後來，有了科舉制度，中狀元叫「大魁天下士」，讀書人把七夕叫「魁星節」，又稱「曬書節」，保持了最早七夕來源於星宿崇拜的痕跡。

　　「七夕」也來源於古代人們對時間的崇拜。「七」與「期」同音，月和日均是「七」，給人以時間感。古代中國人把日、月與水、火、木、金、土五大行星合在一起叫「七曜」。「七」在民間表現在時間上階段性，在計算時間時往往以「七七」為終局。「七」又與「吉」諧音，「七七」又有雙吉之意，是個吉利的日子。

　　相傳，在每年農曆七月初七的夜晚，是天上織女與牛郎在鵲橋相會之時。

　　牛郎織女傳說是四大民間傳說之一，也是在民間流傳時間最早、流傳地域最廣的傳說，在民間文學史上具有十分重要的地位。

　　據說人們抬頭可以看到牛郎織女的銀河相會，或在瓜果架下可偷聽到兩人在天上相會時的脈脈情話。女孩們在這個充滿浪漫氣息的晚上，對著天空的朗朗明月，擺上時令瓜果，朝天祭拜，乞求織女能賦予她們智慧和巧藝，也向她求賜美滿姻緣。

中國情人節——七夕

　　每年農曆七月初七這一天是漢族的傳統節日七夕節（也稱「中國情人節」、「東方情人節」）。因為此日活動的主要參與者是少女，而節日活動的內容又是以乞巧為主，故而人們稱這天為「乞巧節」或「少女節」、「女兒節」。

傳　說　故　事

七夕詩詞

鵲橋仙

（宋）秦觀

纖雲弄巧，飛星傳恨，銀漢迢迢暗渡。
金風玉露一相逢，便勝卻人間無數。
柔情似水，佳期如夢，忍顧鵲橋歸路！
兩情若是久長時，又豈在朝朝暮暮！

　　這是一首詠七夕的節序詞，起句展示七夕獨有的抒情氛圍，「巧」與「恨」，則將七夕人間「乞巧」的主題及「牛郎、織女」故事的悲劇性特徵點明，練達而淒美。借用牛郎織女悲歡離合的故事，歌頌堅貞誠摯的愛情。結句「兩情若是久長時，又豈在朝朝暮暮」最有境界，這兩句既指牛郎、織女的愛情模式的特點，又表述了作者的愛情觀，是高度凝練的名言佳句。

卷十一·風俗卷

重陽節

　　重陽節，農曆九月九日，為傳統的重陽節，又稱「老人節」。因為《易經》中把「六」定為陰數，把「九」定為陽數，九月九日，日月並陽，兩九相重，故而叫重陽，也叫重九。重陽節早在戰國時期就已經形成，到了唐代，重陽被正式定為民間的節日，此後歷朝歷代沿襲至今。重陽又稱「踏秋」，與三月三日「踏春」皆是家族傾室而出，重陽這天所有親人都要一起登高「避災」，插茱萸、賞菊花等。自魏晉重陽氣氛日漸濃郁，為歷代文人墨客吟詠最多的幾個傳統節日之一。

　　慶祝重陽節的活動多彩浪漫，一般包括出遊賞景、登高遠眺、觀賞菊花、遍插茱萸、吃重陽糕、飲菊花酒等活動。

　　九九重陽，因為與「久久」同音，九在數字中又是最大數，有長久長壽的含意，況且秋季也是一年收獲的黃金季節，重陽佳節，寓意深遠，人們對此節歷來有著特殊的感情，唐詩宋詞中有不少賀重陽、詠菊花的詩詞佳作。

　　孟浩然詩《秋登蘭山寄張五》：「天邊樹若薺，江畔洲如月。何當載酒來，共醉重陽節。」李白詩《九月十日即事》：「昨日登高罷，今朝再舉觴。菊花何太苦，遭此兩重陽。」王維詩《九月九日憶山東兄弟》：「獨在異鄉為異客，每逢佳節倍思親。遙知兄弟登高處，遍插茱萸少一人。」

　　「重陽」這一名詞早在春秋戰國時的《楚辭》中就已出現。屈原的《遠遊》裏寫道：「集重陽入帝宮兮，造旬始而觀清都。」這裏的「重陽」是指天，還不是指節日。三國時魏文帝曹丕《九日與鍾繇書》中，則已明確寫出重陽的飲宴了：「歲往月來，忽復九月九日。九為陽數，而日月並應，俗嘉其名，以為宜於長久，故以享宴高會。」

　　晉代文人陶淵明在《九日閒居》詩序文中說：「余閒居，愛重九之名。秋菊盈園，而持醪靡由，空服九華，寄懷於言。」這裏同時提到菊花和酒。大概在魏晉時期，重陽日已有了飲酒、賞菊的做法。到了唐代重陽被正式定為民間的節日。到明代，九月重陽，皇宮上下要一起吃花糕以慶賀，皇帝要親自到萬歲山登高，以暢秋志，此風俗一直流傳到清代。

九九重陽節

　　重陽節，農曆九月初九，兩九相重，稱為「重九」。漢中葉以後的儒家陰陽觀，有六陰九陽之說，九是陽數，故重九亦叫「重陽」，又稱「登高節」。還有重九節、茱萸、菊花節等說法。由於九月初九「九九」諧音「久久」，有長久之意，所以常在此日祭祖與推行敬老活動。

由來

　　《易經》中把「六」定為陰數，把「九」定為陽數，九月九日，日月並陽，兩九相重，故而叫「重陽」，也叫「重九」。重陽節早在戰國時期就已經形成，到了唐代，重陽被正式定為民間的節日，此後為歷朝歷代沿襲至今。

習俗

　　慶祝重陽節的活動多彩浪漫，一般包括出遊賞景、登高遠眺、觀賞菊花、遍插茱萸、吃重陽糕、飲菊花酒等活動。

傳說故事

　　傳說東漢時，汝南縣發生瘟疫死了很多人。有個叫桓景的人到終南山拜師學藝，得一降妖青龍劍。後其師給他一包茱萸葉子和一瓶菊花酒，要他九月九日回去除瘟魔，並告訴他須登高避禍。九月初九，桓景帶領家人和鄉親父老登高上山，把茱萸葉分給大家隨身帶上，又每人喝了一口菊花酒，以避免瘟魔近身、感染瘟疫。桓景最後殺死了瘟魔。從此九月初九登高避疫的風俗便流傳下來。

臘八節

　　臘八節，是指每年農曆的十二月（也稱臘月）初八，古代稱為「臘日」。臘八節至今已有1200多年的歷史，是民間一個重要的傳統節日。在這一天做臘八粥、喝臘八粥是各地老百姓最傳統、也最講究的習俗。據說，佛教創始人釋迦牟尼的成道之日也在十二月初八，因此臘八也是佛教徒的節日，稱為「佛成道節」。

　　「臘」在古代本是一種祭禮。在商代，每年人們用獵獲的禽獸舉行春、夏、秋、冬四次大祀，祭祀祖先和天地神靈，其中以冬祀的規模最大，也最隆重，後來稱為「臘祭」。因此，人們就將農曆十二月稱為「臘月」，農曆十二月初八，稱為「臘八」。直到南北朝時，才將農曆十二月初八固定為「臘八節」，人們藉此祭祀祖先和天地神靈，祈求豐收和吉祥。臘八節是臘月裏最重大的節日，除祭祖敬神的活動外，人們還要逐疫。這項活動來源於古代的儺（古代驅鬼避疫的儀式）。史前時代的醫療方式之一即是驅鬼治疾。作為巫術活動的延續，臘月有擊鼓驅疫之俗。

　　中國喝臘八粥的歷史，已有一千多年。最早開始於宋代。每逢臘八這一天，不論是朝廷、官府、寺院還是黎民百姓家都要做臘八粥。到了清朝，喝臘八粥的風俗更是盛行。在宮廷，皇帝、皇后、皇子等都要向文武大臣、侍從宮女賜臘八粥，並向各個寺院發放米、果等供僧侶食用。在民間，家家戶戶也要做臘八粥，祭祀祖先；同時，合家團聚在一起食用，饋贈親朋好友。臘八粥是用八種當年收獲的新鮮糧食和瓜果煮成，一般都為甜味粥。而中原地區的許多農家卻喜歡吃臘八鹹粥，粥內除大米、小米、綠豆、豇豆、花生、大棗等原料外，還要加蘿蔔、白菜、粉條、海帶、豆腐等。

　　臘八節還有吃臘八冰、臘八豆、豆豆飯的習俗，冬至節不吃素，臘八不吃葷，有「葷冬至素臘八」之謂。臘八這一天，除了祭祖敬神外，還有悼念故國、寄託哀思的。

臘八節

　　臘八節，俗稱「臘八」，是指農曆臘月（十二月）初八這一天。臘八節是用來祭祀祖先和神靈，祈求豐收和吉祥的節日；又因相傳這一天是佛教創始人釋迦牟尼在菩提樹下悟道成佛的日子，故又被稱為「佛成道節」。在中國，有臘八節喝臘八粥的習俗。

臘八詩詞

《十二月八日步至西村》
——宋・陸游

臘月風和意已春，時因散策過吾鄰。
草煙漠漠柴門裏，牛跡重重野水濱。
多病所須惟藥物，差科未動是閒人。
今朝佛粥交相饋，更覺江村節物新。

臘八詩詞

臘　日
——唐・杜甫

臘日常年暖尚遙，今年臘日凍全消。
侵凌雪色還萱草，漏泄春光有柳條。
縱酒欲謀良夜醉，還家初散紫宸朝。
口脂面藥隨恩澤，翠管銀罌下九霄。

傳說故事

　　據說明太祖朱元璋做皇帝前曾落難在監牢之中，當時又冷又餓的他從監牢的老鼠洞刨找出一些紅豆、大米、紅棗等七八種五穀雜糧，於是便把這些東西熬成了粥，因那天正是臘月初八，朱元璋便稱這鍋雜糧粥為「臘八粥」，美美地享受了一頓。後來朱元璋稱帝後，便把那一天定為「臘八節」，那一天吃的雜糧粥正式命名為「臘八粥」。

卷十一・風俗卷